中国林产工业循环经济标准体系及其绿色产品评价标准

张　冉　段新芳　著

中国建材工业出版社

图书在版编目(CIP)数据

中国林产工业循环经济标准体系及其绿色产品评价标准/张冉，段新芳著. --北京：中国建材工业出版社，2018.8

ISBN 978-7-5160-2338-9

Ⅰ.①中… Ⅱ.①张… ②段… Ⅲ.①林产工业—工业经济—自然资源—资源利用—标准体系—中国 Ⅳ.①F426.88-65

中国版本图书馆 CIP 数据核字（2018）第 163933 号

内 容 提 要

林产工业循环经济是以林产工业资源的高效利用和循环利用为核心，以"减量化、再利用、资源化"为原则，以低消耗、低排放、高效率为基本特征，将循环理念贯穿生产至消费全过程，实现林产工业资源的多级循环利用和生产性活动对环境的危害最小的一种林业经济发展模式。林产工业循环经济标准体系是以"减量化、再利用、资源化"为原则，对林产工业领域的有关循环经济的技术标准按照其内在的联系形成科学的有机整体。研究构建林产工业循环经济标准体系，提出林产工业循环经济标准化发展对策建议，可为政府部门推动林产工业循环经济标准化工作提供理论指导和技术支撑。

本书共分八章，主要包括循环经济和标准化基础知识、发展林产工业循环经济的重要意义、中国林产工业发展现状、中国林产工业循环经济发展现状分析、国外林产工业循环经济相关标准分析、中国林产工业循环经济标准体系构建、国家标准 GB/T 35601—2017《绿色产品评价 人造板和木质地板》主要技术内容、中国林产工业循环经济标准化发展对策建议等内容。该书是对我国林产工业循环经济标准体系研究的系统总结，内容涉及面广。

该书有理论阐述也有政策建议，可作为林产工业循环经济管理人员，高等院校和科研院所的教师、学生以及科研人员的重要参考书。

中国林产工业循环经济标准体系及其绿色产品评价标准

张 冉 段新芳 著

出版发行：中国建材工业出版社

地 址：北京市海淀区三里河路 1 号

邮 编：100044

经 销：全国各地新华书店

印 刷：北京雁林吉兆印刷有限公司

开 本：787mm×1092mm 1/16

印 张：16.75

字 数：410 千字

版 次：2018 年 8 月第 1 版

印 次：2018 年 8 月第 1 次

定 价：88.00 元

本社网址：www.jccbs.com 微信公众号：zgjcgycbs

本书如出现印装质量问题，由我社市场营销部负责调换。联系电话：（010）88386906

前　言

党中央和国务院高度重视发展循环经济。发展循环经济是我国经济社会发展的一项重大战略措施，是建设生态文明并推动绿色发展的重要途径。对全面贯彻落实创新、协调、绿色、开放和共享的发展理念，推动发展方式转变，提升发展的质量和效益，引领形成绿色生产方式和生活方式，促进经济绿色转型，具有重要意义。此外，加快发展循环经济是转变经济发展方式并建设生态文明的必然选择。

林产工业循环经济是以林产工业资源的高效利用和循环利用为核心，以“减量化、再利用、资源化”为原则，以低消耗、低排放、高效率为基本特征，将循环理念贯穿生产至消费全过程，实现林产工业资源的多级循环利用和生产性活动对环境的危害最小的一种林业经济发展模式。林产工业循环经济是国家循环经济工作的重要组成部分，是林业可持续发展的重要内容。

2013 年 1 月 23 日国务院发布了《循环经济发展战略及近期行动计划》，提出了我国循环经济发展战略，安排和整体部署了“十二五”期间循环经济工作；2015 年 3 月 24 日中共中央通过了《关于加快推进生态文明建设的意见》，指出“把生态文明建设融入经济、政治、文化、社会建设各方面和全过程，协同推进新型工业化、城镇化、信息化、农业现代化和绿色化，牢固树立‘绿水青山就是金山银山’的理念，坚持把节约优先、保护优先、自然恢复作为基本方针，把绿色发展、循环发展、低碳发展作为基本途径”；2015 年 10 月 29 日通过的《中共中央关于制定国民经济和社会发展第十三个五年规划的建议》进一步强调绿色发展，“支持绿色清洁生产，推进传统制造业绿色改造，推动建立绿色低碳循环发展产业体系，鼓励企业工艺技术装备更新改造”；2016 年 2 月 1 日国家发展改革委、农业部、国家林业局联合发布了《关于加快发展农业循环经济的指导意见》（发改环资［2016］203 号），提出了发展农业（包括林业）循环经济的指导意见和措施；2017 年 4 月 21 日国家发展改革委等 14 个部委联合印发了《关于印发〈循环发展引领行动〉的通知》，对“十三五”期间我国循环经济发展工作做出统一安排和整体部署。在《循环发展引领行动》的“推动产业循环式组合”中，要求“推动农村一二三产业融合发展。大力推动农业循环经济发展，以农牧渔结合、农林结合为导向，优化农业种植、养殖结构，积极发展林下经济，推进稻渔综合种养等养殖业与种植业有效对接模式；推进农产品、林产品加工废弃物综合利用，延伸产业链，提高附加值；建立完善全产业链资源循环利用体系，选择国家现代农业示范区、农业可持续发展试验示范区等具备条件的地区开展工农复合型循环经济示范区和种养加结合循环农业示范工程建设”；2017 年 9 月中共中央办公厅、国务院办公厅印发并实施的《关于创新体制机制推进农业绿色发展的意见》，提出创新体制机制、推进农业绿色发展的意见，明确提出农业绿色发展“在资源保护与节约利用上，建立耕地轮作休耕、节约高效农业用水等制度，健全农业生物资源保护与利用体系；在产地环境保护治理上，建立工业城镇污染向农业转移防控机制，健全化肥、农药等农业投入品减量使用制度，完善秸秆、畜禽粪污等资源化利用制度，建立废旧地膜和包装废弃物等回收处理制度；在修复农业生态系统上，推进草原生态保护与恢复，加强水生生态保护修复、林业和湿地养护等”；2017 年 10 月 18 日习近平总书记在中国共产党第十九次全国代表大会上的报告中，提出“坚持人与自然和谐共生”为新时代中国特色社会主义思想的重要组成部分，明确指出“建设生态文明是中华民族永续发展的千年大计。必须树立和践行绿水青山就是金山银山的理念，坚持节约资源和保护环境的基本国策，像对待生命一样对待生态环境，统筹山水林田湖草系统治理，实行最严格的生态环境保护制度，形成绿色发展方式和生活方式，坚定走生产发展、生活富裕、生态良好的文明发展道路，建设美丽中国，为人民创造良好生产生活环境，为全球生态安全作出贡献”；而在“加快生态文明体制改革，建设美丽中国”新时代工作任务中，习近平总书记明确提出“推进绿色发展。加快建立绿色生产和消费的法律制度和政策导向，建立健全绿色低碳循环发展的经济体系。构建市场导向的绿色技术创新体系，发展绿色金融，壮大节能环保产业、清洁生产产业、清洁能源产业。推进能源生产和消费革命，构建清洁低碳、安全高效的能源体系。推进资源全面节约和循环利用，实施国家节水行动，降低能耗、物耗，实现生产系统和生活系统循环链接”；2018 年 1 月 2 日《中共中央 国务院关于实施乡村振兴战略的意见》，也提出了“坚持人与自然和谐共生。牢固树立和践行绿水青山就是金山银山的理念，落实节约优先、保护优先、自然恢复为主的方针，统筹山水林田湖草系统治理，严守生态保护红线，以绿色发展引领乡村振兴”，“加强农业面源污染防治，开展农业绿色发展行动，实现投入品减量化、生产清洁化、废弃物资源化、产业模式生态化”。这些重要文件为林产工业循环经济发展指明了方向，为林产工业循环经济发展提供了重要的政策支持。

标准是科技成果转化为产品和生产技术的桥梁和纽带，是进行科技创新的基础和支撑，是推动科技创新的动力和源泉。2016 年 2 月 1 日国家发展改革委、农业部、国家林业局联合印发了《关于加快发展农业循环经济的指导意见》，在“完善制度标准”中明确指出“建立农业和林业节能减排政策制度，完善农业和林业生产的节能减排相关规范和标准体系”；2017 年 4 月 21 日国家发展改革委等 14 个部委联合印发的《循环发展引领行动》中的“强化循环经济标准和认证制度”中，明确要求“健全循环经济标准制度。建立完善产品生态设计标准，推动重点行业循环型生产方式技术管理标准化，健全行业循环经济实践技术指南和行业循环经济绩效评价标准。完善产业废弃物综合利用、再生资源回收利用、再制造等标准，加快健全再生原料及产品、餐厨废弃物资源化产品、利废建材等产品标准。深化循环经济标准化试点工作，开展不同行业、领域的循环经济标准化试点示范工作。支持社会团体制定资源循环利用领域的团体标准”。

林产工业循环经济标准体系是以“减量化、再利用、资源化”为原则，对林产工业领域的有关循环经济的技术标准按照其内在的联系形成科学的有机整体。研究构建林产工业循环经济标准体系，提出林产工业循环经济标准化发展对策建议，可为政府部门推动林产工业循环经济标准化工作提供理论指导和技术支撑，是推动林产工业循环经济制度建设的一项重要工作，对加强林产工业循环经济标准化工作，推动林产工业循环经济发展具有重要作用。

本书是在张冉博士论文《中国林产工业循环经济标准体系构建》和研制《绿色产品评价　人造板和木质地板》国家标准的基础上进一步深化的成果，是在完成国家发改委资源节约和环境保护司“资源节约综合利用专项经费”项目“‘十三五’林业剩余物综合利用专题研究”、国家林业局发展规划和资金管理司委托课题“典型的林产工业循环型产业链构建及其经济效益评价研究”和“林业循环经济调研”、国家标准化管理委员会国家标准制定项目《绿色产品评价　人造板和木质地板》、中国林业科学研究院中央级公益性科研院所基本科研业务费专项资金“学科群项目”木质复合材料与化学资源化利用领域培强专项（项目编号：CAFYBB2017ZX003）之“木质复合材料绿色产品评价标准”等课题研究过程中取得的，同时还参阅总结了国内外林产工业及林产工业循环经济标准化、绿色产品评价标准研究的大量文献。

在课题研究过程中得到了国家发展改革委资源节约和环境保护司、国家林业和草原局发展规划和资金管理司、中国林业科学研究院木材工业研究所等单位的领导和专家的帮助。本书编撰过程中得到了国家林业和草原局农村林业改革发展司、全国木材行业管理办公室的指导和支持，在此表示感谢。

本书共8章，第一章第一、二、三、四节、第六节，第三章，第四章第一节、第六节，第五章，第六章，第八章由张冉撰写；第一章第五节，第二章，第四章第二、三、四、五节，第七章由段新芳撰写，附录由段新芳整理编辑；全书由段新芳统稿。

由于作者知识水平、背景和认识问题角度有限，书中不足和错误之处在所难免，恳请广大读者批评指正。

著　者

2018 年 8 月

目　　录

第一章　循环经济和标准化基础知识

发展循环经济是我国经济社会发展的一项重大战略，是建设生态文明、推动绿色发展的重要途径。为全面贯彻落实创新、协调、绿色、开放、共享发展理念，推动发展方式转变，提升发展的质量和效益，引领形成绿色生产方式和生活方式，促进经济绿色转型，加快发展循环经济是转变经济发展方式、建设生态文明的必然选择，具有重要意义。

2013 年 1 月 23 日国务院发布了《循环经济发展战略及近期行动计划》，提出了我国循环经济发展战略，安排和整体部署了“十二五”期间循环经济工作；2015 年 3 月 24 日中共中央通过了《关于加快推进生态文明建设的意见》，指出“把生态文明建设融入经济、政治、文化、社会建设各方面和全过程，协同推进新型工业化、城镇化、信息化、农业现代化和绿色化，牢固树立‘绿水青山就是金山银山’的理念，坚持把节约优先、保护优先、自然恢复作为基本方针，把绿色发展、循环发展、低碳发展作为基本途径”；2015 年 10 月 29 日通过的《中共中央关于制定国民经济和社会发展第十三个五年规划的建议》进一步强调绿色发展，“支持绿色清洁生产，推进传统制造业绿色改造，推动建立绿色低碳循环发展产业体系，鼓励企业工艺技术装备更新改造”；2016 年 2 月 1 日国家发展改革委、农业部、国家林业局联合发布了《关于加快发展农业循环经济的指导意见》（发改环资[2016] 203 号），提出了发展农业（包括林业）循环经济的指导意见和措施；2017 年 4 月 21 日国家发展改革委等 14 个部委联合印发了《关于印发〈循环发展引领行动〉的通知》，对“十三五”期间我国循环经济发展工作做出统一安排和整体部署。在《循环发展引领行动》的“推动产业循环式组合”中，要求“推动农村一二三产业融合发展。大力推动农业循环经济发展，以农牧渔结合、农林结合为导向，优化农业种植、养殖结构，积极发展林下经济，推进稻渔综合种养等养殖业与种植业有效对接模式；推进农产品、林产品加工废弃物综合利用，延伸产业链，提高附加值；建立完善全产业链资源循环利用体系，选择国家现代农业示范区、农业可持续发展试验示范区等具备条件的地区开展工农复合型循环经济示范区和种养加结合循环农业示范工程建设”。

2017 年 9 月中共中央办公厅、国务院办公厅印发并实施的《关于创新体制机制推进农业绿色发展的意见》提出创新体制机制，推进农业绿色发展的意见，明确提出农业绿色发展“在资源保护与节约利用上，建立耕地轮作休耕、节约高效农业用水等制度，健全农业生物资源保护与利用体系；在产地环境保护治理上，建立工业城镇污染向农业转移防控机制，健全化肥、农药等农业投入品减量使用制度，完善秸秆、畜禽粪污等资源化利用制度，建立废旧地膜和包装废弃物等回收处理制度；在修复农业生态系统上，推进草原生态保护与恢复，加强水生生态保护修复、林业和湿地养护等”。

2017 年 10 月 18 日，习近平总书记在中国共产党第十九次全国代表大会上的报告中，将“坚持人与自然和谐共生”列为新时代中国特色社会主义思想的重要组成部分，明确指出“建设生态文明是中华民族永续发展的千年大计。必须树立和践行绿水青山就是金山银山的理念，坚持节约资源和保护环境的基本国策，像对待生命一样对待生态环境，统筹山水林田湖草系统治理，实行最严格的生态环境保护制度，形成绿色发展方式和生活方式，坚定走生产发展、生活富裕、生态良好的文明发展道路，建设美丽中国，为人民创造良好生产生活环境，为全球生态安全作出贡献”；而在“加快生态文明体制改革，建设美丽中国”新时代工作任务中，习近平总书记明确提出“推进绿色发展。加快建立绿色生产和消费的法律制度和政策导向，建立健全绿色低碳循环发展的经济体系。构建市场导向的绿色技术创新体系，发展绿色金融，壮大节能环保产业、清洁生产产业、清洁能源产业。推进能源生产和消费革命，构建清洁低碳、安全高效的能源体系。推进资源全面节约和循环利用，实施国家节水行动，降低能耗、物耗，实现生产系统和生活系统循环链接”。

2018 年 1 月 2 日《中共中央国务院关于实施乡村振兴战略的意见》，也提出了“坚持人与自然和谐共生。牢固树立和践行绿水青山就是金山银山的理念，落实节约优先、保护优先、自然恢复为主的方针，统筹山水林田湖草系统治理，严守生态保护红线，以绿色发展引领乡村振兴”，“加强农业面源污染防治，开展农业绿色发展行动，实现投入品减量化、生产清洁化、废弃物资源化、产业模式生态化”，“实施质量兴农战略。制定和实施国家质量兴农战略规划，建立健全质量兴农评价体系、政策体系、工作体系和考核体系。深入推进农业绿色化、优质化、特色化、品牌化，调整优化农业生产力布局”，“实施产业兴村强县行动，推行标准化生产，培育农产品品牌，保护地理标志农产品，打造一村一品、一县一业发展新格局。加快发展现代高效林业，实施兴林富民行动，推进森林生态标志产品建设工程”。

标准是经济社会活动的技术依据，是国家治理体系和治理能力现代化的基础性制度，在国家治理体系和治理能力现代化建设中，发挥着基础性、引领性、战略性作用。标准还是全球治理的重要规制手段和国际经贸往来与合作的通行证，被视为“世界通用语言”。长期以来，特别是党的十八大以来，党中央、国务院高度重视标准化工作。党的十八届二中全会将标准纳入国家基础性制度范畴。党的十八届三中全会提出政府要加强战略、政策、规划、标准的制定与实施。习近平总书记在致第三十九届国际标准化组织（ISO）大会贺信中指出：“伴随着经济全球化深入发展，标准化在便利经贸往来、支撑产业发展、促进科技进步、规范社会治理中的作用日益凸显”。并面向全世界庄严宣告：“中国将积极实施标准化战略，以标准助力创新发展、协调发展、绿色发展、开放发展、共享发展”。在党的十九大报告中，习近平总书记专门就“瞄准国际标准提高水平”，“提高污染排放标准”等提出明确要求。李克强总理指出“标准化日益成为全世界面临的重大战略问题，也越来越受到国际社会的高度重视”，并要求“要强化标准引领，提升产品和服务质量，促进中国经济迈向中高端”。2017 年 11 月 4 日，第十二届全国人民代表大会常务委员会第三十次会议修订并颁布《中华人民共和国标准化法》，并于 2018 年 1 月 1 日开始施行。新的标准化法的发布实施，对提升产品和服务质量，促进科学技术进步，提高经济社会发展水平等方面都意义重大。

本章主要介绍循环经济和标准化的基础知识。

第一节　循环经济的概念

一、循环经济的概念

循环经济的定义有广义和狭义之分。广义的循环经济是指以资源高效利用和环保为基本特征的社会生产和再生产活动；狭义的循环经济一般采用国家发展和改革委员会环境和资源综合利用司提出的定义，是指通过资源的循环利用和节约，实现以最小的资源消耗、最小的污染获取最大的发展效益的经济增长模式。本书循环经济定义采用狭义循环经济的定义。

二、低碳经济的概念

低碳经济是以低能耗、低污染、低排放为基础的经济模式，目的是应对气候变化解决人类生活、企业生产过程中过多的排放温室气体而引发的地球生态圈碳失衡，实质是高能源利用效率和清洁能源结构问题，核心是能源技术和减排技术创新，产业结构和制度创新，以及人类生存发展观念的根本性转变。低碳经济一词最早出现在2003年的英国能源白皮书《我们能源的未来：创建低碳经济》。

三、绿色经济的概念

绿色经济是以发展资源节约型和环境友好型经济为主要内容，以资源消耗低、环境污染少、产品附加值高及生产方式集约为特征的一种经济形态。绿色经济由英国经济学家皮尔斯在1989年首次提出。

四、循环经济、低碳经济、绿色经济三者之间的关系

循环经济、低碳经济及绿色经济三者之间存在着重复与交叉的复杂关系，绿色经济是在低碳经济、循环经济的基础之上产生的，具有彼此有机结合、包容性增长的发展形势。在经济发展与资源环境矛盾日益突出的情况下，发展绿色经济可以节能减排，充分利用资源、扩大市场需求、提供新的就业，对保护环境与发展经济具有重要意义。绿色发展方式正是这种包容性增长方式的有力体现，它蕴含了循环经济与低碳经济的多层次的需求。循环经济、低碳经济和绿色经济在发展目标、实施主体和价值取向等方面有相同点，也有区别（高朝升，2013）。

（一）循环经济、低碳经济、绿色经济的相同点

循环经济、低碳经济和绿色经济三者的终极发展目标都是实现可持续发展，即“不断提高人群生活质量和环境承载能力，满足当代人需求又不损害子孙后代满足其需求能力，满足一个地区或一个国家人群体需求又不损害别的地区或国家人群体满足其需求能力的发展”。

循环经济、低碳经济、绿色经济都体现了生态系统和生命系统能够持续的平衡结构，都包含了以下的一些基本内容：一是生存观。人类首先要保证生存，其次才是发展。发展

应当注意扩大生存空间，保证生存基础，改善生存条件，提高生存质量。与此同时，人类应支持和促进本国现代经济的发展能力和物质基础免遭破坏；二是协调观。发展的根本点就是经济社会的发展与资源环境保护相协调，核心就是生态与经济相协调；三是资源观。发展的核心问题是资源的永续利用，首先必须解决好资源在当代人与后代人之间，各地区各部门和每个人之间的合理配置问题。

（二）循环经济、低碳经济、绿色经济的不同点

1. 循环经济、低碳经济和绿色经济的实施主体地位不同

循环经济是国家间或经济体系之间的行为。循环经济的发展通常是以协同的方式，最终建立起一个循环经济的产业化体系，从而来解决可持续发展的资源、环境与经济难题。循环经济强调体系之间的协同合作。

低碳经济是企业与政府间的行为。低碳经济的发展目标通常是以政府行政约束性的方式，确立约束性减排指标和行为规范，企业为完成约束性指标所规定的减排义务而必须以实际的减排行为完成政府所规定的减排义务。低碳经济强调企业等经济实体的执行能力。

绿色经济则是强调人与自然的行为。绿色经济寻求人的发展与自然保护之间的动态平衡，强调人与自然的共生方式。绿色经济既是指具体的一个微观单位经济，又是指一个国家的国民经济，甚至是全球范围的经济。

2. “三种经济”的价值取向不同

循环经济是遵循自然生态规律、实行资源循环利用和清洁生产的经济形态。它是以资源的高效利用和循环利用为核心，以“减量化、再利用、资源化”为原则，以低消耗、低排放及高效率为基本特征，符合可持续发展理念的经济增长模式，是对“大量生产、大量消费、大量废弃”的传统增长模式的根本变革。

低碳经济是以碳减排为目的，以低碳作为可持续发展的最终目标。以低碳经济、低碳技术及低碳生活为理念，坚持立足长远、脚踏实地、科学高效地开发利用区域资源，打造低碳、绿色、生态的品牌价值，发展以低碳产业为核心，以低碳技术为特色，以低碳能源、低碳交通、低碳建筑和低碳生活为基础，以低碳化能力提升和低碳经济重点示范区项目为支撑的符合发展实际和低碳经济发展理念的低碳经济格局。

绿色经济以一种和谐包容的、可持续的方式发展处理人与自然的关系，强调的是可持续发展的方式，强调发展的“公平”和“包容”。绿色经济注重人与自然和谐相处，把节约文化、环境道德纳入社会运行体系，把资源承载能力、生态环境容量作为经济活动的重要条件，引导公众自觉选择节约环保、低碳排放的消费模式，着力建设资源节约型、环境友好型社会。

总之，传统经济解决人们物质生活需求的问题，循环经济解决资源短缺的问题，低碳经济解决地球变暖的问题，绿色经济解决环境保护的问题。

第二节　循环经济的基本特征和基本原则

传统经济是“资源—产品—废弃物”的单向直线过程，创造的财富越多，消耗的资源和产生的废弃物就越多，对环境资源的负面影响也就越大。循环经济是一种以资源的高效

利用和循环利用为核心，以“减量化、再利用、资源化”为原则，以低消耗、低排放、高效率为基本特征，符合可持续发展理念的经济增长模式（王少枋，2014）。

表 1-1　传统经济与循环经济的主要区别

比较项目	传统经济	循环经济
运行方式	物质单向流动的开放型线性经济（资源一产品一废物）	循环型物质能量循环的环状经济（资源一产品一再生资源一再生产品）
对资源的利用	粗放型经营，一次性利用；资源高耗，低效利用	资源循环利用；低采，高效利用
废物排放及对环境的影响	废物高排放； 成本外部化，对环境不友好	废物零排放或低排放； 对环境友好
追求目标	经济利益（产品利润最大化）	经济利益、环境利益与社会可持续发展利益
环境治理方式	末端治理	预防为主，全过程控制
评价指标	单一经济指标（GDP、GNP、人均消费等）	绿色核算体系（绿色 GDP 等）

一、循环经济的基本特征

循环经济是以尽可能小的资源消耗和环境成本，获得尽可能大的经济和社会效益，从而使经济系统与自然生态系统的物质循环过程相互和谐，促进资源的永续利用。因此，循环经济是对“大量生产、大量消费、大量废弃”的传统经济模式的根本改变。其基本特征是：在资源开采环节，要大力提高资源综合开发和回收利用率；在资源消耗环节，要大力提高资源利用效率；在废弃物产生环节，要大力开展资源综合利用；在再生资源产生环节，要大力回收和循环利用各种废旧资源；在社会消费环节，要大力提倡绿色消费。

二、循环经济的基本原则

循环经济基本原则为“3R 原则”（减量化原则 Reduce、再利用原则 Reuse 和资源化原则 Recycle）。

（一）减量化原则（Reduce）

减量化原则，是减少进入生产和消费流程的物质量。要求用较少的原料和能源投入来达到既定的生产目的或消费目的，特别是控制使用有毒物质，如减少单位产品的原料使用量、纠正过度包装、减少对物品的过度需求，从而减少自然资源的压力，减少废物处理的压力，降低垃圾的产生量。在生产中，减量化原则常常表现为要求产品小型化和轻型化，而在产品的包装上则应该追求简单朴实而不是豪华浪费，从而达到减少废物排放的目的。

（二）再利用原则（Reuse）

再利用原则，又称为再利用和重复利用原则。要求产品和包装容器能够以初始的形式被反复使用，目的是延长产品和服务的时间强度。再利用原则还要求制造商应该尽量延长产品的使用期，而不是非常快地更新换代。

（三）资源化原则（Recycle）

资源化原则，又称为再循环原则。资源化原则要求通过把废物再次变成资源以减少最终处理量，以最大限度地利用资源，要求生产出来的物品在完成其使用功能后能重新变成可以利用的资源，而不是不可恢复的垃圾。资源化的方式有两种，一是将消费者遗弃的废物经资源化后制成与原来相同的新产品（如废塑料制成塑料制品、废报纸制成报纸、废铝罐制成铝罐等），这是最理想的方式；二是将废物作为原料之一来生产其他类型的新产品。例如，废金属、废木材及废玻璃作为添加物生产其他产品，电厂粉煤灰用于生产建材产品等。

第三节　循环经济的组织结构

循环经济的组织结构分为企业、生产基地等经济实体内部的小循环，产业集中区域内企业之间、产业之间的中循环，生产、生活领域的整个社会的大循环。

一、企业层面——小循环

以企业内部的物质循环为基础，构筑企业、生产基地等经济实体内部的小循环。企业、生产基地等经济实体是经济发展的微观主体，是经济活动的最小细胞。依靠科技进步，充分发挥企业的能动性和创造性，以提高资源能源的利用效率、减少废物排放为主要目的，构建循环经济微观建设体系。

二、区域层面——中循环

以产业集中区内的物质循环为载体，构筑企业之间、产业之间以及生产区域之间的中循环主要表现为生态园区。以生态产业园区在一定地域范围内的推广和应用为主要形式，通过产业的合理组织，在产业的纵向、横向上建立企业间能源流、物质流的集成和资源的循环利用，重点在废物交换、资源综合利用，以实现园区内生产的污染物低排放甚至“零排放”，形成循环型产业集群或者循环经济园区，实现资源在不同企业之间和不同产业之间的充分利用，建立以二次资源的再利用和资源化为重要组成部分的循环经济产业体系。

三、社会层面——大循环

以整个社会的物质循环为着眼点，构筑包括生产、生活领域的整个社会的大循环。统筹城乡发展、统筹生产生活，通过建立城镇、城乡之间、人类社会与自然环境之间循环经济圈，在整个社会内部建立生产与消费的物质能量大循环，包括了生产、消费和回收利用，构筑符合循环经济的社会体系，建设资源节约型、环境友好的社会，实现经济效益、社会效益和生态效益的最大化（赵洗尘，2010）。

第四节　国内循环经济理论研究进展及实践

我国从 20 世纪 80 年代开始重视对工矿企业废物的综合利用，从末端治理出发，通过回收利用达到节约资源、治理污染的目的。进入 20 世纪 90 年代，开始提出了污染源头治理的思想，从 1993 年在上海召开的第二次全国工业污染防治会议开始，循环经济理论思想引入中国。经过20多年的理论研究与实践的发展，已经上升为一种国家发展战略。国内关于循环经济的研究主要集中在以下方面：

一、理论研究方面

（一）循环经济的内涵

在研究过程中，国内学者从资源综合利用的角度、环境保护的角度、技术范式的角度、经济形态和增长方式的角度等对循环经济定义作了多种界定。

曲格平认为，循环经济是按照自然生态系统的物质循环和能量流动规律重构经济系统，使得经济系统和谐地纳入到自然生态系统的物质循环过程中，建立起一种新形态的经济（曲格平，2000）。

冯之浚认为，循环经济要求遵循生态学规律，合理利用自然资源和环境容量，在物质不断循环利用的基础上发展经济，使经济系统和谐地纳入到自然生态系统的物质循环过程中，实现经济的生态化，它本质上是一种生态经济（冯之浚，2005）。

邹声文认为，循环经济追求资源利用最大化和污染排放最小化，是一种将清洁生产、资源综合利用、生态设计和可持续消费等融为一体的经济发展战略（邹声文，2005）。

周宏春认为，循环经济是按生态学规律和经济学规律安排人类经济活动，以资源高效利用和环境友好为特征的社会生产和再生产活动（周宏春，2005）。

（二）循环经济的特征

传统经济的特征是高开采、低利用、高排放。曲格平认为，循环经济的特征是低开采、高利用、低排放（曲格平，2001）。

解振华认为，与传统经济发展模式相比，循环经济有三个特点：一是循环经济可以充分提高资源和能源的利用效率，最大限度地减少废物排放，保护生态环境；二是循环经济可以实现社会、经济和环境的“共赢”发展；三是循环经济在不同层面上将生产和消费纳入到一个有机的可持续发展的框架中（解振华，2003）。

赵家荣等认为，循环经济的基本特征是低消耗、低污染、高效率，集中表现在提高资源生产率和降低污染物最终处置量上，即单位资源消耗所创造的国内生产总值的大幅度提高和污染物最终处置率的大幅度降低（赵家荣，2004；谢旭人，2003）。

（三）循环经济的原则

一些学者在“3R原则”的基础上，对循环经济的原则做了一些扩展，补充了一些新的内容。季昆森认为，循环经济遵循的是“4R原则”，除了“3R原则”外，还有一个再思考（Re-think）原则，就是不断深入思考在经济运行中如何系统地避免和减少废弃物，最大限度地提高资源生产率，实现污染排放最小化和废弃物循环利用最大化（季昆森，2004）。

（四）循环经济发展评价研究

建立一套合理、完善的循环经济评价指标体系是循环经济建设的基础性工作，也是考核循环经济发展效果的定量标准。黄贤金等结合国内外循环经济的发展实践，从产业及社会发展、资源减量化、循环利用、污染减排、资源与环境安全等五个方面出发，设计了一套循环经济评价的指标体系，分析了其在第一产业、第二产业、第三产业、城市经济等领域中的应用（黄贤金，2006）；周宏春和刘燕华提出了包括资源效率指标、环境影响指标和社会进步等三个方面的循环经济评价指标体系（周宏春、刘燕华，2005）。牛桂敏依据循环经济的理论内涵和主要目标，以循环经济和生态经济学理论为基础构建循环经济评价指标体系（牛桂敏，2005）。李王锋、张天柱提出了资源型城市循环经济评价指标体系（李王锋、张天柱，2005）。

（五）循环经济的运行机制实现条件

循环经济系统是一个由绿色企业（群）、绿色技术和绿色环境构成的复杂系统。循环经济系统中企业与技术、环境的协同机制、生态位机理和以系统集成的功能经济导向，推动着循环经济系统的演化发展。从宏观上看，产业生态链是推行循环经济的必要条件，市场价格链是推行循环经济的控制条件，政府导向链是推行循环经济的主导条件，绿色消费链是推行循环经济的充分条件。从生态工业园尺度看，责任感、社会规制、经济效益和技术可行性等是其发展的动力驱动机制。此外，有学者从循环型产业的产业特性、结构特性、资源特性等方面分析产业链构成的可能性，进而探讨其实现形式和发展途径。也有学者从绿色供应链角度探讨了在循环经济模式下物质流、能量流、价值流、信息流的运行过程与系统集成。

（六）循环经济运行模式研究

国内学者通过研究提出如下循环经济发展模式：

1. “3＋1”模式。

认为我国的循环经济发展模式不仅包括小循环、中循环、大循环三种基本模式，还包括废物处置和再生产业发展模式。

2. “5＋1”模式。

循环经济体现在经济活动的所有层面上，并分别通过运用3R原则实现物质的闭环流动，因此在我国目前应为“5＋1”模式，即微循环、小循环、中循环、大循环、超大循环、废物处理和再生产业。

3. C模式。

构建城市循环经济发展模式，要考虑城市的自然、经济、社会发展状况和所处的特殊地位，也要慎重、科学地分析城市的发展趋势，由此提出适合我国循环经济发展的C模式。

4. “点、线、面”模式。

山东在发展循环经济方面创建了独具特色的“点、线、面”模式，即建立企业“点”上的小循环，打造行业“线”上的中循环，构建以“点”、“线”为支撑，以社会区域为单元的“面”上大循环。

5. 江苏循环经济发展模式。

江苏省发展实践提出了七种模式：工业生态整合模式、清洁生产模式、产业间多级生态链联结模式、生态农业园模式、家庭型循环经济模式、可再生资源利用为核心的区域循环经济模式以及商业化回收模式。

总体看来，对于循环经济发展模式的分析还不够深入，尤其是我国实行循环经济的时间相对较短，还难以分析模式推行与发展的不同阶段，以及循环经济实施的效果。在城市和大区域层面上构建循环经济模式是一种新的尝试，需要在实践中不断地完善（周杰，2013）。

二、实践应用方面

循环经济由一种理念上升为国家战略行动，在不同地区、不同行业的实践中取得了极为显著的成效。2005 年国务院颁布了《关于加快发展循环经济的若干意见》，把发展循环经济作为建设资源节约型和环境友好型社会的重要手段。2006 年开始，国家在省市、园区、重点行业、重点领域开展了两批国家循环经济示范试点，总结和凝练了 60 个可复制、可推广的循环经济典型模式案例。有关部门先后开展了资源综合利用、园区循环化改造、城市矿产示范基地建设、再制造产业化、大宗固废综合利用、再生资源回收体系建设、餐厨废弃物资源化利用、水泥窑协同处置生活垃圾、工业产品生态设计及循环经济示范市县等试点。通过示范试点，循环经济理念广泛传播，技术装备水平显著提高，政策机制不断完善，商业模式不断创新，引领各行业、各领域、各个层面循环经济向纵深发展，如推进企业间、相关产业间共生耦合，企业循环式生产，园区循环式发展，产业循环式组合，使资源得到循环高效利用，努力实现资源消耗最小化，环境风险最低化，经济效益最大化。国家发展改革委、环境保护部、科学技术部、工业和信息化部、财政部、商务部、国家统计局共同组织开展了国家循环经济试点示范单位的验收工作，2014 年 11 月和 2015 年 5 月分别公布了通过验收的单位名单。

资源循环利用产业体系初步形成。主要由工业资源综合利用产业、农林废弃物资源化利用产业、资源再生利用与再制造产业、垃圾资源化产业、水循环利用产业构成。这五大产业构成了资源循环利用产业体系的主体，技术、装备以及管理水平不断提升，服务能力明显增强，产业规模不断扩大。

综上所述，循环经济是对大量生产、大量消费、大量废弃的传统粗放型发展方式的根本变革；是实现资源永续利用，确保我国资源战略安全的重要保障；是从源头预防环境污染，有效化解环境风险的有效途径；是推动绿色转型发展，建设生态文明，实现全面建成小康社会目标的必然选择。

第五节　标准化基础知识

标准是科技成果转化为产品和生产技术的桥梁和纽带，是进行科技创新的基础和支撑，是推动科技再创新的动力和源泉。2016 年 2 月 1 日国家发展改革委、农业部、国家林业局联合印发《关于加快发展农业循环经济的指导意见》，在“完善制度标准”中明确指出“建立农业和林业节能减排政策制度，完善农业和林业生产的节能减排相关规范和标准体系”；2017 年 4 月 21 日国家发展改革委等 14 个部委联合印发了《关于印发〈循环发展引领行动〉的通知》，对“十三五”期间我国循环经济发展工作做出统一安排和整体部署。在《循环发展引领行动》的“强化循环经济标准和认证制度”中，明确要求

"健全循环经济标准制度。建立完善产品生态设计标准，推动重点行业循环型生产方式技术管理标准化，健全行业循环经济实践技术指南和行业循环经济绩效评价标准。完善产业废弃物综合利用、再生资源回收利用、再制造等标准，加快健全再生原料及产品、餐厨废弃物资源化产品、利废建材等产品标准。深化循环经济标准化试点工作，开展不同行业、领域的循环经济标准化试点示范工作。支持社会团体制定资源循环利用领域的团体标准"。

为推动林产工业循环经济制度建设，应构建林产工业循环经济标准体系，加强林产工业循环经济标准化工作，推动林产工业循环经济发展。

一、标准和标准化概念

（一）标准的定义

国家标准 GB/T 20000.1—2014《标准化工作指南 第1部分：标准化和相关活动的通用词汇》对"标准"的定义："通过标准化活动，按照规定的程序经协商一致制定，为各种活动或其结果提供规则、指南或特性，供共同使用和重复使用的文件"。标准是用来规范和统一人类社会各项生产、工作和管理活动的技术性规定。

《世界贸易组织贸易技术壁垒协议》（WTO/TBT）中对标准的定义："标准是被公认机构批准的、非强制性的、为了通用或反复使用的目的，为产品或其加工或生产方法提供规则、指南或特性的文件"。

标准（含标准样品），是指农业、工业、服务业以及社会事业等领域需要统一的技术要求。根据 2017 年 11 月 4 日中华人民共和国第十二届全国人民代表大会常务委员会第三十次会议修订通过的《中华人民共和国标准化法》，明确农业、工业、服务业以及社会事业的各个领域中，需要统一的技术要求，都应当制定标准。这样能够更好地满足人民群众对美好生活的需要，让标准在满足人民群众对美好生活的向往和追求中发挥作用。农业领域标准，包括种植业、林业、畜牧业、渔业等产业，以及与其直接相关的产前、产中、产后服务等方面需要统一的技术要求，主要包括农业产品（含种子、种苗、种畜、种禽等）的品种、规格、质量、等级、检验、包装、储存、运输以及生产技术、管理技术等的要求。例如，GB/T 15776—2016《造林技术规程》，规定了人工造林（含迹地人工更新）、飞机播种造林、封山封沙育林技术的内容和要求，适用于全国国有造林、集体造林、个体造林和各种形式的合作造林。该标准的发布实施是我国林业生态建设的一件大事，对于进一步规范、指导全国造林工作，科学推进国土绿化，提高科技兴林水平，提升造林质量和成效，推动生态文明和美丽中国建设具有十分重要的意义；GB/T 30600—2014《高标准农田建设通则》规定了高标准农田建设的基本原则、建设区域、建设内容与技术要求、管理要求、监测与评价、建后管护与利用。工业领域标准，包括采矿业、制造业、电力、燃气及水的生产和供应业、建筑业等行业的术语、符号、代号和制图方法，产品的分类、规格、质量、等级、标识或者安全、环保、资源节约要求，以及开采、设计、制造、检验、包装、储存、运输、使用、回收利用或者全生命周期中的安全、环保、资源节约要求，工程建设的勘察、规划、设计、施工（包括安装）、验收和安全要求等。例如，GB 17930—2016《车用汽油》规定了车用汽油的术语和定义、产品分类、技术要求和试验方法、取样、标志、包装、运输和贮存、安全等内容。GB 18580—2017《室内装饰装修材料 人造板及其制品中甲醛释放限量》规定了室内装饰装修用人造板及其制品中甲醛释放限量要求、试验方法、判定规则和检验报告等，适用于纤维板、刨花板、胶合板、细木工板、重组装饰材、单板层积材、集成材、饰面人造板、木质地板、木质墙板、木质门窗等室内用各类人造板及其制品的甲醛释放限量；服务业领域标准，包括生产性服务业（交通运输、邮政快递、科技服务及金融服务等）、生活性服务业（居民和家庭、养老、健康及旅游等）各领域，对服务各要素（供方、顾客、支付、交付和沟通等）提出的服务能力、服务流程、服务设施设备、服务环境、服务评价等管理和服务要求。例如，GB/T 27917.1—2011《快递服务 第 1 部分：基本术语》构建了完整的快递服务术语概念体系，GB/T 27917.2—2011《快递服务 第 2 部分：组织要求》对快递企业的服务能力进行了系统规定。GB/T 27917.3—2011《快递服务 第 3 部分：服务环节》对快递服务的全流程服务要求进行了规定，这三项标准规定了快递作业的“规范动作”，保证了快递服务质量和水平的持续提升。GB/T 14308—2011《旅游饭店星级的划分与评定》规定了旅游饭店星级的划分条件、评定规则及服务质量和管理制度要求，得到了行业、企业和社会公众的广泛认可；社会事业领域需要统一的技术要求，包括国家为了社会公益目的所提供的公共教育、劳动就业创业、社会保险、医疗卫生、社会服务、住房保障、公共文化体育和残疾人服务等基本公共服务，以及政务服务、社会治理、城市管理、公益科技和公共安全等领域的服务功能、质量要求、管理和服务流程、管理技术、监督评价等要求。例如，GB/T 31000—2015《社会治安综合治理基础数据规范》对社会治安综合治理的基础性数据进行了统一和规范，GB/T 33200—2016《社会治安综合治理 综治中心建设与管理规范》对综治中心的建设与管理进行了统一和规范。GB/T 34278—2017《职工基本养老保险个人账户管理规范》对职工基本养老保险个人账户的标识、性质、用途、管理主体和权益维护等做了全面约定，对于进一步规范职工基本养老保险个人账户管理，维护参保对象的基本养老保险权益具有重要意义（甘藏春等，2018）。

制定标准的目的就是“为各种活动或其结果提供规则、指南或特性，供共同使用和重复使用的文件”。标准产生的基础是科学、技术和经验的综合成果。制定标准的对象是“重复性事物”。标准由公认的一定的机构，包括政府、学会协会等社团或企业批准发布。

（二）标准化的定义

国家标准 GB/T 20000.1—2014《标准化工作指南 第 1 部分：标准化和相关活动的通用词汇》对“标准化”定义：“为了既定范围内获得最佳秩序，促进共同效益，对现实问题或潜在问题确立共同使用和重复使用的条款以及编制、发布和应用文件的活动”。

标准化是一个活动过程，主要是制定标准、实施标准进而修订标准的过程，它是一个不断循环、螺旋式上升的运动过程。每完成一个循环，标准的水平就提高一步。标准化是一项有目的的活动，除了为达到预期目的改进产品、过程和服务的适用性之外，还包括防止贸易壁垒，促进技术合作。标准化活动是建立规范的活动，所建立的规范（条款）具有共同使用和重复使用的特征。

二、标准的种类和性质

（一）标准的种类

根据 2017 年 11 月 4 日中华人民共和国第十二届全国人民代表大会常务委员会第三十次会议修订通过的《中华人民共和国标准化法》的规定，我国标准按制定主体分为国家标准、行业标准、地方标准和团体标准、企业标准（图 1-1）。国家标准、行业标准和地方标准属于政府主导制定的标准，团体标准、企业标准属于市场主体自主制定的标准。国家标准由国务院标准化行政主管部门制定，行业标准由国务院有关行政主管部门制定，地方标准由省、自治区、直辖市以及设区的市人民政府标准化行政主管部门制定；团体标准由学会、协会、商会、联合会、产业技术联盟等社会团体制定。企业标准由企业或企业联合制定。

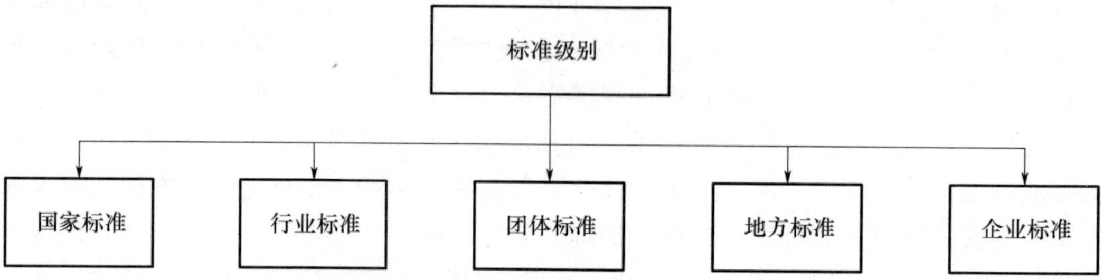

图 1-1　标准级别分类

国家标准、行业标准和地方标准属于政府主导的标准。根据《中华人民共和国标准化法》的规定，国家标准是对全国经济、技术发展有重大意义而必须在全国范围统一的标准，包括强制性国家标准和推荐性国家标准。推荐性国家标准是满足基础通用、与强制性国家标准配套、对各有关行业起引领作用等需要的技术要求，推荐性国家标准由国务院标准化行政主管部门制定；而行业标准是没有推荐性国家标准、需要在全国某个行业范围内统一的技术要求。行业标准由国务院有关行政主管部门制定，报国务院标准化行政主管部门备案；而地方标准是为满足地方自然条件、风俗习惯等特殊技术要求。地方标准由省、自治区、直辖市人民政府标准化行政主管部门制定；设区的市级人民政府标准化行政主管部门根据本行政区域的特殊需要，经所在地省、自治区、直辖市人民政府标准化行政主管部门批准，可以制定本行政区域的地方标准。地方标准由省、自治区、直辖市人民政府标准化行政主管部门报国务院标准化行政主管部门备案，由国务院标准化行政主管部门通报国务院有关行政主管部门。

团体标准、企业标准属于政府市场主导的标准。

团体标准是指有关的学会、协会、商会、联合会以及产业技术联盟等社会团体协调相关市场主体共同制定并发布满足市场和创新需要，由本团体成员约定采用或者按照本团体的规定供社会自愿采用的标准。新标准法要求，制定团体标准，应当遵循开放、透明及公平的原则，保证各参与主体获取相关信息，反映各参与主体的共同需求，并应当组织对标准相关事项进行调查分析、实验和论证。团体标准是新生事物，2014 年国家标准化管理委员会已开始团体标准试点，已有部分团体标准发布，解决了市场部分产业标准不足问题。2015 年 3 月 11 日，国务院发布的《深化标准化工作改革方案》提出开展团体标准试点工作任务。2016 年 3 月 10 日，质检总局、国家标准委印发《关于培育和发展团体标准的指导意见》，标志着我国团体标准培育工作开始走向正轨。2016 年 4 月 25 日，国家质检总局、国标委批准发布《团体标准化 第 1 部分：良好行为指南》等国家标准。2017 年 12 月 26 日，《团体标准管理规定（试行）》发布并实施，该规定其主要目的是为了配套修订后的《中华人民共和国标准化法》，从团体标准的制定、实施和监督等方面提出对修订后的《中华人民共和国标准化法》有关规定的细化落实措施，该规定的出台将会促进修订后的《中华人民共和国标准化法》的贯彻实施，为规范、引导和监督我国团体标准化工作提供有力支撑。截至 2017 年 12 月底，378 个社会团体在全国社会团体标准信息平台上注册，发布实施了《LED 照明应用接口要求：自散热、控制装置分离式 LED 模组的路灯/隧道灯》等 451 项团体标准。

企业标准是企业生产的产品没有国家标准、行业标准和地方标准的，由企业制定的作为组织生产的标准，或在企业内制定适用的高于国家标准、行业标准或地方标准的标准，由企业自行组织制定并进行自我声明公开。企业根据需要自行制定或者与其他企业联合制定企业标准。

这五类标准主要是适用范围不同，不是标准技术水平高低的分级。

（二）按标准实施效力分类

我国标准按实施效力分类，分为强制性标准和推荐性标准，这种分类只适用于政府制定的标准。强制性标准仅有国家标准一级。推荐性标准包括推荐性国家标准、行业标准和地方标准。

强制性标准主要是保障人身健康和生命财产安全、国家安全及生态环境安全。强制性标准是底线，是红线。强制性标准必须执行，不符合强制性标准的产品、服务，不得生产、销售、进口或者提供。违反强制性标准的，依法承担相应的法律责任。修订后的《中华人民共和国标准化法》规定："生产、销售、进口产品或者提供服务不符合强制性标准，或者企业生产的产品、提供的服务不符合其公开标准的技术要求的，依法承担民事责任；生产、销售、进口产品或者提供服务不符合强制性标准的，依照《中华人民共和国产品质量法》、《中华人民共和国进出口商品检验法》、《中华人民共和国消费者权益保护法》等法律、行政法规的规定查处，记入信用记录，并依照有关法律、行政法规的规定予以公示；构成犯罪的，依法追究刑事责任"。

推荐性标准是指导性标准，基本上与 WTO/TBT 对标准的定义接轨，即"由公认机构批准的，非强制性的，为了通用或反复使用的目的，为产品或相关生产方法提供规则、指南或特性的文件。标准也可以包括或专门规定用于产品、加工或生产方法的术语、符号、包装标准或标签要求"。推荐性标准，国家鼓励采用，即企业自愿采用推荐性标准，同时国家将采取一些鼓励和优惠措施，鼓励企业采用推荐性标准。但在有些情况下，推荐性标准的效力会发生转化，必须执行：（1）推荐性标准被相关法律、法规、规章引用，则该推荐性标准具有相应的强制约束力，应当按法律、法规、规章的相关规定予以实施。（2）推荐性标准被企业在产品包装、说明书或者标准信息公共服务平台上进行了自我声明公开的，企业必须执行该推荐性标准。企业生产的产品与明示标准不一致的，依据《产品质量法》承担相应的法律责任。(3) 推荐性标准被合同双方作为产品或服务交付的质量依据的，该推荐性标准对合同双方具有约束力，双方必须执行该推荐性标准，并依据《合同法》的规定承担法律责任。

三、标准的作用

标准在现代社会经济和生活中具有非常重要的作用。标准是国家治理现代化的重要工具，是现代生产社会化和管理现代化的重要技术基础，是提高产品和服务质量，保护人体健康，保障人身、财产安全，维护消费者合法权益的重要手段，是发展市场经济，促进贸易交流的技术纽带。标准的主要作用（甘藏春等，2018)：

（一）提升产品和服务质量

标准决定质量，有什么样的标准就有什么样的质量。一方面，标准是企业组织生产和提供服务的依据。企业严格按照标准要求生产，产品品质才有保证，生产效率才能提高，行业整体质量水平才能得以提升。企业严格按照标准规范服务，才能提高服务质量、保障服务安全、提升用户满意度；另一方面，标准是执法监管和消费者维权的依据。监管部门、检测机构能够依标准执法、依标准检验，依标准维护消费者合法权益。消费者能够依标准选择产品，明白消费，依标准维权。

（二）促进科学技术进步

科学性是标准的本质属性。标准与科技创新具有内在的联系。标准来源于创新，是科技创新成果的总结，同时又是科技成果转化应用的桥梁和纽带。标准的实施过程就是科技成果普及推广的过程，在这个过程中往往会对科技创新提出新的需求，激发科技的再创新，科技再创新成果又能够再次标准化。科技创新不断提升标准水平，标准又不断促进科技成果转化，两者互为基础、互为支撑。随着科技革命和产业变革步伐加快，标准的研发和科技创新联系越来越紧密，越来越趋向同步，标准研制逐步嵌入科技活动的各个环节，为科技成果快速形成产业、进入市场提供重要的支撑和保障。

（三）保障人身健康和生命财产安全，维护国家安全、生态环境安全

人身健康和生命财产安全、国家安全、生态环境安全离不开制度保障。标准作为基础性制度，是国家保障各类安全的技术基础和基本准则。《标准化法》明确强制性标准的制定范围、程序和要求，规范政府部门依法制定实施和适时修订与保障、维护安全相关的产品标准、食品安全标准、污染物排放标准和安全生产标准等，为各类与安全相关的行为、产品和服务等设置底线和门槛，为保障和维护各类安全筑牢屏障。

（四）提高经济社会发展水平

标准是经济社会活动的技术依据，也是国际公认的国家质量基础设施之一，在推动供给质量提升、促进转型升级、引领创新驱动和促进经济社会高质量发展方面都发挥着十分重要的支撑和引领作用。引导和鼓励全社会运用标准化方式组织生产、经营、管理和服务，能够切实提升经济效益、社会效益和生态效益，全面提高经济社会发展水平。

第六节　林产工业循环经济标准化

一、循环经济标准化相关概念

（一）基本概念

循环经济标准化：是指在循环经济领域中，为获得最佳秩序，对实际或潜在的问题制定共同和重复使用的标准的活动。

循环经济标准体系：是指循环经济领域中的标准按其内在联系形成的有机整体。

循环经济标准体系表：是指循环经济标准体系内的标准按一定形式排列起来的图表。

（二）循环经济标准化内涵

循环经济标准化是一种标准化活动，旨在提高资源利用效率和降低污染物排放，对生产、流通和消费等过程中的减量化、再利用、资源化活动制定的共同使用和重复使用的条款的活动。

循环经济标准化就是以减量化、再利用、资源化为核心，运用标准化的手段，加快循环经济先进技术的推广应用，促进经济、社会、环境的可持续发展。循环经济标准化是循环经济发展的重要技术基础。要建设环境友好型、资源节约型社会，实现经济社会的全面协调可持续发展，就必须将循环经济涉及的各个领域、各个流程以及产品设计、生产的全过程纳入规范化、标准化轨道。标准是循环经济发展的基础，是发展循环经济的有效手段之一，如果产品在设计、生产过程中都按照循环经济标准进行，就会取得事半功倍的效果（刘玫，付允，2011）。

二、循环经济标准化特征

从循环经济标准化的发展实践来看，循环经济标准化具有以下特征：

（一）科学性

循环经济的标准化是基于科学与实践经验基础上的，是对科技成果与实践经验的固化与转化。从某种意义上来说，循环经济标准化是科学性与实践性的统一体。如果标准化活动缺少科学性，最终必将是失败的，如果标准化活动缺少实践性，必将是脱离实际，最终将失去指导意义。我们在制定节能标准、节水标准、节材标准以及综合利用标准的过程中，其中的技术参数必须经过实验验证，技术方法必须是科学合理的。循环经济标准化体系应该是在系统思考和发展实际基础上设计构建的，应该体现科学性。所以，科学性是循环经济标准化的根本特征。

（二）导向性

建立循环经济标准是发展循环经济的基础，对循环经济发展具有导向、激励和评价作用。循环经济标准化活动，既是在原有发展基础上的不断总结和完善，又是今后一个时期新的目标和要求。它通过总结过去的实践，设计未来的目标，科学地确定总体标准和分层次、分等级的节能、节水、节材、废物再利用和资源化等领域标准，并以纵横交错的网络方式连结和协调总标准与分标准之间的功能，构成一个彼此协调、相互支持的标准系统和标准网络矩阵，做到循环经济发展的各个环节、各个层次、各个领域都有标准可依，最终通过标准的制定、实施来促进循环经济的发展。

（三）可操作性

在循环经济标准化的全过程中，贯彻标准、实践标准是个关键环节。循环经济标准化的可操作性包含三个方面。一是制定、颁布的标准必须符合实际，具有可操作性。若制定、颁布的标准脱离循环经济发展的基础和现实背景，在实践中无法被采用、贯彻和执行，都是毫无现实意义的。二是标准化的效果只有标准实施以后才能获得，没有付诸实践的标准只能是一纸空文。三是标准的可操作性和适用性必须由实践来检验，只有经过实践才能不断完善标准。如果实践标准的环节中断了，标准的循环发展过程也就中止了，也就称不上标准化了。因此，实践性是循环经济标准化的基础和检验标尺。

（四）协调性

为了使循环经济标准的整体功能达到最佳，并产生实际效果，就必须通过有效的方式协调好系统内外相关因素之间的关系，确定为建立和保持相互一致，适应或平衡关系所必须具备的条件。循环经济涉及节能、节水、节材、节地和废物综合利用、资源化等多个领域，包括国家、区域、园区和企业等多个层次，涵盖生产、流通和消费等多个环节，是一项集经济、技术和社会一体的系统工程。因此，在推进循环经济标准化的过程中，一是制定和实施标准既要考虑和兼顾到各层次、各环节和各领域的特点，又要从整体出发、建立起相互依赖和支持、整体联动和制约的循环经济标准化体系。二是分项标准都是循环经济标准化体系的组成部分，必须啮合于总目标，服务于总标准（刘玫，付允，2011）。

三、标准化对循环经济发展的作用

循环经济以减量化、再利用和资源化为原则，以提高资源利用效率和减少污染物排放为目标，以低消耗、低污染、低排放、高产出、高效益、高效能为特征的绿色生态经济。循环经济是调整产业结构和转变经济发展方式的重要抓手，是实现资源节约与环境友好的重要途径。循环经济标准化是循环经济发展到一定阶段的产物，它贯穿于循环经济发展的各个层次、环节和领域，与循环经济相互依存、密不可分、相互促进。标准化活动在资源节约、清洁生产、资源效率提高、废弃物处理和再生利用、生态环境保护等方面发挥着不可替代的作用。具体来说，标准化是固化先进循环技术的有效工具，是加快循环经济发展的技术支撑，是循环经济执法认证的重要基础，也是评估循环经济绩效的重要依据。

（一）标准化是固化先进循环利用技术的有效工具

标准化工作是循环经济有效运行和发展的前提条件，有助于将先进适用循环技术、循环经济发展经验固化为引导和规范企业行为、指导循环经济发展的标准，是示范推广循环经济先进经验和技术的“固化器”。当今国际经济竞争力的较量，实质在于经济发展质量的较量。技术标准是对产品的质量、规格和检验方法等所作的技术规定，已成为当今国际经济竞争的重要手段。科学先进的技术标准，是抢占市场竞争制高点和主导市场话语权的重要基础，也是提升经济质量竞争力的重要保障。

随着经济全球化的不断升温及“关税壁垒”的逐渐退出，发达国家更加重视产品标准的研发和国家标准建设，“技术标准化、标准专利化、专利垄断化”的产品市场开发模式已经逐渐控制国际市场，最大限度地获取利益。国际标准的制定权可以打破贸易壁垒对经济的负效应，提升在国际贸易体系中的竞争力，增强国家的经济实力。要掌控国际标准制定权，既要不断加大技术研发和产品研发的能力，也要适时将技术创新成果转化为技术标准，并将技术专利融入技术标准中，做到技术的标准化和标准的专利化，最大限度提升我国产品的国际竞争力，最大限度提升我国经济发展的质量。

国家发展改革委先后于 2005 年和 2007 年批准两批国家循环经济试点单位，按照重点行业、重点领域、产业园区和省市四个级别设立了一些试点单位。国家标准委于 2007 年开展国家循环经济标准化试点工作，意在树立一批循环经济标准化示范的典型企业、产业园区和城市，推动企业产业园区建立循环经济标准体系。经过试点，循环型企业和园区积累了一些好的经验，也研发出一些先进适用的循环技术。只有将这些技术和经验形成国家或行业通用标准、技术标准、管理标准和工作标准，才能及时迅速的推广和应用。在循环经济的设计、生产、流通、运输、使用、回收等各个环节制定和使用标准，可以实现各个环节顺畅的衔接、科学的管理和有效的监督，有助于实现“资源—产品—废弃物—再生资源”的物质闭路循环。

（二）标准化是加快循环经济发展的技术支撑

循环经济的发展离不开标准的规范和引导，标准化是连接循环经济在研发、生产、流通、消费等各个环节的纽带，是全面推动节能降耗、资源化利用的重要技术支撑，更是推动循环经济发展的“加速器”。一旦形成循环经济国家标准或行业标准，所有适用组织有责任执行标准规定的相关约束条款，从而有助于约束企业行为，督促企业重视和加快循环经济的发展，为我国转变经济发展方式发挥重要的市场引导作用。

循环经济技术标准将促使企业利用技术手段提高资源利用效率，从源头上减少资源的消耗和污染物的产生；循环经济管理标准将有助于企业完善资源配置、产品设计、生产管理、废物利用及物品运输等方面的制度，促使企业利用管理手段提升资源利用效率，降低废弃物的产生，最大限度地提高企业的经济效益、社会效益和环境效益；循环经济工作标准将有助于明确生产者、消费者和回收者在循环经济方面的责任和义务，使得相关参与方在工作中有的放矢、目标清晰、责任明确。所以，标准化有助于加快循环经济发展的进程，扩大循环经济发展的领域，加深循环经济发展的程度。

（三）标准化是循环经济执法认证的重要基础

标准化是执法者判断循环经济发展、产品的资源节约和废弃物利用状况的重要依据，也是资源规划、资源节约、产品认证的重要基础。我国《循环经济促进法》于 2009 年 1 月 1 日正式实施，成为规范循环经济发展的基本法律。法律是一种以权利和义务为内容的调整人与人之间关系的社会准则，很难用于规范产品的技术特性或特征，而标准可以发挥这一功能，它能起到细化法律行为、填补法律规范空白的作用。《循环经济促进法》对建立循环经济标准体系提出了需求，标准化是全方位执行《循环经济促进法》的重要基础。

另外，认证机构可以根据循环经济标准对企业产品和服务实施认证，从而更好地落实循环经济标准和监督企业行为。所以，标准化是循环经济执法认证的重要基础。

（四）标准化是评估循环经济绩效的基本依据

循环经济发展的程度、广度、深度需要一定的评价尺度，而标准化的最大优势在于可为循环经济绩效评估提供一个权威、可定量、科学合理的标准。资源节约和综合利用标准是评价资源利用效率高低和区域、园区、行业和企业在资源节约和资源化利用过程科学合理程度的标尺。标准化不仅可以建立评估循环经济绩效的指标体系，也可以提供评估循环经济绩效的方法体系、工作程序和人员构成。利用标准化的评估尺度、统一的计量标准、权威的评价指标，可以横向比较不同区域、不同园区、不同企业的循环经济发展绩效，也可以纵向比较同一单位在不同阶段的循环经济发展效果，有助于单位寻找差距、树立目标和锐意追赶（刘玫，付允，2011）。

四、林产工业循环经济标准化定义及其作用

（一）林产工业循环经济标准化定义

林产工业循环经济标准化是为了提高林产工业资源利用效率和降低污染物排放，对林产工业产品设计、生产、流通和消费等过程的减量化、再利用和资源化活动制定共同使用和重复使用的标准，并贯彻实施的标准化活动。

（二）林产工业循环经济标准化作用

林产工业循环经济标准化是节约林产工业资源和提高林产工业资源产出率的重要手段，是减少林产工业生产污染物产生的重要途径，是林产工业循环经济技术推广和稳定运行的重要保障。

五、标准体系与林产工业循环经济标准体系

（一）标准体系

标准体系是技术标准按其内在联系形成的科学的有机整体（中华人民共和国国家质检总局，中国国家标准化管理委员会，2009）。标准体系又可以分解成若干个子体系，每个子体系也是由具有内在联系的技术标准组成，也形成了一个科学的有机整体。子体系和技术标准都有为了完成整体体系的总目标而具有的特定功能，在子体系之间和技术标准之间存在着相互制约、相互作用、相互依赖和相互补充的内在联系，标准体系是一个由技术标准组成的一个系统。标准体系由标准体系的框架图和标准明细表组成，全面成套，不能缺少和遗漏关键标准（程旭，2015）。

（二）林产工业循环经济标准体系

林产工业循环经济标准体系是以“减量化、再利用、资源化”为原则，将林产工业领域的循环经济技术标准按照其内在的联系形成科学的有机整体。

这个定义是基于循环经济标准化和标准体系的概念及林产工业的范畴和特点对林产工业循环经济标准体系进行的界定。

林产工业是国民经济发展的重要产业，但面临着资源供给压力剧增、产品出口越发艰难、安全环保质量要求提升、节能减排要求提高以及企业利润空间缩小等问题。在外部压力和内在需求双重作用下，林产工业施行以减量化、再利用、资源化为特征的循环经济发展模式势在必行。林产工业循环经济标准是固化先进技术的有效工具，是加快林产工业循环经济发展的技术支持，是林产工业循环经济执法的重要基础，是评估林产工业循环经济绩效的重要依据。林产工业循环经济标准既相互联系、又相互制约，环环相扣，指导林产工业生产过程中资源高效利用、环境保护等活动。林产工业循环经济标准体系对指导林产工业资源高效利用、节能减排等具有重要意义。

六、从事林产工业循环经济标准化的相关技术委员会

1. 全国能源基础与管理标准化技术委员会

全国能源基础与管理标准化技术委员会（SAC/TC 20，以下简称“全国能标委”）成立于 1981 年 5 月，是从事全国节能和通用性、基础性、综合性能源标准化的技术工作组织，负责该领域内的标准化技术归口工作。

全国能标委现拥有 7 个分技术委员会，其中与林产工业循环经济联系相对紧密的有省能材料应用技术分技术委员会（SAC/TC 20/SC 5）、新能源和可再生能源分技术委员会SAC/TC 20/SC 6）、林业能源管理分技术委员会（SAC/TC 20/SC 7）。

全国能标委自组建以来，已经组织制修订了 200 余项国家标准，其中能源基础、管理及节能标准 130 余项，基本建立起了节能与综合性能源标准化体系的框架，为全面提高中国的能源科学管理水平、促进全社会节能降耗、提高经济效益和环保效益发挥了重要作用。

2. 全国工业节水标准化技术委员会

全国工业节水标准化技术委员会（SAC/TC 442）于 2008 年 12 月正式成立，接受国家标准化管理委员会的直接领导，是从事全国工业节水和通用性、基础性、综合性用水节水标准化的技术工作组织，负责该领域内的标准化技术归口工作。工业节水标委会的主要研究领域包括：工业节水领域的术语和图形符号；工业节水和用水监测、检验、计量、计算方法；节水产品和节水材料的质量、性能要求；用水产品的水效要求；工业取水定额；用水设备及其系统运行、维护和管理的标准化；用水产品和节水产品质量认证要求；工业取水管理和其他节水技术要求；非常规水资源技术标准化。

工业节水标委会组织制定的标准情况：截至 2010 年 12 月，工业节水标委会归口管理的国家标准共计 41 项，已发布标准 15 项，其中有 8 项已经立项修订，已立项国家标准 26 项。

3. 全国产品回收利用基础与管理标准化技术委员会

全国产品回收利用基础与管理标准化技术委员会（SAC/TC 415）主要负责产品回收利用基础与管理（不含具体的电工电子产品回收利用标准），包括术语、分类、图形符号、识别标志、统计指标及统计信息系统、计算方法、回收利用技术、环境要求、管理规范和评价指标体系等领域的标准化工作。

我国废旧产品和废弃物综合利用标准体系已初步建立，该体系主要由近 100 项国家标准和 100 多项行业标准构成，其中包括强制性国家标准 50 多项。纳入 2008 年 11 月 6 日

发布的《2008—2010 年资源节约与综合利用标准发展规划》中的废旧产品和废弃物综合利用标准达 140 项。

4. 全国环境管理标准化技术委员会

全国环境管理标准化技术委员会（SAC/TC 207）对口于国际标准化组织的环境管理技术委员会（ISO/TC 207），是由原国家技术监督局会同有关政府机构、行业主管部门和研究院所等单位于 1995 年 11 月共同组织成立的。SAC/TC 207 对口国际标准化组织环境管理委员会（ISO/TC 207）的各分技术委员会成立了四个分技术委员会。

5. 全国木材标准化技术委员会

全国木材标准化技术委员会是由国家标准化管理委员会委托国家林业和草原局领导，从事全国木材标准化工作的技术工作组织，负责全国木材专业技术领域的标准化技术归口工作。

该标委会下设基础标准、原木锯材、结构用木材三个分委会。该标委会挂靠中国林业科学研究院木材工业研究所，秘书处也设在该所。

该标委会的专业范围：原木、锯材、防护处理木材、结构用木材、木制半成品和木材基础（含木材解剖、物理力学性质、化学性质、防护和木材检验等方面基础标准）等。

该标委会的工作任务：组织本专业国家标准和行业标准的制修订和研究工作，组织本专业国家标准和行业标准的宣传、贯彻及解释工作，承担国际标准化组织木材技术委员会（ISO/TC 218）的对口标准化技术业务工作。

该标委会于 1984 年 8 月成立。2017 年第四届全国木材标准化技术委员会成立。

截至 2018 年 6 月，该标委会归口管理的已经发布实施的木材标准 234 项，其中国家标准 116 项、林业行业标准 118 项。全国木材标准化技术委员会组织中国专家主导制定了 ISO 17959：2014《实木地板通用要求》（General requirements of solid wood flooring board）、ISO 13601-10：2017《木材物理力学试验方法 木材抗冲击弯曲强度测定》(Physical and Mechanical Properties of Wood-Test Methods for Small Clear Specimen-Part 10：Determination of Impact Bending Strength)、ISO 13601-11：2017《木材物理力学试验方法 木材抗冲击压痕测定》(Physical and Mechanical Properties of Wood-Test Methods for Small Clear Specimen-Part 11：Determination of Resistance to Impact Indentation)、ISO 13601-12：2017《木材物理力学试验方法 木材硬度测定》(Physical and Mechanical Properties of Wood-Test Methods for Small Clear Specimen-Part 12：Determination of Static Hardness)、ISO 13601-17《木材物理力学试验方法 木材顺纹抗压强度测定》（Part 17：Determination of Compression Parallel to grain）等 5 项国际标准。

6. 全国人造板标准化技术委员会

全国人造板标准化技术委员会是由国家标准化管理委员会委托国家林业和草原局领导，从事全国人造板标准化工作的技术工作组织。负责全国人造板标准化技术归口工作。

本标委会的业务范围为：归口管理单板、胶合板、纤维板、刨花板、木质层积材/集成材、人造板饰面材料及饰面人造板、木材工业胶粘剂、木质（基）地板、墙板、楼梯及其他制品、木质（基）复合材类、结构（承重）型人造板及其制品等领域的标准化工作。

全国人造板标委会于 1992 年 12 月成立。经国家标准化管理委员会批准，现任第三届，全国人造板标准化技术委员会现有委员 51 人。本技术委员会及其秘书处挂靠在中国林业科学研究院木材工业研究所。

本标委会工作任务主要包括：负责组织制修订人造板国家标准及行业标准；负责组织本专业的国家标准和行业标准的宣贯工作；承担国际标准化组织人造板技术委员会（ISO/TC 89）对口的标准化技术业务工作。

截至 2018 年 6 月，归口管理已经发布实施的标准共计 157 项，其中国家标准 69 项，林业行业标准 88 项。全国人造板标准化技术委员会组织中国专家主导制定了 ISO 13608：2014《装饰单板贴面胶合板》（Plywood-Decorative veneered plywood）和 ISO 13609：2014《细木工板》（Wood-based panels-Plywood-Blockboards and battenboards）2 项国际标准，实现了中国人造板国际标准研制零的突破。目前正承担 ISO 18775《单板 术语和定义、物理特征及偏差的测定》（Veneers-Terms and definitions，determination of physical characteristics and tolerances）国际标准修订任务。

7. 全国林业生物质材料标准化技术委员会

全国林业生物质材料标准化技术委员会（SAC/TC 416）（以下简称"生物质材料标委会"）由国家标准化管理委员会批准成立，委托国家林业和草原局领导，从事林业生物质材料标准化的技术工作组织，负责全国林业生物质材料标准化技术归口管理工作，于 2009 年 4 月正式成立。

业务范围：主要负责以林业植物原料为主制造加工的材料以及以生物质原料经化学、生物加工制成的材料与产品等领域的标准化工作。林业植物原料以灌木、椰棕、农作物秸秆等植物原料为主。林业生物质材料主要包括国民经济产业分类"木竹藤棕草加工业"中的棕草加工与非木材复合材料，如木塑复合材料、软木、麦（稻）秸秆刨花板、喷播木质纤维、椰棕纤维及其产品等。

主要工作任务：负责组织制修订林业生物质材料国家标准及行业标准；负责组织本专业的国家标准和行业标准的宣贯工作。

经国家标准化管理委员会批准，2017 年 2 月成立的第二届技术委员会委员为 32 人。本技术委员会挂靠在中国林业科学研究院木材工业研究所，其秘书处也设在该所。

截至 2018 年 6 月，由全国林业生物质材料标准化技术委员会归口管理已经颁布实施的标准共计 43 项，其中国家标准 21 项，行业标准 22 项；在研标准共计 5 项，均为行业标准。

8. 全国造纸工业标准化技术委员会

全国造纸工业标准化技术委员会（SAC/TC 141），是由国家标准化管理委员会（SAC）会同国家轻工业联合会等有关行政主管部门统筹组建的，负责造纸产品和方法的国家标准及行业标准的归口（解释）管理工作，组织造纸行业内相关的国家标准、行业标准的制修订及复审工作。

为便于开展标准化工作，根据造纸生产工艺特点、产品性能和使用范围下设了 8 个分标委会：印刷用纸和纸板分技术委员会（SAC/TC 141/SC 1）、文化办公用纸和纸板分技术委员会（SAC/TC 141/SC 2）、包装用纸和纸板分技术委员会（SAC/TC 141/SC 3）、技术用纸和纸板分技术委员会（SAC/TC 141/SC 4）、生活用纸和纸板分技术委员会（SAC/

TC 141/SC 5)、特种纸分技术委员会（SAC/TC 141/SC 6)、竹浆分技术委员会（SAC/TC 141/SC 7)、造纸纤维原料分技术委员（SAC/TC 141/SC 8)。

9. 全国家具标准化技术委员会

全国家具标准化技术委员会（SAC/TC 480)，2009 年 5 月 13 日经国家标准化管理委员会批准成立，秘书处由上海市质量监督检验技术研究院和广东产品质量监督检验研究院联合承担。

主要负责家具领域内家具国家标准的制修订及其管理工作。围绕家具标准体系，开展家具通用基础标准、健康安全标准、产品标准、检测方法标准、资源节约与综合利用标准、管理标准等的制修订及管理工作。对口国际标准化组织家具技术委员会（ISO/TC 136)。

除上述林产工业标准化技术委员会外，与之有关的标准化技术委员还有全国竹藤标准化技术委员会（SAC/TC 263)、全国生物质基材料及降解制品标准化技术委员会（SAC/TC 380）等，这些委员会负责竹藤、生物质基材料及降解制品等领域标准的制修订工作。

第二章　发展林产工业循环经济的重要意义

第一节　发展林产工业的重要意义

一、林产工业定义及其研究范围

林产工业是对森林资源采用机械、化学或生物加工技术生产林产品的产业，是我国林业的重要组成部分，是林业产业的主体。根据 GB/T 4754—2002《国民经济行业分类》，林产工业主要包括木材加工，木家具制造，纸浆和造纸 ，林产化工 4 个产业，其中主要产品包括木材及其产品、锯材、人造板、木质门窗、木地板、木质家具、纸和纸板及活性炭等产品。

林产工业是资源可再生型产业，利用中国丰富的山地、水、热和劳动力资源为基础发展林产工业，对中国林业经济乃至国民经济的发展都发挥了非常重要的作用。

二、发展林产工业的重要意义

1. 发展林产工业，为全社会提供各种林产工业产品，支撑社会发展

林产工业已成为国民经济的重要组成部分，发展林产工业，为全社会提供各种林产品，支撑社会发展。中国已成为世界林产工业产品生产和出口大国。胶合板、中密度纤维板、脂松香、木家具等林产工业产品产量和出口量居世界第一；纸和纸板总生产量和消费量居世界第一。随着工业生产和科学技术的不断发展，林产工业产品的种类越来越多，用途越来越广。人造板的主要种类有胶合板、纤维板、刨花板、细木工板等，都能代替板材使用；特种胶合板可用于制造车船和飞机；软质纤维板有弹性，能吸声，能减少噪声，能保温，又是一种良好的绝缘材料；木材经过化学处理，可制成光亮美丽的人造丝和柔软暖和的人造毛。木质家具是人民工作和生活不可缺少的重要用品。纸制品作为生产资料用于新闻、出版、印刷及商品包装等领域。木材经过水解，可制造出多种糖类以及甲醛、糠醛和挥发性有机酸。糖类经过发酵，又能制造出酒精、液体二氧化碳和干冰、饲料酵母以及木素等产品。木材经过热解，可得到木炭、木煤气和粗木醋酸。木材水解、热解产品，已被广泛应用于金属冶炼、军工、纺织、医药和食品等工业部门。

从 20 世纪 60 年代发展至今，我国林产工业经历了从原始初级产品加工向规模化、产品系列化、现代化生产的跨越式发展。林产工业产品的种类也从单一锯材加工逐步扩大发展为涵盖木材、锯材、防腐木与阻燃木材、人造板、木地板、木质装饰材料、强化木、木家具、工程木构件、木结构建筑、木竹产品、木制工艺品（木雕等）及其他木制品、松

香、松脂、热解产品、活性炭、纸浆和纸等多种产品，其产业面覆盖人造板制造业、木材生产及木制品生产业、家具制造业、造纸业等国民经济产业，其应用也广泛深入到建筑、轻工、装修、交通、采矿、化工等广泛领域。

2016 年我国林业产业总产值达到 6.5 万亿元，林产工业规模不断扩大。我国已经发展为世界第一木材工业大国，锯材、木材、人造板产品、木质家具是木材工业的主要产品。2010 年以来，我国人造板、木地板和木家具年产量位居世界第一。根据国家林业局《中国林业发展报告 2017》统计，2016 年全国原木产量为 7125.45 万立方米，锯材产量为 7716.14 万立方米，人造板产量为 3.00 亿立方米，木竹地板产量为 8.38 亿平方米，全国木家具总产量为 26051.66 万件；纸和纸板总产量为 10855 万吨，纸浆产量为 7925 万吨，其中木浆产量为 966 万吨；全国林产化工产品产量有所增长，其中松香类产品产量为 183.87 万吨，松节类产品产量为 27.38 万吨，热解产品（木炭、竹炭、活性炭）产量为 176.67 万吨，栲胶类产品、紫胶类产品、樟脑、冰片等林化产品总产量为 3.12 万吨。2016 年全国林产品进出口贸易总额为 1351.02 亿美元。1981—2016 年的我国主要林产工业产品产量见表 2-1。

表 2-1　全国历年主要林产工业产品产量

年份	木材（万立方米）	锯材（万立方米）	竹材（万根）	胶合板（万立方米）	纤维板（万立方米）	刨花板（万立方米）	木竹地板（万平方米）
1981	4942.31	1301.06	8656	35.11	56.83	7.67	
1982	5041.25	1360.85	10183	39.41	66.99	10.27	
1983	5232.32	1394.48	9601	45.48	73.45	12.74	
1984	6384.81	1508.59	9117	48.97	73.59	16.48	
1985	6323.44	1590.76	5641	53.87	89.5	18.21	
1986	6502.42	1505.2	7716	61.08	102.7	21.03	
1987	6407.86	1471.91	11855	77.63	120.65	37.78	
1988	6217.6	1468.4	26211	82.69	148.41	48.31	
1989	5801.8	1393.3	15238	72.78	144.27	44.2	
1990	5571	1284.9	18714	75.87	117.24	42.8	
1991	5807.3	1141.5	29173	105.4	117.43	61.38	
1992	6173.6	1118.7	40430	156.47	144.45	115.85	375.05
1993	6392.2	1401.3	43356	212.45	180.97	157.13	483.15
1994	6615.1	1294.3	50430	260.62	193.03	168.2	696.63
1995	6766.9	4183.8	44792	759.26	216.4	435.1	1256.64
1996	6710.27	2442.4	42175	490.32	205.5	338.28	2293.7
1997	6394.79	2012.4	44921	758.45	275.92	360.44	1894.39
1998	5966.2	1787.6	69253	446.52	219.51	266.3	2643.17
1999	5236.8	1585.94	53921	727.64	390.59	240.96	3204.58
2000	4723.97	634.44	56183	992.54	514.43	286.77	3319.25

续表

年份	木材（万立方米）	锯材（万立方米）	竹材（万根）	胶合板（万立方米）	纤维板（万立方米）	刨花板（万立方米）	木竹地板（万平方米）
2001	4552.03	763.83	58146	904.51	570.11	344.53	4849.06
2002	4436.07	851.61	66811	1135.21	767.42	369.31	4976.99
2003	4758.87	1126.87	96867	2102.35	1128.33	547.41	8642.46
2004	5197.33	1532.54	109846	2098.62	1560.46	642.92	12300.47
2005	5560.31	1790.29	115174	2514.97	2060.56	576.08	17322.79
2006	6611.78	2486.46	131176	2728.78	2466.6	843.26	23398.99
2007	6976.65	2829.1	139761	3561.56	2729.85	829.07	34343.25
2008	8108.34	2840.95	126220	3540.86	2906.56	1142.23	37689.43
2009	7068.29	3229.77	135650	4451.24	3488.56	1431	37753.2
2010	8089.62	3722.63	143008	7139.66	4354.54	1264	47917.15
2011	8145.92	4460.25	153929	9869.63	5562.12	2559.39	62908.25
2012	8174.87	5568.19	164412	10981.17	5800.35	2349.55	60430.54
2013	8438.5	6297.6	187685	13725.19	6402.1	1884.95	68925.68
2014	8233.3	6836.98	222440	14970.03	6462.63	2087.53	76022.4
2015	7218	7430	235466	16546	6619	2030	77356
2016	7776	7716	250630	17756	6651	3650	83799

注：数据来源于《中国林业发展报告 2017》。

2. 发展林产工业，推动人工林资源培育，促进林区和农村经济发展

发达的林产工业，必须有充足的森林资源原料为保障。发展林产工业，可调动林区尤其是山区、边远地区、民族聚集区群众的造林积极性，也有效推动了中国林区的建设和发展。发展林产工业对木材的大量需求拉动了人工林迅速发展，这也是中国人工林保有面积成为世界第一的重要原因。根据《中国森林资源（2009—2013 年）》数据，人工林面积从原来的 6169 万公顷增加到 6933 万公顷，增加了 764 万公顷；人工林蓄积从原来的 19.61 亿立方米增加到 24.83 亿立方米，增加了 5.22 亿立方米。人工林保有面积为减排二氧化碳和缓解气候变暖做出了积极贡献。江苏省苏北、山东临沂、河北廊坊等地的人工林杨木和广西桉木人工林资源的培育，有效地促进了当地杨木和桉木加工，不仅增加了当地农民的收入，也有效促进了中国林业经济的发展。根据《中国林业发展报告 2017》，2016 年中国林产工业产值为 1.2 万亿元。

3. 发展林产工业，解决中国木材供需矛盾，满足社会对林产工业产品的需求

随着我国国民经济的不断发展和消费观念的不断变化，全社会对林产工业产品的需要量越来越大，产品质量档次要求也越来越高，人均木材和纸张消费水平将会有较大提高。我国是世界上人口最多的国家，也是经济发展最快的国家之一，对木材的需求量十分巨大，供需矛盾相当突出，国内木材结构性资源短缺日显突出。我国已成为木材消耗大国，2001 年全国木材消耗量为 1.83 亿立方米，2005 年达到 3.82 亿立方米，2009 年为 4.22 亿立方米，2010 年为 4.32 亿立方米，2013 年为 5.22 亿立方米，2016 年达到 5.58 亿立方

米。2017 年国家林业局决定全面停止天然林采伐，对中国木材供应安全提出新的挑战。随着环境的不断恶化，世界各国对环境的重视程度不断提高，世界各国的木材产量都有所控制，因此单纯地依靠进口木材从长期发展来看是不现实的。木材是一种可再生的资源，曾经“以钢代木，以塑代木”，既浪费了资源，也不符合未来经济的发展方向。因此大力发展林产工业，推进产业结构升级与优化，提高木材利用率，可有效解决我国木材供需矛盾，以满足我国国民经济发展的需要。

4. 发展林产工业，吸纳社会劳动力，为社会稳定发挥重要作用

林产工业基本属于劳动密集型产业，可大力吸纳人员就业。近年来，由于木竹加工业、人造板制造业和木浆造纸业等产业的快速发展，为社会拓宽了就业渠道，吸纳了城乡大量社会劳动力。根据《中国统计年鉴 2017》，对 2016 年我国年主营业务收入 2000 万元及以上的林产工业法人单位就业人数进行统计，2016 年林产工业企业全年就业人数为 4662.48 万人，其中木材加工和木竹藤棕草制品业全年就业人数为 1671.96 万人，家具制造业全年就业人数为 1465.20 万人，造纸和纸制品制造业全年就业人数为 1525.32 万人。这些还不包括年主营业务收入 2000 万元及以下的林产工业法人单位就业人数。随着林产工业的不断发展，在安置和增加就业方面将会发挥重要作用。

林产工业是国民经济的重要产业，在生产社会需求的林产工业产品、解决木材供需矛盾、推动农民致富、增加就业、促进林业发展等方面发挥着重要作用。

第二节　林产工业循环经济产业体系及其主要工作内容

一、林产工业循环经济的定义

根据循环经济的定义，结合林产工业产业的特点，对林产工业循环经济进行定义：

林产工业循环经济，是一种以林产工业资源的高效利用和循环利用为核心，以“减量化、再利用、资源化”为原则，以低消耗、低排放、高效率为基本特征，将循环理念贯穿生产至消费全过程，实现林产工业资源的多级循环利用和生产性活动对环境的危害最小的一种林业经济发展模式。

林产工业循环经济的实质就是要发展环境友好型林产工业，充分、合理利用自然资源和环境容量，实现林产工业生产、流通和消费过程的减量化、再利用和资源化，在保护生态环境的同时兼顾经济效益，实现生态林业和民生林业的协调平衡发展。

二、林产工业循环经济产业体系

党的十八届五中全会提出创新、协调、绿色、开放、共享的发展新理念，要求“推动建立绿色低碳循环发展产业体系”。结合林产工业的特点，需要构建构建循环型林产工业体系、培育循环型社会作为中国林产工业循环经济产业发展方向。

（一）构建循环型林产工业体系

在木材加工、造纸、林产化工等工业领域全面推行循环型生产方式，实施清洁生产，促进源头减量；推进企业间、行业间、产业间共生耦合，形成循环链接的产业体系；鼓励

产业集聚发展，实施园区循环化改造，实现能源梯级利用、水资源循环利用、废物交换利用、土地节约集约利用，促进企业循环式生产、园区循环式发展、产业循环式组合，构建循环型林产工业体系。

大力推广环保性的木材防腐防虫、木材改性、木材漂白和染色技术，减少林木病虫害防治、木材化学处理使用的化学药剂用量；促进林业机械及其设施节能减排。大力发展节能林业机械技术，推动木材、竹材加工设备节能改造，特别是木材干燥设备节能技术推广，加快淘汰高耗能落后工艺、技术和设备。鼓励林区林业生产使用生物质能、太阳能、风能等可再生能源。

鼓励利用木、竹、藤等采伐、造材、加工等林业废弃物和次小薪材生产人造板、造纸、活性炭、竹炭、酒精等林化产品、生物质能源，以及延伸加工利用；鼓励对食用菌培养基进行再利用；鼓励利用城市园林绿地废弃物进行堆肥、生产园林有机覆盖物、生产生物质固体成型燃料、生产人造板、制作食用菌棒等；发展城市屋顶绿化、建筑墙体垂直绿化等，增强吸附空气污染物，缓解城市热岛效应，拓展绿色空间。

构建复合型林业循环经济产业链。推进林、竹、藤种植于与加工、生物质能源、旅游等循环链接，形成高效的跨企业、跨林户的循环经济联合体，构建林、果、畜禽、茶、加工、能源、物流、旅游一体化，和林业一、二、三产业联动发展的现代复合型循环经济产业体系，重点发展林板一体化、林纸一体化、林能一体化，发展森林生态旅游。

推进林业废弃物循环利用。推动建立废弃木质家具、木质包装、城市园林绿地废弃物的回收利用体系，推进废弃木、竹、藤等废弃物综合利用和循环利用；鼓励利用采伐、造材、加工等林业废弃物，开展热、电、油、林化产品等生物质联产项目。

（二）培育循环型社会

加快完善林业废弃资源分类回收体系，推动再生资源利用产业化；推行绿色消费，促进社会层面循环经济发展。

三、林产工业循环经济的重要工作内容

（一）推进林业生产加工利用减量化

采取改进设计、使用清洁的能源和原料、改善管理、提高综合利用等措施，应用先进的工艺、技术和装备，减少木、竹、藤材加工、林产化工、制浆造纸等林产工业生产过程中的原材料消耗，提高原材料利用效率，减少废弃物和污染物排放。

（二）推进林业废弃物和废弃林产品的资源化利用和循环利用

利用木、竹、藤材采伐、造材、加工过程的废弃物和次小薪材生产人造板、造纸、活性炭、竹炭、酒精等林产品和生物质能源，以及延伸加工利用；对废弃的食用菌培养基进行再利用；利用城市园林绿地废弃物进行堆肥、生产园林有机覆盖物、生产生物质固体成型燃料、生产人造板、制作食用菌棒等；经济林和果树修剪枝桠材（废弃物）、林产品加工副产物等的资源化利用。

推动建立废弃木质家具、木质包装、废纸等废弃林产品的回收利用体系，推进废弃林产品的综合利用和循环利用；利用木、竹、藤的采伐、造材、加工废弃物，开展热、电、

油、林化产品等生物质联产项目。

（三）推进清洁生产

大力推广林业生物防治技术，引导林业森林病虫害防治使用低毒无毒农药。推进木竹藤材加工、人造板、木地板、防腐木材、木家具、木门窗、木楼梯、木质装饰材料等木材加工和林产化学加工企业清洁生产，大力推进环保性的木材防腐防虫、木材改性、木材漂白和染色技术。推进环保性的制浆造纸、林产化学产品制造技术，减少木材化学处理的化学药剂用量，降低环境污染。

（四）推进林业节能减排

促进林业机械及其设施节能减排。大力发展节能林业机械技术，推动木材、竹材、藤材加工设备节能改造，特别是木材干燥设备节能技术推广，加快淘汰高耗能落后工艺、技术和设备。鼓励林区林业生产使用生物质能、太阳能、风能等可再生能源。

（五）拓展和构建林业循环经济复合产业链

推进林、竹、藤种植与加工、生物质能源、旅游等循环链接，形成高效的跨企业、跨林户的循环经济联合体，构建林、果、畜禽、茶、加工、能源、物流、旅游一体化，和林业一、二、三产业联动发展的现代复合型循环经济产业体系，重点发展林板一体化、林纸一体化、林能一体化，发展森林生态旅游。

第三节 发展林产工业循环经济的重要意义

近年来，我国现代林产工业发展取得了巨大成就，但在国家生态安全和木材安全保障的压力越来越大的形势下，林产工业发展已经到了必须加快转变发展方式，要坚定不移地学习和贯彻习近平新时代中国特色社会主义思想与党的十九大精神，把发展林产工业循环经济放在大力推进林业现代化、加快转变林业发展方式的突出位置，发展林产工业循环经济、发展林业绿色产业势在必行。

一、以保护生态环境和建设美丽中国为目标，发展林产工业循环经济，是坚决落实绿色发展理念和实施绿色低碳循环发展的必然选择

党中央和国务院高度重视发展循环经济和绿色发展。2012 年 11 月中共中央十八大报告中指出大力推进生态文明建设，着力推进绿色发展、循环发展、低碳发展（周宏春，2013；李苗，2015）；2013 年 1 月 23 日国务院印发了《循环经济发展战略及近期行动计划》的通知（国发［2013］5 号），2015 年 5 月 8 日，国务院发布了《中国制造 2025》，强调发展循环经济，提高资源回收利用效率（黄群慧，贺俊，2015）。2015 年工业和信息化部《工业绿色发展规划（2016—2020 年）》（工信部规［2016］225 号）发布，要求以传统工业绿色化改造为重点，要紧紧围绕资源能源利用效率提升，以及清洁生产水平提升，走低碳、循环的绿色发展道路（李文娟，2016）。2015 年 10 月 30 日，党的十八届五中全会提出创新、协调、绿色、开放、共享的发展新理念，并指出要“坚持绿色发展，必须坚持节约资源和保护环境的基本国策，坚持可持续发展，坚定走生产发展、生活富裕、生态良

好的文明发展道路，加快建设资源节约型、环境友好型社会”；2016 年 2 月 1 日国家发展改革委、农业部、国家林业局联合发布了《关于加快发展农业循环经济的指导意见》（发改环资〔2016〕203 号），大力发展农林业循环经济。

2016 年 9 月 29 日，工信部办公厅发布《关于开展绿色制造体系建设的通知》，提出建立绿色制造体系，把绿色制造体系打造成为制造业绿色转型升级的示范标杆、参与国际竞争的领军力量（付保宗，2015）。2017 年 1 月 05 日，国务院发布《关于印发“十三五”节能减排综合工作方案的通知》（国发〔2016〕74 号），强调大力发展循环经济，从全面推动园区循环化改造、加强城市废弃物规范有序处理、促进资源循环利用产业提质升级、统筹推进大宗固体废弃物综合利用、加快互联网与资源循环利用融合发展五大方面进行工作部署；2017 年 4 月 21 日国家发展改革委等 14 个部委联合印发的《循环发展引领行动》的“推动产业循环式组合”中，要求“加强农林废弃物资源化利用。开展农业废弃物资源化利用试点。推动农作物秸秆肥料化、饲料化、燃料化、基料化和原料化利用。鼓励利用林业剩余物生产板材、纸张、活性炭及颗粒、液体燃料生物质能源等”，“推进农林加工副产物综合利用。推进废旧农膜、灌溉器材、农药兽药疫苗容器、渔具渔船等回收利用。到 2020 年，农作物秸秆综合利用率达到 85%，林业剩余物综合利用率达到 60%”，“开展新品种废弃物回收利用示范。推动建立废旧木质家具、木质包装等废弃竹木产品的回收利用体系”。

党的十九大报告的“加快生态文明体制改革，建设美丽中国”新时代工作任务中，明确提出“推进绿色发展。加快建立绿色生产和消费的法律制度和政策导向，建立健全绿色低碳循环发展的经济体系”；“推进资源全面节约和循环利用，实施国家节水行动，降低能耗、物耗，实现生产系统和生活系统循环链接”。

2018 年 1 月《中共中央国务院关于实施乡村振兴战略的意见》，也提出了“坚持人与自然和谐共生。牢固树立和践行绿水青山就是金山银山的理念，落实节约优先、保护优先、自然恢复为主的方针，统筹山水林田湖草系统治理，严守生态保护红线，以绿色发展引领乡村振兴”，“加强农业面源污染防治，开展农业绿色发展行动，实现投入品减量化、生产清洁化、废弃物资源化、产业模式生态化”。

林产工业作为中国工业的组成部分，应坚决落实绿色发展理念，坚定不移地落实《循环发展引领行动》内容，实施林产工业的绿色、低碳、循环发展，实现节能减排，保护环境和建设美丽中国的目标。

二、以实现产业转型升级为目标，发展林产工业循环经济，是适应不断增加的林产工业环境污染与严格的环保治理政策迫切要求

林产工业生产使用的煤炭能源会产生污染，生产过程中也会产生一定的工业污染物，其中包括产品生产过程中产生的固体废弃物、工业废水和生活废水、废气等。

随着全国各地雾霾灾害大面积发生，中央政府和各级地方政府大力推动实施的严格清洁空气行动计划；国家颁布了严格的环境保护法，各地方政府也相继颁布了严格的地方法规或出台严格的环保标准，加强工业环境治理，对林产工业产业也提出了更高的要求。

2012 年颁布实施的国家标准 GB 3095—2012《环境空气质量标准》，引发了社会对空气质量和雾霾的关注，有力推动了中央和地方政府加强环境治理工作。2012 年 8 月北京市经信委、北京市环保局联合印发了《北京市工业大气污染治行动计划（2012—2020 年）》，该计划规定现有北京地区企业尤其是家具制造业到 2015 年使用低挥发性涂料比例不能低于 30%（吴兑，2012）。

2014 年，国务院发布大气污染防治十条措施中要求“减少污染物排放”、“严控高耗能、高污染行业新增产能”、“大力推行清洁生产，重点行业主要大气污染物排放强度到 2017 年底下降 30%以上”、“用法律、标准倒逼产业转型升级”。环保部印发的《全国生态保护“十三五”规划纲要》中，明确要“大力推进污染物达标排放和总量减排”，实施工业污染源全面达标排放计划。完善污染物排放标准体系，加强工业污染源监督性监测，公布未达标企业名单，实施限期整改。改革主要污染物总量控制制度，扩大污染物总量控制范围。在重点区域、重点行业推进挥发性有机物排放总量控制，全国排放总量下降 10%以上。对中小型燃煤设施、城中村和城乡结合区域等实施清洁能源替代工程。沿海和汇入富营养化湖库的河流沿线所有地级及以上城市实施总氮排放总量控制。实施重点行业清洁生产改造。随着中国对环境保护的逐步重视，各地环保部门对工业企业污染物排放管理也日益严格，相关政策密集出台。

2014 年 4 月 28 日发布的国家标准 GB 13271—2014《锅炉大气污染物排放标准》，增加了对燃煤锅炉（自然通风炉）氮氧化物的排放限量要求，而且提高了各项污染物排放限量要求，其中燃煤锅炉（自然通风炉）氮氧化物的限量值为 300mg/m^3，燃煤锅炉烟尘排放要求从修订前的 80mg/m^{3}提高到 50mg/m^3，二氧化硫排放要求从修订前的 900mg/m^{3}提高到 300mg/m^3，燃油锅炉和燃气锅炉的污染物排放限量要求也相应提高。

2014 年环保部将胶合板、纤维板和刨花板列入“《环境保护综合名录（2014 年版）》高污染、高环境风险”产品目录，导致 2015 年人造板企业原来享受的增值税退税政策取消，对人造板产业发展影响极大（叶克林，2016）。经国家林业局多方协调，国家环境保护部发布了相关文件，对符合相关标准要求的胶合板、纤维板、刨花板产品的产品，不列入“高污染、高环境风险”产品名录。该事件对林产工业环保治理，推动林产工业循环经济影响深远。

2015 年 1 月 1 日，实施 25 年的《中华人民共和国环境保护法》首次修订后开始实施，加大了执法力度，其主要表现一是经济处罚力度加大；二是行政处罚力度加大；三是涉及违法企业的相关领导负连带责任。

2015 年 5 月，北京市发布了 DB11 139—2015《锅炉大气污染物排放标准》、DB11 1202—2015《木质家具制造业大气污染物排放标准》等 5 项与大气污染排放相关的地方标准。其中，DB11 139—2015《锅炉大气污染物排放标准》重点控制氮氧化物排放，其排放限量要求由 150mg/m^{3}提高到 80mg/m^3，2017 年 4 月 1 日后新建锅炉排放限量要求提高到 30mg/m^3。DB11 1202—2015《木质家具制造业大气污染物排放标准》标准规定，现有污染源从 2015 年 5 月开始到 2016 年 12 月 31 日，企业生产使用的处于即用状态的涂料挥发性有机物含量限值为 500g/L，对通过设备（车间）排气筒排放的各类大气污染物的最高允许排放浓度限制都进行了规定，其中苯为 0.5mg/m^3、苯系物为 15mg/m^3、非甲烷总烃为 40mg/m^3、颗粒物为 10mg/m^3，标准对厂区边界、非封闭喷漆车间工位、封闭喷漆车间可以打开的门窗口等无组织挥发性有机化合物排放监控点浓度限值也做出了要求。该标准不仅适用于木制家具企业，对于木门窗、地板制造以及木制品容器制造企业的大气排放管理同样适用。

2015 年 9 月 15 日，北京市发布《挥发性有机物排污收费标准》，要求木家具等产生挥发性有机化合物的行业超标排放必须缴纳排污费（曹晓凡，2016）。2016 年 11 月 29 日，国家环保部下发了《关于实施工业污染源全面达标排放计划的通知》（环环监［2016］172 号），对工业污染源排放提出了更高的要求。

2014 年国务院发布的“大气污染防治十条”，推动了全国环境保护风暴，全国重点木材工业产区都受到了全面冲击，当地政府加大了对木材工业的综合整治，使全国木材工业环境保护治理迈上新征程，也全力推动了木材工业产业转型升级。2015 年福建省漳州市开展对漳州胶合板产业集中环境治理，这是地方政府第一次重拳出击治理木材工业环境问题，随后波及全国。我们收集整理了 2015—2017 年全国 5 个重点木材工业产区环境污染治理与产业转型升级案例（见本节的专栏内容）。这 5 个案例分别为：漳州胶合板产业集中整治、河北省廊坊市文安县人造板产业环境整治、浙江省湖州市南浔区木业环境整治、广西贵港木材加工业的环境污染整治案例和山东省临沂市兰山区政府的木业转型升级意见。从这些案例中可见，全国重点木材工业产区地方政府，根据党中央和国务院绿色发展的新要求和面临的新形势，高度重视木材工业环境保护工作，加快了木材工业环境治理，提出了木材工业转型升级的意见和政策安排。

全国人造板行业加大了环保设施的投入力度，情况有较大改善，但整体达标形势依然不容乐观。在中央环保督察中，河北文安、山东菏泽、四川成都等木材加工产业聚集区成为重点区域，部分环保不达标的木材加工企业被强制关停，给行业的发展敲响了警钟。同时，绿色消费正成为一种新的消费方式，环保、绿色、优质人造板产品越来越受到消费者的青睐。中国人造板产业技术进步和装备升级促进了产品质量不断提高，环保绿色优质人造板产品的供给不断增加。根据 2018 年 5 月开始实施的强制性国家标准 GB 18580—2017《室内装饰装修材料 室内用人造板及其制品甲醛释放限量》规定，E_2 级产品取消，也就是将被强制淘汰并退出市场，而游离甲醛释放量更低或无醛添加产品将成为骨干企业的主流产品。

不断提升的严格的环境保护要求，迫使林产工业以保护生态环境和应对全球气候变化为目标，必须加快转变发展方式，发展林产工业循环经济，不断增加可利用资源和提高资源利用率，满足经济社会发展和人民生活水平提高对森林资源的需求，推动产业转型升级。

三、以推进林业剩余物循环利用为目标，发展林产工业循环经济，是保障中国木材安全和建设节约型社会的重要举措

木材资源已经成为我国重要的战略性资源。我国是世界上人口最多的国家，也是经济发展最快的国家之一，我国已成为木材消耗大国，对中国木材供应安全提出新的

挑战。

林业剩余物（废弃物）是指林业生产和加工过程中产生的剩余物，包括林木采伐和造材剩余物、木材加工剩余物、竹材采伐和加工剩余物、森林抚育与间伐剩余物、城市园林绿化废弃物、经济林修剪废弃物、废弃木质材料等7大类。经测算，2014年全国林业剩余物总量为4.54亿吨。其中，林木采伐和造材剩余物为5201.72万吨，木材加工剩余物为2259.34万吨，森林抚育与间伐剩余物为8336.83万吨，竹材采伐和加工剩余物为6005.87万吨，城市园林绿化废弃物为2427.21万吨，经济林修剪废弃物为14174.00万吨，废弃木质材料为7000万吨（段新芳，2016）。

充分利用林业剩余物发展以人造板为主要产品的林产工业，是发展林产工业循环经济、实现综合利用是解决木材供应安全的重要举措。

我国木材资源高效利用和综合利用水平较低，废弃木材回收与循环利用有所进展。我国的森林采伐利用率为61%，木材综合利用率为63%，而发达国家木材综合利用率都在85%以上；我国废纸回收率低于30%，而芬兰接近100%、德国83%、日本78%、美国50%；我国废弃木材回收和循环利用率很低。按现有生产规模和加工能力推算，森林采伐利用率和木材综合利用率如提高1个百分点，相当于增加木材供给100万立方米和40万立方米；我国全国城镇每年垃圾产量60亿吨，其中1%为废弃的木材，如果对其回收利用，相当于增加木材供应8500万立方米，废弃木材的回收利用潜力巨大。

同时，城市园林绿地废弃物未得到充分有效利用。园林绿化废弃物是指在城市绿化美化进程中所产生的枯枝、落叶、草屑、花败及其他绿化修剪物等。长期以来由于园林绿化废弃物大部分随生活垃圾填埋，及造成了垃圾的处理难度，同时浪费了大量有机资源。据2009年北京市园林绿化局调研显示，北京市园林绿地废弃物可利用资源总量约400万吨，其中城八区约100万吨，远郊区县约300万吨。这个数字每年还会以5万吨的速度增长。目前，北京市消纳园林废弃物的途径主要是填埋、焚烧、资源化处理。北京市明令禁止焚烧，目前资源化处理仅占10%，与生活垃圾一起被运往垃圾填埋场填埋（或郊外随意丢弃）的占到80%以上。据测算，全国地级市300个的城市园林废弃物数量极其可观，达0.27亿吨，已成为城市发展中一个急需解决的重要问题（段新芳，2016）。

发展林产工业循环经济，按照减量化、再利用、资源化的原则进行生产，通过减量化能减少木材等原材料消耗，通过再利用、再循环可以扩大废弃林产品、城市园林绿地废弃物的再利用和循环利用，扩大林产工业、生物质材料、生物质能源、林业生物产业的原材料来源，减少废弃物污染和森林资源的采伐，从而保护森林，保障国家生态安全，也能缓解森林资源与环境矛盾，促进林产工业可持续发展。

四、以减量化、无害化为目标，发展林产工业循环经济，是推进林业生产节能降耗，实现林产工业转型升级的重要途径

根据国家林业局的数据，2016年，我国人造板产量超过3亿立方米，产值约6484亿元，同比增长7.4%。除北京、西藏、青海、宁夏外，其余27个省（区、市）均有人造板

生产，其中有7省（区）生产量超千万立方米。

截至2016年，我国人造板行业约有7800家生产企业，其中胶合板生产企业7000余家，大型企业或企业集团不足总数的0.3%；纤维板生产企业459家，保有生产线574条，大型企业或企业集团约占总数的8%；刨花板生产企业320家，保有生产线337条，大型企业或企业集团不足总数的2%。与发达国家人造板工业发展水平相比，我国人造板产业整体发展水平不均衡，现有人造板生产还存在一定比例装备水平低、技术落后、产品质量差、能源与资源消耗大、环境保护措施不完善、劳动条件差、安全隐患高的落后产能。尤其是胶合板产业还处于技术含量不高、附加值较低的发展水平，产业存在部分产能落后、技术装备较差的企业，在生产过程中造成的资源浪费、环境污染和产品质量等问题较为突出。纤维板和刨花板生产属于技术密集型产业，多年来生产企业通过技术创新提升核心竞争力，同时也推动了人造板产业升级。

以减量化、无害化为目标，推进林产工业生产节能降耗，大力推广环保性的木材工业生产，减少木材化学处理使用的农药与化学药剂用量；促进林业机械及其设施节能减排，鼓励林产工业企业生产使用生物质能、太阳能、风能等可再生能源，对实现林产工业节能减排意义重大。推行清洁生产，建立生态工业园区，实现林产工业资源减量化，实现节能减排，根本解决林产工业的环境污染防治问题，减少生态破坏的压力，为我国林产工业高速增长提供充足的林产工业产品物质保证和良好的生态环境支持，为产业转型升级带来机遇，将传统林产工业“高消耗、高废弃、低利用”的生产模式转变为“低消耗、低废弃、高利用”生产模式，对保护环境意义重大。

五、以调整与优化林业产业结构目标，发展林产工业循环经济，是扩大就业的一条有效途径

随着我国国民经济快速增长，木材需求大幅上升，林业产业呈现高速发展势头，而目前我国林业产业结构和规模不合理，具体表现：第一，现有林业产业中，林木培育业特别是速生丰产人工林建设难以满足林产品加工和社会对林产品的需求，产业比重较小，林产工业企业竞争力不强；废弃林产品回收体系、信息和技术服务领域等与循环经济相关的第三产业刚刚起步，尚未形成规模；第二，产业素质低，林业产业初级产品多，二次加工和终端产品少。第三，人造板、木地板、林产化工部分产品产能相对过剩，产品同质化现象严重。此外，与发达国家相比，我国林产工业企业管理水平和产品质量有待提高，技术和装备落后，原料的高效利用不高。

发展林产工业循环经济，应在产业规模上进行资源整合和优化配置，加强技术研发和科技创新，淘汰一批规模小，物耗、能耗高、环保不达标的企业，去产能，通过重组与联合，形成高效企业联合体；改变过去由单一的林业产业结构，在保护好天然林资源的同时，合理地利用好人工林和其他森林资源，形成新的产业链。同时应延伸产业链，应重点加强废弃产品回收社会体系建设，加强信息和技术服务领域的经济增长点的培育，这样就可以扩大就业领域，增加就业人数。

专栏一　福建省漳州市胶合板业环保治理案例

政府下达时间表　漳州向全市胶合板乱象开刀

资料来源：闽南网 2015-06-03 10：07 http：//www. mnw. cn/ 海峡都市报电子版

记者　卢林峰

2015 年 5 月 29 日，漳州市“两违”综合治理现场会在龙海召开。“两违”整治活动开展以来，龙海全力打好整治攻坚战，特别是“两违”胶合板企业整治有举措、有力度。截至 5 月底，龙海共清理拆除胶合板厂 454 家，完成任务的 85.2%；清理场地 167.8 万平方米，占总面积的 79.31%；拆除胶合板场“两违”建筑面积 43.29 万平方米，占总面积的 58.26%；拆除机械设备 1257 台，占总量的 90.4%。

2015 年 5 月 30 日，由漳州市林业局、市商务局、漳浦县政府、福建漳龙集团、漳州市胶合板商会共同主办的福建漳龙林业循环经济产业园招商推介会在东南花都举行，来自漳州等地近 300 家木材加工、生产服务企业参会，30 余家企业在现场达成签约入驻意向。“园区将给予入驻的企业提供 3 种选择方案：1. 购买土地，厂房自建；2. 分期付款形式；3. 租赁经营，租赁期满转销售。根据规划及漳浦土地的实际价格，我们测算出最优惠的供地价格为每亩 21 万元，今天首批签约的企业预计在 2 个月内就能陆续交地。”漳龙集团总经理林奋勉在招商会上介绍道。

今年，漳州市以“铁的纪律、铁的决心、铁的措施”，向全市胶合板乱象开刀。根据年初的漳州市政府常务会议要求，今年底，漳州要全面完成中心城区及周边胶合板行业清理，促进转型升级，提升空气质量。

一、影响

受胶合板影响漳州空气全省排名靠后。去年下半年以来，漳州的空气质量在全省排位不理想，从第 5 位一直滑到第 6 位、第 8 位。其实，这背后，与胶合板产业的极度发展息息相关。比如，漳州全市有 3 个监测点，其中一个设在蓝田开发区村委会楼上，这里四周胶合板厂众多，烟囱比较多，是空气污染十分严重的地方，这种地方监测出来的空气质量可想而知。

小作坊式的生产，导致土地资源利用低下，且存在违章搭建、环境污染等方面问题。“胶合板厂的锅炉、烟囱产生了大量的粉尘、烟尘。”一位企业主透露。

漳州是福建省重要的胶合板生产基地，在胶合板行业发展的过程中，给空气环境带来了污染。檀云坤市长强调，把这项整治工作作为重要的民生工程，明确工作目标，细化保障措施，在年底全面完成清理工作。

二、现状

有 3000 多家企业，年产值 400 多亿元。漳州共有林木经营、加工企业超过 3000 家，主要集中在龙文区、龙海市和漳浦县，其中一部分企业已是规模企业或初具规模。

产品原材料主要来源于新西兰、澳大利亚、广西、广东以及本省的龙岩、三明等地，产品主要销往东南亚、广东、深圳等 20 多个国家和国内地区。2014 年，全市规模以上林产加工总产值 479.5 亿元，位居全省第三，是全国第三大木材加工基地。

据漳州市胶合板商会李秋静秘书长介绍，这一行业涉及资金量较大。胶合板企业用于生产的固定资产投资 150 多亿元，截至目前，企业未收回销售货款在 100 亿元以上，企业向银行贷款及民间融资在 300 亿元以上。企业库存材料、半成品、成品的价值在 300 亿元以上。

目前，漳州从事该行业的就业人员近 20 万人。这些企业大部分都属于散乱的“三无”小作坊，而且主要分布在芗城、龙文、龙海等中心城区附近。

三、出路

（一）成立胶合板商会推动产业健康发展

2014 年 2 月 13 日，漳州市胶合板商会正式成立，有会员 200 多名，集聚全市建筑模板生产、刨花板生产、木材旋切、配套产业等企业。会长由漳州柏桦木业有限公司董事长胡晓军担任。

胡晓军说，漳州市胶合板商会积极探索建立协调胶合板业创新发展的有效机制，帮助会员企业寻求技术、政策、资金帮扶等问题，为其创新发展搭建广阔平台。

今年 3 月 21 日，漳州市胶合板商会召开近千人参加的转型升级研讨会，并发出行业自律倡议。倡议书明确提出：改善单板晾晒工艺，杜绝占用绿化带、沿路主干道晾晒；整改烟囱问题，立即引进环保锅炉和新的热压机加热技术；引导企业从原来单一的建筑模板生产延伸到装饰板和家具板等；企业争取入驻行业园区，各企业主可化小为大，优化整合。

（二）引导胶合板企业入驻产业园区

“胶合板污染企业不是简单的关停，更不是不要这个行业，根本的目的是要促进产业转型升级。”下阶段，漳州将按照“防污染、促转型、抓升级”的原则，有计划、有步骤，有疏有堵，疏堵结合，把整治工作与产业转移衔接起来，引导企业入驻产业园区，引进新的技术、新的设备，推进精细加工，促进行业转型发展。

漳州中心城区周边已摸排胶合板污染企业近 2000 家，这些企业极大地影响了市区环境空气质量和群众生活。如何转移是关键，漳州加快推进位于漳浦长桥镇的农林业循环经济产业园建设，高起点规划、高标准建设，力争 6 月份开工。同时，市林业部门将牵头制定相关林业加工标准，探讨研究集中办烘干厂，推广专业化烘干，引导全市胶合板行业健康发展。

漳州市胶合板商会会长胡晓军称，转型是漳州胶合板行业由大到强的历史契机，且大部分企业规模较小，这时候，就需要借力政府或国企。

正是在这个背景下，漳州林业产业园应运而生，它由国企漳龙集团有限公司下属的全资子公司——漳州市木材公司投资建设。其中，主园区位于漳浦县长桥镇，规划面积 5000 亩，拟分期建设，将占地面积约 3000 亩的原漳浦台湾农民创业园兰花大世界地块，作为产业园一期项目先行开发。园区按功能划为：进口木材加工区、木材初加工区、木材深加工区、新能源区、集中制胶区、商务配套服务区。

此外，林业产业园在南靖县丰田镇漳龙高速南靖互通口附近，还设有一个园区，规划面积约3040亩，形成“一园多区”的格局。

四、亮点

（一）龙海梧浦片区胶合板厂整治点——区域内企业两个月实现“三清”

该片区由梧浦村悦华驾校和吉马两大区域组成，其中梧浦村悦华驾校区域总占地112亩，总建筑面积10850平方米，原有生产晒板、卷板为主的胶合板企业16家，钢筋场2家；吉马区域内有9家胶合板企业，主营晒板、卷板企业9家，总占地80亩，总建筑面积7470平方米。3月份以来，龙海市以铁的决心、铁的措施、铁的纪律开展胶合板污染企业专项整治，经过两个多月的重拳整治，现在该区域内的胶合板企业已全部实现“三清”（晾晒场地扫清、材料产品搬清、违章建筑和机器设备拆清）。

（二）龙海岭口片区胶合板厂整治点——“重灾区”整出200多亩场地

该区域位于龙海市榜山镇岭口村一带，总占地面积约227亩，总建筑面积4.72万平方米，胶合板厂29家，是漳州胶合板行业的“重灾区”。从3月中旬到4月底，龙海市、镇工作队多管齐下，动员宣传，督促清场搬迁。如今，29家胶合板企业全部清除完毕，清理出场地227亩。

专栏二　河北省廊坊市文安县的人造板产业环保治理案例

一、基本情况

河北文安县人造板产业起步于上个世纪80年代，经过30多年快速发展，已跻身国内四大人造板产业基地之一，成长为县域支柱产业。文安县人造板产业主要生产8大类、上百个规格品种的板材，产品行销全国各地及欧美和东南亚地区，是目前中国北方最大的人造板生产基地，2005年被中国建筑装饰协会和中国房地产业协会联合评为“中国名优人造板生产销售基地”称号。2016年，全县人造板企业1300家，从业人员8.6万人，规模以上企业39家；全县人造板产量1080万立方米，占河北省总产量的1/2，占全国人造板产量的1/8，人造板产值185.54亿元，占全县GDP的33.3%，上缴税金4.3亿元，占全县税收的30%，对文安县域经济发展发挥了积极带动作用。

但长期以来低端重复建设、生产工艺落后、经营管理粗放，导致粉尘烟气超标排放、环保设施形同虚设，也成为破坏生态环境的罪魁祸首。特别是企业集中的“左柳滩”（左各庄镇、大柳河镇、滩里镇）区域，污水横流、烟气弥漫。随着京津冀协同发展加速推进，进入北京“一小时经济圈”的文安成为廊坊新的开放门户和前沿阵地；党中央设立河北雄安新区的重大决策部署，让文安实现跨越腾飞梦想的重大机遇变得更为切近。人造板等低端产业粗放发展造成的环境污染与破坏，成为文安全面融入京津冀协同发展大局、全面对接河北雄安新区的最大“痛点”和障碍，文安人造板产业已经走到了转型升级的十字路口。

二、治理效果

2017 年 4 月开始，文安县根据《文安县人造板行业整改规范二十条》要求，以人造板产业治理为突破口，打响了以人造板集中区综合整治、卫生集中整治和“散乱污”及 VOCs 企业治理为重点的环境综合整治攻坚战，并取得了重要成果。截止到 2017 年 7 月，文安县燃煤锅炉淘汰“清零”，关停整顿所有人造板生产企业 2000 余家，取缔所有扒皮厂、粉料厂、劈板厂等原料加工厂 5000 余家，淘汰燃煤锅炉 1 529 台，昔日污水横流、烟气弥漫的场面，得到全面改观。

以环境综合整治倒逼传统人造板产业加快转型升级，文安加大技术改造投入，增强科技创新能力。综合整治行动中，共投入技改资金 12 亿元，用于企业环保设施改造、厂房拆减重建、生态绿化、安全生产等方面提标改造，促进了人造板产业提升产品附加值，加快迈向价值链中高端，有效改变了过去低端无序竞争的局面。

三、《文安县人造板行业整改规范二十条》

文安县人民政府关于印发文安县人造板行业整改规范二十条的通知

文政通［2017］17 号

各乡镇人民政府、农场管委、管区管委，各园区管委，机床市场，城区办，县政府有关部门：

《文安县人造板行业整改规范二十条》已经县政府研究同意，现印发给你们，请认真遵照执行。此前县政府有关规定与本文件不一致的以本文件为准。

文安县人民政府
2017 年 5 月 8 日

文安县人造板行业整改规范二十条

一、环保规范要求

1. 建设单位环评审批手续、技术资料与环境保护档案资料齐全，持有有效期内的排污许可证，企业的环保工程与主体工程同时运行。具备完善的运转记录。

建设项目环境影响报告文件经批准后，建设项目的性质、规模、地点或者采用的生产工艺发生重大变化的，建设单位应当重新报批建设项目环境影响报告书或环境影响报告表。

2. 企业卫生环境治理：厂区内地面实施硬化，裸露部分全部进行绿化，厂区内外进行美化，环境卫生干净整洁，生产物料、封闭储存，不得露天堆放，车间地面、设备、墙壁保持洁净。

3. 淘汰燃煤锅炉：燃煤锅炉全部拆除，采取集中供热或使用天然气、醇基燃料等清洁能源。

使用天然气锅炉，烟气必须达到GB 13271—2014《锅炉大气污染物排放标准》表3中特别排放限值要求（颗粒物≤20mg/m^3，SO_2≤50mg/m^3，NO_x≤150mg/m^3，林格曼黑度≤1）。2017年5月1日以后禁止新安装、改装生物质锅炉。2017年5月1日以前已在用的生物质锅炉需配套烟气治理设施，烟气达到GB 13271—2014《锅炉大气污染物排放标准》表3中特别排放限值要求（颗粒物≤30mg/m^3，SO_2≤200mg/m^3，NO_x≤200mg/m^3，林格曼黑度≤1。）

4. 粉尘治理：木材原料切割、粉碎工序，板材切割及打磨工序必须配套安装旋风除尘＋脉冲式布袋除尘设施等高效粉尘收集处理系统，经处理后达到GB16297—1996《大气污染物综合排放标准》表2中限值要求（无组织排放颗粒物≤1.0mg/m^3，有组织排放颗粒物≤120mg/m^3）。

涉粉尘材料的仓储、装卸必须是封闭式大棚等密闭场所。所有运输粉尘的车辆必须采取罐式、箱式等密闭方式运输。

5. 挥发性有机废气（VOCs）治理：生产过程中所用胶粘剂需达到DB 13/3005—2017《建筑类涂料与胶粘剂挥发性有机化合物含量限值标准》中相关标准要求。

人造板及相关联企业的生产中产生的有机废气，必须设置高效收集装置及有机废气处理系统，有机废气收集率应大于95%。建议选用光催化氧化、低温等离子、臭氧氧化等技术进行处理，处理效率应大于90%，废气排放达到DB 13/2322—2016《河北省工业企业挥发性有机物排放控制标准》相关排放限值要求（非甲烷总烃≤60mg/m^3，甲醛≤5mg/m^3）。

6. 生产中产生的废粘结剂、废机油、废胶桶等应按照GB 18597—2001《危险废物贮存污染控制标准》的要求，实施分类贮存，并委托具有相关资质的单位进行处置。

7. 企业卫生防护距离内不允许有居民、学校等环境敏感目标。

粉尘、挥发性有机废气（VOCs）应满足GB 16297—1996《大气污染物综合排放标准》中表2厂界外浓度最高点限值要求。

厂界声环境质量应符合GB 3096—2008《声环境质量标准》中的2类标准。

8. 企业制定操作性强、针对性强、可查可控、便于监管的重污染天气应急预案，在重污染天气应急响应期间，按照预警等级要求减排到位，建立健全相关档案资料。

二、发改规范要求

9. 符合《产业结构调整指导目录（2011年本）》。

10. 未列入《文安县企业投资准入负面清单》。

三、质监规范要求

11. 企业使用的锅炉、压力容器（含气瓶）、压力管道、电梯、起重机械、场（厂）内专用机动车辆等特种设备的使用登记证、检验报告等齐全有效；设备安全管理制度、技术档案健全，作业人员持证上岗；建有完善的特种设备安全事故应急预案等。

12. 企业生产的产品列入国家生产许可证目录，并取得生产许可证。

四、安监规范要求

13. 建立、健全本单位安全生产责任制；制定本单位安全生产规章制度和操作规程；制定并实施本单位的生产安全事故应急救援预案；制定并实施本单位安全生产教育和培训计划，如实记录教育培训情况。

14. 保障本单位安全生产投入有效实施，按照《企业安全生产费用提取和使用管理办法》提取和使用安全费用；建立健全生产安全事故隐患排查治理制度，排查治理情况如实记录、通报。

五、工商食药监规范要求

15. 企业取得工商营业执照。

六、城乡规划规范要求

16. 企业占地和建设符合城乡总体规划。

七、国土规范要求

17. 企业有合法用地手续（国有土地使用证或集体建设用地使用证）。

八、消防规范要求

18. 厂房、库房、办公楼、员工宿舍等建筑安全布局、防火分区符合 GB 50016—2014《建筑设计防火规范》要求。

19. 消防设施器材、消防车道、消防队伍、消防安全管理符合《中华人民共和国消防法》、GB 50016—2014《建筑设计防火规范》、《文安县人造板企业防火标准》等消防法律、规定要求。

九、其他要求

20. 如国家或地方颁布施行新的法律法规或标准，则本《文安县人造板行业整改规范二十条》内容相应进行修改完善。

专栏三　浙江省湖州市南浔区木业行业环境污染专项整治行动方案

湖州市南浔区人民政府办公室关于印发南浔区木业行业环境污染专项整治行动方案的通知

各镇人民政府 开发区管委会，区级有关部门：

《南浔区木 业行业环境污染专项整治行动方案》已经区政府同意，现印发给你们，请结合实际，认真贯彻执行。

湖州市南浔区人民政府办公室

2017 年 7 月 29 日

南浔区木业行业环境污染专项整治行动方案

为深入贯彻落实市委、市政府关于推进环境污染专项治理促进产业转型升级的工作要求，切实有效补齐长期困扰我区的木业行业“低、小、散、乱、污”短板，进一步规范木业企业合法有序生产，倒逼木业行业转型升级，全面提升我区整体环境质量，特制定南浔区木业行业环境污染专项整治行动方案。

一、工作目标

根据全区“四无五违”企业（作坊）整治行动的统一部署，按照“全域排查、全面整治、组织验收、巩固提升”四步走的工作安排，坚持“关停淘汰一批、整合入园一批、规范提升一批”的原则，对全区所有木业企业（地板、家具、板材、木门、线条等木制品生产企业），重点对生活生产废水未纳管的、涉及有机废气和烟尘、木屑粉尘污染物排放的企业开展分类整治，至2017年底前全面完成整治。通过整治，行业市场竞争力显著提高，企业生产工艺和管理水平大幅提升，污染物排放总量和企业数量大幅削减。

二、整治标准

（一）对已完成环保批验手续的101家建设项目，进一步加强监管，确保治污设施配套到位正常运行，污染物稳定达标排放。

（二）对已批未验的193家建设项目，严格按环评及其批复意见要求，督促企业完善配套污染物治理设施，并限期完成项目竣工环保“三同时”验收。

（三）不属于上述（一）（二）类对象的其他建设项目，一律先行停产到位，再实施分类施策：

1. 项目选址不符合环境功能区划、城乡总体规划及土地利用规划中任一项，或者项目治理明显无望的，一律淘汰关闭或搬迁入园。

2. 项目选址符合环境功能区划、城乡总体规划及土地利用规划的，并征得相关部门同意后，予以原地提升规范。整治后须满足下列要求：

（1）项目污染物排放总量，符合区域环境质量的要求。

（2）生产生活废水经预处理符合纳管标准后接入城镇污水管网。但仅产生生活污水的企业，可经企业自建污水处理设施处理达到DB 33/ 973—2015《农村生活污水处理设施水污染物排放标准》后就近排放。

（3）供热供气采用商品蒸汽、天然气或其他清洁能源，锅炉尾气排放符合GB 13271—2014《锅炉大气污染物排放标准》表3燃气标准。

（4）木屑粉尘和油漆等有机废气收集处理装置配套到位。木屑粉尘排放符合GB 16297—1996《大气污染物综合排放标准》“新污染源二级标准”，其中油漆等有机废气需满足《湖州市木业行业挥发性有机物污染整治规范》；

（5）固废收集贮存场所规范，漆渣、废油漆桶等危险废物须满足危险废物处置要求。

三、实施步骤

（一）全域排查阶段（2017 年 7 月底前）

各镇（开发区）组织，对辖区内木业企业开展全面排查。要求横向到边纵向到底，不留死角、不存盲区，全面摸清底数。2017 年 7 月底前完成，并按要求填写《南浔区木业行业环境污染专项整治行动调查汇总表》（见附件 4）后报送至区木业行业环境污染专项整治行动领导小组办公室。

（二）全面整治阶段（2017 年 8 月至 11 月）

1. 8 月 15 日前，区木业行业环境污染专项整治行动领导小组办公室牵头，对照整治标准，根据各镇（开发区）摸底结果，明确关停淘汰企业名单和整治提升企业名单并在《南浔时报》进行公示，同时发布整治公告（见附件 5）。

2. 8 月底前，明确的关停淘汰企业一律关停淘汰到位；整治提升企业向所在地政府提交整治提升承诺（见附件 6），制定“一厂一策”并实施停产整治。

3. 11 月底前整治工作全面完成。

（三）组织验收阶段（2017 年 12 月）

12 月，在各镇（开发区）自行组织验收的基础上，由区木业行业环境污染专项整治行动领导小组办公室组织，对各镇（开发区）整治工作进行整体验收。

（四）巩固提升阶段（2018 年 3 月底前）

2018 年 3 月底前，由区木业行业环境污染专项整治行动领导小组办公室牵头，对整治工作组织开展“回头看”，坚决打击死灰复燃现象。区督查办对整治工作开展绩效评估并形成督查报告。同时对仍未通过整治验收的企业一律关闭；对已通过验收但存在规定标准执行不到位企业的一律关闭；对其他发现的违法违规企业一律关闭。

四、保障措施

（一）加强领导。成立南浔区木业行业环境污染专项整治行动领导小组，由区政府主要领导任组长，分管副区长任副组长，区级相关职能部门主要负责人为组员，下设工作办公室（设在区环保局）。在领导小组的统一领导下，建立健全工作制度和联合执法机制，全面开展行业污染整治。各镇（开发区）成立相应专项整治工作领导小组，落实专人负责；各成员单位要积极配合属地政府，合力狠抓工作推进落实。

（二）明确责任。各镇（开发区）履行属地主体责任，全面组织实施辖区的整治工作。

区环保局：以区木业行业环境污染专项整治行动领导小组办公室名义牵头抓好日常工作；提供技术支持和业务指导；及时掌握工作进展情况并定期通报；参与联合执法行动。

区发改经信委：研究出台相关扶持政策，淘汰落后工艺与产能，积极推广先进生产工艺，指导提高生产管理水平。

区安监局：负责安全生产合法性审查，指导项目的安全生产设计；参与联合执法行动。

区国土分局：负责审核整治企业合法用地情况及对整治提升企业用地手续的规范完善；参与联合执法行动。

区市场监管局：根据公布关闭企业名单，依法吊销工商营业执照；参与联合执法行动。

区公安分局：负责对关停企业的安全维稳工作，参与联合执法行动。

区法院：对涉及刑事违法行为，参与联合执法行动。

区检察院：对涉及刑事违法行为，参与联合执法行动。

南浔消防大队：负责企业的消防安全管理工作，参与联合执法行动。

湖州电力客户中心：参与联合执法行动，负责对停产或关闭企业的停电。

（三）严格执法。始终保持严管高压态势，坚持"零容忍"。电力部门对明确的关停淘汰企业一律实施断电，对整治提升企业在整治阶段一律实施停电；发现企业存在各类违法行为的，由相关职能部门一律依法查处；涉嫌违法犯罪的，一律由公、检、法及相关职能部门从严从快联合开展执法；对拒不配合整治的企业，一律由属地政府上报区木业行业环境污染专项整治行动领导小组后提请区人民政府直接予以关闭。

（四）严肃督政。区督查办对整治工作加强督查并开展绩效评估。对摸底不彻底，存在瞒报、漏报的；或整治过程中工作推进不力、措施不到位、成效不明显的进行严肃问责。

专栏四　广西贵港市木材加工企业污染治理案例

贵港市人民政府关于开展贵港市木材加工企业环境污染整治工作的通告

贵政通［2016］27号

为全面贯彻落实国家《大气污染防治行动计划》和《贵港市大气污染防治行动工作方案》、《贵港市改善环境空气质量二十条应对措施》，有效解决木材加工企业环境污染问题，努力提升环境空气质量，保障群众健康。根据新修订《中华人民共和国环境保护法》、《中华人民共和国大气污染防治法》等法律法规、标准和《贵港市人民政府办公室关于印发贵港市木材加工企业环境污染整治工作的通知》（贵政办通［2016］67号）规定。市政府决定，自2016年5月4日至2016年12月31日在全市开展木材加工企业环境污染整治工作。现通告如下：

一、整治范围和目标

按照"属地负责、政府主导，部门联动、分类整治，多措并举、整体推进"的原则，对全市范围内的木材加工企业进行环境污染整治，以整治江南工业园和贵港城区周边木材加工企业小锅炉烟气污染为工作重点。在2016年12月31日前各整治企业全面完成锅炉黑烟整治工作，主要污染物排放稳定达标（烟气林格曼黑度≤1级），消除锅炉烟囱冒黑烟的现象，有效解决木材加工企业污染环境问题，提升环境空气质量。

二、整治要求

（一）规范企业准入门槛。按照《贵港市造纸与木竹材加工业发展规划》（2013—2020年）的布局和木材经营加工行政许可要求，新建胶合板项目要达到年产3万立方米以上，旋（刨）切单板达到0.5万立方米以上，普通刨花板单线5万立方米以上，高中密度纤维板单线10万立方米以上；对已有小厂而达不到产能要求的，采取关、转、并、扩等措施予以调整；对未办理环保、安全及木材经营加工许可证等有关证照的要求在限期内依法办理；对挂靠其他企业进行木材经营加工生产的，必须单独办理木材经营加工许可证。

（二）调整优化木材加工业布局。新建木材加工项目必须进入工业园区建设，原有的胶合板厂限期迁入工业园区建设发展；木材加工企业分布较多的乡镇，规划建设镇（乡）或村级木业集中加工区，引导企业进入木业集中加工区建设发展。贵港中心城市规划范围内不再审批木材经营加工项目，已有的限期迁入工业园区。

（三）严格执行环保排放标准。木材加工企业使用边角料、木片、木皮、木屑等为燃料的在用锅炉烟气排放的颗粒物、二氧化硫、氮氧化物等主要污染物和烟气黑度执行GB 13271—2014《锅炉大气污染物排放标准》相应标准；生产过程中产生的粉尘、含甲醛等有机污染物执行GB 16297—1996《大气污染物综合排放标准》和GB 14554—1993《恶臭污染物排放标准》相应标准；废水污染物排放执行GB 8978—1996《污水综合排放标准》相应标准，厂界噪声执行GB12348—2008《工业企业厂界环境噪声排放标准》标准；产生的危险废物按照GB18597—2001《危险废物贮存污染控制标准》要求收集、贮存，并交给有资质处置相关危险废物的机构实施无害化处置。

三、整治措施及步骤

（一）时间安排。第一阶段排查摸底和试点（2016年5月4日—5月31日）。对全市木材经营加工企业进行全面调查，摸清木材经营加工企业现状、排放主要污染物不能稳定达标情况。第二阶段宣传动员（2016年6月1日—6月15日）。开展整治宣传发动工作，全面部署整治工作。第三阶段企业自行整改（2016年6月16日—8月31日）。各企业在环保、林业、技监等部门的指导下对锅炉烟气进行治理或采用集中供热供气、改燃天然气、生物质成型燃料等清洁能源方式。第四阶段依法查处（2016年9月1日—9月15日）。对在企业自行整改阶段没有进行整治，仍然存在超标排放污染物的企业依法责令停产整治，经整治达标才能恢复生产。对不符合相关产业政策或整改无望的，依法关停。

（二）整治措施。一是依法查处环保、安全及林产品生产许可等有关证照不全的木材加工企业。关闭非法设立、无正当理由停产6个月以上、严重影响市容市貌、存在环保及安全隐患较大的木材加工经营企业。对已取得林产品生产许可证且达不到产能要求的小厂，采取并、转、扩等措施予以调整。二是限期完成锅炉升级技术改造。对使用木材加工企业产生的边角料、木片、木皮等为燃料的锅炉进行升级改造。三是推广应用锅炉烟气治理新方法新技术，推广应用试点治理效果好的新技术新方法。四是实施高能耗、高污染燃料锅炉更新替代。采用集中供热供气、改燃天然气、生物质成型燃料等清洁能源方式。

各部门要按照《贵港市人民政府办公室关于印发贵港市木材加工企业环境污染整治工作的通知》（贵政办通［2016］67号）责任分工要求，落实责任人，积极开展木材加工企业环境污染整治工作。

各县市区人民政府根据本通告的规定，结合本地区实际，制订工作方案，组织开展木材加工企业环境污染整治工作。

本通告自发布之日起施行。

关于印发贵港市集中开展木材加工企业环境污染专项 大整治行动方案的通知

各县、市、区人民政府，市人民政府各组成部门、各直属机构：

《贵港市集中开展木材加工企业环境污染专项大整治行动方案》已经市人民政府同意，现印发给你们，请认真组织实施。

2017年4月19日

贵港市集中开展木材加工企业环境污染专项大整治行动方案

为贯彻落实《贵港市大气污染防治行动工作方案》、《贵港市人民政府办公室关于印发贵港市木材加工企业环境污染整治工作方案的通知》（贵政办通［2016］67号），有效解决木材加工企业冒黑烟、擅自倾倒危险废物、无环评手续擅自建设并投入生产等环境突出问题，把我市打造成全国有影响力的林产品加工基地和流通中心，推动我市林产品加工往高产值、高附加值、高税收，低占地、低污染排放方向发展，市委、市政府决定2017年4—9月集中开展木材加工企业环境污染专项大整治行动。为确保专项行动能够顺利开展，特制订本方案。

一、整治范围

贵港市辖区内的木材加工企业。

二、整治目标

以督查《贵港市人民政府办公室关于印发贵港市木材加工企业环境污染整治工作方案的通知》（贵政办通［2016］67号）落实情况为目标，以消除木材加工企业小锅炉冒黑烟现象为整治重点，按照“属地负责、政府主导，部门联动、分类整治，多措并举、整体推进”为原则，以铁的纪律、铁的措施、铁的决心开展为期五个月的专项整治，确保到2017年9月30日前，全面完成全市木材加工企业（含压板、卷板、刨板、晒板、锯边、锯台、破碎、胶水生产等类型企业）冒黑烟等超标排放污染物、擅自倾倒危险废物、无环评手续擅自建设并投入生产清理整治工作，消除锅炉烟囱冒黑烟的现象，完成自治区下达给我市的城市环境空气PM_{10}和$PM_{2.5}$控制指标任务，根除环境安全生产隐患，提升环境空气质量。

三、整治要求

（一）全面开展再次排查摸底。各县（市、区）要严格落实属地管理责任，在2016年木材加工企业专项整治的基础上，组织对辖区木材加工企业进行一次再摸底、再清查，做到全面深入、应查尽查、不留死角。

（二）严厉查处违法行为。各县（市、区）要积极组织开展整治，依法采取责令停产整治、拆除违法违规企业项目等措施，有序推进专项整治工作；对逾期拒不自行拆除并清场的，要采取停止供电、强制拆除等措施，坚决予以取缔关闭。

（三）严格执行环保排放标准。木材加工企业使用边角料、木片、木皮、木屑等为燃料的在用锅炉烟气排放的颗粒物、二氧化硫、氮氧化物等主要污染物和烟气黑度执行 GB 13271—2014《锅炉大气污染物排放标准》相应标准；生产过程中产生的粉尘、含甲醛等有机污染物执行 GB 16297—1996《大气污染物综合排放标准》和 GB 14554—1993《恶臭污染物排放标准》相应标准；废水污染物排放执行 GB 8978—1996《污水综合排放标准》相应标准，厂界噪声执行 GB 12348—2008《工业企业厂界环境噪声排放标准》标准；产生的危险废物按照 GB 18597—2001《危险废物贮存污染控制标准》要求收集、贮存，并交给有资质处置相关危险废物的机构实施无害化处置。

（四）县级以上人民政府尽快划定高污染燃料禁燃区，禁燃区范围内的木材加工企业必须使用成型生物质为燃料的专用锅炉或天然气等清洁能源；新建木材加工企业必须进入工业园区建设发展，使用成型生物质为燃料的专用锅炉或者集中供热供气。

四、组织领导

为确保木材加工企业环境污染专项大整治扎实有效开展，统筹协调相关部门职责分工，加强联合执法和监督管理。市人民政府成立贵港市木材加工企业环境污染专项整治指挥部，由市政府分管副秘书长担任指挥长，市直各有关部门分管领导担任成员。指挥部下设办公室和六个整治工作组，办公室地点设在市环境保护局，六个整治工作组分别设置为：

（一）港北区木材加工企业环境污染整治工作组。设在港北区人民政府，主要负责加强组织领导，整合集中精干力量，开展日常检查、整改跟进等，按照整治要求，有序推进整治工作，并于每月 8 日前向市委市政府督查室和指挥部办公室报送上个月整治工作进展情况。

（二）港南区木材加工企业环境污染整治工作组。设在港南区人民政府，主要负责加强组织领导，整合集中精干力量，开展日常检查、整改跟进等，按照整治要求，有序推进整治工作，并于每月 8 日前向市委市政府督查室和指挥部办公室报送上个月整治工作进展情况。

（三）覃塘区木材加工企业环境污染整治工作组。设在覃塘区人民政府，主要负责加强组织领导，整合集中精干力量，开展日常检查、整改跟进等，按照整治要求，有序推进整治工作，并于每月 8 日前向市委市政府督查室和指挥部办公室报送上个月整治工作进展情况。

（四）桂平市木材加工企业环境污染整治工作组。设在桂平市人民政府，主要负责加强组织领导，整合集中精干力量，开展日常检查、整改跟进等，按照整治要求，有序推进整治工作，并于每月 8 日前向市委市政府督查室和指挥部办公室报送上个月整治工作进展情况。

（五）平南县木材加工企业环境污染整治工作组。设在平南县人民政府，主要负责加强组织领导，整合集中精干力量，开展日常检查、整改跟进等，按照整治要求，有序推进整治工作，并于每月 8 日前向市委市政府督查室和指挥部办公室报送上个月整治工作进展情况。

（六）整治行动督查工作组（牵头单位：市环保局，配合单位：市林业局、市住房城乡建设委、市市政局、市国资委、市发展改革委、市工业和信息化委、市供电局、市质量技术监督局、市财政局、市产业园区管理委员会）。设在市环保局，主要负责对五个整治工作组和各责任单位及其工作人员推进落实“专项行动”情况、问题整改情况、作风纪律情况进行监督检查，对工作不力、措施不实、监管缺位的责任单位、责任人员进行严肃追责问责。

五、工作安排

（一）再排查再摸底

再次全面深入排查。各县（市、区）人民政府要再次全面深入地组织开展地毯式排查，切实摸清本辖区木材加工企业的数量、各种手续是否齐全和存在的违法违规问题，并逐一登记造册，建立整治工作的档案台账。

（二）依法查处

对存在违法违规问题的企业、对拒不整改或未按要求整改的企业，要依法查处；对存在超标排放污染物的企业依法责令停产整治，经整治达标后才能恢复生产；对无环评审批手续的，一律先进行处罚，再按要求完善环保手续；对不符合相关产业政策或整改无望的，依法关停。

（三）督查验收

督查工作组对已经完成专项整治的企业开展考核验收，对验收结果进行通报。对整治成效未达到预期目标的，责令限期整改。

（四）长效管理机制

各县（市、区）人民政府要在认真总结整治工作经验的同时，针对存在的主要问题和薄弱环节，立足巩固、提高、拓展整治成果，建立健全长效监管机制，加强日常巡查监管，采取坚决有效的措施，及时制止查处取缔反弹行为，杜绝出现死灰复燃现象。并于 9 月 25 日前将专项整治工作报告报送市委市政府督查室和指挥部办公室。

六、责任分工

1. 市委市政府督查室：负责组织各单位人员开展联合督查，对工作不力、措施不实、监管缺位的责任单位、责任人员进行严肃追责问责。

2. 市环境保护局：加强木材加工企业污染物排放监督管理，及时查处环境违法违规企业。对在企业自行整改阶段拒不整改或未按要求整改的，仍然存在锅炉冒黑烟等超标排放污染物的企业依法责令停产整治。

3. 市林业局：负责制定全市林产品发展规划，负责依法查处未办理木材经营加工许可证的木材加工单位（个人）。协助环保、安监部门查处未办理环保、安全生产许可等证照工作。配合相关部门开展木材加工企业环境污染整治，督促各整治企业按照要求限期进行环境污染整治。对在企业自行整改阶段没有完成整治，被环保部门依法责令停产整治的企业，暂时收回木材经营加工许可证。配合相关部门开展木材加工企业搬迁。

4. 市质量技术监督局：负责木材加工企业锅炉安全、能效监管，督促各整治企业按照本方案要求限期完成锅炉升级技术改造，积极推广高效能的新型环保锅炉。对在企业自行整改阶段没有完成整治，被环保部门依法责令停产整治的企业，暂时收回锅炉使用登记证。

5. 市工业和信息化委：负责实施工业园区范围内的燃用高污染燃料的胶合板厂小锅炉集中供热供气改造工程。督促各整治企业按照国家有关规定限期淘汰落后产能和设备，改进技术工艺、改造升级生产装备，开展清洁生产审核，提高清洁生产管理水平，推进木材加工产业重点领域、重要节点的节能减排。

6. 市发展改革委：制定产业结构调整指导目录推动产业整合，淘汰落后产能，压缩疏导过剩产能，引导产业升级和绿色发展，大力发展鼓励类林业产业，对于限制类和淘汰类林业产业，要通过产业整合，限期淘汰。负责做好高效锅炉推广、锅炉节能改造工作。

7. 市市政局：负责实施天然气改造工程。

8. 市国土资源局：增加贵港市木材加工园区土地供应，保障全市入园木材加工企业土地需求量。

9. 市财政局：积极争取上级资金支持，贯彻落实有利于木材加工企业环境污染整治工作的财政政策，深化“以奖代补”、“以奖促治”等机制，强化财政资金的引导作用。

10. 市供电局：对拒不整改或限期完不成整改要求的企业，要采取停止供电。

11. 市住房城乡建设委：制定贵港市木材加工产业发展整体规划，促进了全市林产工业的发展和产业聚集。

12. 市产业园区管理委员会：开展相应园区的基础设施建设，完善供水、供电、供热、交通运输等配套基础设施的布局，同步建设园区主干道以及水、电、蒸汽、通讯等地下管网，向中小企业提供标准厂房、通用仓库、写字间、职工生活等设施，创造良好的发展条件，为企业的入驻创造有利条件。加快完善园区的集中供热建设，实现集中供热，减少企业燃煤锅炉造成的环境污染。

13. 各县（市、区）人民政府：认真按照市政府的统一部署，采取有力措施，研究制订工作方案，扎实有效地组织开展木材加工企业环境污染整治工作，确保取得实效。

七、保障措施

（一）强化组织领导

各牵头单位和责任部门要指定 1 名领导专职负责，牵头单位要调配专门人员组成专门的木材加工企业环境污染专项大整治工作组，于 4 月 25 日前根据总体方案要求制定专项工作细案，明确措施，做到一级抓一级，层层抓落实，确保整治行动取得实效。

（二）强化责任落实

各县（市、区）人民政府是木材加工企业环境污染专项大整治的责任主体，要高度重视专项整治工作，切实加强组织领导，整合集中精干力量，严格按照时间节点和阶段工作要求，有序推进整治工作落实。

（三）强化部门联动

各有关部门、各县（市、区）政府按照职责分工，密切配合，加强联合执法检查，统筹谋划、同步推进，加强跟踪、狠抓落实，有效推进整治工作。要注意收集整治工作各阶段进展的图片、影像、资料，用于固定证据和展示成效。

（四）落实经费保障

市财政局要根据专项行动工作安排，明确专项工作经费配备，做好相关经费调拨工作，保障财力、物力投入到位。各县（市、区）财政部门可结合实际，适当给予财政补贴，确保木材加工企业治理各项工作取得实效。

（五）强化督查督导

市委市政府督查室和指挥部办公室牵头组成督查组，针对整治工作，开展现场督查、交叉检查、集中曝光、挂牌督办。对发现的问题，督促整改到位。督查结果纳入年度绩效考评，并强化考评结果运用。各成员单位成立相应督查组织，对各自职能范围内木材加工企业环境污染专项大整治情况进行巡查督查确保措施落到实处。

（六）强化考评结果运用

将考评情况纳入相关单位绩效考评，实行考评问责制度。市委市政府督查室定期督查各成员单位工作落实情况，对因工作不力、措施不实、监管缺位而造成整治工作任务不能按质按量完成的责任单位、责任人员严肃问责问效。对落实木材加工企业整治工作不到位的单位，第一次在市属媒体进行全市通报，第二次由有关部门对单位领导进行约谈，第三次根据干部管理权限直接对单位领导进行问责。

贵港市关于对未开展环境污染整改木材加工企业的通报

根据《贵港市人民政府办公室关于印发贵港市集中开展木材加工企业环境污染专项大整治行动方案》和《贵港市环境保护委员会办公室关于木材加工企业限期完成整改的通知》（贵环［2017］5号）要求，在2017年9月30日前，全市木材加工企业必须全面完成锅炉烟气治理设施整改工作，主要污染物排放稳定达标，消除锅炉烟囱冒黑烟的现象。港南区共有木材加工企业130家，有3家已停产，现已完成整改41家，正在整改56家。截至2017年9月26日，港南区仍有27家木材加工企业尚未整改。现对还没有整改的27木材加工企业予以通报。

要求被通报的木材加工企业切实履行污染治理的主体责任，务必在2017年9月30日完成整改任务。逾期不完成的企业则由市有关部门、各县（市、区）人民政府将按照职责进行从重从严处罚，并启动按日连续处罚程序，实施停电、停产、关闭等措施。

贵港市环境保护局

专栏五　临沂市兰山区人民政府关于加快支持木业产业转型升级实施意见

各镇人民政府、街道办事处，区政府有关部门，兰山商城管委会，临沂兰山经济开发区管委会：

木业产业是兰山区特色产业、主导产业，辖区内板材企业数量多、分布广，从业人员35万余人，集压板、镟皮、制胶、设备制造、化工、物流于一体，产业链条国内较为完整。全区规模以上木业企业达到257家，年产人造板4000多万立方米，有山东省木材加工行业唯一的一家院士工作站，380多家企业获得了国际管理、质量、环保认证。新港、千山、欢乐熊等知名品牌享誉全国，是全国最大的人造板生产、出口和交易基地，被国家质检总局授予“创建国家优质人造板生产基地先进（县）区”称号。虽然木业产业群体较大，但企业单体实力较弱，中小微企业占绝大多数，抵御和规避风险的能力很弱；企业品牌意识、质量意识不强，缺少全国知名品牌；要素制约明显，用地供需矛盾较为突出，融资难、人才匮乏、用工短缺等问题普遍存在，严重制约木业产业健康发展。

为进一步巩固提升我区木业产业基础优势，推动产业集群集聚、转型升级，引导产业创新、创优、创品牌，实现产业健康、稳步、可持续发展，现提出如下意见。

一、指导思想

牢固树立“创新、协调、绿色、开放、共享”五大发展理念，坚持以质量效益为中心，以企业为主体，以市场为导向，以自主创新为动力，以产业园区为载体，充分发挥政府引导和服务作用，紧跟“中国制造2025”和“互联网＋”产业发展新趋势，深入实施创新驱动发展战略，大力推进技术改造、研发设计、品牌提升、渠道拓展和产业链整合，强化工业化信息化深度融合、制造业服务业协同配套，构建高端高质、多极支撑的现代木业产业新体系，促进传统木业走上创新型、效益型、集约型、生态型发展道路，加快做大、做优、做强，不断增创全区木业产业发展竞争新优势。

二、发展目标

按照生产规模化、管理现代化、产品品牌化、经营国际化的要求，强化技术改造和科技创新，大力培植优势龙头骨干企业，积极面向国际市场，紧盯国内高端市场，集中打造区域品牌，变兰山制造为兰山创造，持续扩大兰山木业影响力，抢占产业发展制高点。到2020年，全区木业总产值新增500亿元，达到1200亿元，到2025年超过1800亿元，年均增长率达到12%以上，建成全国最大的高端品牌板材生产基地、国内重要的木业家居制造基地和木业科技创新基地。

质量结构不断优化。实施质量整体提升计划，完善质量监管体系，巩固提升现有胶合板、木工板等主导产品质量档次和产品性能，重点发展高档板式家具、橱柜、地板、木门以及定制家居项目，实现产品向绿色环保、高附加值的终端、高端产品方向发展。到2025年，70%的室内装饰装修人造板产品达到E_0级以上，终端产品产值占比达到30%以上。积极发展木工机械、木业胶粘剂、装饰纸、油漆涂料等配套产品，产业配套能力和上下游合作程度明显增强，拉长补齐产业链条。

装备水平明显提升。深入推进“互联网＋制造”，通过“两化融合”、“机器换人”，加快现有生产设备和技术工艺的改造，大幅提升传统木业制造信息化水平，实现产业向高端化、自动化、智能化转变。力争到2020年，50％规模以上木业企业技术装备达到国内先进水平，10％达到国际先进水平；到2025年，70％规模以上木业企业技术装备达到国内先进水平，20％达到国际先进水平。

创新能力显著增强。木业企业研发投入进一步加大，新技术、新工艺、新设备得到广泛普及，自主创新能力大幅提升。到2020年，骨干木业企业研发投入占比达到1.5％以上，建成市级以上各类技术研发平台20家、高新技术企业8家。到2025年，骨干木业企业研发投入占比达到2.5％以上。

区域品牌影响力持续扩大。放大“中国板材之都”区域品牌效应，重点扶持培育一批具有一定规模、发展潜力大的品牌企业，形成区域品牌和企业品牌相互促进的发展格局，木业品牌优势继续扩大，产品在国内外市场话语权和竞争力持续提升，到2025年，新争创中国驰名商标3件、省著名商标12件，集中力量打造6个在国内具有较大影响力的知名品牌，“兰山板材”区域品牌在国际上具有一定的影响力。

三、政策措施

（一）科学规划布局木业集中区

1. 高标准建设国家林产工业科技示范园。巩固提升义堂镇木业加工核心区，牢牢抓住国家林产科技示范园基础优势，发挥园区创新驱动示范引领作用，加快区域内产业链高效整合，优化产业资源配置，提高产业集中度。坚持统一规划、协调管理，合理划分功能区域，加强园区基础设施互联互通，完善路网、管网等公共配套投入与建设，形成布局合理、功能完善、产业配套、业态丰富的木业发展聚集园区，推动更多本地优质木业企业向园区转移，打造成为全国林产工业发展示范标杆。

2. 加大林业标准化示范区（基地）建设。发挥示范和辐射带动作用，推进林业标准的实施应用，提升产业发展整体水平。积极开展国家林业标准化示范企业的认定和管理工作，推动林业企业标准化生产。围绕林业重点领域技术创新和产业发展布局，争创国家林业技术标准创新基地，开展技术标准与科技创新、产业升级的协同发展试点示范。

3. 加快建设义堂木业化工集中区。加快木业配套集中区建设，在前期工作的基础上，尽快在甲醛行业化工集中区建设上取得突破。充分发挥甲醛协会行业引领作用，对全区41家现有甲醛生产企业整合、规范、提升，实现统一管理、统一质量、统一销售。鼓励企业抱团发展，引导甲醛企业通过资金入股等形式，联合形成甲醛化工企业集团。建设义堂木业化工集中区，引导联亿新能源科技股份有限公司入驻，提高安全环保标准，采用国际先进生产技术，高标准建设500万吨甲醛生产线。实施甲醛产能置换提升工程，替换旗下老旧生产线，并分批关停拆除现有的37家分厂，研发下游产品，实现全市甲醛行业的大整合。

4. 加快建设义堂木业机械集中区。以建设木业机械展览中心为龙头，带动木业机械集中产业园区建设，结合“互联网＋”、“工业4.0”，加快木业机械整合力度，建设木工机械联盟，形成木工机械销售集团。改造和提升传统制造机械，向高度机械化、自动化和数控加工、大规模定制与数字化柔性制造机械发展。

5. 加快建设义堂港上村、葛疃村木业产业转型示范区建设。坚持高起点规划、高标准建设、高效能管理的“三高”政策，优先吸纳高科技含量、高附加值企业入示范区，提高入示范区的企业标准，加大清障力度，探讨木业企业整合升级的路子。努力发挥示范区“率先、带动、辐射、示范”四个作用，实现“领跑木业企业发展，带动全区木业整体转型”的目标。

6. 加快鲁南铁路物流园建设。鲁南铁路物流园建成后将有效提高运输效率，降低物流成本，对加快木业原材料进口、板材及终端产品出口等发挥重要作用。要按照市里的现代物流业发展规划，做好铁路物流园工作保障，加快园区建设施工进度，确保工程建设质量，为木业产业发展提供可靠保障。

7. 加快义堂供热中心建设。立足解决集中区内木业企业用热问题，在加大阳光热力热源使用的基础上，科学规划建设供热副中心。加快宏源热力、泰源热力等热力中心建设，择机组建义堂管网建设管理市政公司，力争到2018年，义堂镇域内供热中心全面建成，彻底解决核心区内企业发展用热问题，推动木业产业绿色发展。同时，探索实施供管分离，引入第三方统一规划建设供热管道，实现高质量运营。

8. 加快公共服务平台建设。在义堂镇建设木业产业博物馆，倡树“义堂——木产业发源地”这一区域品牌意识，扩大国内外知名度和影响力。发挥商会和协会作用，引导并支持企业建立研发中心、检测中心、培训中心、担保中心等公共服务机构，鼓励多种投资主体参与公共服务平台建设，力争到2020年，高标准建成集研发中心、检测中心、培训中心、担保中心、电商服务中心等平台于一体的综合服务平台。

（二）扶持培育骨干龙头企业

1. 整合培植大型木业企业。引导木业企业走强强联合之路，按照“企业自愿，政府引导，企业化管理，市场化运作”的模式，加大优势资源整合力度，实现规模扩张、管理规范、提质增效、行业引领的目的，促进产业集中度显著提高。学习推广甲醛行业整合规范发展之路，促进板材、胶粘剂、木工机械、家具制造等行业建立联合机制。通过培植一批规模大、实力强、效益好、品牌价值高的大型木业企业集团，围绕核心产品的开发生产，辐射带动一大批配套中小企业协同发展，引领产业转型升级。

2. 加大培育木业龙头企业。继续开展木业重点龙头企业认定工作，加强对龙头企业的扶持和指导，在规划、基数、信息等方面提供服务，落实各级一系列扶持政策，实行动态管理，建立和完善淘汰机制，不断提高龙头企业发展质量，积极推动组建龙头企业联盟。

3. 加快引进行业领军企业落户。瞄准国内外家具、橱柜、地板、木门等终端产品及木工机械、环保胶粘剂、五金配件等配套产品前10强制造企业，大力实施“三引一促”工作，吸引行业领先优势企业落户兰山。依托这些优势企业，引导支持组建产业联合体，通过资产纽带、上下游配套、技术扩散等带动一大批本土骨干企业，引领带动上下游链条提升发展。

4. 支持企业完善资产手续。引导支持木业企业依法依规办理不动产权证书，实现固定资产资本化。对木业骨干企业已缴纳土地出让款，尚未取得不动产权证的，依法办理不动产登记；企业申请购买符合规划和工业用地类别条件的租赁土地，依法依规予以办理土地出让手续；企业已办理土地证，但地上建筑物尚未办理确权登记，按有关规定补齐规划、施工、竣工等手续，未缴纳相关行政事业性收费的予以补交，应缴纳罚款的按规定下限缴纳，依法办理房产确权手续。

5. 保障土地、能源、环境容量等指标。新增工业用地指标要优先用于木业企业优质项目。木业企业新建项目能源和环境容量指标予以优先保障。对已有项目和规划建设项目度电税超过全区平均水平的，列入全区保用电企业名单，优先保障用电需求。

（三）实施“二次创业”，支持企业加快技术改造

1. 鼓励企业提升装备水平。结合“百企技改、百项百亿”工程，引导企业积极采用新技术、新设备、新工艺，降低技改成本，提升装备水平。新上技改项目符合产业政策的享受与招商引资同等优惠政策。对符合以下条件的技改项目优先保障供地，土地出让价格在不低于征收成本的情况下执行工业用地最低标准，重大项目实行“一事一议”：新上项目符合产业政策且固定资产投资额过5000万元的；项目亩产税收高于全区平均水平的；规划建设三层及以上标准化厂房的。对建设过程中的行政事业性收费区里的留成部分，按同等数额向市里争取，支持企业发展。

2. 补贴企业购置先进装备。对全区纳税前100名的木业企业，当年投资2000万元以上的，争取市产业扶持基金按照设备投资20%的比例，以不高于银行贷款基准利率的固定收益给予支持，期限3—5年。落实《产业结构调整目录（2011年本）》鼓励类内资项目进口设备免关税，以及符合规定的重大技术装备和产品免征进口关税和进口环节增值税等优惠政策。

（四）支持企业加大科技创新力度

1. 加快科技创新平台建设。鼓励木业企业加大技术创新投入，加快建设市级以上技术研发平台。对新认定和入选的国家级、省级、市级重点实验室、工程技术研究中心、工程研究中心（工程实验室）、企业技术中心、一企一技术研发中心等行业排他性创新平台，一次性分别奖励50万元、30万元、10万元。新建博士后科研工作站、院士工作站，一次性分别奖励50万元、30万元；新建省博士后创新实践基地，一次性奖励30万元。一个企业同一年新认定、新建多个研发平台的，按单项最高奖励，不重复奖励。

2. 加大自主创新支持力度。木业企业在申请自主创新成果转化、应用技术研究与开发等项目时，同等条件下予以优先考虑，对入选项目财政给予资金扶持。对主持参与制订修订国际标准、国家标准和行业标准等标准的木业企业，按照《临沂市标准创新贡献奖奖励办法》，给予5～50万元的奖励。

3. 落实研发费用加计扣除。木业企业开发新产品、新技术、新工艺发生的符合条件的研究开发费用，未形成无形资产计入当期损益的，在按照规定据实扣除的基础上，按照研究开发费用的50%加计扣除；形成无形资产的，按照无形资产成本的150%摊销；被认定为高新技术企业的，减按15%的税率征收企业所得税。

4. 推动木业产业科技金融发展。动员木业中小微企业在山东省中小微企业信息库登记，指导符合条件的中小微企业在齐鲁股权交易中心“科技板”挂牌上市，争取更多企业取得省、市财政基金支持。落实“创新券”补助政策，推动木业中小微企业利用大型科学仪器协作共用平台，对企业使用高校、科研院所和企业科学仪器设备发生的费用，帮助对接落实省科技厅60%费用补助的优惠政策；引导检测服务能力强的企业积极对外开放共享，提高仪器设备共享率。鼓励企业开展知识产权质押融资，对符合《山东省小微企业知识产权质押融资项目管理办法》规定的木业企业单笔贷款，按照贷款当年中国人民银行同期贷款基准利率的60%给予贴息支持，年度贴息最高不超过20万元。对未按照规定归还的逾期贷款利息、加息和罚息，不予贴息。贴息期限最长为2年，同一家企业享受贴息最多不超过三次。对企业因贷款而产生的专利评估、价值分析费，按确认发生额的50%予以补助，对同一家企业年补助最高不超过5万元；同一家企业享受补助最高不超过三次。

5. 鼓励营销模式创新发展。引导木业企业逐步改变传统的销售模式和渠道方式，充分利用“互联网＋”和现代信息技术，发展现代电子商务交易，拓宽产品销售渠道，采取O2O、B2B等电子商务经营模式的应用，完善配送及综合服务网络，促进物联网、二维码、射频识别等新技术在木业产业的应用。

（五）集中打造木业区域品牌

1. 加大区域品牌宣传推介力度。市财政已确定每年拿出专项资金在中央、省级电视台、报纸、网络等主流媒体上，以临沂木业整体品牌形象打包宣传，要加大对兰山品牌企业、品牌产品的推进力度，提升“兰山板材”区域品牌形象。支持木业企业利用“好品山东”等平台自行加强产品、企业宣传推广，对在市级以上正规媒体开展广告宣传活动的，按照宣传费在省级、市级补贴的基础上，给予20%的补贴。

2. 鼓励企业加强品牌创建。木业企业获得中国质量奖、中国质量奖提名的，分别给予100万元、50万元奖励；获得省长质量奖、省长质量奖提名的，分别给予50万元、30万元奖励。企业新被认定国家级名牌产品、中国驰名商标的，分别给予30万元；新被认定山东省著名商标、山东名牌产品称号的，分别给予10万元奖励。

3. 支持企业参加展会活动。加大走出去力度，组织企业参加“世界人造板大会”和中国（临沂）国际木业博览会，以及北京、上海、广州、深圳、青岛等国内具有较大影响力的行业高端展会活动，符合条件的参展项目给予展位费最高不超过50%的补贴，每家企业每年补贴额最高不超过30万元。对境外参展发生的展位费、展品运输费，新兴市场给予70%以内的补贴，传统市场给予50%以内的补贴；对参加“一带一路”沿线国家举办的各类展会，发生的展位费、展品运输费给予70%以内的补贴；对参加境外展会人员给予每人不超过5000元的补贴，每个企业每个展会最多支持2人。

4. 推进木业企业整合及品牌重塑。支持优势木业企业整合战略资源，以品牌为纽带进行并购重组，积极发展股份制和股份合作制企业，发展国有资本、集体资本和非公有资本等参股的混合型所有制经济，形成市场竞争新优势。鼓励企业内部品牌融合发展，借助优势品牌整合弱势品牌，提升品牌综合实力。鼓励企业收购海外知名品牌。加强政府对重组企业的指导和服务，以技术含量高、附加值高、品牌影响力大的产品和服务为扶持重点，推动龙头企业与小微企业整合，重构林业产业高端品牌。

（六）支持企业开拓国际市场

1. 支持企业扩大国际贸易。不断完善涉外服务体系，对木业企业涉外贸易设立“绿色通道”，进一步优化办事流程，减少办事环节，提高办事效率。支持企业扩大出口，对当年出口200万美元以上且出口额比前一年增长的木业企业给予表彰奖励支持木业企业积极应诉“双反”案件，对应诉企业支出的律师费在市级补助支出基础上，再给予一定扶持补助资金，单个企业补贴最高不超过50万元。鼓励木业企业争创中国出口质量安全示范企业，对获得“中国质量安全示范企业”称号的出口木制品企业给予20万元奖励。

2. 加快“一带一路”国际合作。主动融入“一带一路”战略，增强林业产业国际合作的全局性、主动性和前瞻性。按照“一带一路”战略总体布局，突出亚太、立足周边、巩固拉美、面向全球，拓展中亚、澜沧江—湄公河、中东欧等区域和次区域林业合作机制。制定完善“一带一路”贸易政策措施，深化中俄、中欧、中非等林业务实合作，创新经济技术合作与民间交流。加快与“一带一路”国家开展林产品贸易合作及准入谈判，扩大与沿线国家林产品贸易。深耕周边，优化周边经贸发展格局，加快林业对外贸易与对外投资有效互动，不断提升合作层次和水平。

3. 实施林业产业走出去战略。加强对木业企业的指导和规范，推动落实企业对外投资自主权，促进和帮助企业开展对外投资合作。鼓励木业企业利用“两种资源、两个市场”，通过对外直接投资、对外工程承包、对外劳务合作等形式参与国际竞争与合作。支持企业与境外具备条件的国家开展森林资源开发利用合作，转移和利用国内木材加工、林业机械制造等优质产能，建成一批集森林资源采伐、加工、贸易与物流于一体的境外木材加工经贸产业合作区。支持木业企业有序拓展外需市场，加大对部分重点出口林产品扶持力度，引导林产品出口企业调整产品和市场结构，提高林产品国际市场占有率。依托亚太区域木业企业合作与交流平台机制，积极推动林业调查规划、勘察、设计、标准、认证等服务和技术、设备、管理模式“走出去”。

4. 积极参与国际规则制订。积极参与全球林业产业体系顶层设计，履行涉林国际公约。积极参与和主导政府间森林问题论坛、林产品国际贸易规则和标准制定、林业应对气候变化国际交流等重大问题研究，提高国际合作的主动权和话语权。强化政府专业服务，为木业企业提供投资国的信息、法律、贸易、金融、知识产权保护、人才培训等方面的专业服务。

（七）支持企业引进培养人才

1. 加大高层次专业人才引进力度。积极创造条件吸引国际、国内木业产业领域的行业领军人物、拔尖人才落户兰山，加快引进和培养高端创新型人才、高层次专业技术人才和高技能人才，重点引进掌握产业核心公共技术的创新团队。对木业企业引进的经有关部门认定的高层次创业创新人才，实行人才安居工程，优先落实有关高层次人才引进培养的补助、奖励、服务等政策措施。对引进的科技创新团队，达到国内领先水平的，由给予50万元的资助。

2. 加强本地专业人才培养。重点依托临沂大学、临沂各职业院校、各级检测机构等本地教育资源以及国内各大专业院校，围绕行业亟需的经营管理、生产技术、研发设计、产品营销、检验检测等人才，采取校企合作、订单培训等多种方式推进职业教育和技能培训，力争每年培训600人次，培训纳入区级人才培训计划。

3. 鼓励引进高端管理技术人才。对年纳税贡献3000万元以上的木业企业，从市外新聘用年薪100万元（税前）以上的职业经理人和技术领军人才，经评审认定后给予企业每人10万元的奖励用于人才津贴，每个企业最高不超过20万元。

4. 引导企业开展高端管理咨询。鼓励木业企业聘请高端管理咨询公司，开展全面综合诊断，进行系统、深入地咨询和策划，进一步规范企业财务管理、股权架构、治理结构、主营业务、资产运营等，逐步完善现代企业制度。

5. 提升木业企业家社会地位。对木业企业转型升级发展好并勇于承担社会责任的企业家，赋予应有的政治荣誉和社会地位，激发其干事创业热情。对符合条件的木业企业法人代表，在同等条件下优先推荐国家、省、市、区级人大代表、政协委员、劳动模范；在兰山大众、区电视台等媒体重要版面、黄金时段开辟专栏或专题节目，大力宣传报道优秀木业企业家，并积极向国家、省级、市级主流媒体推荐报道，在全社会营造支持尊重企业家的浓厚舆论氛围。

（八）强化投融资支持力度

1. 积极申请市级木业产业发展基金。市政府已决定，由市产业引导基金出资2亿元，设立基金总规模不少于10亿元的木业产业发展基金。要按照市场化运作模式，积极向上争取，通过直接股权投资、吸引社会资本等方式，为木业企业重大项目建设和技术创新研发等提供资金支持。

2. 拓展木业企业投融资渠道。健全政、银、企合作机制，加大优质项目推介力度，引导银行加大对木业企业信贷投放力度。建立还贷过桥资金制度，为符合条件的企业归还贷款提供过桥资金。强化融资担保服务，鼓励融资性担保机构开展针对木业企业的担保业务。支持符合条件的木业企业通过发行企业债券、中期票据、短期融资券、集合票据、知识产权质押、私募股权投资、集合债券以及海内外上市等方式进行融资，引导银行、信托、保险、证券等金融机构加大对木业产业转型升级的支持。

3. 鼓励企业对接资本市场。鼓励木业企业利用资本市场发展壮大，对在主板、中小板、创业板和境外市场成功上市的，一次性奖励200万元；对在全国中小企业股份转让系统（新三板）上市的木业企业，一次性奖励50万元；对在齐鲁股权或蓝海股权区域性股权交易市场成功挂牌的木业企业，一次性奖励30万元。企业借壳上市、买壳上市，其主要生产经营纳税地在我市的或合并上市融资在1亿元以上的，视同改制上市，享受同等优惠政策。

四、组织保障

（一）加强组织领导。成立木业产业转型升级工作领导小组，由区长任组长，区直相关部门及有关镇街主要负责人为成员，领导小组下设办公室，办公室设在区政府办公室。建立木业产业转型升级工作联席会议制度，分管副区长为召集人，区直相关部门及有关镇街主要负责人参加，根据工作需要选定部分木业骨干企业主要负责人列席，定期研究加快木业产业转型升级的政策措施，协调解决有关重大问题。不定期召开木业骨干企业主要负责人座谈会，听取企业发展有关情况汇报，推进各项政策措施落实，对涉及的重大问题，交联席会议研究解决。

（二）建立推进机构。区木业产业转型升级工作领导小组办公室抽调区直有关单位及有关镇街工作人员，实行集中办公，建立工作机制。办公室负责木业产业转型升级工作的推进实施和跟踪调度，充分发挥组织协调、指导帮助、沟通联络的作用，通过调研收集企业问题诉求，及时为企业提供政策、技术、市场、融资、培训等方面的服务，为木业产业发展创造良好的外部环境。

（三）提高服务效率。要结合自身职责，进一步提高涉企服务的主动性、针对性和便捷性，建立木业产业转型升级重点项目审批“绿色通道”，依法清理和调整不利于产业发展的行政审批事项，加快立项、规划、土地、环评、安全生产等审批事项的办理进度；加强对重点地区、重点企业的跟踪管理和服务，及时掌握并积极解决企业在转型升级过程中遇到的困难和问题。

（四）发挥协会作用。进一步加强木业行业协会建设，切实发挥协会作用。大力支持行业协会提高自身服务水平和能力，加强木业企业间互联互通、行业自律、抱团发展，切实发挥政府和企业间桥梁纽带作用，积极开展企业战略管理、技术信息咨询、展览贸易、商务考察、人才培训、产品宣传推广等全方位服务，以专业能力承接好政府转移的相关职能。

临沂市兰山区人民政府

2017 年 6 月 10 日

第三章　中国林产工业发展现状

构建林产工业循环经济标准体系，必须掌握林产工业产业发展现状和发展特征。本章根据《中国林业发展报告》（2006—2017 年）数据，论述了中国林产工业主要产品产量、产品进出口情况、林产工业企业数量、林产工业企业资产、企业利润情况，得出中国林产工业产业发展特征。

第一节　林产工业主要产品产量

一、木材加工

2016 年，全国商品材总产量 7775.87 万立方米，商品材产量改变持续调减势头，略有回升，比 2015 年增长 7.73%。从木材产品结构看，原木产量 7125.45 万立方米，薪材产量 650.41 万立方米。全国商品材总产量从 2005 年的 5560.31 万立方米增至 2016 年的 7775.87 万立方米。其中 2005—2008 年总产量呈上涨趋势，2009 年总产量降幅最大，2010—2013 年，总产量基本平稳，2014—2015 年，总产量连续两年下降，2016 年总产量有所回升。全国商品材总产量受原木产量影响较大，2005—2016 年原木产量呈波动性较大，薪材产量较为平稳（图 3-1）。

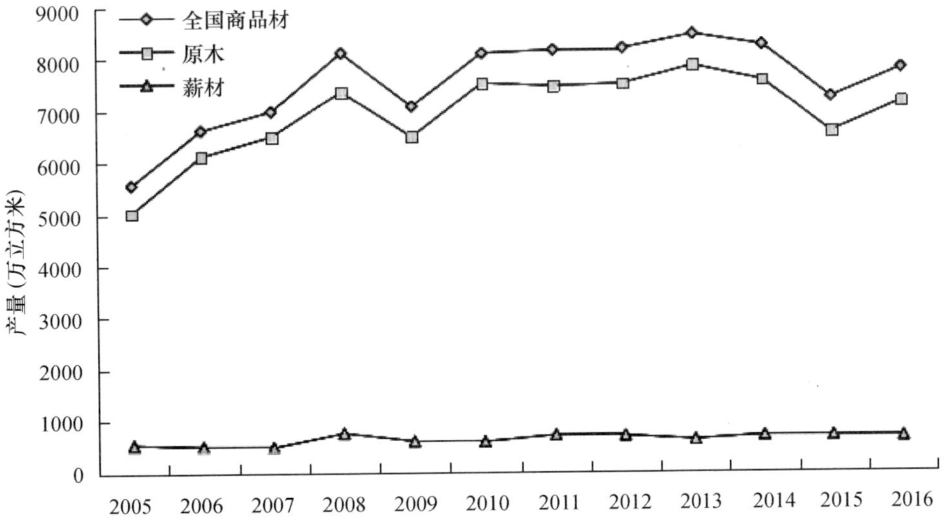

图 3-1　2005—2016 年全国商品材、原木、薪材产量

锯材产量持续增长。锯材产量从 2005 年 1790.29 万立方米增至 2016 年的 7716.14 万立方米，增幅较快（图 3-2）。

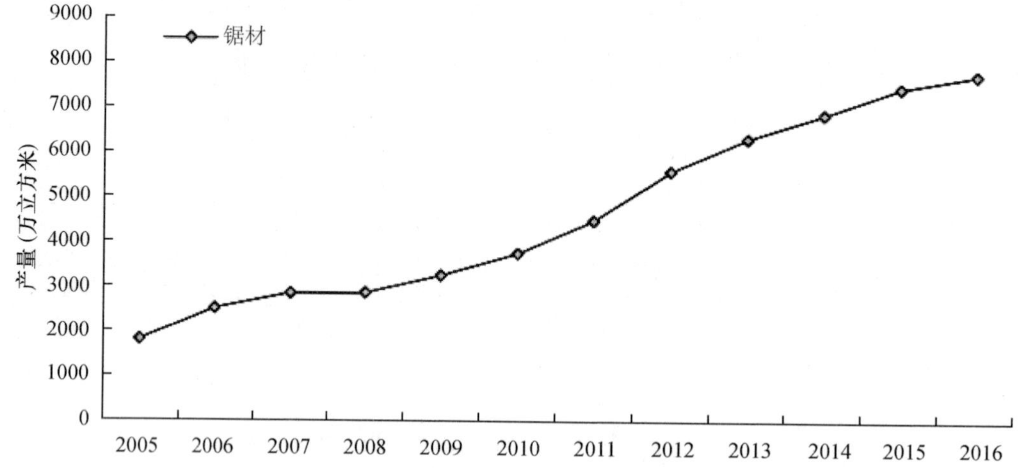

图 3-2　2005—2016 年全国锯材产量

2005—2016 年人造板总产量不断增长，总产量从 2005 年的 6392.89 万立方米增至 2016 年的 30042.22 万立方米。其中胶合板产量从 2005 年的 2514.97 万立方米增至 2016 年的 17755.62 万立方米，相对于其他板种产量涨幅较大；纤维板产量从 2005 年的 2060.56 万立方米增至 2016 年的 6651.21 万立方米；刨花板产量从 2005 年的 576.08 万立方米增至 2016 年的 2650.10 万立方米；其他人造板产量从 2005 年的 1241.28 万立方米增至 2016 年的 2985.29 万立方米（图 3-3）。

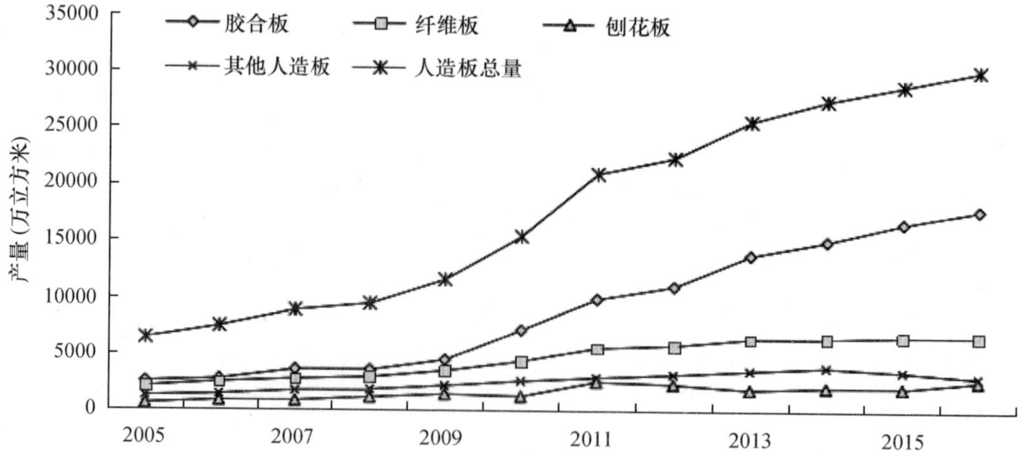

图 3-3　2005—2016 年全国人造板产量

2005—2016 年，木竹地板总产量波动性增长，从 2005 年的 1.73 亿平方米增至 2016 年的 8.38 亿平方米，2005—2008 年产量持续增长，2009 年与 2008 年产量基本持平，2009—2011 年产量快速增长，2012 年产量略微下降，2012—2016 年产量稳步上升。其中实木地板产量从 2005 年的 0.77 亿平方米增至 2016 年的 1.48 亿平方米，产量变化较大；实木复合地板产量从 2005 年的 0.13 亿平方米增至 2016 年的 2.50 亿平方米，2005—2007

年产量持续增长，2008年与2007年相比产量下降，2008—2012年产量快速增长，2013年产量骤减，2014—2016年产量趋于平稳；强化地板产量从2005年的0.13亿平方米增至2016年的3.16亿平方米，产量持续增长；竹地板从2007年的0.20亿平方米增至2016年的1.16亿平方米，产量持续增长（图3-4）。

2016年在木竹地板产量中，实木地板占全部木竹地板产量的17.66%，实木复合地板占全部木竹地板产量的29.83%，强化木地板占全部木竹地板产量的37.71%，竹地板占全部木竹地板产量的13.84%，其他类地板占全部木竹地板产量的0.96%。

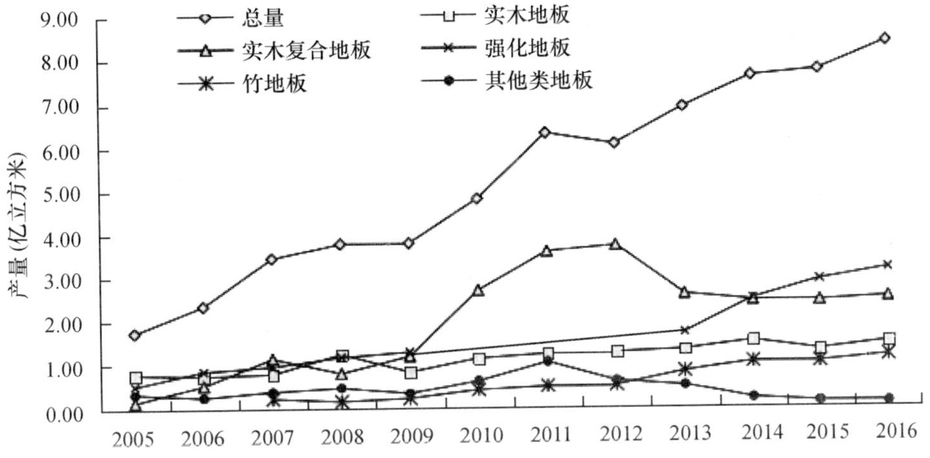

图3-4　2005—2016年全国木竹地板产量

二、木家具制造

2016年，全国木家具总产量26051.66万件。2005—2016年，木家具总产量波动性增长，从2005年的11328万件增至26051.66万件（图3-5）。

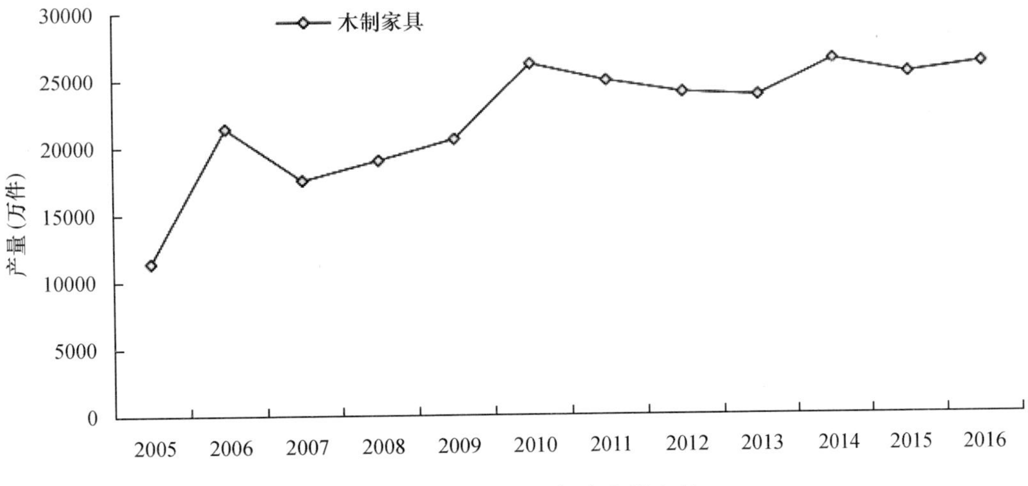

图3-5　2005—2016年木家具产量

三、纸浆和造纸

纸和纸板、纸浆、木浆年产量总体呈增长趋势。纸和纸板产量从 2005 年的 5600 万吨增至 2016 年的 10855 万吨。纸浆产量从 2005 年的 4446 万吨增至 2016 年的 7925 万吨。木浆产量从 2005 年的 371 万吨增至 2016 年的 1005 万吨（图 3-6）。

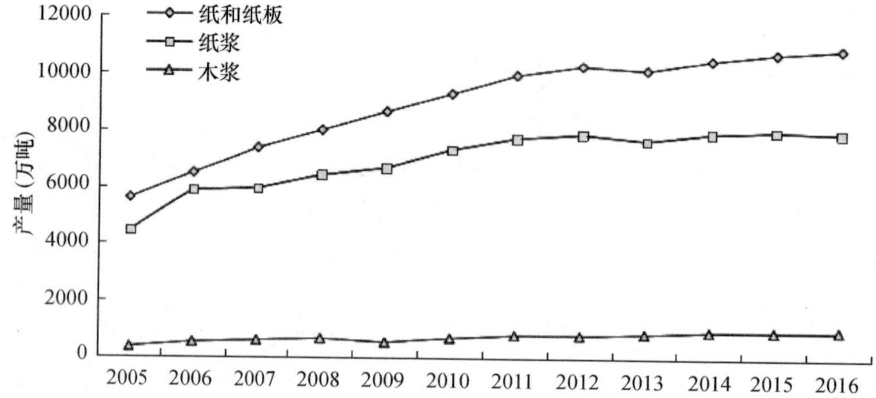

图 3-6　2005—2016 年纸和纸板、纸浆、木浆产量

四、林产化工

松香类产量和松节油产量呈波动性增长。松香类产品产量从 2005 年的 67.19 万吨增至 2016 年的 183.87 万吨；松节油类产品产量从 2005 年的 6.53 万吨增至 2016 年的 27.38 万吨（图 3-7）。

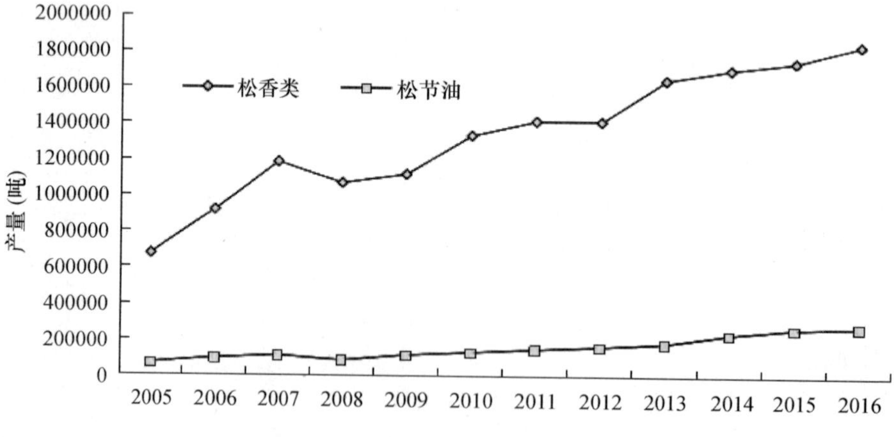

图 3-7　2005—2016 年松香类产品、松节油类产品产量

2005—2016 年栲胶类产品和紫胶类产品产量呈波动性增长。栲胶类产品产量 2005 年为 7668 吨，2005—2007 年高速增长，2007 年达到最大 1.4 万吨，2008 年开始不断下降，2014 年降到最低 6000 吨，2015 年回升到 7584 吨，2016 年产量又回落至 5000 吨。紫胶类产品产量，2005 年为 779 吨，2006 年达到 4000 吨，2007—2012 年缓慢下降，2013 年达到最高，2013—2014 年产量连续两年下降，2016 年产量增至 5000 吨（图 3-8）。

2016 年松香类产品产量为 183.87 万吨；松节油产品产量为 27.38 万吨；热解产品（木炭、竹炭、活性炭）产量为 176.67 万吨；樟脑产量为 1.43 万吨，冰片产量为 0.69 万吨。

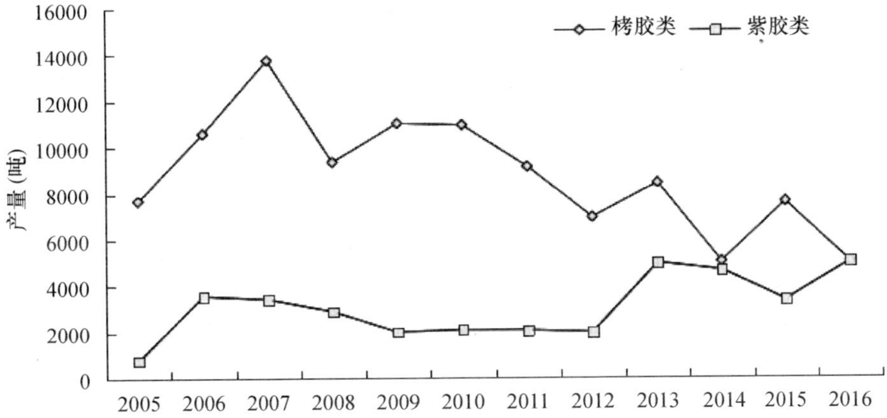

图 3-8　2005—2016 年栲胶类产品和紫胶类产品产量

综上分析可见，从 2005 年到 2016 年，锯材、人造板、木竹地板、木浆、纸浆、纸和纸板、松香、松节油、紫胶产量不断增加，而栲胶产品主要受国际市场影响大，波动变化很大。林产工业总体表现为产业规模逐年扩大，产出能力逐年增强。

第二节　林产工业主要产品进出口情况

根据国家林业局《中国林业发展报告 2017》相关数据，2016 年林产工业主要产品进出口贸易总额为 942.75 亿美元。林产工业主要产品进口金额从 2005 年的 163.37 亿美元增至 2016 年的 417.66 亿美元，出口金额从 2005 年的 146.86 亿美元增至 2016 年的 525.09 亿美元，2005 至 2016 年，中国林产工业主要产品进出口贸易额大体呈上升趋势（图 3-9）。

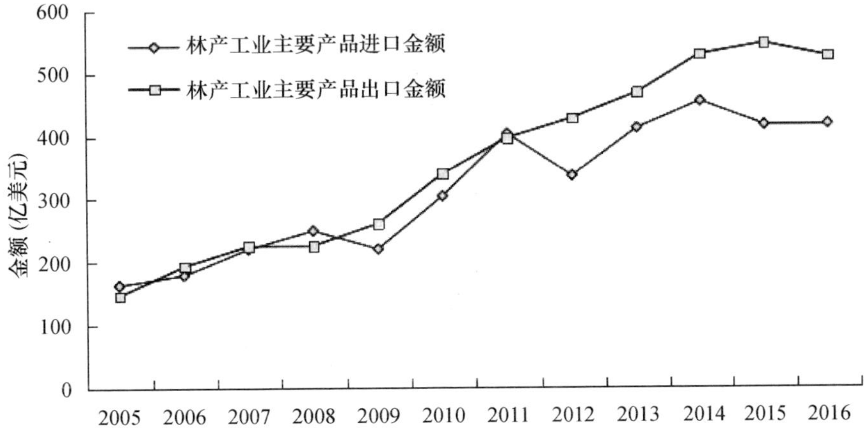

图 3-9　2005—2016 年林产工业主要产品进出口金额

一、木材加工

木材加工产品主要有原木、锯材、特种材、胶合板、刨花板、纤维板、木制品、木片等产品。2016 年木材加工产品进出口贸易总额为 332.35 亿美元，占林产工业产品进出口贸易总额的 35%。木材加工产品进口金额从 2005 年的 57.00 亿美元增至 2016 年的 195.63 亿美元。出口金额从 2005 年的 64.95 亿美元增至 2016 年的 136.72 亿美元（图 3-10）。

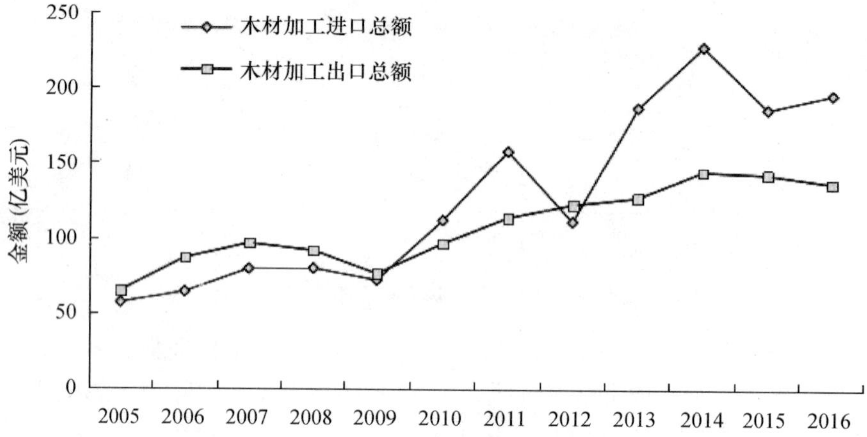

图 3-10　2005—2016 年木材加工产品进出口金额

二、木家具制造

2016 年木家具进出口贸易总额为 231.71 亿美元，占林产工业产品进出口贸易总额的 25%。木家具进口金额从 2005 年的 0.87 亿美元增至 2016 年的 9.62 亿美元；出口金额从 2005 年的 68.43 亿美元增至 2016 年的 222.09 亿美元（图 3-11）。

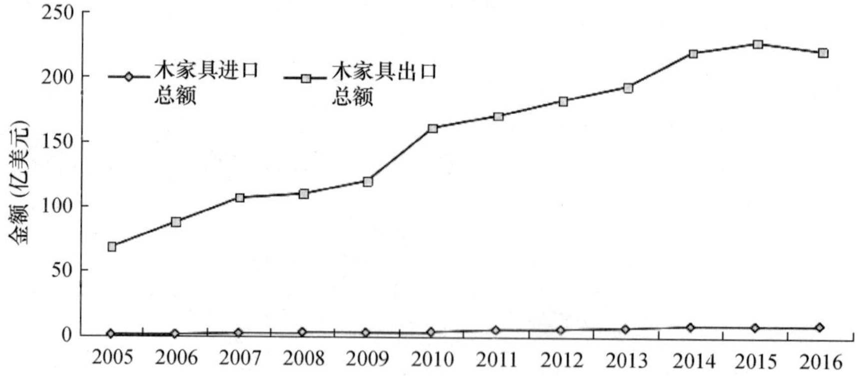

图 3-11　2005—2016 年木家具进出口金额

三、纸浆和造纸

纸浆和造纸产品主要包括木浆、废纸、纸和纸制品等产品。2016 年纸浆造纸产品进出口贸易总额为 375.52 亿美元，占林产工业产品进出口贸易总额的 40%。纸浆造纸产品进口金额从 2005 年的 105.39 亿美元增至 2016 年的 221.31 亿美元。出口金额从 2005 年的 10.72 亿美元增至 2016 年的 164.21 亿美元（图 3-12）。

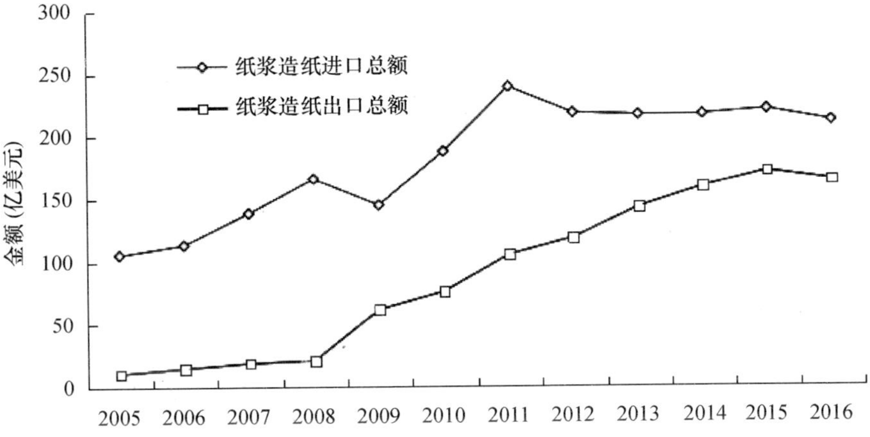

图 3-12　2005—2016 年纸浆和造纸产品进出口金额

四、林产化工

林产化工进出口主要产品有木炭、松香等产品。2016 年林产化工产品进出口贸易总额为 3.17 亿美元，占林产工业产品进出口贸易总额的比重很小。林产化工产品进口金额从 2005 年的 0.11 亿美元增至 2016 年的 1.11 亿美元，出口金额从 2005 年的 2.77 亿美元变化为 2016 年的 2.06 亿美元（图 3-13）。林化产品出口受国际市场影响很大，2006 年升到第一个高点，然后开始下降，2009 年降到最低，2010 年开始上升，2011 年达到最高，然后又开始下降，并缓慢回升。

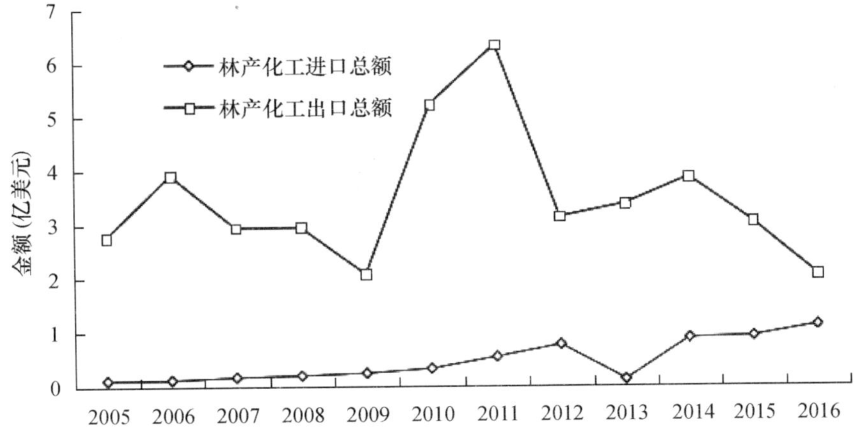

图 3-13　2005—2016 年林产化工产品进出口金额

2005—2016 年，木材加工进出口贸易额波动性增长；木家具进出口贸易额呈稳定性增长，木家具出口增幅远大于进口增幅；纸浆和造纸产品进出口贸易额保持着稳定性增长，进口增幅大于出口增幅；林化产品受国际市场影响较大，进口贸易额波动性较大。中国林产工业进出口贸易总额总体呈上升趋势。

第三节 林产工业企业数量

根据《中国统计报告》(2006—2017 年) 数据，对规模以上林产工业企业数量进行统计。其中规模以上工业企业的统计范围，2005—2006 年为全部国有和年主营业务收入 500 万元及以上的非国有工业法人单位；2007—2010 年为年主营业务收入 500 万元及以上的工业法人单位；从 2011 年开始，为年主营业务收入 2000 万元及以上的工业法人单位。有必要说明的是，由于《中国统计报告》中未对林产化工进行统计，因此本节内容未对林产化工企业数量进行统计和分析。

中国林产工业企业数量从 2005 年的 15932 个增加至 2010 年最高值 27570 个，2011 年回落至 19521 个，2012 年开始缓慢增加至 2016 年的 21486 个。其中木材加工企业数量，2005 年的 5397 个增至 2010 年的 11366 个，2011 年回落至 8193 个，然后缓慢增长至 2016 年的 9123 个；木家具制造企业数量从 2005 年的 3074 个增至 2010 年最高值 5934 个，2011 年回落至 4255 个，然后缓慢增长至 2016 的 5777 个；纸浆和造纸企业数量 2005 年的 7461 个增至 2010 年最高值 10270 个，2011 年回落至 7073 个，缓慢下降至 2016 年的 6586 个（图 3-14）。

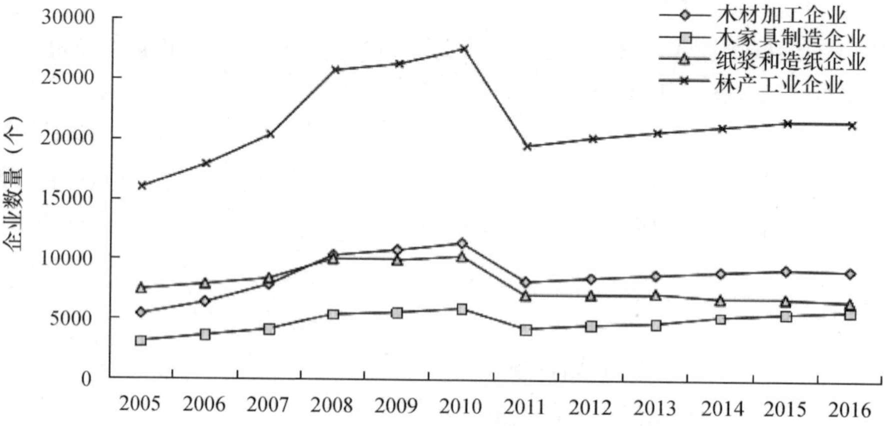

图 3-14 2005—2016 年林产工业企业数量

2005—2010 年，中国林产工业企业数量呈增加趋势，2011 年林产工业企业数量相对于 2010 年骤减，主要是 2010 年前统计的年主营业务收入 500 万元及以上的工业法人单位，而 2011 年后统计的是年主营业务收入 2000 万元及以上的工业法人单位。因此 2005—2016 年，中国林产工业企业数量总体呈逐年增加趋势。

第四节 林产工业企业资产情况

根据《中国统计报告》(2006—2017 年) 数据，对规模以上林产工业企业资产总额进行统计。其中规模以上工业企业的统计范围包括，2005—2006 年为全部国有和年主营业务收入 500 万元及以上的非国有工业法人单位；2007—2010 年为年主营业务收入 500 万元及以上的工业法人单位；从 2011 年开始，为年主营业务收入 2000 万元及以上的工业法人单位。有必要说明的是，由于《中国统计报告》中未对林产化工进行统计，因此本节内容未对林产化工企业资产总额进行统计。

2005—2016 年，中国林产工业企业资产总额持续上涨，木材加工、木家具制造、纸浆和造纸企业资产总额均呈增长趋势。木材加工企业资产总额从 2005 年的 1338.73 亿元增至 2016 年的 6498.02 亿元；木家具制造企业资产总额从 2005 年的 1032.78 亿元增至 2016 年的 5552.82 亿元；纸浆和造纸企业资产总额从 2005 年的 4660.00 亿元增至 2016 年的 14117.32 亿元（图 3-15）。

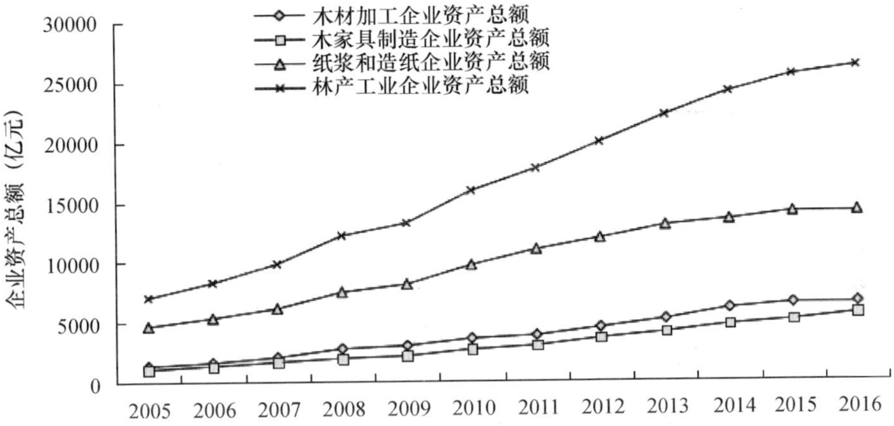

图 3-15　2005—2016 年林产工业企业资产总额

第五节　林产工业企业利润情况

根据《中国统计报告》(2006—2017 年) 数据，对林产工业规模以上企业利润总额进行统计。其中规模以上工业企业的统计范围包括，2005—2006 年为全部国有和年主营业务收入 500 万元及以上的非国有工业法人单位；2007—2010 年为年主营业务收入 500 万元及以上的工业法人单位；从 2011 年开始，为年主营业务收入 2000 万元及以上的工业法人单位。有必要说明的是，由于《中国统计报告》中未对林产化工进行统计，因此本节内容未对林产化工企业利润进行分析。

木材加工企业利润总额从 2005 年的 82.43 亿元增至 2016 年的 905.18 亿元；木家具制造企业利润总额从 2005 年的 61.89 亿元增至 2016 的 574.39 亿元；纸浆和造纸企业利润总额 2005 年的 194.04 亿元增至 2016 年的 886.87 亿元。2005—2016 年林产工业企业利润总额总体均呈增长趋势（图 3-16）。

单位企业利润额是利润总额与企业数量之比，反映行业内单位企业获利水平。资产利润率是资产总额与利润总额之比，反映行业资产综合利用效果的指标，也是衡量行业所取得盈利的重要指标。

从图 3-17，图 3-18 可见，虽然中国林产工业企业数量、资产总额、利润总额总体呈上涨趋势，但从 2012 年开始，单位企业利润和资产利润率开始不断下降，这表明企业利用全部经济资源的获利能力进入一个瓶颈期。因此，为提高企业单位利润率和资产利润率，提高企业生产效益，必须走新的经济发展之路，实施节能、节材、节水、废弃物综合利用等，加快发展林产工业循环经济，推进林产工业转型升级。

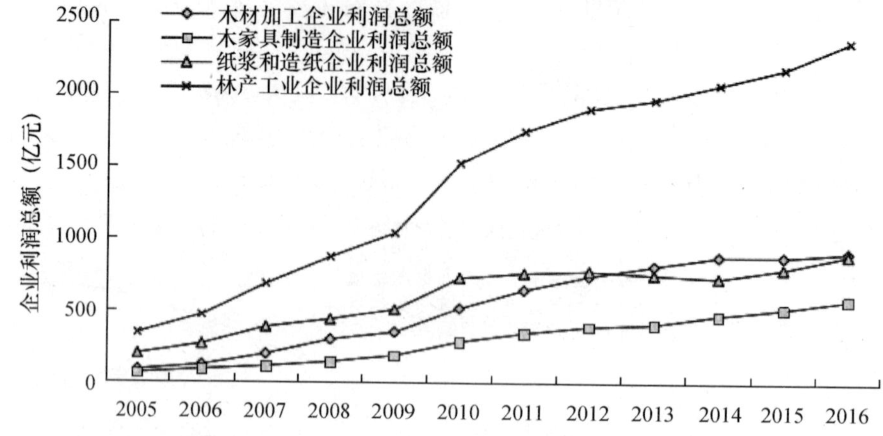

图 3-16　2005—2016 年林产工业企业利润总额

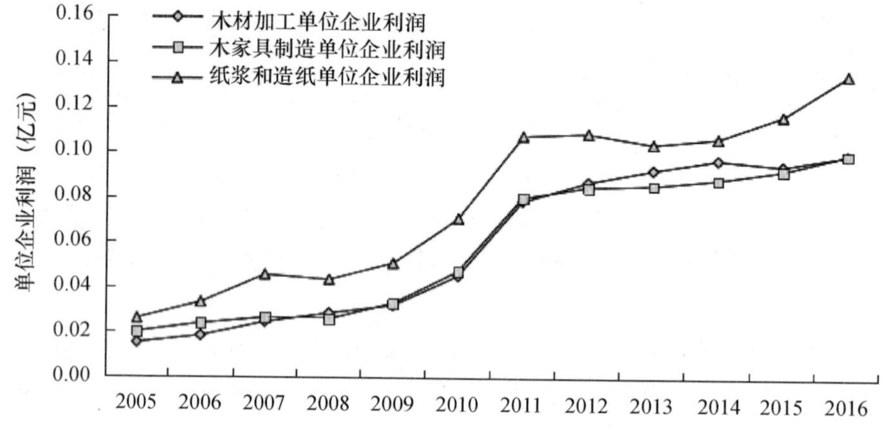

图 3-17　2005—2016 年林产工业单位企业利润

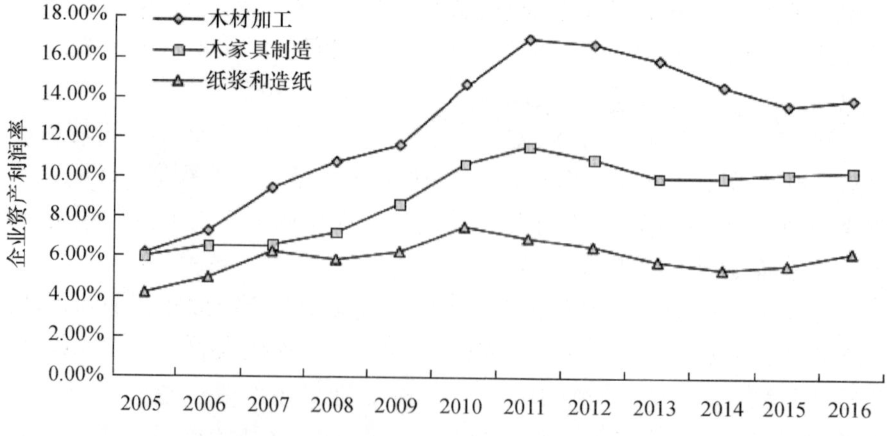

图 3-18　2005—2016 年林产工业企业资产利润率

第六节　中国林产工业产业发展特征

一、中国林产工业主要产品产量变化

2005—2016 年，锯材、人造板、木竹地板、木浆、纸浆、纸和纸板、松香及松节油等产品产量不断增加，而栲胶、紫胶产品主要受国际市场影响大，波动变化很大；而原木与全国商品材主要受天然林保护、全面停伐天然林木材政策的影响，国内木材原料供应紧张的矛盾更加严峻。

二、中国林产品进出口变化特征

2005—2016 年，木材加工进出口贸易额波动性增长；木家具进出口贸易额呈稳定性增长，木家具出口增幅远大于进口增幅；纸浆和造纸产品进出口贸易额保持着稳定性增长，进口增幅大于出口增幅；林化产品受国际市场影响较大，进口贸易额波动性较大。中国林产工业进出口贸易总额总体呈上升趋势。

三、中国林产工业企业数量

2005—2016 年中国林产工业数量总体呈增加趋势，2010 年达到最高，然后开始减少，主要原因是 2010 年前统计的年主营业务收入 500 万元及以上的工业法人单位，而 2011 年后统计的是年主营业务收入 2000 万元及以上的工业法人单位。

四、林产工业企业资产

2005—2016 年，中国林产工业企业资产总额持续增长，木材加工、木家具制造、纸浆和造纸企业资产总额均呈增长趋势。

五、林产工业企业利润

2005—2016 年，中国林产工业企业利润总额总体呈上涨趋势。木材加工、木家具制造企业利润总额总体均呈增长趋势；纸浆和造纸企业利润总额呈波动性上涨。

六、林业工业企业获利能力

虽然中国林产工业企业数量、资产总额、利润总额总体呈上涨趋势，但从 2012 年开始，单位企业利润和资产利润率开始不断下降，这表明中国林产工业企业利用全部经济资源的获利能力进入一个瓶颈期。

因此，为提高企业单位利润率和资产利润率，提高企业生产效益，必须走新的经济发展之路，实施节能、节材、节水以及废弃物综合利用等，加快发展林产工业循环经济，推进林产工业转型升级。

第四章　中国林产工业循环经济发展现状分析

本章对中国林产工业产业的能源消耗、污染物排放、再利用和资源化现状进行分析，为构建林产工业循环经济标准体系和制定林产工业循环经济发展政策奠定基础。

第一节　中国林产工业循环经济减量化现状分析

一、中国林产工业产业能源消耗现状分析

中国林产工业所消耗的能源主要有煤炭、电力、焦炭、原油、汽油、煤油、柴油、燃料油、天然气等。中国林产工业所消耗的能源以煤炭为主，其次为电能，焦炭、原油、汽油等其他能源消耗较少。

根据《中国统计年鉴 2017》的能源消耗统计数据，2015 年全国工业能源消费总量为 292275.96 万吨标准煤，其中煤炭消费量为 375649.96 万吨，电力消费量为 41549.99 亿千瓦小时。全国制造业能源消费量为 244919.56 万吨标准煤，其中煤炭消费量为 179475.65 万吨，电力消费量为 31178.09 亿千瓦小时。2015 年我国林产工业能源消费量为 5730.53 万吨标准煤，占全国制造业能源消费总量的 2.34%，占全国工业能源消费总量的 1.96%。

2015 年中国木材加工能源消费量为 1327.24 万吨标准煤，占林产工业能源消费总量的 23.16%；煤炭消费量为 506.94 万吨，占林产工业煤炭消费量的 9.69%；电力消费量为 254.36 亿千瓦小时，占林产工业电力消费量的 25.90%。

2015 年中国家具制造能源消费量为 375.62 万吨标准煤，占林产工业能源消费量的 6.55%；煤炭消费量为 57.52 万吨，占林产工业煤炭消费量的 1.10%；电力消费量为 92.78 亿千瓦小时，占林产工业电力消费量的 9.45%。

2015 年中国纸浆和造纸能源消费量为 4027.67 万吨标准煤，占林产工业能源消费量的 70.28%；煤炭消费量为 4669.25 万吨，占林产工业煤炭消费量的 89.21%；电力消费量为 634.92 亿千瓦小时，占林产工业电力消费量的 64.65%。2015 年林产工业能源消费量见表 4-1。

表 4-1　2015 年林产工业能源消费量

类别		能源消费总量（万吨标准煤）	煤炭消费量（万吨）	电力消费量（亿千瓦小时）
林产工业	木材加工	1327.24	506.94	254.36
	家具制造	375.62	57.52	92.78
	纸浆和造纸	4027.67	4669.25	634.92
	合计	5730.53	5233.71	982.06

续表

类别	能源消费总量（万吨标准煤）	煤炭消费量（万吨）	电力消费量（亿千瓦小时）
制造业	244919.56	17597.82	31178.09
工业	292275.96	390497.43	41549.99

林产工业能源消耗从2004年的3744.77万吨标准煤，增至2015年的5730.53万吨标准煤，总体呈上涨趋势。其中木材加工行业能源消费量从2004年的552.48万吨标准煤，增至2015年的1327.24万吨标准煤；家具制造行业能源消费量从2004年的110.94万吨标准煤，增至2015年的375.62万吨标准煤；纸浆和造纸行业能源消费量从2004年的3081.35万吨标准煤，增至2014年的4027.67万吨标准煤（图4-1）。

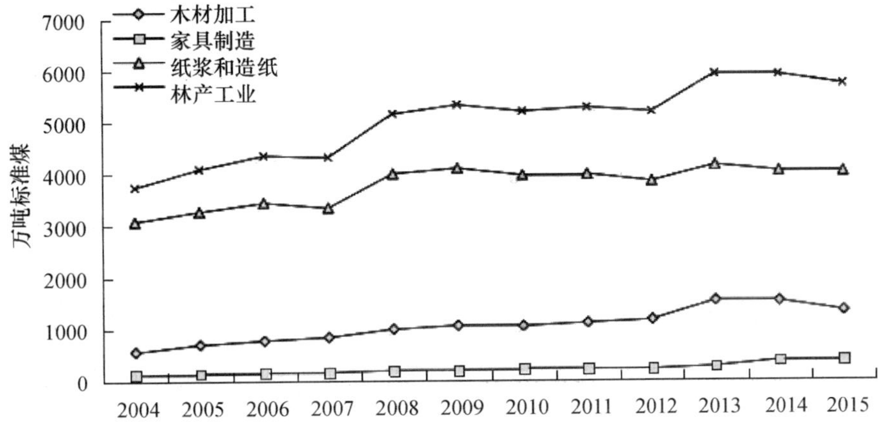

图4-1　2004—2015年林产工业能源消费量

林产工业总体能耗低，其中纸浆和造纸对能源消耗相对较大，木材加工能源消耗次之，家具制造能源消耗相对最小。林产工业快速发展，煤炭消耗比重较大，因此发展林产工业循环经济，一是要推行林产工业节能降耗，高效合理利用能源，二是要尽快转变以煤炭为主的能源利用方式，发展清洁能源。

二、中国林产工业木材资源消耗现状分析

为了保护环境，促进经济可持续发展，1998年中国实施天然林保护工程，不断减少天然林采伐量，2017年国家林业局全面停止天然林采伐，减少了木材加工、家具制造、纸浆和造纸等行业的原料供应，对林产工业发展带来了重大影响。例如从2010年起，大小兴安岭生态功能区全面停止林木主伐生产，恢复荒山造林，到2020年，该区域森林覆盖率将超过70%。自1998年实行“天保工程”以来，全国大幅调减木材产量，中国木材供应形势随之变化木材产品总供给缓慢增长，国内供给增速低于进口增速，对进口木材依赖度到50.87%，木材原料供应矛盾突出，木材产品供给情况详见图4-2。

但全国的木材消耗量却在不断上升。中国已成为木材消耗大国，2001年全国木材消耗量为1.83亿立方米，2005年达到3.82亿立方米，2009年为4.22亿立方米，2010年为

4.32 亿立方米，2013 年为 5.22 亿立方米，2016 年达到 5.58 亿立方米。

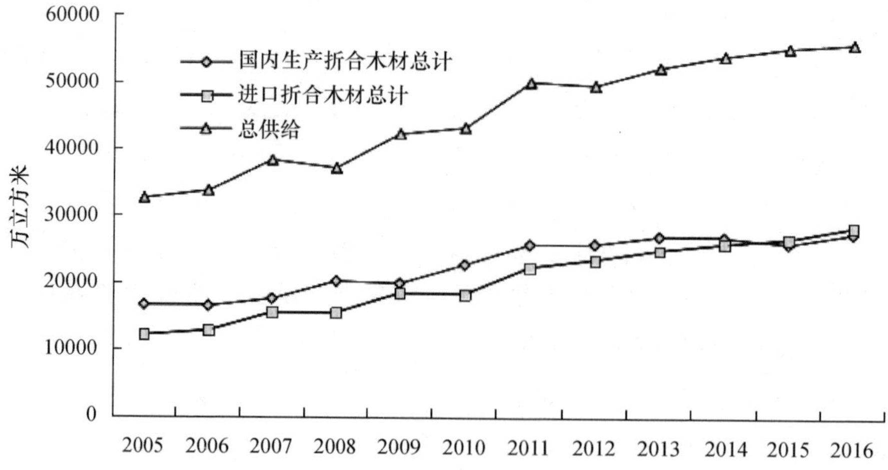

图 4-2　2005—2016 年木材产品供给

以木地板为例，受出口国限伐、禁伐等新政策的影响，中国木地板生产企业正面临木材原料进口成本急剧上升的困境。近几年，实木地板的原材料涨幅多达 100%。虽然国家已从宏观上支持生产企业进口国外木材，木材的进口关税为零，但随着木材出口国环保意识的加强及对木材出口的控制，木材进口将受到更大的限制，因此生产企业要积极调整产品结构，充分提高木材利用率，同时可将生产地板的余料加工成木质装饰品以实现木材的综合利用。

三、中国林产工业污染物排放分析

（一）林产工业污染物种类

林产工业生产中必然产生一定的工业污染物，其中包括产品生产过程中产生的固体废弃物（如采伐剩余物、造材剩余物、加工剩余物、工业粉尘）、工业废水和生活废水、废气（加工过程产生的废气）等（林秀兰，2001）。

林产工业主要产品中，锯材生产的污染物是粉尘和废气；人造板生产的污染物来源主要是单板干燥、木片清洗、涂胶机清洗、热压胶合及砂光等工艺产生的污染物，主要是废水、粉尘以及废气等；纸浆和造纸生产的污染物来源主要为制浆、抄纸等工艺产生的污染物，主要是工业废水等；木质活性炭生产的污染物主要是废气、粉尘、烟尘、废水和固体废弃物等。以木材工业为例，其污染物的类别主要为工业生产过程产生的废水、废气和废固，其中废气主要包括工业粉尘和工业废气，废固主要包括有毒有害废渣和木材加工废弃物（表 4-2）。

表 4-2　木材工业环境污染物种类和来源

污染物类别		来源
废水	工业废水量 （化学需氧量）	木材加工生产中的工艺废水、清洗废水（包含一定数量的胶粘剂残余物，其内含物有苯酚、甲醛等）

续表

污染物类别		来源
废气	工业粉尘 工业废气	以木屑、木粉为主，少量的碳氢化合物和游离的二氧化硅组成的粉尘，如砂光粉尘 挥发性有机化合物（VOCs）
废固	有毒有害废渣 木材加工废弃物等	木材防腐工业产生的含砷、铬以及含砷、铬防腐木屑；胶粘剂等制造过程中产生的化工废渣、废水处理泥渣、燃料废渣； 木材加工废弃物（刨花、板头、锯末） 废弃的木材与人造板等废旧家具、废弃的木包装材料

（二）林产工业污染物排放标准情况

关于污染物排放的国家标准、行业标准和地方标准很多，越发达的地区，环保标准要求越高。我国大气环境质量要求方面的国家标准包括 GB 3095—2012《环境空气质量标准》、GB/T 18883—2002《室内空气质量标准》等 3 项标准。大气污染物排放国家标准包括 GB 16297—1996《大气污染物综合排放标准》等 2 项标准。北京市、上海市、天津市、河北省、福建省、山东省等省市发布了 17 项大气污染物排放地方标准，这些标准指标要求均比国家标准或行业标准要高。

GB 13271—2014《锅炉大气污染物排放标准》，2014 年 4 月 28 日发布，2014 年 7 月实施，与修订前标准相比，新标准不但增加了燃煤锅炉（自然通风炉）氮氧化物的排放进行了限量规定，而且提高了各项污染物排放限量要求，其中燃煤锅炉（自然通风炉）氮氧化物的限量值为 300mg/m^3，燃煤锅炉烟尘排放浓度要求从修订前的 80mg/m^3 提高到 50mg/m^3，SO_2 排放浓度要求从修订前的 900mg/m^3 提高到 300mg/m^3，燃油锅炉和燃气锅炉的污染物排放限量要求也相应提高，具体见表 4-3。

表 4-3　国家标准《锅炉大气污染物排放标准》修订前后污染物排放指标对比表

锅炉类别		适用地区	烟尘排放浓度 mg/m^3		SO_2 排放浓度 mg/m^3		氮氧化物排放 mg/m^3	
			修订前	修订后	修订前	修订后	修订前	修订后
燃煤锅炉	自然通风炉	一类区	80	50	900	300	—	300
	其他锅炉	一类区	80	50	900	300	400	300
燃油锅炉	轻柴油、煤油	一类区	80	30	500	200	400	250
	其他燃料油	一类区	80	30	900	200	400	250
燃气锅炉		全部区域	50	20	100	50	400	200

北京市 2015 年发布了针对木质家具制造业的 DB 11-1202—2015《木质家具制造业大气污染物排放标准》，首次在排放标准中提出了限制原辅材料中的挥发性有机物含量指标以及工艺措施和管理要求。在《木质家具制造业大气污染物排放标准》出台之前，并没有针对家具制造业大气污染物的专门约束标准，而是采用《大气污染物综合排放标准》。《木质家具制造业大气污染物排放标准》不仅提高了限制要求，还针对行业特点对家具生产环节中的涂料性质、使用量、生产环节中的生产环境、生产工艺和设备等生产流程做了详细规定，对于各项污染物项目限值要求都有所提高，无论是排气筒还是无组织排放点，排气

筒污染物最高允许排放浓度要求提升较大，标准限值提高了 30 多倍，无组织排放点的限值标准提升 5 倍左右。

（三）刨花板产业污染物排放特征

1. 刨花板废水产生量较少

刨花板生产会产生少量废水，来源于调胶施胶设备及管道系统的冲洗水、木片原料的水洗废水、合成树脂工艺废水以及生活废水，排放标准参考 GB 8978—1996《污水综合排放标准》或当地政府颁布的相关标准。由于刨花板废水产生量较少，也相对容易治理，同时国内不少工业园区也设置了专门污水处理设施，因此刨花板废水处理对于企业造成困扰较少。

2. 刨花板主要污染物是大气污染物排放

刨花干燥与板坯热压工段，是刨花板企业工业排气污染的主要工段，其排气为多相复合型污染物，主要包括固体颗粒物（如木质粉尘）、冷凝态颗粒物和气态污染物（如有机化合物、氮氧化物、碳氧化物等）。另外，拌胶和热压过程中胶粘剂会释放甲醛、酚类及非甲烷总烃废气。目前刨花板企业大气污染物排放主要检测对象为锅炉烟气和干燥尾气，主要参考 GB 13271—2014《锅炉大气污染物排放标准》、GB 16297—1996《大气污染物综合排放标准》或当地政府颁布的相关标准。

GB 13271—2014《锅炉大气污染物排放标准》，规定了锅炉烟气中颗粒物、二氧化硫、氮氧化物、汞及其化合物的最高允许排放浓度限值和烟气黑度限值。以燃煤、燃油和燃气为燃料的蒸汽、热水锅炉和有机热载体锅炉。该标准特别划定了重点地区，并设定了大气污染物特别排放限量。GB 16297—1996《大气污染物综合排放标准》，规定了 33 种大气污染物的排放限值和标准执行要求，划定了三级污染源和三类环境空气质量功能区进行监控。

现阶段刨花板企业对于环保工作非常重视，但是对于密集出台的环保政策、复杂的环保监控指标和计算方法短时间都难以消化，并且刨花板产业大气污染物排放指标对于部分标准适应度较低。比如，在刨花板制备中，刨花干燥是利用锅炉或生物质能源中心产生的热烟气，在密闭的空间将热烟气与新鲜空气混合，热介质对输送过程中的刨花进行干燥，然后空气与物料分离，完成刨花干燥。根据 GB 13271—2014《锅炉大气污染物排放标准》检测锅炉烟气中颗粒物、二氧化硫、氮氧化物、汞及其化合物值，并进行一定含氧量折算。但是对于刨花板生产线，锅炉烟气用于刨花干燥，没有第一时间直接排放，而是与新鲜空气混合，用于物料干燥后再排放。在此种情况下，如果再按 GB 13271—2014《锅炉大气污染物排放标准》检测排放尾气中的物质含量并进行折算，污染物排放指标折算后的需氧量过高，对于标准适应度较低。此外，部分企业采用生物质材料作为燃料，其污染物指标与燃煤锅炉也有较大差异。

3. 刨花板企业要应对大气污染物排放标准的方法

目前，中国刨花板企业正在积极应对不断提升的大气污染物排放标准，并且采取了一定环保措施显著降低了污染物排放，达到了相应的环保要求。针对刨花板主要污染工段的干燥尾气采用的处理方法包括，袋式除尘、静电吸附、湿式静电、水幕处理及其组合处理等。

针对压机废气处理，多层压机采用将压机尾气引入干燥尾气一并处理，或者引入能源中心；连续压机生产线排出废气成分比多层压机的废气更为复杂，增加了钢带和链辊润滑油在高温下的挥发物，处理方式包括设置分离后湿法处理系统、将废气抽吸进入能源中心等。

第二节　中国林产工业循环经济资源化现状（一）：林业剩余物资源利用产业

林业剩余物是指林业生产和加工过程中产生的剩余物，包括林木采伐和造材剩余物、木材加工剩余物、竹材采伐和加工剩余物、森林抚育与采伐和间伐剩余物、城市园林绿化废弃物、经济林修剪废弃物、废弃木质材料共7大类。经测算，2014年全国林业剩余物总量为3.84亿吨。其中，林木采伐和造材剩余物为5201.72万吨，木材加工剩余物为2259.34万吨，森林抚育与间伐剩余物为8336.83万吨，竹材采伐和加工剩余物为6005.87万吨，城市园林绿化废弃物为2427.21万吨，经济林修剪废弃物为14174万吨，废弃木质材料7000万吨。

一、中国林业剩余物资源

1. 林木采伐和造材剩余物

林木采伐剩余物、造材剩余物是指森林采伐和造材过程中产生的废弃物，包括采伐剩余物（指枝桠、树梢、树皮、树叶、树根及藤条及灌木等）、造材剩余物（指造材截头等）。以2014年全国商品材和非商品材总量11133.81万立方米为基础，按照其剩余物比例为40%进行计算，其中剩余物的湿材密度按1.168t/ m^3计算，全国林木采伐和造材剩余物为5201.72万吨。全国28个省市自治区以及森工集团都产生林木采伐和造材剩余物，其中林木采伐和造材剩余物年产量超过100万吨的省市自治区有14个，超过200万吨有7个，按照年产量大小排序依次为广西、福建、云南、广东、安徽、湖南、山东等，其中广西产量最大为1191.08万吨。林木采伐和造材剩余物年产量超过100万吨的广西、福建、云南、广东、安徽、湖南以及山东等省份利用潜力最大。

2. 木材加工剩余物

木材加工剩余物是指原木、锯材加工成其他木材产品过程中产生的废弃物，包括板皮、木竹板材截头、锯末、碎单板、木芯、刨花、木块以及边角余料。以2014年全国商品材与非商品材产量与全国进口原木、锯材数量的总和为基数，按照其剩余物比例为20%进行计算，其中剩余物的密度为0.60t/ m^3。2014年全国木材加工剩余物为2259.34万吨。各省的木材加工剩余物年产量较小，超过20万吨的省市自治区和森工集团有14个，超过50万吨的有6个，分别为广西、福建、云南、广东、安徽、湖南及山东等，其中广西产量最大为215.64万吨。

3. 森林抚育采伐和间伐剩余物

森林抚育采伐和间伐剩余物是指在中幼林抚育、低产林改造等采伐作业过程中不形成森林采伐产品和未被利用的枝桠、梢头、灌木、树桩（伐根）、枯倒木、遗弃材及截头、灌木和野草。以 2014 年全国低产低效林改造、未成林抚育作业面积、中幼林抚育的总面积为基数，以单位面积森林抚育采伐与间伐废弃物量为 5.00t/hm^{2}进行计算。2014 年全国森林抚育与间伐剩余物产量为 8336.83 万吨。全国 36 个省市自治区和森工集团都生产森林抚育与间伐剩余物，其中年产量超过 100 万吨省区有 28 个，而超过 300 万吨的有 14 个，超过 400 万吨的为 6 个，分别为新疆、广西、黑龙江、湖南、内蒙古、安徽等，其中新疆产量最大，为 1215.02 万吨。随着 2017 年全面停止天然林商业性采伐，全国森林抚育与间伐任务加重，森林抚育与间伐剩余物量将必然增大。森林抚育与间伐剩余物是未来的林业剩余物的重要来源，也是综合利用关注的重点。应在重点林区大力发展森林抚育和间伐剩余物利用。

4. 经济林修剪废弃物

经济林修剪废弃物是指苹果、梨、桃、板栗、核桃、大枣及花椒等经济林和果树生产过程修剪产生的枝桠材。以 2014 年全国经济林总面积为基数，以单位经济林面积的废弃物量为 3.735t/hm^{2}进行计算。2014 年全国经济林修剪废弃物产量为 14174 万吨。全国 22 个省市自治区都产生经济林修剪废弃物，且年产量均超过 100 万吨。其中超过 400 万吨的为 9 个省区，分别为云南、广西、湖南、陕西、辽宁、广东、江西、浙江以及四川等，其中云南产量最大为 1003.22 万吨。经济林修剪废弃物是目前新兴的林业剩余物的主要来源，已经成为综合利用的重点，在重点地区应大力发展经济林修剪废弃物的综合利用。

5. 竹材采伐和加工剩余物

竹材采伐和加工剩余物是指竹材采伐、造材与加工过程中产生的废弃物，包括竹材采伐剩余物（指竹枝、竹梢、竹叶及藤条、灌木等）、造材剩余物（指竹材截头等）、竹材加工剩余物（如竹板材截头、竹锯末、竹刨花、竹边角余料等）。以 2014 年全国竹材产量为基数，以单根竹材的采伐与加工剩余物量为 27.00kg/根进行计算。2014 年全国竹材采伐和加工剩余物为 6005.87 万吨。竹材采伐和加工剩余物主要分布在我国南方的 16 个省市自治区，其中竹材采伐和加工剩余物年产量超过 100 万吨的省市自治区有 10 个，超过 300 万吨的有 8 个，按照产量大小依次为福建、广西、浙江、江西、广东、云南、安徽以及四川等，其中福建产量最大为 1842.15 万吨，广西次之，为 1229.76 万吨。竹材采伐和加工剩余物年产量超过 100 万吨的福建、广西、浙江、江西、广东、云南、安徽以及四川等省份竹材采伐和加工剩余物利用潜力很大。

6. 城市园林绿化废弃物

城市园林绿化废弃物是指城市园林绿化经营管理过程中所产生的枝桠、落叶以及草屑等植物残体。园林绿化废弃物产生的场所主要包括：公共绿地、居住绿地、道路绿地、单位附属绿地、生产绿地以及防护绿地等。城市园林绿化废弃物已成为新兴的林业剩余物的主要来源，但目前城市管理中主要作为城市固体垃圾进行处理，浪费严重，需要高度关注其利用。以 2014 年全国城市绿地总面积为基数，以单位城市绿地面积的城市绿化废弃物量为 10.00t/hm^{2}进行计算。2014 年全国城市园林绿化废弃物 2427.21 万吨。城市园林绿化废弃物年产量超过 50 万吨的省市自治区有 14 个，超过 100 万吨的有 6 个，分别为广东、江苏、山东、浙江、上海及辽宁等，其中广东产量最大为 411.98 万吨。2013 年全国各主要城市园林绿化废弃物量。年产量超过 40 万吨的城市有 7 个，分别为广州、上海、深圳、南京、北京、重庆及南宁等，其中广州市产量最大为 131.44 万吨。

7. 全国各地区各类林业剩余物资源分布情况

根据对各省市自治区林木采伐和造材剩余物、木材加工剩余物，森林抚育与间伐剩余物、竹材采伐和加工剩余物、城市园林绿化废弃物、经济林修剪废弃物的资源结果进行汇总，得到全国各地区各类林业剩余物资源分布表（见表 4-4）。

从表 4-4 可见，全国林业剩余物总量超过 1000 万吨的省区有 12 个，依次为广西、福建、广东、云南、湖南、安徽、新疆、江西、浙江、山东、四川以及湖北。而资源总量超过 500 万吨的省区、森工集团为 22 个。这些林业剩余物资源大省将是林业剩余物综合利用工作的重点省份。

表 4-4　全国各地区林业剩余物资源分布表

单位（万吨）

地区	林木采伐和造材剩余物	木材加工剩余物	抚育与间伐剩余物	竹材采伐和加工剩余物	经济林修剪废弃物	城市园林绿化废弃物	合计	排序
广西	1191.08	215.64	651.26	1229.76	689.29	69.87	4046.90	1
福建	870.28	82.76	300.77	1842.15	333.01	57.61	3486.58	2
广东	403.42	77.56	325.97	450.21	468.22	411.98	2137.36	3
云南	418.35	45.94	121.3	420.09	1003.22	36.35	2045.25	4
湖南	270.16	41.42	495.33	162.90	565.03	53.48	1588.32	5
安徽	270.86	57.69	443.15	418.90	239.35	83.91	1513.86	6
新疆			1215.02		245.04		1460.06	7
江西	155.55	28.59	233.29	544.57	442.89	49.24	1454.13	8
浙江	76.32	15.27	137.24	568.42	409.64	127.93	1334.82	9
山东	211.65	60.58	384.42		395.91	193.65	1246.21	10
四川	135.72	22.63	105.13	353.62	400.80	88.89	1106.79	11
湖北	155.65	33.27	376.63	97.51	272.42	71.62	1007.10	12
河北	50.54	6.56	384.42		350.73	76.05	868.30	13
河南	157.49	50.93	314.95	6.16	223.82	80.75	834.10	14
辽宁	104.99	22.46	62.80		495.32	120.51	806.08	15
陕西	23.30	4.55	176.81	22.42	528.73	33.85	789.66	16
海南	64.49	2.51	244.98	31.22	336.95	14.42	694.57	17
黑龙江	102.08	12.72	498.86			75.06	688.72	18
江苏	74.34	15.70	139.67	12.39	133.82	256.26	632.18	19
吉林	161.27	36.82	359.35			38.39	595.83	20
内蒙古	84.04	7.56	449.49			49.33	590.42	21
贵州	95.18	22.49	151.6	21.24	263	34.03	587.54	22
龙江森工集团	25.40	5.94	353.15				384.49	23
重庆	27.91	4.39	84.53	102.94	111.80	48.12	379.69	24

续表

地区	林木采伐和造材剩余物	木材加工剩余物	抚育与间伐剩余物	竹材采伐和加工剩余物	经济林修剪废弃物	城市园林绿化废弃物	合计	排序
山西			61.93		252.63	36.35	350.91	25
宁夏			243.48			21.17	264.65	26
新疆建设兵团			260.56				260.56	27
甘肃			129.33		104.50	21.17	255.00	28
内蒙古森工集团	50.60	5.78	175.14				231.52	29
长白山森工集团	34.54	11.11	107.46				153.11	30
吉林森工集团	26.35	9.46	99.03				134.84	31
上海			9.81			124.30	134.11	32
北京			45.80			68.44	114.24	33
大兴安岭			108.3				108.30	34
西藏	26.75	6.04				3.65	36.44	35
天津						23.20	23.20	36
青海			11.27			4.77	16.04	37

二、中国林业剩余物综合利用途径和主要技术

林业剩余物利用途径主要为原料化利用、能源化利用、肥料化利用、饲料化利用（见表 4-5）。

表 4-5　我国各类林业剩余物综合利用途径

林业剩余物种类	林业剩余物组成特点	重点利用途径
林木采伐和造材剩余物、木材加工剩余物	主要为木质成分	原料化利用、生物质能源利用
森林抚育采伐和间伐剩余物	木质成分和野草、灌木数量比重相当	生物质能源利用、肥料化利用、原料化利用、饲料化利用
经济林修剪废弃物	主要为木质成分	原料化利用、生物质能源利用
园林绿化废弃物	落叶、草屑数量大，木质成分次之	肥料化利用、生物质能源利用、原料化利用、饲料化利用
废弃木质材料	主要为木质成分	原料化利用、能源化利用

（一）林业剩余物综合利用途径

1. 原料化利用

主要是以林业剩余物为原料，采用机械加工、化学加工利用以及生产食用菌方式生产各种产品，可生产人造板、生产生物质材料、生物质能源、活性炭、竹炭以及酒精等产

品。主要的产品有：

机械加工产品：纤维板、刨花板、细木工板芯条、木塑复合材料、纸浆或纸制品、小木制品、木工艺品、燃香以及园林绿地地面覆盖材料等。

化学加工利用产品：松香、松节油、活性炭、竹炭、烤胶、木醋液、竹醋液、阿拉伯半乳糖、生物质胶粘剂、生物质涂料以及药品等。

食用菌：生产木耳以及香菇等。

2. 能源化利用

主要是以林业剩余物为原料，生产各种生物质能源的产品或直接燃烧。主要生产的产品有：生物质固体成型燃料、生物柴油、生物质燃气、液化燃油以及生物质发电等。

3. 肥料化利用

主要是以林业剩余物为原料，生产各种肥料产品。主要的产品有：绿肥。

4. 饲料化利用

主要是以林业剩余物为原料，生产各种饲料产品。主要的产品有：饲料。

5. 综合利用

以林业剩余物为原料，开展热、电、油以及林化产品等生物质联产项目的利用方式。

（二）中国林业剩余物综合利用的主要技术

中国林业剩余物综合利用技术，原料化利用技术比较成熟，能源化技术有较大进展，肥料化利用技术和饲料化利用技术还需要加强和突破。

林业剩余物原料化利用技术比较成熟。如利用传统的林业“三剩物”、森林抚育采伐与间伐剩余物中的小径材、经济林和果树修剪废弃物等进行原料化利用的技术相对成熟，主要生产纤维板、刨花板、细木工板芯条、纸浆和纸制品、木塑复合材料、林化加工产品、小木制品、工艺品以及燃香等，而且产品标准比较齐全。

林业剩余物能源化利用有较大进展，现已形成以成型燃料、液体燃料、热电联产、气体燃料等为主的多元化格局。固体生物质成型燃料加工技术比较成熟。2013年生物合成液体燃料先进技术取得重大突破，以灌木平茬物为燃料的林业生物质热电联产机组已投产运营，木质纤维素转化乙醇技术研发取得较大进展，年产5000吨生产示范线建成投产。南京林业大学张齐生院士研发的“农林业生物质气化多联产技术集成及应用”也取得了很好的进展，可生产生物质燃气、生物质炭以及生物质液化产物，其中生物质炭可以作为土壤改良剂，生物质液化产物可以作为农作物和果树的叶面肥料。

林业剩余物肥料化利用的堆肥处理技术比较成熟。利用森林抚育采伐和间伐剩余物、园林绿化废弃物中落叶和野草生产肥料技术成熟，园林绿化废弃物还可用于生产园林环保植物栽培基质。

中国林业剩余物综合利用技术中，高附加值利用产品的原料化利用技术和热电联产、农林业生物质联产技术集成及应用还需要加强，饲料化利用技术进展缓慢，特别是利用纤维素、木质素生产饲料技术，由于成本高，而难以产业化。

三、中国林业剩余物综合利用存在的主要问题及政策支持措施建议

中国林业剩余物综合利用产业包括木片和木粒加工产业、人造板产业、林化加工产业、纸浆和纸制品产业、生物质能源产业，各产业发展参差不齐。木片和木粒加工加工产业发展空间很大，人造板产业、纸浆和纸制品产业发展产品种类齐全，但产能相对过剩，林化加工产品产业的松香产业不断增加，其他林化产品种类发展相对稳定，而生物质能源产业的木质固体成型燃料刚刚起步，发展空间很大。

由于林业剩余物的资源分散、加工转换技术难度大、市场化发展环境还不完善，我国林业剩余物综合利用面临的挑战和存在的主要问题如下：

1. 林业剩余物数量巨大，对林木采伐和造材剩余物、木材加工剩余物利用率高，但全社会对森林抚育采伐与间伐剩余物、园林绿化废弃物利用认识不足，资源化利用艰难起步，废弃木质材料利用需要提高水平

2012 年，全国森林抚育和间伐剩余物产量为 2550 万吨，但实际利用量为 80 万吨，仅占总量的 3.13%；而城市园林绿化废弃物已经成为城市垃圾的主要组成，北京、上海、广州、深圳、济南及杭州等大城市开展了城市园林绿化废弃物制造绿肥、生产生物质固体成型燃料、生产生物质材料的综合利用工作的探索，有一定的进展，但缺乏各种政策支持，效果不明显。如北京曾建立了利用城市园林绿化废弃物生产生物质固体成型燃料的多家企业，目前企业基本停产，主要是产品市场销售不畅，原料回收体系也不健全，整体效果不令人满意；2014 年，我国废弃木质材料利用综合利用率达到 70%以上，主要用于人造板、木塑复合材料以及制浆造纸等，还需要提高。

2. 森林抚育和间伐剩余物、园林绿化废弃物、废弃木质材料等原料收集难度大，回收体系不健全

森林抚育和间伐剩余物、城市园林绿化废弃物、废弃木质材料等原料具有分散性特点，目前原料收集主要依靠人工和小型机械，运输主要依靠通用运输工具，缺乏完整的专业化原料收集、运输、储存及供应体系，收储运效率低，难以满足林业剩余物资源综合利用规模化利用的需要。同时，现场木片加工生产还需要加强。

3. 林业剩余物资源综合利用新技术推广力度不足，技术水平有待提高

一是现有新技术的示范推广不够，现有新技术未得到充分转化和应用；二是急需加强对森林抚育和间伐剩余物、园林绿化废弃物、废弃木质材料的原料化利用、能源化、肥料化利用新技术的研发，急需开发高附加值、功能性林业剩余物资源综合利用新设备和新技术，提升产业发展机械化和自动化水平；急需加强林业剩余物饲料产品生产技术研发，开拓资源综合利用新途径；急需加强林业剩余物热电联产、林业生物质联产技术集成及应用技术。

4. 林业剩余物资源综合利用产业标准体系不健全，很多急需的标准缺乏，市场监管和技术监督力度不足

森林抚育和间伐剩余物、园林绿化废弃物、废弃木质材料的原料化利用、能源化、肥料化利用项目的专业化市场化建设管理经验不足，产品、设备、工程建设和项目运行等方面的标准严重缺乏或滞后，检测认证体系建设滞后，缺乏市场监管和技术监督。而园林绿

化废弃物的收集、运送、粉碎和制作过程都没有完善的标准体系和规范要求，废弃物加工产品也没有标准，急需制定。同时园林绿化废弃物综合利用就因为缺少相关新产品标准，导致不少新产品推广艰难。

5. 林业剩余物资源综合利用产业转型升级形势严峻

根据《中国林业发展报告 2017》统计数据，2016 年我国商品木材产量为 7775.87 万立方米，锯材产量为 7716.14 万立方米，人造板产量为 3.0 亿立方米，其中胶合板产量为 1.78 亿立方米，纤维板产量为 6451.21 万立方米，刨花板产量为 2650.1 万立方米，其他人造板产量为 2985.29 万立方米。木竹地板为 8.38 亿平方米，其中实木复合地板 2.50 亿平方米，强化木地板 3.16 亿平方米等。

2015 年 3 月 25 日北京园林绿化局决定，北京市自 2015 年起全面建立和完善禁烧园林绿化废弃物监管机制，将禁烧园林绿化废弃物也已纳入各级园林绿化绩效管理考核和森林防火内容，要求对园林绿化废弃物禁烧和综合利用。园林绿化废弃物禁烧和综合利用对改善大气环境质量、预防森林火灾、增加土壤养分等都具有积极作用。国内大中小城市园林绿化废弃物综合利用都面临和北京一样严重的问题，必须加大力度利用这部分资源。

中国林业剩余物资源综合利用产业中的人造板、造纸产能相对过剩，2015 年颁布实施的有"钢牙"的环境保护法提高了环保要求，加大了执法力度，对林业剩余物资源综合利用产业转型升级提出更高要求，严格的环境保护为林业剩余物综合利用带来了挑战，也带来了机遇，逼迫产业加快转型升级，加快产业洗牌。

6. 林业剩余物资源综合利用产业示范工程较少

为推进资源综合利用，"十二五"期间，国家将重点围绕"矿产资源综合利用、产业废物综合利用、废旧资源综合利用"三大领域，在全国培育和扶持发展 100 个资源综合利用示范基地和 100 家资源综合利用骨干企业，即"双百工程"。2012 年、2014 年第一批、第二批国家资源综合利用"双百工程"示范基地发布，两批共确定"双百工程"示范基地 43 个，"双百工程"骨干企业 50 个。林业领域第一批国家资源综合利用"双百工程"示范基地没有；2014 年第二批国家资源综合利用"双百工程"示范基地名单中 2 个废弃木质材料利用名列其中，林业剩余物利用企业 1 个，占已发布示范基地总数 43 个的 4.65%，占已发布骨干企业总数 50 个的 2%。"江苏省泗阳县废弃木质材料综合利用示范基地"和"浙江湖州市南浔区废弃木质材料综合利用示范基地"被国家发展改革委列入第二批国家资源综合利用"双百工程"示范基地、吉林森工集团列为资源综合利用"双百工程"骨干企业。

截至目前，国家发改委批准的循环经济示范企业、示范园区中，属于林业的仅 3 家。国家发改委、国家林业局、各省市自治区批准的林业剩余物资源综合利用产业示范工程、示范企业较少，而森林抚育和间伐剩余物、园林绿化废弃物综合利用还没有示范工程、示范企业，缺少示范引领效应，产业发展缓慢。

四、"十三五"林业剩余物综合利用的政策支持措施建议

1. 将林业剩余物综合利用纳入国家循环经济发展规划，推动建立林业剩余物综合利用绿色循环发展产业体系

根据绿色低碳循环发展要求，将林业剩余物综合利用纳入到国家循环经济发展规划中，重点加强对森林抚育采伐和间伐剩余物、园林绿化废弃物以及废弃木质材料的综合利用。

2. 完善和健全原料收集体系，大力发展木片加工产业

支持企业探索建立合适的林业剩余物原料收集体系，提高原料保障程度，鼓励林业剩余物原料供应的专业化发展；鼓励林区企业在林业剩余物产生地现场加工生产木片和木粒产品，减少运输成本。发展林业剩余物原料物流产业，促进林业剩余物产业健康发展。

3. 加强林业剩余物资源综合利用技术推广和研究，建立林业剩余物资源综合利用技术支撑体系

加强现有林业剩余物利用新技术推广和示范，支持林业剩余物资源综合利用新技术研发。建议加强城市园林废弃物综合利用新技术研究、林业废弃物综合利用新技术开发，木、竹、藤等林业废弃物开展热、电、油、林化产品等生物质联产技术研发，林业废弃物综合利用和废旧木材生产生物质材料、生物质能源等新技术研发，研发环保低毒无甲醛胶粘剂制造与应用技术，完善林业剩余物资源综合利用技术体系。

4. 加强林业剩余物资源综合利用产业标准体系、市场监管和技术监督能力建设，推动产业转型升级

建立健全林业剩余物技术和产品标准体系及工程规范，开展急需的林业剩余物资源综合利用产业产品、方法和管理标准的制修订。对于废弃木质材料产业领域，急需制订《废弃木质材料回收利用术语》、《回收木材产品标识》、《废弃木质材料保管规程》、《废弃木质材料加工技术规程》以及《木材中卤素的测定方法》等基础通用标准；急需制订《人造板用回收木材质量要求》、《固体燃料用回收木材质量要求》、《回收木材抽样及检验方法》等回收木材加工规程、质量要求、抽样和检验方法等标准；急需制订《木质固体燃料》等回收木材加工产品标准；对于园林绿化废弃物综合利用领域，急需制订园林绿化废弃物收集、运送、粉碎和制作过程规范和园林废弃物加工产品标准。

健全林业剩余物综合利用技术和产品检测认证体系，加强技术监督以及工程和产品质量管理。加强林业剩余物综合利用技术指导、工程咨询及信息服务等中介机构能力建设。

5. 完善市场机制和管理措施，加快林业剩余物资源综合利用产业转型升级

继续实施资源综合利用产品增值税即征即退政策；尽快将“胶合板、纤维板、刨花板”从国家环保部的高污染和高风险产品目录中删除；加强环境保护治理，淘汰环保不达标企业，消解产能过剩；对重点产业集群，组织开展清洁生产技术培训，提升产业环保水平；引导各类投资主体积极开发利用林业剩余物，积极培育壮大林业剩余物综合利用骨干企业。

6. 加强林业剩余物资源综合利用示范工程建设，推进资源综合利用产业发展

重点开展森林抚育与间伐剩余物、城市园林绿化废弃物以及废弃木质材料的综合利用和循环利用示范工程和示范企业工作，发挥示范引领效应，推进资源综合利用产业发展。

第三节　中国林产工业循环经济资源化现状（二）：木塑复合材料产业

一、木塑复合材料产业现状

木塑复合材料又称生物质基塑料复合材料（Wood-Plastic Composites，缩写 WPC）是一种生物质聚合物复合材料（Wood Polymer Composites），是以木材或竹材的纤维和粉末、苎麻、花生壳、稻壳以及农作物秸秆等废弃的林产品和农业剩余物、废弃塑料为主要原料，以木材、竹材以及农作物秸秆等生物质纤维材料为填充增强相，以热塑性聚合物为基体，经熔融复合采用挤出、注射或模压等成型工艺而制备的复合材料。它兼具木材和塑料的低成本和综合性能好的优点，适用范围广泛，几乎可涵盖木材、塑料、铝合金、玻璃钢及其他类似复合材料的应用领域。木塑复合材料产业能够将低值的生物质和有机固体废弃物加工利用成为高附加值的工业产品，是可以大规模利用、可持续发展的生物质材料产业。

木塑复合材料是兼具木材和塑料的优良性能的新型生物质材料，也是资源节约和综合利用农林生物质的新产品，受到国家相关部门高度重视。WPC 在 2002 年被国家“863”计划和国家林业局“948”计划列入重点研究课题，2001—2007 年被国家发改委列入“国家高技术产业化新材料专项”，WPC 专用挤出设备也荣登“2007 国家鼓励发展的环保设备（产品）目录”，WPC 产品在 2006 年被北京奥组委推荐作为部分场馆建设的专用材料。同时，WPC 研究也被列入《国家中长期科学和技术发展规划纲要（2006—2020 年）》农业领域的优先发展主题“农林生物质综合开发利用”的“重点研发生物基新材料生产和生物质能源转化关键技术”的“生物基新材料”发展重点。青岛华盛高新科技发展有限公司研制的木塑复合材料板材共挤聚苯乙烯绝缘材料就在 2009 年德国科隆举行的木塑复合材料（WPC）大会上获奖（贾敬敦等，2014）。

自 20 世纪 80 年代以来，木塑复合材料从基础理论研究起步，经历了人才培养储备、应用技术开发、产业形成及蓬勃发展阶段。德国 Nova-Institute for Ecology and Innovation 和奥地利/芬兰 Asta Eder Composites Consulting 等机构的市场研究报告显示，2012 年全球木塑复合材料产量已经达到 243 万吨，其中北美 110 万吨，中国 90 万吨，欧盟 26 万吨。到 2015 年，全球 WPC 产量将达到 383 万吨，中国跃居第一位将达到 180 万吨，占全球 47%的市场份额，北美 135 万吨，位居第二，欧盟 35 万吨（表 4-6）。

表 4-6　2010—2015 年全球木塑复合材料产量及增长率

地区	2010 年产量/t	2012 年产量/t	公司数量	公司平均产量/t	2010—2012 年的增长率/%	2015 年预计产量/t	2010—2012 年的增长率/%	2015 年全球份额/%
北美	900000	11000000	56	19643	11	1350000	7	35
中国	300000	900000	422	2133	73	1800000	26	47
欧洲	220000	260000	62	4194	9	350000	10	9

续表

地区	2010 年产量/t	2012 年产量/t	公司数量	公司平均产量/t	2010—2012 年的增长率/%	2015 年预计产量/t	2010—2012 年的增长率/%	2015 年全球份额/%
日本	40000	65000	25	2600	27	110000	19	3
俄罗斯	10000	20000	30	667	41	40000	26	1
东南亚	30000	40000	45	889	15	55000	11	1
南美	10000	20000	10	2000	41	50000	36	1
印度	5000	25000	21	1190	124	70000	41	2
合计	1515000	2430000	671	3621	27	3825000	16	100

注：数据来源：Lara Dammer，Michael Carus，Achim Raschka，Lena Scholz. Market Developments of and Opportunities for bio-based products and chemicals. December 2013. Nova-Institute for Ecology and Innovation（Germny）.

伦敦市场咨询公司 TechNavio 发布的最新报告预测，木塑全球市场在 2014—2018 年间的年均复合增长率将高达 9%。现阶段木塑复合材料的应用领域主要是低附加值户外铺板（67%），其余主要用作汽车内饰件（23%）及墙体挂板等（10%）。

中国木塑复合材料产业经历了快速的发展，根据中国资源综合利用协会木塑复合材料专业委员会的统计，从 2005—2013 年，木塑产量已从不足 5 万吨增加到 120 万吨（图 4-3），2017 年我国木塑复合材料生产企业 400 家左右，年产量 250 万吨。主要产地为广东、江苏、山东、浙江和安徽等省区。

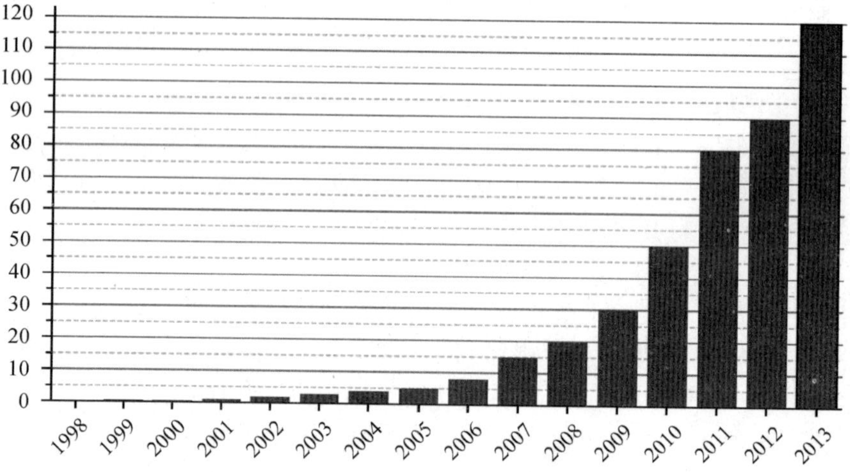

图 4-3　1998—2013 年中国木塑复合材料年产量（单位：万吨）

二、木塑复合材料产业的地位和作用

木塑复合材料产业以可自然再生的农林生物质和废旧塑料等固体有机废弃物为主要原料，其产品可回收多次循环利用，并且在作为材料使用的服务期结束后最终可用于生物质能源生产，而不产生负面的环境影响，因此是典型的生态环境材料。可见，发展木塑复合材料是保护森林、合理利用生物质资源的重要途径，是建设节约型社会、发展循环经济的重要举措，符合建设生态文明的国家战略。

木塑复合材料产业发展，将延伸农业产业链、推动城镇化建设。木塑复合材料是大规模高效利用农作物秸秆的重要途径，其产品防水、防潮、无污染、综合性能好、可循环利用，废弃后最终可用于生产生物质能，因此特别适宜用做新农村和城镇化建设的生态建材。由此，通过农业产业的延伸可实现农业产业效益的提高，推动城镇化建设（贾敬敦等，2014）。

由于木塑复合材料的生态环境材料属性使得它在全球范围都取得了快速发展。我国木材尤其是优质木材资源在未来数十年内的供需矛盾将越来越突出，以资源丰富的木材加工剩余物和农作物秸秆为主要原料的木塑复合材料作为木质人造板的替代升级产品是木材工业结构调整和产业升级的重要途径，同时也是发展节能环保绿色建材的重要方向。因此，相对于欧美发达国家，发展木塑复合材料对于我国具有更加突出的重要性（贾敬敦等，2014）。

三、面临战略问题和主要挑战

1. 木塑复合材料产业竞争力不强，经济效益偏低，产业链基础薄弱

我国木塑复合材料产业的总体规模处于国际前列，但是企业的数量多而规模小（据中国资源综合利用协会木塑复合材料专业委员会提供的内部资料显示，我国最大规模的木塑生产企业的产能不超过 8 万吨，而国际大型木塑企业的产能高达 30 万吨），经营管理和生产技术水平偏低，绝大多数企业靠低成本竞争，致使产品性能与质量不高，经济效益较低，总体上处于国际木塑复合材料产业的中低端位置，初步形成的木塑复合材料产业链基础薄弱。

2. 木塑企业技术创新能力有限

与国外先进国家相比，我国木塑研究理念和基础研究创新能力并没有太大差距，处于前沿水平，但是企业技术力量薄弱，技术创新主要依靠研发机构，企业成为技术创新主体的局面尚未形成。

3. 装备技术水平明显落后于发达国家，是木塑复合材料产业发展的主要技术瓶颈问题

木塑复合材料产业关键设备与模具技术亟待提高。设备是工艺的载体，为适应不断改进的加工技术，需要配备专门的加工设备，包括现有挤出机在温控、建压、排气、磨损，螺杆技术的创新，专用模具的研发，喂料系统的改进，自动控制与设备间的协调，模压与注塑等专用设备的研发、兼顾生产效率与产品性能的设备研发等。

4. 多数木塑产品尚无标准，政策激励有待加强

木塑复合材料材料是一个新的产业领域，起步较晚，多数产品尚未制定标准，产业标准体系亟待建立。绿色生物产品优先采购、政策补贴等政策尚未到位（贾敬敦等，2014）。

四、重大政策措施与建议（贾敬敦等，2014）

（1）针对木塑复合材料产业链的重要环节，鼓励通过资产重组建立大型企业集团，并引导大型企业集团与各类小型生产厂建立稳定的合作关系和利益联动机制。

（2）鼓励开展木塑复合材料质量标准、市场准入、行业规范以及政策法规等方面的软科学研究，推动技术标准规范体系建立。

（3）加大培育木塑复合材料产业技术创新能力的力度，在国家科技重大专项安排研究任务，增加科技资金的投入，部署和建设一批技术创新平台。

（4）加大国家有关科技计划向木塑复合材料科技重点倾斜，逐步形成以国家财政为主体的

多元化科技投入体系；制定具体的税收优惠政策，将木塑复合材料列入政府采购目录。

（5）稳定支持国内木塑复合材料研发科研团队，促进长线创新研究和人才培养储备。鼓励木塑复合材料行业协会组织业内专家和企业管理人员，对从事木塑生产经营的技术和管理人员进行培训，以此提高大批从业人员的技术和管理水平。

第四节　中国林产工业循环经济资源化现状（三）：废弃木质材料利用产业

废弃木质材料是指在木材和木材产品生产的全过程中产生的剩余物以及在人们生产和生活中使用过后被作为垃圾而抛弃的木材、人造板、木材产品与木材制品等。合理有效地循环利用废弃木质材料，可有效缓解木材供给不足，对于发展循环经济、建设节约型社会具有重要意义。

发展林产工业循环经济，越来越多的人意识到废弃木质材料的可再利用性，国内很多地方和很多企业都积极开展了废弃木质材料的回收加工利用工作，废弃木质材料已用于细木工板、刨花板、纤维板等人造板以及生物质固体成型燃料等的工业化生产中。但与经济发达国家相比，我国在废弃木质材料的处理与利用方面才刚刚起步，还存在有许多具体问题。本节针对现阶段我国废弃木质材料的资源及其循环利用现状、存在的问题进行探讨，提出相应的发展建议，为废弃木质材料的循环利用提供参考。

一、废弃木质材料分类

1. 按照废弃木质材料种类不同分类（表 4-7）

可分为废弃原木、废弃锯材、废弃人造板、废弃木制产品和其他等 5 大类。

2. 按照木质材料是否化学处理与含有化学物质类别分类（表 4-7）

分为废弃未经化学处理木质材料、废弃化学处理木质材料、废弃有毒有害木质材料等 3 大类。

3. 按照废弃木质材料含有有害生物种类不同分类（表 4-7）。

分为废弃的不含有有害生物的木质材料以及废弃的含有有害生物的木质材料等两大类。

表 4-7　按照废弃木质材料是否经化学处理与是否含有有害生物分类

废弃木质材料类别	形态种类	示例
废弃未经化学处理木质材料	原木	房屋拆除产生的梁材、檩材、椽材；坑木、棚架支柱等
	锯材	房屋装修、拆除或翻修产生的废弃锯材；废弃的实木锯材模板、实木跳板等
	木制品	废弃的木家具、木托盘、木包装箱、木地板、木建筑制品、木门窗、跳板、脚手架等。车船维修或报废产生的废弃木质车厢板、车厢顶棚板、车门板、座位用板等
	人造板	废弃普通人造板，主要包括胶合板（普通胶合板、细木工板、水泥模板）、刨花板、纤维板、人造板制品拆解板材、人造板地板、装修人造板等
	其他	其他废弃的未经化学处理的木质材料

续表

废弃木质材料类别	形态种类	示例
废弃化学处理木质材料	原木	经过防腐、阻燃、防虫、防变色等化学试剂加工处理的原木。如防腐枕木、防腐电杆、防腐结构材、户外景观用防腐原木
	锯材	经过防腐、阻燃、防虫、防变色等化学试剂加工处理的锯材。如户外景观用防腐实木栈道、栏杆及扶手；树脂浸渍锯材
	木制品	经过防腐、阻燃、防虫、防变色等化学试剂加工处理的木制品。如防腐户外木建筑构件、防腐户外木家具与展示、公园游乐设施等
	人造板	经过防腐、阻燃、防虫、防变色等化学试剂加工处理的人造板。如阻燃人造板、防虫人造板、抗菌人造板等
	废弃有毒有害木质材料	含有《危险化学品目录》、《国家危险废物名录》所列物质的废弃木材。例如含有 CCA 类、五氯酚防腐剂处理的原木和锯材
废弃的含有有害生物的木质材料		含有《中华人民共和国进境植物检疫性有害生物名录》和《全国林业检疫性有害生物名单》所列入的有害生物的木质材料，如含有美国白蛾、白蚁、松材线虫等有害生物的废弃木质材料

在 LY/T 1822—2009《废弃木材循环利用规范》中，按照废弃木质材料化学处理情况，将废弃木质材料分为 4 类：Ⅰ类，木材保持天然状态，只经过机械加工；Ⅱ类，经过油漆或胶合加工，但不含任何卤代有机化合物和防腐剂；Ⅲ类，含有卤代有机化合物，但不含防腐剂；Ⅳ类，含防腐剂的废弃木质材料，以及其他因为受到污染不能归到Ⅰ、Ⅱ和Ⅲ类的木材。其中，Ⅰ类废弃木质材料，可作任何用途，如复用、动物垫料、园林绿地覆土利用材料、人造板生产原料等，也可作为燃料用于再生能源，或生产生物质固体燃料。化学污染物限量符合相关标准要求的Ⅱ类废弃木质材料，可用作生产刨花板、纤维板、木塑复合材料等的生产原料。Ⅲ、Ⅳ类废弃木质材料可能源利用，也可应用其作为防腐人造板的添加材料。其中，含砷防腐剂的防腐木材及其生产中产生的废料应进行专门处理，不能燃烧。

二、我国废弃木质材料资源现状

1. 我国废弃木质材料资源概况

根据国家发展改革委《中国资源综合利用年度报告（2014）》发布的数据，2013 年全国废弃木质材料总量为 7000 万吨，相当于木材 0.9 亿立方米。

2. 我国废弃木质材料的利用方式

目前，废弃木质材料利用的主要方式有直接利用、人造板生产、能源利用、动物垫料、堆肥利用和园林绿地覆土利用等。其中，直接利用是指对废弃木质材料在不改变其功能的情况下，经适当地物理或机械加工处理后进行再次使用。如将使用过的木质包装物、建筑木模板和木脚手架回收复用，将梁柱、门框等大规格的废弃木质材料加工成实木地板、实木家具或其他实木制品等。

人造板工业利用是指对废弃的木质材料进行粉碎、削片后再进行深加工利用，主要是加工成刨花板、木塑复合材料等。如将废弃木质建筑物材料、废弃包装材和废弃包装箱等作为原料，经过粉碎、去杂质以及清洗等工序，制备成刨花板板芯层刨花。

能源化利用主要是以废弃木质材料为原料，生产各种生物质能源产品或直接燃烧，主要产品有生物质固体成型燃料、生物质燃气、生物柴油以及液化燃油等。Ⅲ类和Ⅳ类废弃木质材料中不能用于物质循环利用的，通常都是作为燃料使用，或生产其他生物质能源产品。

废弃木材的资源化利用主要是作为生产人造板、造纸，或加工成固体生物质燃料等。废旧实木类木材以制造细木工板芯条为主；废旧木托盘以修复再利用为主，废旧木质包装箱以修复再利用和制造细木工板芯条为主；少量细木工板被回收利用再次制造细木工板；废旧水泥模板大规模回收利用制造再生水泥模板或细木工板；残次纤维板大规模回收利用，纤维板为基材的家具板材有部分回收利用，残次纤维板和纤维板为基材的家具板材用于制造再生纤维板；一次性木质品基本没有回收和利用。废旧木质材料回收利用有一定的产业规模，有较大的发展空间和市场需求，尚存在一些政策、技术、产品标准、产品质量、市场监管和规范等问题，需要开展相关研究，推动废旧木质材料回收利用行业健康有序发展。

3. 我国废弃木质材料的利用实例

（1）废弃木质产品再利用

在废旧家具再利用方面，我国各地除古董家具和旧红木家具外，其他类旧家具复用的量不多。目前，在我国各地废旧家具销售基本均是“收购—再处理—销售”的简单模式，存在收购方式单一、销售渠道狭窄等问题（胡孙跃等，2006）。对于较大规格的废弃木质材料（如梁柱、门框、木质包装箱等），目前我国各地均有利用其大尺寸的特点，将其加工成实木地板、实木家具及其他实木制品的再利用方式。如苏北最大的旧木交易市场把大量的旧木、旧门窗等，经过重新加工后，变成新的门窗和房屋建筑材料（孙照斌等，2008）。

由于缺少专业回收市场，不少被抛弃的旧家具成了环卫部门头痛的“垃圾”。近几年，越来越多的人意识到这部分资源的可再利用性，开始加强对废弃木质材料的回收工作。福建省和广东深圳市已经制订计划，定时定点收集处理小区废弃家具，统一收集废旧家具，经适当拆解破碎后进入生活垃圾收运渠道转运和处理，同时正积极探索推进废旧家具的循环利用。广州率先走出了将不易回收利用的低值废弃木质材料纳入城市垃圾处理中的重要一步，用政府购买服务的形式委托第三方企业对低值废弃物进行回收利用。北京也在积极探索再生资源回收与城市环卫“两网合一”的模式，从而实现垃圾减量。2009 年，北京市社会科学规划院完成了基于北京市范围内的废弃木质材料回收逆向物流优化模型设计，解决了废弃木质材料回收途径不通畅、运输成本高、工作效率低等问题。据统计，新模型为北京市等周边企业每天收购利用废弃木质材料达 1.45 万吨，年总量约为 529.25 万吨，折合木材约为 756.1 万立方米（段新芳，2016）。

（2）废弃木质材料原料化利用

2004 年，上海万象木业有限公司建成一条年产 15 万立方米以城市废弃木材为原料的环保型人造板生产线（杨小军等，2008）。该公司与上海环卫部门合作有序地收集上海的废弃木材资源，目前每年可处理上海市木质废弃物约10万吨，走出了一条木材节约和利用并举的可持续发展之路。广东佛山市沃德森板业有限公司立足利用当地城市木质废料进行循环再生利用，建成废弃木质材料回收体系工程、资源化利用工程、能源化利用工程，于2010—2011年建成年处理30万吨废弃木材破碎清洁除杂线及辅助工程，年回收废弃木材30万吨，节约木材资源42万立方米（刘曼红等，2010）。

2006年以来，福人木业有限公司通过工艺创新，使用废弃木质材料生产纤维板或刨花板。一方面，该公司从林场、木材加工厂收购废弃的下脚料，通过木材供应商来收购城市木质废料，并将其加工为木片，作为该公司的生产原料。另一方面，该公司通过工艺改造等，将在纤维板生产过程中的木片筛选、纤维干燥分离及砂光等工序中产生的废纤维、废木粉收集起来（每年达1.3万吨），作为生产用燃料，每年可节约煤炭1.2万吨（孙国吉等，2007）。2008年，江苏大亚科技集团有限公司与南京林业大学合作研发的利用废弃木质材料制造中密度纤维板中试研究项目通过验收。

河北省在废弃木质材料利用方面也形成了一定的规模。部分企业，将实木类废弃木质材料中尺寸较大的原木、方材、板材及矿柱等，用来制造细木工板芯条，再辅以胶合板单板，生产细木工板，这在河北省多个区域已经规模化生产很多年。河北邢台郊区，近年来将废旧木质水泥模板加工成市场俗称的条子细木工板或再生水泥模板，据估算邢台郊区每年回收利用废旧木质建筑模板80～100万吨，折合木材约160～200万立方米。河北石家庄某郊区，目前形成了再生纤维板产业集群，有大小再生纤维板企业20家左右，年总产量150～200万立方米。1t原料基本可以再生制造1t再生纤维板，按照总产量150万立方米/年，再生纤维板密度按照0.7 t/m^3计算，该区域每年消耗回收纤维板105万吨。按照中密度纤维板生产木材原料单耗为（1.2～1.35）：1计算，每年相当于减少171.5～192.9万立方米木材消耗量（段新芳，2016）。

（3）废弃木质材料能源化利用

2012年，河北丰宁宏森木业有限公司第二期年产20万吨生物质燃料生产线投产。该公司建立了中国首家最先进的全自动化带烘干设备的木煤生产线，该生产线可自动完成上料—粗粉碎—烘干—细粉碎—制粒—冷却—包装。2014年，北京闼闼同创工贸有限公司建成投产了年产2万吨固体颗粒燃料生产线，以该工厂产生的板皮、边角料、刨花、刨屑、粉尘以及废弃板材等剩余物为原料生产固体颗粒燃料。该生产线已成为我国林业废弃物能源化利用良好示范，将木质品加工废料变成清洁环保的生物质燃料，实现木材资源循环利用，不仅自给自足，节省了供热煤炭的开销，而且免除了厂房长期输送锯屑类废料的粉尘污染。

三、我国废弃木质材料循环利用存在的主要问题

1. 法律法规体系不完善，已有法律法规落实执行不到位，成为推进废弃木质材料循环利用的制约因素

目前，国家已经颁布了《城市建筑垃圾管理规定》、《再生资源回收管理办法》、《资源综合利用企业所得税优惠目录（2015版）》、《关于支持循环经济发展的投融资政策措施意

见的通知》(发改环资［2010］801号)、《关于资源综合利用及其他产品增值税政策的通知》(财税［2008］156号)等政策法规，但没有一项完整的建筑垃圾资源化的法律法规和管理政策，且相关法律法规及管理制度的可操作性和实施性不强，很难落实执行到位。部分法规、条例的不系统性和部门化特征还极易造成相互之间的冲突，产生很大的协调成本，因而制约了废弃木质材料循环利用。

2. 循环利用体系不健全，缺乏总体规划，导致产业发展缓慢

废弃木质材料来源广泛、品种繁杂、数量巨大，而民众和相关政府部门对废弃木质材料回收利用的认识程度不高，缺乏总体规划，还没有形成完善的生产和生活垃圾分类管理。另外，社会化的废弃木质材料回收系统也尚未建立，从回收、分拣、加工到销售这一整个循环体系还不健全，从而阻碍了废弃木质材料合理流动，使得废弃木质材料回收利用的成本较高，导致产业发展缓慢。一些低值的废弃木质材料无人回收，直接流入到城市垃圾收运体系，大幅提高了垃圾处理成本和填埋压力。

3. 废弃木质材料回收利用技术、设备以及工艺相对落后

目前，我国的废弃木质材料回收利用与发达国家相比，在技术、设备、工艺等某些方面相对落后，废弃木材利用的技术含量相对较低，产品档次也不高，很难达到高增值高效利用的效果。我国一些利用废弃木质材料的生产企业大都还采用人工分拣，利用废弃木质材料生产人造板的国产数控化削片、粉碎设备几乎为零。还有一些小作坊式木材加工企业，利用废弃木质材料生产一些不合格的人造板，不仅浪费了宝贵的木材资源，而且还给木制品和建筑装饰装修工程质量以及人身安全造成隐患。

4. 废弃木质材料循环利用产业化标准体系不健全，部分标准可操作性不强，很多急需的标准缺乏

现行的废弃木质材料相关标准，主要包括GB/T 22529—2008《废弃木质材料回收利用管理规范》、GB/T 29408—2012《废弃木质材料分类》、GB/T 33039—2016《人造板生产用回收木材质量要求》、LY/T 1680—2006《木材综合利用规范》、LY/T 1822—2009《废弃木材循环利用规范》、LY/T 2558—2015《人造板生产用回收木材检验方法》、LY/T 2000—2011《废旧木材破碎机》、安徽省地方标准DB34/T 1380—2011《林木采伐、加工剩余物和废弃木材回收利用规范》等，国家标准《废旧人造板回收利用规范》尚待颁布。现行标准主要针对废弃木质材料的分类、利用途径等规定了废弃木质材料循环利用的基本原则，而对于各类废弃木材的回收和处理、不同用途回收木材加工产物的质量控制、抽样和检测方法等标准尚未制定。GB/T 22529—2008中第10章，关于回收利用木材的效果评价，仅列出评价内容，但未提出具体评价方法及评价指标，具体实施时难以操作。

5. 政府宏观管理不到位，有效监督缺位，市场销售秩序混乱

国家产业政策方向一直是支持鼓励再生资源产业健康发展的，但由于废弃木质材料回收产业一直没有出台有效的监管办法，也没有严格的准入规范，使管理部门不敢给行业扶持政策，也找不到规范的环节和企业作为政策落脚点，如此便陷入了“没政策，不规范；不规范，没政策”的恶性循环。

目前，废弃木质材料回收大部分是个体户或小企业所为，个体户在收购废弃木质材料过程中不能出具收购凭证和税票，这使得再加工企业因缺乏进项发票而不能享受退税的税

收抵扣。对于再生产品缺少相关的技术、质量和安全认证，使得房地产开发商、建筑企业和社会大众等对其质量安全持怀疑态度，影响了废弃木质材料资源化产品的供给力度，降低了废弃木质材料资源化再生利用率。再生木质水泥模板和再生纤维板，无论数量还是质量都很难与原生模板和原生纤维板相匹敌，只能以低价占领低端市场，甚至出现个别劣质产品假冒大企业原生板材，严重扰乱了市场秩序。

四、我国废弃木质材料循环利用的政策建议

1. 强化政府在废弃木质材料循环利用产业方面的宏观调控作用，加强法律体系和制度政策建设

建议中国林产工业协会、中国再生资源回收利用协会、中国家具协会等组织，积极调研本行业废弃木质材料循环利用实际情况，了解企业的呼声和诉求，并积极向政府相关部门提出废弃木质材料循环利用产业需要的法律法规和制度方面的意见或建议，推动和促进相关法律体系和制度政策体系建设。加快《循环经济促进法》及相关单项法律如废弃木质材料循环利用等的立法进程，并建议在拟制定法律中包括 4 个方面的法律制度：必要的行政强制措施；经济激励手段和措施；其他激励民间自愿行动的手段和措施；政府和有关主体的责任和义务等（段新芳，2016）。在具体的制度方面应包括如下几个方面：发展废弃木质材料循环利用的规划制度、科技支撑和示范制度、林产品生产者责任延伸制度、制定废弃木质材料加工利用激励制度等。通过林业产业政策、税收政策和投融资等政策的制定和调整，引导企业积极自愿回收加工利用废弃木质材料。

2. 建立健全废弃木质材料循环利用产业体系，开展重点示范工程、示范企业工作，推进废弃木质材料高效高附加值循环利用

落实 2017 年 4 月 21 日国家发展改革委等 14 个部委联合印发的《循环发展引领行动》精神，建立废弃木材循环利用产业体系，推进废弃木质材料高效高附加值循环利用。积极实施再生资源与城市垃圾收运“两网合一”，使回收行业重新定位。重点开展废弃木质材料的综合利用和循环利用示范工程、示范企业工作，发挥示范引领效应，推进资源综合利用产业发展。可在综合利用较好的地区，建立废弃木质材料回收利用制造人造板区域性示范基地，如在河北邢台、山东临沂、浙江嘉善等地建立利用废弃实木制造细木工板区域性示范基地，选择典型企业建立典型产品（刨花板、细木工板、再生纤维板、再生木质水泥模板）示范基地，以示范方式传播国家方针、政策以及先进的加工技术、综合利用技术，带动和引导废弃木质材料回收利用产业健康有序科学发展。

3. 加强废弃木质材料循环利用的设备、技术以及工艺等支撑体系建设，加强废弃木材循环利用研究和技术推广，积极引导企业走规模化发展和差异化发展道路

加强废弃木质材料循环利用新技术研究和开发，以及废弃木质材料生产生物质材料和生物质能源等新技术研发，完善废弃木质材料循环利用技术体系。对重点产业集群，组织开展清洁生产技术培训，提升产业环保水平。建议对各类废旧人造板产品进行合理分类，对贴面或涂饰人造板进行科学合理机械化分离，采用适宜方法和手段除掉贴面层或涂层；对废旧纤维板的破碎和热磨等相关工艺及设备进行深入研究，对各类再生人造板产品进行质量检测和分析，提高废旧人造板加工利用水平和再生产品质量。

在加强废弃木质材料循环利用研究和技术推广的同时，积极引导企业进一步走规模化发展和差异化发展道路。规范化发展首先要规范企业经营行为，明确相关监管部门职责，使相应规范得以有效执行，才能保障正规企业权益，提高规范经营的积极性，引导行业有序发展。差异化发展包含产品差异化和经营差异化，产品差异化可提升产品质量，从而获得更高的利润。

4. 构建废弃木质材料利用产业标准体系，加强市场监管和技术监督能力建设

建立健全废弃木质材料技术和产品标准体系及工程规范，开展急需的废弃木质材料利用产业的产品、方法和管理标准的制修订，急需制定《废弃木质材料及其制品评价标识管理办法实施细则》、《废弃木质材料回收利用术语》、《回收木材产品标识》、《废弃木质材料保管规程》、《废弃木质材料分拣加工经营管理规范》、《废弃木质材料加工技术规程》、《木材中卤素的测定方法》等基础通用标准；急需制定《人造板用回收木材质量要求》、《固体燃料用回收木材质量要求》、《回收木材抽样及检验方法》等回收木材加工规程、质量要求、抽样和检验方法等标准；制定急需的《木质固体燃料》等回收木材加工产品标准。针对化学处理废弃木质材料含有氯、硫、重金属、防腐剂等化学污染物的问题，应结合我国的实际情况，对回收的废弃木质材料中化学污染物限量等关键技术指标及取样方法、检测方法进行系统研究。还需构建“中国废弃木质材料循环利用行业循环经济指标体系”（林文树，2014，2015），健全废弃木质材料综合利用技术和产品检测认证体系，加强技术监督以及工程和产品质量管理。加强废弃木质材料综合利用技术指导、工程咨询、信息服务等中介机构能力建设。

建议各级政府相关部门应积极制定《再生木质产品技术和质量安全认证办法》，进行再生产品相关的技术、质量和安全认证，取得社会大众对其质量安全的认可，敢于积极使用废弃木质材料资源化再生产品，提高废弃木质材料资源化再生利用率。

5. 加强政府宏观管理，加强宣传和培训，增强全社会的资源忧患意识和节约资源、保护环境的责任意识

推进废弃木质材料循环利用是一项涉及各行各业、千家万户的事业，需要政府、企业和社会各界的共同努力。创新宣传方式，组织开展形式多样、喜闻乐见的废弃木质材料循环经济宣传教育活动，建设废弃木质材料循环经济教育示范基地，重点宣传废弃木质材料资源化利用、加工副产物综合利用、生产节能减排等技术模式和循环经济发展典型经验及成果。总结凝练一批典型模式，加大示范推广力度（段新芳，2016）。

建议各级政府和相关协会应联合科研院所、高等院校、县乡镇管理部门，针对废弃木质材料循环利用进行研讨，编写简单明了的宣传册，对从事废弃木质材料收购、加工、利用的各类人员进行相关培训或进行相关政策、知识的传授，使之了解废弃木质材料的识别、性质、加工利用方法以及加工工艺、加工设备的相关知识，促进从业人员业务水平的提升，提高废弃木质材料综合利用率和产品质量。

6. 加强废弃木质材料循环利用网络信息化建设

建立废弃木质材料循环利用网络管理系统，有助于政府全面了解和掌握废弃木质材料状况，如产地、规模、处理时间、产生企业和资源化利用企业等信息，合理分配和规划厂址和审批企业数量和规模等，对废弃木质材料的回收、运输和资源化产品销售等环节进行

网络化信息公布和跟踪确认，监督、管理和引导废弃木质材料循环利用产业中各参与主体间的相互协调、支持和配合，提高其循环利用处理速度和再生利用率（张小娟，2013；唐艳菊，2016）。

积极发挥物流交易中心、电子商务交易平台的作用，如利用再生资源与城市垃圾收运“两网合一”功能，以及利用大连再生资源交易所、重庆再生资源交易中心等，实现在线交易功能，还可借助交易过程中产生的仓单和信用数据进行仓单质押、供应链金融等。通过高效的废弃木质材料资源信息、资金信息、物流信息等信息服务为废弃木质材料循环利用行业注入了新的发展机遇。

第五节　中国林产工业循环经济资源化现状（四）：废纸回收利用产业

废纸是指在生产生活中产生的可循环利用的纸。主要包括废纸箱、废报纸、废铜版纸、废页子纸、废牛皮纸、废卡纸、废书刊杂志以及特种废纸等。

现今能源、资源和环境问题，已经成为制约我国造纸业乃至整个国民经济社会发展的瓶颈。废纸作为一种可循环利用的再生资源，在国外得到了高度的重视与回收再利用，是国际上造纸业循环发展的主要方式之一。但我国废纸回收利用的状况不容乐观，亟需政府加大政策引导与扶持，推动我国造纸业转型升级，走上循环发展道路。

一、废纸分类

根据 SB/T 11058—2013《废纸回收循环利用》中的规定将废纸分为 8 类，见表 4-8。

表 4-8　废纸分类标准

分类	品名	主要包括
1	废纸箱	使用过的各种瓦楞纸箱、纸盒以及纸箱厂的边角料等
2	废报纸	使用过的不带涂层的报纸，过期未发售的报纸
3	废铜版纸	使用过的双涂面的挂历、张贴画、杂志书籍的封面、插图、美术图书、画报、画册、手提袋、标贴以及印刷厂的铜版纸切边及铜板条子等
4	废页子纸	没有装订的呈书页状的废纸，分彩色页子纸和胶印页子纸，包括办公废纸、书刊内页和白纸切边等
5	废牛皮纸	使用过的各类牛皮包装箱、牛皮包装纸、牛皮纸袋等，以及牛皮纸边角料及牛卡纸
6	废卡纸	使用过的介于页子纸和纸板之间的一类坚挺耐磨的厚纸，包括使用过的明信片、卡片、画册衬纸、名片、证书、请柬、各种封皮、礼品包装纸手提袋及扑克牌等
7	废书刊杂志	使用过的书刊杂志，过期未发售的新书，不包含铜版或轻涂材质的书刊杂志
8	特种废纸	含高湿强剂、沥青及热熔胶等化学物质的废纸，主要包括沥青纸、绝缘纸、电缆防护纸、热敏纸、复写纸、液体包装纸盒及含蜡废纸等

二、废纸的利用途径

杜隽情（2015）在《把废纸废掉实乃暴殄天物》一文中，总结了国内外废纸利用的途径如下：

1. 制造再生纸

这是废纸回收利用的最主要的途径。制造再生纸，不仅能通过回收废纸保护环境，还能减少树木的砍伐以及其他造纸所需的资源。

2. 制作家庭用具

利用旧报纸、旧书刊等废纸原料，卷成圆形细长棍，外裹塑胶纸，手工编织地毯、坐垫、提包、猫窝、门帘，甚至茶几、躺床等家庭用具。

3. 回收制造甲烷

瑞典伦道大学的专家，将废纸打成浆，再向浆液中添加能分解有机物的厌氧微生物的水溶液；然后，移入反应炉，炉中废纸浆液里的纤维素、甲醇和碳水化合物等转变为甲烷；再用酶将木材抽出物除掉，即可得到燃料甲烷。

4. 压制胶合硬纸板

这也是一种新的废纸使用技术，在温度为 80℃的条件下，采用五层废纸和合成树脂，共同压制成一种胶合硬纸板，其抗压强度比普通纸板高两倍以上。用这种胶合硬纸板制成的包装箱，能使用钉子和螺丝钉，并能安装轴承滚轮，其牢固性几乎和用胶合板制成的包装箱一样。

5. 生产酚醛树脂

这是废纸回收利用领域的一大技术创新。人们已经研究成功将废纸溶于苯酚中，可以用来生产酚醛树脂的新技术，而且以废纸为原料制作出来的酚醛树脂比传统以苯酚和乙醛为原料制作出来的酚醛树脂强度要大，热变形温度也高。旧报纸及办公用废纸均可作原料，但使用办公用废纸为原料成本低，仅为使用旧报纸的一半。

6. 模压沥青瓦楞板

模压沥青瓦楞板也是废纸的一种新型利用技术，利用废纸、棉纱头、椰子纤维和沥青等为原料，制作出模压沥青瓦楞板。这种瓦楞板隔热性能好、防水、轻便、成本低，还具有不易燃和耐腐蚀的特点。

7. 改善土壤土质

根据废纸在土壤中不会很快腐烂变质的特性，采用碎废纸屑加鸡粪和原土壤拌和来改善牧场的土质。其比例为：碎纸屑 40%，鸡粪 10%，原土壤 50%。这样，废纸在鸡粪中的基肥细菌的作用下，可以迅速腐烂变质，使土壤在 3 个月内，即变得松软异常，适合牧草和经济作物生长；同时，对牧场的土地也不会产生任何副作用。

8. 培育平菇

将废纸处理成碎片，用水浸泡 72 小时后，除去其中的印染物和灰尘，再把小纸片打散；然后，将废纸同切好的马樱丹按 1∶2 混拌，装入消毒后的木制浅盆内，木制浅盆一般为 50cm×50cm×15cm，并向盆内供给水分和额外的纤维素；在接种菌种后，用塑料膜将木盆盖起来，放入 25℃的培养室内，经 34 天菌丝发育，便可揭除盖膜，移到室温 20℃的采收室；再经 20 天的生长，即可采菇。一般可连续采收 4 个月，每盆每次可采菇 1.5kg。

9. 用作牲畜栏内铺垫物

英国的养牛场、养猪场和养鸡场采用废纸屑作栏内铺垫物后，效果较好。与传统的铺垫物干草、锯末相比，废纸屑比较卫生，不含像锯末所存在的单宁那样的毒物，也没有像稻草和稻壳中常见的化学杀虫剂的残留物，没有致病源。同时，水汽含量低，隔热性能比其他材料好，尤其适合雏鸡和新生幼崽的生长发育。

10. 加工成牛羊饲料

美国、英国和澳大利亚等国家，都开发出将废纸加工成牛羊饲料的好方法。美国伊利大学动物营养学家拉里·伯格的方法是将旧报纸切碎，加入水和2%的盐酸，然后煮沸2h，使其在高温和酸的作用下，纤维素发生分解断裂，再添加进饲料中喂牛羊。澳大利亚科学家则将废纸粉碎后，掺入适量的亚麻油和蜂蜜，制成颗粒饲料喂牛羊。

三、国外废纸回收利用情况（李玉峰，2013）

2010—2011年间，澳大利亚的废纸回收率高达77%，而在10年前，废纸回收率仅仅才是51%。2010—2011年间，澳大利亚的废纸回收量为310万吨，其中180万吨用于国内纸张的再生产，而剩余的则出口往亚洲地区。在最近10年里，澳大利亚政府及林纸行业的相关协会联合制定了多项有利于废纸回收的相关政策，推动废纸回收工作；另一方面，澳大利亚造纸行业对废纸的利用量逐年上升，也在客观上推动了废纸回收工作。据澳大利亚林纸协会表示，2013年几家国内的制浆造纸企业加大了使用废纸为原料的纸及纸板的产能，预计未来几年，澳大利亚造纸行业以废纸为原料的产能将进一步提高。

2011年，巴西废纸消费量达到430万吨，同比2010年增长8%，比2001年增长44%。2011年，巴西废纸回收率稳定在45%左右。2011年，巴西政府批准了巴西固体废物政策，该政策的主要目标是降低固体废物的产生和促进逆反物流系统。在包装行业中，逆反物流系统将使更多的产品完成一次使用价值后再返回生产车间，经过回收和处理后再次用于生产，一方面可以降低固体废物的产生量，另一方面可以为造纸行业提供更多的可用原材料。

2011年，加拿大的废纸回收率为73%，比2009年的66%增长明显，并且远远超过了2003年加拿大造纸协会制定的到2012年完成废纸回收率55%的目标。加拿大造纸协会表示，加拿大废纸回收率之所以在近几年取得了如此突出的成绩，一方面与加拿大造纸行业对废纸需求量的快速增长和废纸出口量的增长有关，另一方面也得益于加拿大政府与协会组织联合制定的各项政策。加拿大为了进一步降低温室气体的排放，禁止含有有机物的产品进行填埋，这样便有利于促进原来用于填埋的废纸重新进行回收、处理和再利用。

2011年，CEPI、欧洲环境局（EEB）和其他废纸回收行业协会共同建立了回收平台，旨在更好地促进欧洲地区废纸回收工作的开展。2011年，CEPI成员国或地区的废纸回收率达到70%，回收的纸及纸板总量达到5800万吨。相比2009年的废纸回收率72%的水平有所下降，而回收量下降的主要原因是经济不景气直接影响废纸的消费量和回收量。CEPI制定了废纸回收的目标，2015年CEPI成员国或地区将努力维持废纸回收率70%的水平，而制定这个比较保守的目标主要是考虑到近几年竞争逐渐激烈的废纸市场和部分废纸逐渐用于生物质能源的生产。

日本造纸协会（JPA）制定了废纸回收再利用目标，2015年达到废纸回收再利用率达到64%的水平。另外，日本造纸协会还积极促进低定量纸张的利用，日本造纸行业将通过促进和开发新型的再生纸张的种类来完成废纸回收率的目标，其中包括鼓励办公回收、鼓励研究和开发利用废纸生产新产品的工艺和技术。对于废纸回收来说，日本造纸协会联合日本政府及废纸回收组织共同积极推动日本废纸回收工作，2011 年日本的废纸回收率达到 78%，而废纸回收再利用率达到 63%。

2012 年，马来西亚造纸协会会员单位消费废纸总量 179 万吨，其中包括旧瓦楞纸板箱、新闻纸、杂志纸和其他混合纸。2012 年废纸消费量比 2010 年提高 4%。

2011 年，南非的废纸回收率从 2010 年的 58%上升到 60%。据有关部门反映，南非的回收废纸均再次返回生产流程，再次作为原材料使用。南非的废纸回收协会是南非造纸协会的一个分会之一，多年来一直致力于促进南非的废纸回收工作，并表示在未来 5 年内，南非的废纸回收率将达到 63%。

2011 年，美国废纸使用总量达到美国造纸行业原材料总使用量的 67%，而美国废纸回收率自 1990 年以来已经翻了一番。

四、中国废纸回收利用现状

（一）2014 年中国废纸回收现状

郭彩云 2015 年发表了《2014 年国内外废纸市场概况》一文，对 2014 年国内外废纸回收与利用情况进行了详细分析（郭彩云，2015）。下面对其论文的有关内容介绍如下：

1. 废纸回收率与废纸利用率

2014 年，我国在废纸回收和利用方面继续保持平稳增长态势。表 4-9 为近年我国废纸回收与利用情况。从表 4-9 可见，我国废纸回收量由 2002 年的 1338 万吨 持续增加到 2012 年的 4473 万吨，虽然 2013 年略有下降，为 4451 万吨，但 2014 年增加到 4841 万吨。废纸回收率从 2002 年的 30.9%提高到 2012 年的 44.5%，2013 年为 45.5%，2014 年继续提高到 48.1%，达到历史最高水平。

废纸消耗量从 2002 年的 2025 万吨 持续增加到 2012 年的 7479 万吨，2013 年略有下降，为 7425 万吨，但 2014 年增加到 7593 万吨。废纸利用率从 2002 年的 53.6%提高到 2013 年的 73.4%，2014 年下降到 72.5%。目前，我国的废纸利用率增长较快，已达到世界较高水平，而废纸回收率增长较慢，仍在世界较低水平徘徊。

2014 年我国废纸回收率达到 48.1%，比 2013 年的 45.5%增加了 2.6 个百分点。这与 2013 年 5 月 24 日中国造纸协会正式发布的《中国造纸协会废纸回收分类及贸易指南（2013）》（以下简称《指南》）密切相关。《指南》由中国造纸协会会同相关企业共同起草制定，对废纸分拣、打包和运输、检验标准、交易合同等环节做出明确而具体的要求，旨在统一并规范我国废纸的回收、分类、运输和贸易等行为，最大限度地回收和利用废纸资源，减少回收过程中不必要的资源能源浪费，避免贸易纠纷，促进资源节约和资源最大化利用。此外，2014 年 12 月 1 日，由中国再生资源回收利用协会负责起草的 SB/T 11058—2013《废纸分类等级规范》（以下简称《规范》）也已经开始实施。相信《指南》的发布及《规范》的实施会对我国废纸回收率的增长起到积极的促进作用。

表 4-9　近年我国废纸回收与利用情况

年份	纸及纸板消费量/万吨	废纸回收量/万吨	废纸回收率/%	纸及纸板生产量/万吨	废纸消耗量/万吨	废纸利用率/%
2002	4332	1338	30.9	3780	2025	53.6
2003	4806	1462	30.4	4300	2400	55.8
2004	5439	1651	30.4	4950	2881	58.2
2005	5930	1809	30.5	5600	3513	62.7
2006	6600	2263	34.3	6500	4225	65.0
2007	7290	2765	37.9	7350	5021	68.3
2008	7935	3128	39.4	7980	5549	69.5
2009	8569	3424	40.0	8640	6246	72.3
2010	9173	4016	43.8	9270	6631	71.5
2011	9752	4348	44.6	9930	7075	71.2
2012	10048	4473	44.5	10250	7479	73.0
2013	9782	4451	45.5	10110	7425	73.4
2014	10071	4841	48.1	10470	7593	72.5

注：废纸回收率＝废纸回收量/国内纸及纸板消费总量×100%；废纸利用率＝废纸消耗量/国内纸及纸板生产总量×100%。

2. 废纸浆使用率

近年来我国废纸浆占纤维原料消耗总量的比例历经连年增长后，目前已成为占比最大的造纸原料，自 2008 年以来废纸浆使用率一直维持在 60%以上的水平，2014 年达到 65.3%，见表 4-10。

表 4-10　近年我国废纸浆使用率变化情况

年份	纸浆总消耗量/万吨	废纸浆消耗量/万吨	废纸浆使用率/%
2002	3470	1620	46.7
2003	3910	1920	49.1
2004	4455	2305	51.7
2005	5200	2810	54.0
2006	5992	3380	64.7
2007	6769	4017	59.3
2008	7360	4439	60.3
2009	7980	4939	62.6
2010	8461	5305	62.7
2011	9044	5660	62.6
2012	9348	5983	64.0
2013	9147	5940	64.9
2014	9484	6189	65.3

注：废纸浆使用率＝废纸浆消耗量/国内纸浆总消耗量×100%。

3. 以废纸为主要原料纸种的生产量与消费量

2014 年我国纸及纸板生产量 10470 万吨，同比增长 3.56%。消费量 10071 万吨，同比增长 2.95%。其中，以废纸为主要原料的新闻纸、包装纸、白纸板、箱纸板和瓦楞原纸 5 个品种生产量合计为 6705 万吨，同比增长 4.60%，占纸及纸板总生产量的 64.04%。2014 年这 5 种产品的消费量合计为 6679 万吨，同比增长 3.70%，占纸及纸板总消费量的 66.32%，见表 4-11。

从表 4-11 可以看出，2014 年我国以废纸为主要原料的 5 个品种的总生产量和消费量均同比均有所增长，其中，新闻纸的生产量和消费量均出现幅度较大的负增长。但总体看来，2014 年这 5 个品种的总生产量和消费量占纸及纸板总生产量和消费量的比例均略有提高。

表 4-11　我国以废纸为主要原料纸种的生产量与消费量

纸种	生产量/万吨					消费量/万吨				
	2011 年	2012 年	2013 年	2014 年	同比/%	2011 年	2012 年	2013 年	2014 年	同比/%
新闻纸	390	380	360	325	−9.72	389	393	362	321	−11.33
包装纸	620	640	635	650	2.36	632	655	650	665	2.31
白纸板	1340	1390	1360	1395	2.57	1322	1379	1310	1301	−0.69
箱纸板	1990	2080	2040	2180	6.86	2073	2157	2106	2240	6.36
瓦楞原纸	1980	2020	2015	2155	6.95	1991	2027	2013	2152	6.91
合计	6320	6510	6410	6705	4.60	6407	6611	6441	6679	3.70
当年总量	9930	10250	10110	10470	3.56	9752	10048	9782	10071	2.95

（二）2014 年我国废纸进出口情况

1. 废纸进出口量与金额

据海关统计，2014 年，我国废纸进口总量 2752 万吨，同比减少 5.88%；价值 53.5 亿美元，同比减少 9.78%；进口废纸平均价格 194.4 美元/吨，同比下降 4.14%。外商投资企业依然是我国废纸进口主体。海关统计数据显示，2014 年，我国外商投资企业进口废纸 1906.6 万吨，同比减少 10.4%。

2014 年，我国废纸出口总量 0.07 万吨，同比减少 29.27%；价值 29.8 万美元，同比减少 37.26%；出口废纸平均价格为 401.62 美元/吨，同比减少 11.31%。2014 年我国废纸进出口量均有所下降。

众所周知，废纸市场与宏观经济密切相关，近几年全球经济低迷，欧洲、美国及日本等废纸主要出口地区和国家经济复苏缓慢，可供回收的废纸量有所下降。目前，我国仍然是全球最大的废纸进口国，进一步增加国内废纸回收率，减少对国外进口废纸的依赖，仍然是摆在我国造纸行业面前的一大任务。

2. 进口废纸浆占原料比例变化

2014 年，我国废纸浆消耗量为 6189 万吨，其中进口废纸浆消耗量 2243 万吨，占废纸浆总消耗量的 36.24%，占纸浆总消耗量的 23.65%。我国国产废纸浆消耗量在废纸浆消耗总量中仍占有主要地位。

3. 进出口废纸种类及数量

2014 年，我国进口废纸总量 2751.9 万吨，同比减少 5.87%；进口用汇总额 53.5 亿美元，同比减少 9.78%。其中，废箱纸板类进口量 1555.0 万吨，同比减少 6.15%，占废纸进口量的 56.51%；进口用汇金额 31.9 亿美元，同比减少 10.14%。办公室废杂纸类进口量 70.6 万吨，同比减少 15.35%，占废纸进口量的 2.57%；进口用汇金额 1.8 亿美元，同比减少 14.29%。废报纸类进口量 556.5 万吨，同比减少 14.58%，占废纸进口量的 0.22%；进口用汇金额 10.1 亿美元，同比减少 18.55%。其他混杂废纸进口量 569.8 万吨，同比增长 7.15%，占废纸进口量的 20.71%；进口用汇金额 9.7 亿美元，同比增长 4.30%。

4. 废纸主要来源国家或地区、进口地区及进口口岸

2014 年，废纸主要来源国家或地区为美国、英国、日本、加拿大、荷兰、意大利、澳大利亚、西班牙、比利时及中国香港等，美国依然是我国最大的进口废纸来源地，来自美国的废纸进口量为 1264.9 万吨，占我国废纸进口量的 45.96%。废纸进口地区则仍然以广东省、浙江省、江苏省及山东省为主，进口量分别为 1115.3 万吨、492.1 万吨、329.4 万吨、279.5 万吨，分别占我国废纸进口量的 40.53%、17.88%、11.97%、10.16%。废纸进口口岸排名中仍以深圳市、杭州市、广州市以及南京市等口岸位居前列。

（三）废纸利用项目建设情况

我国经济的不断增长和各类商品包装及出口的需要，拉动了市场对各类包装纸及纸板需求的增加。从 2009 年起，我国瓦楞原纸生产量超过美国，跃居世界之首，瓦楞纸箱已成为纸包装领域一种具备新兴、环保以及便于运输等优点的主流包装方式。

近年来，以废纸为主要原料的新建项目和计划新建项目较多，规模也较大。其中，瓦楞原纸、箱纸板、白纸板等成为近几年我国生产量较大、增量较多的产品。表 4-13 列出了废纸相关新建项目的跟踪情况。目前建成和在建的项目总数为 60 个，设计产能为 1964.2 万吨。但随着国际、国内经济形势的不断变化，一些计划新建项目可能会出现延期或更改等情况。

表 4-13　近年我国部分废纸利用相关新建项目

企业名称	项目内容	生产能力/万吨·年$^{-1}$	建设地点	投产时间
浙江景兴纸业股份有限公司	高强瓦楞原纸	30	浙江	2014 年 11 月
玖龙纸业（控股）有限公司	高强瓦楞原纸	30	福建泉州	2013 年 8 月
	挂面牛卡纸	35	福建泉州	2013 年 10 月
	高强瓦楞原纸	30	四川乐山	2014 年 1 月
	牛皮箱纸板	35	辽宁沈阳	2014 年 9 月
	牛皮箱纸板	35	辽宁沈阳	2016 年
理文造纸有限公司	箱纸板	32	重庆	2014 年 8 月
	再生箱纸板	35	江西	2013 年 6 月
	瓦楞原纸	45	江西	2014 年 11 月
	箱纸板	35	江西九江	2014 年 6 月

续表

企业名称	项目内容	生产能力/万吨·年$^{-1}$	建设地点	投产时间
湖北宏发再生资源科技发展有限公司	牛皮箱纸板	30	湖北宜都	2014 年
福建联盛纸业（龙海）有限公司	白纸板	30	福建龙海	2013 年 6 月
	白纸板	60	福建龙海	2014 年 3 月
	牛卡纸	45	福建漳州	2014 年 3 月
安徽山鹰纸业股份有限公司	瓦楞原纸	45	安徽马鞍山	2014 年 9 月
	牛皮纸	35	安徽马鞍山	2014 年 9 月
	低定量箱纸板	35.7	安徽马鞍山	2014 年底
中国胜达包装集团有限公司	箱纸板	30	浙江黄沙港	2013 年 3 月
河北永新纸业有限公司	高档箱纸板	30	河北唐山	2013 年 4 月
山东博汇纸业股份有限公司	白卡纸	100	山东淄博	2013 年 5 月
无锡荣成纸业有限公司	再生箱纸板	35	江苏无锡	2013 年 6 月
永丰余造纸（扬州）有限公司	瓦楞原纸	50	江苏扬州	2013 年 10 月
山东菏泽恒立纸业有限公司	高强瓦楞原纸	25	山东菏泽	2013 年 12 月
宿迁市天成纸业有限公司	瓦楞原纸	20	江苏宿迁	2013 年底
河北昌泰纸业有限公司	高强瓦楞原纸	40	河北玉田	2013 年
福建利树浆纸有限公司	高强瓦楞原纸	20	福建南平	2013 年
福建漳州盈晟纸业有限公司	箱纸板	15	福建漳州	2013 年
中山市永发纸业有限公司	瓦楞原纸	20	广东中山	2013 年
东莞振兴纸品有限公司	瓦楞原纸	10	广东东莞	2013 年
东莞顺裕纸业有限公司	瓦楞原纸	10	广东东莞	2013 年
四川新津晨龙纸业有限公司	箱纸板	20	四川新津	2013 年
	再生高强瓦楞原纸	30	四川新津	2015 年
亚太森博（山东）浆纸有限公司	液体包装纸板	30	山东日照	2014 年 6 月
四川金田纸业有限公司	再生纸板	60	四川合江	建设中（一期 30 万吨/年，目前已处于调试阶段）
江苏富星纸业有限公司	白纸板	30	江苏响水	2014 年
浙江兴舟纸业有限公司	瓦楞原纸	10.5	浙江嘉兴	2014 年 5 月
山东枣庄荣华纸业有限公司	白纸板	20	山东枣庄	2014 年 6 月
浙江宁波亚洲浆纸有限公司	白纸板	80	浙江宁波	2014 年 6 月
成都美岭纸业有限公司	高强瓦楞原纸	15	四川成都	2014 年 7 月
江门星辉造纸有限公司	涂布白纸板	30	广东江门	2014 年 11 月
甘肃静宁县恒达有限责任公司	箱纸板	15	甘肃静宁	2014 年 11 月
贵州鹏纸业有限公司	瓦楞原纸	10	贵州安龙	2014 年
浙江嵊州市白云纸业有限公司	瓦楞原纸	10	浙江嵊州	2014 年

续表

企业名称	项目内容	生产能力/万吨·年$^{-1}$	建设地点	投产时间
安徽省萧县林平纸业有限公司	箱纸板	15	安徽萧县	2014年
浙江嵊州市宇信纸业有限公司	高强瓦楞原纸	10	浙江嵊州	2014年
山东德州泰鼎新材料科技有限公司	高强瓦楞原纸	20	山东德州	2014年
成都海龙纸业有限公司	高强瓦楞原纸	10	四川成都	2014年
浙江嵊州市恒丰纸业有限公司	高强瓦楞原纸	13	浙江嵊州	2014年12月
江苏正大联合纸业股份有限公司	包装纸板	200	江苏灌云	2015年
浙江龙游金龙纸业有限公司	白面牛卡纸	30	浙江龙游	建设中
广东振隆纸业有限公司	牛皮箱纸板	30	广东江门	完成可研报告
东莞市金田有限公司	灰纸板	30	广东东莞	已购国产纸机
浙江永泰纸业有限公司	高强包装纸	50	浙江富阳	2014年5月开工建设（计划于2015年12月投产）
抚矿集团琥珀纸业有限公司	箱纸板	30	辽宁抚顺	主体设备安装
泉州贵格纸业有限公司	再生环保纸	60	湖北黄冈	2013年4月开建
四川迅源纸业有限公司	高强瓦楞原纸	30	四川大邑	建设中（一期15万吨/年，已于2014年投产）
浙江荣成纸业有限公司	高强瓦楞原纸	18	浙江嘉兴	2016年
台州森林造纸有限公司	高强包装纸	10	浙江温岭	建设中（计划于2015年投产）
浙江荣晟环保纸业股份有限公司	高强瓦楞原纸	20	浙江嘉兴	正在进行土建设计和纸机方案论证

第六节 中国林产工业循环经济再利用现状分析

中国林产工业循环经济再利用产业，主要集中在废弃家具和废旧木材的再利用方面。旧家具和旧办公用品拆解产生的废弃木质材料，大部分被二手市场回收再销售或经过翻新再销售。废弃木材中，如梁柱、门框及木质包装箱等，应尽量利用其最大尺寸，加工成地板、家具及其他实木制品。旧木及旧门窗等，经过重新加工后，变成新的门窗和房屋建筑材料。其中，最具特色的是红木的再利用。从民间收集老料，通过翻新或利用现代工艺制作古典明清家具。树根和加工小料的利用，可制作成小件的工艺品，如手串、笔筒及小雕刻摆件等。中国林产工业循环经济再利用产业刚刚起步，还存在着法律法规体系不健全、回收市场混乱以及回收渠道不畅等问题，亟需相关政策的引导和扶持。

第五章　国外林产工业循环经济相关标准分析

第一节　林产工业循环经济相关标准类型划分

“减量化，再利用，资源化”是循环经济的基本原则，林产工业循环经济标准基于这一原则进行分类。按循环经济基本特征进行划分的林产工业标准定义和内涵如表 5-1 所示。

表 5-1　按循环经济基本特征进行划分的林产工业标准定义和内涵

标准类型	定义和内涵
减量化标准	在生产的投入端尽可能少地输入资源，尽可能的减少产品对环境和人类身体健康造成不良的影响，尽可能提高产品的耐久性等的标准。例如，林产工业污染物排放限量、人造板甲醛释放量、挥发性有机化合物限量和测试方法标准，以及林产工业产品生产过程中节能减排、节材、节水标准等
再利用标准	在使用端，重复利用或二次加工后利用，尽可能延长林产工业产品的使用周期的标准。例如，实木家具重复使用相关标准，旧实木地板经过二次加工利用标准等
资源化标准	在产品生产、产品最终处置过程中，对其产生的废固、废液、废气及工业余热等综合利用的标准。例如林业三剩物、废弃木质材料以及废纸等回收与加工利用的标准

第二节　国外林产工业循环经济标准现状

一、国外林产工业循环经济减量化标准现状

林产工业减量化标准主要指林产工业污染物排放以及林产品甲醛、挥发性有机化合物和重金属的限量与测试方法标准、能源管理标准等。

甲醛释放限量和测试方法标准：国际标准 ISO 16893：2016《人造板 刨花板》和 ISO 16895：2016《人造板 干法纤维板》、ISO 13608：2014《装饰单板贴面胶合板》都规定了甲醛释放限量，均为 0.124mg/m^3，甲醛释放量检测方法均采用 ISO 12460-1 规定的 1 立方米气候箱法进行测定（段新芳等，2015）。同时 ISO 国际标准提供了 5 种甲醛释放量测试方法标准，包括 ISO 12460.1：2007《人造板 甲醛释放的测定 第 1 部分：1 立方米气候箱法》、ISO 12460.3：2015《人造板 甲醛释放的测定 第 3 部分：气体分析法》、ISO 12460.4：2008《人造板 甲醛释放的测定 第 4 部分：干燥器法》、ISO 12460.5：2015

《人造板 甲醛释放的测定 第5部分：萃取法》，这些标准对1立方米气候箱法、气体分析法、干燥器法和穿孔萃取法等测试方法进行了规定。中国、欧盟、美国、日本等国家针对人造板相关制品的甲醛释放量的测试方法都是基于国际标准进行制订的（于海霞等，2015）。

欧洲标准EN 13986—2005《建筑用人造板性能、合格评定和标志》，其中规定了人造板甲醛释放限量。欧洲标准中人造板甲醛释放量检测方法标准有，EN 717.1—2004《人造板甲醛释放量的测定 第1部分：气候箱法》、EN 717.2—2004《人造板甲醛释放量的测定 第2部分：气体分析法测定》等人造板甲醛释放测定方法标准。EN 717.1—2004《人造板甲醛释放量的测定 第1部分：气候箱法》，适用产品包括胶合板、刨花板、纤维板、饰面人造板，采用气候箱法进行检测，其测试条件包括样品放在箱内试验时间至少10天，温度23±0.5 ℃，相对湿度45±3%，采气量为2 L/min至少120 L，换气率1.0±0.05次/h等，其甲醛释放限量E_1级不大于0.124mg/m^3。EN 717.2—2004《人造板甲醛释放量的测定 第2部分：气体分析法》，适用产品为无饰面胶合板，采用气体分析法进行检测，其测试条件包括温度60±0.5 ℃，相对湿度不大于3%等，其甲醛释放限量E_1级不大于3.5mg/m^2·h，E_2级为3.5～5.0mg/m^2·h。

2017年美国联邦政府公报发布了“复合木制品甲醛释放标准”的规定，于2017年2月10日生效，新规则对2017年12月12日之后在美国销售、供应、代销及制造的胶合板、刨花板、中密度纤维板等产品的甲醛释放限量进行了进一步的规范（杨贵斌等，2017）。美国标准ASTM E-1333—96（2002）《大型气候箱测试空气中木制品释放甲醛浓度》，适用于木制品，采用气候箱法，测试要求预处理条件包括温度24±3 ℃，相对湿度50±5%等，收集条件包括温度25±1 ℃，相对湿度50±4%等。

日本标准JIS A 1460—2015《建筑板材甲醛排放的测定 干燥器法》，规定F4星的甲醛释放限量平均值不大于0.3mg/L，最大值不大于0.4mg/L；F3星的甲醛释放限量平均值不大于0.5mg/L，最大值不大于0.7mg/L；F2星的甲醛释放限量平均值不大于1.5mg/L，最大值不大于2.1mg/L。

挥发性有机化合物限量和测试方法方面，国际标准中涉及挥发性有机化合物限量标准有ISO 16000.9：2006《室内空气 第9部分：建筑产品和家具释放挥发性有机化合物的测定 释放试验室法》、ISO 16000.10：2006《室内空气 第10部分：建筑产品和家具释放挥发性有机化合物的测定 小腔法》、ISO 16000.11：2006《室内空气 第11部分：建筑产品和家具释放挥发性有机化合物的测定 取样、样品储藏和试验样品的准备》、ISO 16000.24：2009《室内空气 第24部分：吸附在建筑材料中的挥发性有机化合物浓度的减少评估用特性试验》、ISO 16000.25：2011《室内空气 第25部分：建筑产品用挥发性有机化合物排放的测定 微型室试验法》、ISO 17895：2005《色漆和清漆 低VOC乳化涂料的挥发性有机化合物含量测定》。欧洲的建筑制品挥发性有机化合物释放限量标准是EN V13419.1《建筑产品VOCs释放量的测定 第1部分：释放测试环境箱法》。德国建筑产品健康相关评估委员会（AgBB）建立了VOC和半挥发性有机物健康相关的释放评估程序。美国标准中涉及挥发性有机化合物限量标准有ASTM D5116—1997《室内材料和产品中挥发性有机化合物释放量测定 小环境箱法》、ASTM D6330—1998《人造板中VOCs释放量测定 小环境箱法》、ASTM D6670—2001《室内材料和产品 VOCs 中释放量测定 大环境箱法》、ANSI/BIFMA X7.1—2011《低排放办公设备和座椅的甲醛和挥发性有机化合物排放标准》等。日本标准涉及挥发性有机化合物限量标准比较全面，涉及建筑产品用挥发性有机化合物和醛类排放量测试方法及限量指标。

重金属限量与测试方法标准：涉及木制品重金属含量限量的欧洲标准 EN 71—2015《玩具安全》指标较严格，要求有油漆涂层的木制品、家具的总铅量不大于 600mg/kg。BS 5666.3—1991《木材防腐剂与木材防腐处理分析方法》中规定了防腐处理后的木材中砷含量不大于 5mg/kg 等。美国标准 ASTM F963—2007《消费者标准安全规范：玩具安全》也对重金属含量进行了规定。

能源管理标准：国家标准化组织制定的能源管理系列标准，包括 ISO 50001《能源管理体系 要求》、ISO 50002《能源审计》、ISO 50003《能源管理体系认证机构审核要求》、ISO 50004《能源管理体系 实施指南》、ISO 50006《能源基线与能源绩效参数确定方法及指南》等。世界各国对能源管理体系标准逐渐重视起来，制定的能源管理标准也是在国家标准化组织制定的能源管理系列标准基础上进行制定的。

二、国外林产工业循环经济再利用标准现状

林产工业再利用标准主要指规范林产工业中使用过的家具和木制品等林产工业产品回收后直接利用的标准，目前这类标准还比较少。再利用标准仅见国际标准 ISO/TS 20245：2014《二手商品的跨境贸易》，该标准对二手商品质量、产品信息和使用要求等进行了相应的规范，对保护消费者和环境安全发挥积极作用。

三、国外林产工业循环经济资源化标准现状

林产工业资源化标准是针对林产工业废弃的林业三剩物、废弃木质材料、废纸等的回收和利用、加工处理方法、废弃资源化产品等进行规范的标准。国外对废弃木质材料、废纸以及利用林产工业废弃物生产生物质材料和生物质能源产品的标准较多。欧洲废弃木材回收利用标准较为完善，欧洲人造板材联盟（EPF）制定了《废弃木材回收利用规范》，对废弃木材的来源、污染物限量等进行了详细的规范（虞华强等，2015）。英国颁布的 BS PAS 111—2012《废弃木材管理规范及试验方法》，针对用于人造板生产、生物质能源生产和地面覆盖物等用途的回收木材，分别提出了质量要求。欧洲标准化委员会生物质固体燃料技术委员会（CEN/TC 335），先后发布了 EN 15234.1—2011《固体生物燃料 燃料质量保证 第 1 部分：一般要求》、EN 15234.2—2012《固体生物燃料 燃料质量保证 第 2 部分：非工业用木颗粒》、EN 15234.3—2012《固体生物燃料 燃料质量保证 第 3 部分：用于非工业使用的木砖》、EN 15234.4—2012《固体生物燃料 燃料质量保证 第 4 部分：非工业用木片》、EN 15234.5—2012《固体生物燃料 燃料质量保证 第 5 部分：非工业用柴火》、EN 15234.6—2012《固体生物燃料 燃料质量保证 第 6 部分：非工业用非木质颗粒》等 6 个标准，分别对固体生物燃料的基本要求和固体生物燃料产品质量等进行了规范。

四、国外生态标签标准（绿色产品标准）

生态标签也称为绿色标签，是一种环境标志制度，是由政府部门或公共、私人团体依

据一定的环境标准颁发的图形标签，印制或粘贴在合格的商品及包装上，用以表明该产品不仅质量和功能符合要求，而且从生产到使用以及处理全过程都符合环境保护要求，对环境和人类健康无害或危害极少，有利于资源的再生产和利用。从德国于1978年第一个实施环境标志制度，环境标志制度发展极为迅速，目前世界上已有50多个国家和地区实施了这一制度。

为推行绿色产品标签制度而制定的标准称为生态标签标准，以全生命周期评价为基础，对产品的原料特性、能源属性、环境属性、产品属性进行规范，要求产品从生产到使用以及处理全过程都符合环境保护要求，对环境和人类健康无害或危害极少，有利于资源的再生产和利用。国外林产工业生态标签标准主要有欧盟生态标签标准《欧盟木地板生态标签》、北欧白天鹅环保标签标准《结构板和外墙板》、德国蓝天使标准RAL-UZ 76《低释放木质复合材料》、RAL-UZ 176《低释放实木和木基复合材料的地板覆盖物、板材和室内门》、日本生态标签标准《木制或相似物制板材认证标准》、美国绿色卫士质量认证中心GREEN GUARD、德国地板装修材逸散控制协会认证GEV-EMICODE标准等。

这里仅举2011年发布的《欧盟木地板生态标签》来说明生态标签标准的主要技术内容要求：

对木材等原材料的要求：所有的原木、软木和竹材应源自于以森林的可持续管理为目标，且以其原则和方式来执行的森林，应通过森林认证。所有的木材原料都应有档案确认其来源合法。2011年6月30日，对于市场上有生态标签的木制品，至少50%的实木和20%的木基材料必须源于可持续管理的森林，或源于回收材料。从2011年7月1日，至2012年12月31日，对于市场上有生态标签的木制品，至少60%的实木和30%的木基材料必须源于可持续管理的森林，或源于回收材料。从2013年1月1日起，对于市场上有生态标签的木制品，至少70%的实木和40%的木基材料必须源于可持续管理的森林，或源于回收材料。

对用于生产原料中的危险物质（防腐剂、杀虫剂、阻燃剂、染色剂等）要求：砍伐后木材不能使用危险分类归为1a和1b级的物质或制剂的WH0杀虫剂来处理，且对木材的处理应与指令79/117/EEC和指令76/769/EEC的规定相符。用于原木和植物处理的物质或制剂，木制品中不得添加有害物质或其制剂和混合物。产品中不能含有卤化有机黏合剂、氮丙啶、聚氮丙啶，以及基于铅、镉、铬、汞及其化合物等物质的染料和添加剂；涂层和表面处理所使用的材料也必须符合相应的要求。此外，由化学品制造商或供应商按欧盟分类体系归为对环境有害的化学物质，应符合如下两个限制：一是按指令1999/45/EC归类为对环境有害的化学物质不可添加至表面处理的物质和制剂中。二是按指令1999/45/EC对环境有害的物质的施加量不超过$14g/m^2$，VOC的施加量不超过$35g/m^2$；产品或制剂中的游离甲醛含量不得超过0.3%（w/w）。夹板或层压木板所用的黏合剂、胶粘剂及胶水中的游离甲醛含量不得超过0.5%（w/w）。此外在产品的组装中使用的胶粘剂的VOC含量不得超过10%（w/w）；从表面处理物质或制剂中释放的甲醛应少于0.05ppm。增塑剂也必须符合标准的要求，不允许在产品中使用二正辛基邻苯二甲酸盐、二异壬基邻苯二甲酸盐、二异癸基邻苯二甲酸盐。对于杀虫剂，只有被指令98/8/EC的附录IA包含的、授权用于地板覆面的生物活性物质才允许使用。

对于产品生产的能耗要求：单位产品的能耗，实木地板和竹地板不大于 10.5MJ/m^2，强化木地板不大于 12.5MJ/m^2，软木地板不大于 9MJ/m^2。

对于产品的甲醛和挥发性有机化合物的要求：软木地板、竹地板或强化木地板的甲醛释放量不超过 0.05mg/m^3；采用 prEN 15052 或 EN ISO 16000.9 检测的挥发性有机物（VOC），3 天后的 C6-C16 总有机物（TVOC）释放量不大于 0.25mg/m^3，3 天后的 C16-C22 总有机物（TSVOC）释放量不大于 0.03mg/m^3。

生态标签标准对原料、生产过程能耗以及产品中有毒有害物质限量值都进行了规范，是基于全生命周期的总体规范，对保护环境、发展绿色消费以及促进绿色发展意义重大。

第三节　林产工业循环经济国际标准

林产工业循环经济国际标准主要有能源管理体系标准，人造板、建筑产品及家具等有害物质限量与检测方法标准，再生纸浆相关性能评估标准，二手商品跨境交易规范标准，固体生物质燃料标准等。林产工业循环经济国际标准见表 5-2。

从表 5-2 可见，林产工业循环经济国际标准主要特点：一是比较重视能源管理、有害物质控制、固体生物质燃料等标准制定工作。二是再利用标准 ISO/TS 20245：2014《二手商品的跨境贸易》对跨境贸易的二手货进行了规范，对促进全球资源的循环再利用具有十分重要的实用性和战略意义。

表 5-2　林产工业循环经济国际标准

序号	标准号	标准中文名称	标准英文名称	类别划分
1	ISO 50001：2011	能源管理系统 使用要求指南	Energy management systems-Requirements with guidance for use	减量化
2	ISO 50002：2014	能源审计 使用指南的要求	Energy audits-Requirements with guidance for use	减量化
3	ISO 50003：2014	能源管理系统 能源管理体系审核和认证机构的要求	Energy management systems-Requirements for bodies providing audit and certification of energy management systems	减量化
4	ISO 50004：2014	能源管理系统 能源管理系统的实施，维护和改善指南	Energy management systems-Guidance for the implementation, maintenance and improvement of an energy management system	减量化
5	ISO 50006：2014	能源管理系统 使用能源基线（EnB）和能源性能指标（EnPI）测量能源性能．通用原则和指南	Energy management systems-Measuring energy performance using energy baselines（EnB）and energy performance indicators（EnPI）-General principles and guidance	减量化

续表

序号	标准号	标准中文名称	标准英文名称	类别划分
6	ISO 12460.1：2007	人造板甲醛释放量的测定 第1部分：用1立方米试验室法测定甲醛排放	Wood-based panels-Determination of formaldehyde release-Part 1：Formaldehyde emission by the 1-cubic-metre chamber method	减量化
7	ISO 12460.3：2015	人造板甲醛释放量的测定 第3部分：气体分析法	Wood-based panels-Determination of formaldehyde release-Part 3：Gas analysis method	减量化
8	ISO 12460.4：2008	人造板甲醛释放量的测定 第4部分：干燥器法	Wood-based panels-Determination of formaldehyde release-Part 4：Desiccator method	减量化
9	ISO 12460.5：2015	人造板甲醛释放量的测定 第5部分：萃取法（又称穿孔法）	Wood-based panels-Determination of formaldehyde release-Part 5：Extraction method（called the perforator method）	减量化
10	ISO 13609：2014	细木工板	Wood-based panels-Plywood-Blockboards and battenboards	减量化
11	ISO 16000.9：2006	室内空气 第9部分：建筑产品和家具释放挥发性有机化合物的测定．释放试验室法	Indoor air-Part 9：Determination of the emission of volatile organic compounds from building products and furnishing-Emission test chamber method	减量化
12	ISO 16000.10：2006	室内空气 第10部分：建筑产品和家具释放挥发性有机化合物的测定．小腔法	Indoor air-Part 10：Determination of the emission of volatile organic compounds from building products and furnishing-Emission test cell method	减量化
13	ISO 16000.11：2006	室内空气 第11部分：建筑产品和家具释放挥发性有机化合物的测定．取样、样品储藏和试验样品的准备	Indoor air-Part 11：Determination of the emission of volatile organic compounds from building products and furnishing-Sampling，storage of samples and preparation of test specimens	减量化
14	ISO 16000.24：2009	室内空气 第24部分：吸附在建筑材料中的挥发性有机化合物（除甲醛外）浓度的减少评估用特性试验	Indoor air-Part 24：Performance test for evaluating the reduction of volatile organic compound（except formaldehyde）concentrations by sorptive building materials	减量化
15	ISO 16000.25：2011	室内空气 第25部分：建筑产品用挥发性有机化合物排放的测定．微型室试验法	Indoor air-Part 25：Determination of the emission of semi-volatile organic compounds by building products-Micro-chamber method	减量化

续表

序号	标准号	标准中文名称	标准英文名称	类别划分
16	ISO 17895：2005	色漆和清漆 低 VOC 乳化涂料的挥发性有机化合物含量测定（罐内 VOC）	Paints and varnishes-Determination of the volatile organic compound content of low-VOC emulsion paints（in-can VOC）	减量化
17	ISO 633：2008	软木制品 术语	Cork-Vocabulary	减量化
18	ISO 1997：1993	粒状软木和软木粉 分类、性能和包装	Granulated cork and cork powder-Classification，properties and packing	减量化
19	ISO 21887：2007	木材和木制品的耐久性．使用类别	Durability of wood and wood-based products-Use classes	减量化
20	ISO 4211：1979	家具 表面抗冷液体性能的评定	Furniture；Assessment of surface resistance to cold liquids	减量化
21	ISO 4211.2：2013	家具 表面试验 第 2 部分：耐湿热性的评定	Furniture-Tests for surface finishes-Part 2：Assessment of resistance to wet heat	减量化
22	ISO 4211.3：2013	家具 表面试验 第 3 部分：耐干热性的评定	Furniture-Tests for surface finishes-Part 3：Assessment of resistance to dry heat	减量化
23	ISO 4211.4：1988	家具 表面试验 第 4 部分：耐冲击性的评定	Furniture；Tests for surfaces；part 4：assessment of resistance to impact	减量化
24	ISO 7170：2005	家具 储物柜强度和耐久性的测定	Furniture-Storage units-Determination of strength and durability	减量化
25	ISO 7171：1988	家具 储物柜 稳定性测定	Furniture；storage units；determination of stability	减量化
26	ISO 8191.2：1988	家具 装潢家具可燃性的评定 第 2 部分：火源 火柴火焰等同物	Furniture；assessment of ignitability of upholstered furniture；part 2：ignition source：match-flame equivalent	减量化
27	ISO/TS 14067：2013	温室气体 产品的碳排放量 量化和交流的要求和指南	Greenhouse gases-Carbon footprint of products-Requirements and guidelines for quantification and communication	减量化
28	ISO/TS 20245：2014	二手商品的跨境贸易	Cross-border trade of second-hand goods	再利用
29	ISO 15360.1：2000	再生纸浆 黏性和胶质的评估 第 1 部分：外观检查法	Recycled pulps-Estimation of stickies and plastics-Part 1：Visual method	资源化
30	ISO 15360.2：2015	再生纸浆 黏性和塑性评估 第 2 部分：图像分析法	Recycled pulps-Estimation of Stickies and Plastics-Part 2：Image analysis method	资源化
31	ISO 16559：2014	固体生物燃料 术语	Solid biofuels-Terminology，definitions and descriptions	资源化
32	ISO 16948：2015	固体生物燃料 碳，氢和氮总含量的测定	Solid biofuels-Determination of total content of carbon，hydrogen and nitrogen	资源化

续表

序号	标准号	标准中文名称	标准英文名称	类别划分
33	ISO 16967：2015	固体生物燃料 测定主要元素铝，钙，铁，镁，磷，钾，硅，钠和钛	Solid biofuels-Determination of major elements-Al，Ca，Fe，Mg，P，K，Si，Na and Ti	资源化
34	ISO 16968：2015	固体生物燃料 微量元素的测定	Solid biofuels-Determination of minor elements	资源化
35	ISO 16993：2016	固体生物燃料 一个主要成分到另一个的分析结果转换	Solid biofuels-Conversion of analytical results from one basis to another	资源化
36	ISO 16994：2016	固体生物燃料 硫和总氯含量的测定	Solid biofuels-Determination of total content of sulfur and chlorine	资源化
37	ISO 16995：2015	固体生物燃料 测定水溶性氯化物，钠和钾含量	Solid biofuels-Determination of the water soluble chloride，sodium and potassium content	资源化
38	ISO 17225.1：2014	固体生物燃料 燃料规格和类别 第1部分：一般要求	Solid biofuels-Fuel specifications and classes-Part 1：General requirements	资源化
39	ISO 17225.2：2014	固体生物燃料 燃料规格和类别 第2部分：渐变木颗粒	Solid biofuels-Fuel specifications and classes-Part 2：Graded wood pellets	资源化
40	ISO 17225.3：2014	固体生物燃料 燃料规格和类别 第3部分：分级木压块	Solid biofuels-Fuel specifications and classes-Part 3：Graded wood briquettes	资源化
41	ISO 17225.4：2014	固体生物燃料 燃料规格和类别 第4部分：分级木屑	Solid biofuels-Fuel specifications and classes-Part 4：Graded wood chips	资源化
42	ISO 17225.5：2014	固体生物燃料 燃料规格和类别 第5部分：分级柴火	Solid biofuels-Fuel specifications and classes-Part 5：Graded firewood	资源化
43	ISO 17225.6：2014	固体生物燃料 燃料规格和类别 第6部分：分级的非木质颗粒	Solid biofuels-Fuel specifications and classes-Part 6：Graded non-woody pellets	资源化
44	ISO 17225.7：2014	固体生物燃料 燃料规格和类别 第7部分：分级的非木质团块	Solid biofuels-Fuel specifications and classes-Part 7：Graded non-woody briquettes	资源化
45	ISO 17827.1：2016	固体生物燃料 未压缩燃料的粒度分布的测定 第1部分：使用孔径为3.15 mm及以上筛孔的振荡筛分法	Solid biofuels-Determination of particle size distribution for uncompressed fuels-Part 1：Oscillating screen method using sieves with apertures of 3.15 mm and above	资源化
46	ISO 17827.2：2016	固体生物燃料 未压缩燃料的粒度分布的测定 第2部分：使用孔径为3.15 mm及以下筛网的振动筛法	Solid biofuels-Determination of particle size distribution for uncompressed fuels-Part 2：Vibrating screen method using sieves with aperture of 3.15 mm and below	资源化

续表

序号	标准号	标准中文名称	标准英文名称	类别划分
47	ISO 17828：2015	固体生物燃料 堆积密度的测定	Solid biofuels-Determination of bulk density	资源化
48	ISO 17829：2015	固体生物燃料 颗粒的长度和直径的测定	Solid biofuels-Determination of length and diameter of pellets	资源化
49	ISO 17830：2016	固体生物燃料 崩解颗粒的粒度分布	Solid biofuels-Particle size distribution of disintegrated pellets	资源化
50	ISO 17831.1：2015	固体生物燃料 颗粒和团块的机械耐久性的测定 第1部分：颗粒	Solid biofuels-Determination of mechanical durability of pellets and briquettes-Part 1：Pellets	资源化
51	ISO 17831.2：2015	固体生物燃料 颗粒和团块的机械耐久性的测定 第2部分：团块	Solid biofuels-Determination of mechanical durability of pellets and briquettes-Part 2：Briquettes	资源化
52	ISO 18122：2015	固体生物燃料 灰分含量的测定	Solid biofuels-Determination of ash content	资源化
53	ISO 18123：2015	固体生物燃料 挥发物含量的测定	Solid biofuels-Determination of the content of volatile matter	资源化
54	ISO 18134.1：2015	固体生物燃料 水分含量的测定 烤箱干法 第1部分：总水分 参考方法	Solid biofuels-Determination of moisture content-Oven dry method-Part 1：Total moisture-Reference method	资源化
55	ISO 18134.2：2017	固体生物燃料 水分含量的测定 烤箱干法 第2部分：总水分 简化方法	Solid biofuels-Determination of moisture content-Oven dry method-Part 2：Total moisture-Simplified method	资源化
56	ISO 18134.3：2015	固体生物燃料 水分含量的测定 烤箱干法 第3部分：一般分析样品的水分	Solid biofuels-Determination of moisture content-Oven dry method-Part 3：Moisture in general analysis sample	资源化
57	ISO 18846：2016	固体生物燃料 确定颗粒数量的细粉含量	Solid biofuels-Determination of fines content in quantities of pellets	资源化
58	ISO 18847：2016	固体生物燃料 颗粒和团块的颗粒密度的测定	Solid biofuels-Determination of particle density of pellets and briquettes	资源化
59	ISO 8623：2015	色漆和清漆用松焦油脂肪酸试验方法和特征值	Tall-oil fatty acids for paints and varnishes-Test methods and characteristic values	资源化
60	ISO 9917.2：2010	牙科 水性胶 第2部分：改良松脂粘结剂	Dentistry-Water-based cements-Part 2：Resin-modified cements	资源化
61	ISO 21389：2004	中国松节油	Oil of gum turpentine，Chinese（mainly from Pinus massoniana Lamb.）	资源化
62	ISO 11020：1998	松节油	Oil of turpentine，Iberian type（Pinus pinaster Sol.）	资源化

第四节　欧洲林产工业循环经济标准

欧洲林产工业循环经济标准主要有人造板、建筑材料等有害物质控制检测方法，防腐木材性能测定，家具稳定性、耐久性、安全性及表面性能等测试方法和要求，固体生物质燃料等标准。欧洲林产工业循环经济标准见表 5-3。

欧洲标准针对甲醛、挥发性有机化合物质等有害物质限量比较严格。欧洲标准对固体生物质燃料规范较全面，如 EN 15234《固体生物燃料 燃料质量保证》中对固体生物燃料一般要求，以及按照用途和产品种类划分的不同产品质量要求分别进行了相应的规范。

表 5-3　欧洲林产工业循环经济标准

序号	标准号	标准中文名称	标准英文名称	标准类别
1	EN 717.1—2004	人造板甲醛释放量的测定 第 1 部分：用气候箱法测定甲醛的排放量	Wood-based panels-Determination of formaldehyde release-Part 1：Formaldehyde emission by the chamber method	减量化
2	EN 717.2—1994	人造板甲醛释放量的测定 第 2 部分：用气体分析法测定甲醛释放量	Wood-based panels-Determination of formaldehyde release-Part 2：Formaldehyde release by the gas analysis method	减量化
3	EN 717.3—1996	人造板甲醛释放量的测定 第 3 部分：烧瓶法测定甲醛释放量	Wood-based panels-Determination of formaldehyde release-Part 3：Formaldehyde release by the flask method	减量化
4	ENV13419.1—1999	建筑产品-VOCs 释放量的测定 第 1 部分：释放测试环境箱方法	Building products-Determination of the emission of volatile organic compounds-Part 1：Emission test chamber method	减量化
5	EN 13986—2005	建筑用人造板性能、合格评定和标志	Wood based panels for use in construction Characteristics evaluation of conformity and marking	减量化
6	EN 252—2014	测定接触地面木材防腐剂相对防护效率现场试验方法	Field test method for determining the relative protective effectiveness of a wood preservative in ground contact	减量化
7	EN 12105—1998	弹性地板覆盖物 压制软木制品的水分测定	Resilient floor coverings. Determination of moisture content of agglomerated composition cork	减量化
8	CEN/TS 15912—2012	防火耐用性能 内部和外部应用范围的防火处理的木质产品的分类	Durability of reaction to fire performance-Classes of fire-retardant treated wood-based product in interior and exterior end use applications	减量化
9	CEN/TS 1099—2007	胶合板 生物耐久性 用于不同等级的胶合板评估指南	Plywood-Biological durability-Guidance for the assessment of plywood for use in different use classes	减量化

续表

序号	标准号	标准中文名称	标准英文名称	标准类别
10	EN 15228—2009	结构材 防生物侵蚀的结构材用防腐剂	Structural timber-Structural timber preservative treated against biological attack	减量化
11	EN 46. 2—2009	木材防腐 预防北美家天牛（林奈）新孵出幼虫的措施 第2部分：杀胚效果（实验室方法）	Wood preservatives-Determination of the preventive action against recently hatched larvae of HylotrupesHeliotropes bajulusbaulks（Linnaeus）-Part 2：OvicidalHomicidal effect（laboratory method）	减量化
12	EN 1014. 3—2010	木材防腐剂 杂酚油和涂杂酚油的木材 抽样和分析方法 杂酚油中苯并芘含量的测定	Wood preservatives-Creosote and creosoted timber-Methods of sampling and analysis-Determination of the benzo（a）pyrene content of creosote	减量化
13	EN 252—1989	测定与地面接触木材防腐材料的相对防护作用的外场试验方法	Field test method for determining the relative protective effectiveness of a wood preservative in ground contact	减量化
14	EN 49. 1—2005	木材防腐剂 防卵和未死幼虫的家具窍蠹（De Geer）的保护效果的测定 第1部分：表面处理应用（实验室法）	Wood preservatives-Determination of the protective effectiveness against AnobiumAmmonium punctatumpunctuate（De Geer）by egg-laying and larval survival-Part 1：Application by surface treatment（Laboratory method）	减量化
15	EN 71—2015	玩具安全	Safety of toys	减量化
16	EN 12490—2010	木材和人造板耐久性 用木材防护剂处理过的实木 处理过的木材中杂酚油的渗入厚度和吸收测定	Durability of wood and wood-based products-Preservative-treated solid wood-Determination of the penetration and retention of creosote in treated wood	减量化
17	EN 14128—2003	木材和木产品的耐久性 用生物试验测定有治病虫害疗效的木材防腐剂的性能标准	The durability of wood and wood products. The curative effect of healing pest biological test is wood preservative performance standards	减量化
18	CEN/TR 16663—2014	木材和人造板的耐久性 经防腐处理的木材对环境的排放物的测定 暴露在使用级别为3级的木制品（未遮盖，不与地面接触）半现场方法	Durability of wood and wood-based products. Determination of emissions from preservative treated wood to the environment. Wooden commodities exposed in Use Class 3（Not covered, not in contact with the ground）. Semi-field method	减量化

续表

序号	标准号	标准中文名称	标准英文名称	标准类别
19	CEN/TS 15119. 2—2012	木材和人造板的耐久性 防腐处理木材对环境的排放物的测定 第 2 部分：暴露于 4 级或 5 级使用的木制品（与地面，淡水或海水接触）实验室方法	Durability of wood and wood-based products-Determination of emissions from preservative treated wood to the environment-Part 2：Wooden commodities exposed in Use Class 4 or 5（in contact with the ground，fresh water or sea water）-Laboratory method	减量化
20	CEN/TR 15314—2006	木材和人造板的耐久性 木材中季铵化合物的定量测定	Durability of wood and wood-based products-Quantitative determination of quaternary ammonium compounds in wood; English version CEN/TR 15314：2006	减量化
21	EN 460—1994	木材和人造板的耐久性 实木的天然耐久性 危险等级用的木材耐久性要求指南	Durability of wood and wood-based products-Natural durability of solid wood-Guide to the durability requirements for wood to be used in hazard classes	减量化
22	CEN/TS 15083. 2—2005	木材和人造板的耐久性 实木耐木材损坏菌的天然耐久性的测定 软腐菌	Durability of wood and wood-based products-Determination of the natural durability of solid wood against wood-destroying fungi，test methods-Soft-rotting micro-fungi	减量化
23	EN 335—2013	木材和人造板的耐久性 使用等级：实木及木质产品的定义和应用	Durability of wood and wood-based products-Use classes：definitions，application to solid wood and wood-based products	减量化
24	EN 1001. 1—2005	木材和人造板的耐久性 术语同义术语表	Durability of wood and wood-based products-Terminology-List of equivalent terms	减量化
25	CEN/TR 15003—2012	木材和人造板的耐久性 治疗使用防护木材破坏有机体的热风处理标准	Durability of wood and wood-based products-Criteria for hot air processes for curative uses against wood destroying organisms	减量化
26	EN 351. 2—2007	木材和人造板的耐用性 防腐剂处理过的实木 第 2 部分：防腐剂处理过的木材分析用取样指南	Durability of wood and wood-based products-Preservative-treated solid wood-Part 2：Guidance on sampling for the analysis of preservative-treated wood	减量化

续表

序号	标准号	标准中文名称	标准英文名称	标准类别
27	EN 599.1—2009	木材和人造板的耐用性 根据生物试验确定的木材预防性保存效率 第1部分：符合使用类别的规范	Durability of wood and wood-based products-Efficacy of preventive wood preservatives as determined by biological tests-Part 1：Specification according to use class	减量化
28	CEN/TS 15083.1—2005	木材和人造板的耐用性 实木耐食品损坏菌的天然耐久性的测定 试验方法 担子菌纲	Durability of wood and wood-based products-Determination of the natural durability of solid wood against food-destroying fungi，test methods-Basidiomycetes	减量化
29	EN 351.1—2007	木材和木制品的耐用性防腐剂处理过的木材 第一部分：防腐剂渗透和防滞留的分类	Durability of wood and wood products the first part of preservative treated wood preservative infiltration and the classification of the stranded	减量化
30	EN 350.1—1994	木材和木制品耐久性 实木天然耐久性 第1部分：木材天然耐久性试验和分类指南	Durability of wood and wood based products-Natural durability of solid wood-Part 1：Guide to the principles of testing and classification of the natural durability of wood	减量化
31	EN 350.2—1994	木材和人造板耐久性 实木的天然耐久性 欧洲精选重要木材种类的天然耐久性和可处理性	Durability of wood and wood-based products-Natural durability of solid wood-Guide to natural durability and treatability of selected wood species of importance in Europe	减量化
32	EN 599.2—1995	木材和人造板耐久性 通过生物试验测定木材防腐剂性能 第2部分：分类和标识	Durability of wood and wood-based products-Performance of preventive wood preservatives as determined by biological tests-Part 2：Classification and labellinglabeling	减量化
33	CEN/TS 15119.1—2008	木材和人造板的耐久性 防腐剂处理木材对环境的排放物的测定 第1部分：处理后存于堆场的木材以及暴露在使用级别为3级的木制品（未遮盖、不与地面接触）实验室法	Durability of wood and wood-based products-Determination of emissions from preservative treated wood to the environment-Part 1：Wood held in the storage yard after treatment and wooden commodities exposed in Use Class 3 (not covered，not in contact with the ground) -Laboratory method	减量化
34	EN 321—2001	木质材料 循环实验条件下抗潮湿性的测定	Wood substrate cycle experiment under the condition of the determination of moisture resistance	减量化

续表

序号	标准号	标准中文名称	标准英文名称	标准类别
35	DCEN/TS 15534. 2—2007	木塑复合材料（WPC）木塑复合材料特征	Wood-plastics composites （WPC）- Characterisation of WPC materials	减量化
36	EN 1328—1996	水泥刨花板耐寒性测定	Cement bonded particleboards-Determination of frost resistance	减量化
37	EN 1087. 1—1995	刨花板 耐湿测定 煮沸试验	Particle boards-Determination of moisture resistance-Particle boards-Determination of moisture resistance-Boil test	减量化
38	EN 16121—2013	非家用储存用家具 安全性，强度，耐久性和稳定性的要求	Non-domestic storage furniture-Requirements for safety，strength，durability and stability	减量化
39	EN 581. 1—2006	户外家具 野营、家用和办公用座椅和桌子 第 1 部分：通用安全性要求	Outdoor furniture-Seating and tables for camping，domestic and contract use-General safety requirements	减量化
40	EN 581. 2—2015	户外家具 野营、家用和办公用座椅和桌子 第 2 部分：座椅的机械安全性要求和座椅试验方法	Outdoor furniture. Seating and tables for camping，domestic and contract use. Mechanical safety requirements and test methods for seating	减量化
41	EN 581. 3—2007	户外家具 野营、家用和办公用座椅和桌子 第 3 部分：桌子的机械安全性要求和试验方法	Outdoor furniture-Seating and tables for camping，domestic and contract use-Mechanical safety requirements and test methods for tables	减量化
42	EN 12720—2009＋A1—2013	家具 表面耐冷液测定法	Furniture-Assessment of surface resistance to cold liquids	减量化
43	EN 12721—2014	家具 表面耐湿热评估	Furniture-Assessment of surface resistance to wet heat	减量化
44	EN 16139—2013	家具 强度，耐久性和安全 非家用座椅安全	Furniture. Strength，durability and safety. Requirements for non-domestic seating	减量化
45	EN 1730—2012	家具 桌子 用于测定稳定性，强度和耐久性的试验方法	Furniture. Tables. Test methods for the determination of stability，strength and durability	减量化
46	EN 1728—2014	家具 座椅 测定强度和耐用性的试验方法	Furniture-Seating-Test methods for the determination of strength and durability	减量化
47	CEN/TS 16611—2016	家具 表面耐微划痕评估	Furniture. Assessment of the surface resistance to microscratching	减量化
48	EN 12720—2014	家具 表面耐冷液体性能的评估	Furniture-Assessment of surface resistance to cold liquids	减量化

续表

序号	标准号	标准中文名称	标准英文名称	标准类别
49	EN 15185—2011	家具 表面耐摩擦性评定	Furniture. Assessment of the surface resistance to abrasion	减量化
50	EN 12722＋A1—2013	家具 表面耐热评估	Furniture-Assessment of surface resistance to dry heat	减量化
51	EN 12727—2000	家具 成排座椅 强度和耐久性试验方法和要求	Furniture-Ranked seating-Test methods and requirements for strength and durability	减量化
52	EN 597.1—2015	家具 床垫和装饰床具的可燃性评定 火源：已燃香烟	Furniture. Assessment of the ignitability of mattresses and upholstered bed bases. Ignition source smouldering cigarette	减量化
53	EN 597.2—2015	家具 床垫和装饰床具的可燃性评定 火源：与火柴火焰同等的火源	Furniture. Assessment of the ignitability of mattresses and upholstered bed bases. Ignition source：match flame equivalent	减量化
54	EN 1725—1998	家具 床和床垫 安全性要求和试验方法	Domestic furniture-Beds and mattresses-Safety requirements and test methods	减量化
55	EN 747.1—2012	家具 家用双层床和高床 安全性、强度和耐久性要求	Furniture. Bunk beds and high beds. Safety，strength and durability requirements	减量化
56	EN 15187—2006	家具 曝光量的影响评估	Furniture-Assessment of the effect of light exposure	减量化
57	EN 643—2014	纸和纸板 可回收纸和纸板的欧洲标准等级列表	Paper and board-European list of standard grades of paper and board for recycling	资源化
58	EN ISO 8623—2015	色漆和清漆用松焦油脂肪酸测试方法和特征值	Tall-oil fatty acids for paints and varnishes-Test methods and characteristic values	资源化
59	EN ISO 8623—2015	涂料和清漆用松焦油脂肪酸试验方法和特征值	Tall-oil fatty acids for paints and varnishes. Test methods and characteristic values	资源化
60	CEN / TR 15149.3—2014	固体生物燃料-粒度分布的测定-第3部分：旋转筛选法	Solid biofuels-Determination of particle size distribution-Part 3：Rotary screen method	资源化
61	CEN/TR 15569—2009	固体生物燃料-质量保证体系指南	Solid biofuels-A guide for a quality assurance system	资源化
62	CEN/TS 15370.1—2006	固体生物燃料-灰分熔化行为的测定方法 第1部分：特征温度法	Solid biofuels-Method for the determination of ash melting behaviour-Part 1：Characteristic temperatures method	资源化
63	EN 14778—2011	固体生物燃料 抽样	Solid biofuels-Sampling	资源化
64	EN 14780—2011	固体生物燃料 样品制备	Solid biofuels-Sample preparation	资源化

续表

序号	标准号	标准中文名称	标准英文名称	标准类别
65	EN 14918—2009	固体生物燃料-热值的测定	Solid biofuels-Determination of calorific value	资源化
66	EN 15234.1—2011	固体生物燃料-燃料质量保证 第1部分：一般要求	Solid biofuels-Fuel quality assurance-Part 1：General requirements	资源化
67	EN 15234.2—2012	固体生物燃料-燃料质量保证 第2部分：非工业用木质颗粒	Solid biofuels-Fuel quality assurance-Part 2：Wood pellets for non-industrial use	资源化
68	EN 15234.3—2012	固体生物燃料-燃料质量保证 第3部分：非工业用木砖	Solid biofuels-Fuel quality assurance-Part 3：Wood briquettes for non-industrial use	资源化
69	EN 15234.4—2012	固体生物燃料-燃料质量保证 第4部分：非工业用木片	Solid biofuels-Fuel quality assurance-Part 4：Wood chips for non-industrial use	资源化
70	EN 15234.5—2012	固体生物燃料-燃料质量保证 第5部分：非工业用薪材	Solid biofuels-Fuel quality assurance-Part 5：Firewood for non-industrial use	资源化
71	EN 15234.6—2012	固体生物燃料-燃料质量保证 第6部分：非工业用非木质颗粒	Solid biofuels-Fuel quality assurance-Part 6：Non-woody pellets for non-industrial use	资源化

第五节　英国林产工业循环经济标准

英国林产工业循环经济标准除了采用林产工业循环经济欧洲标准外，还包括废弃材料利用等标准。英国林产工业循环经济标准见表 5-4。

从表 5-4 可见，英国林产工业循环经济标准的主要特点：重视对资源化利用的废弃材料作为原材料的质量标准的研究，例如 BS PAS 111—2012《废弃木材回收利用规范》、BS PAS 105—200《回收纸来源和质量 实施规程》。

表 5-4　英国林产工业循环经济标准

序号	标准号	标准中文名称	标准英文名称	标准类别
1	BS PAS 2050—2011	商品和劳务的生命周期温室气体排放的评估规范	Specification for the assessment of the life cycle greenhouse gas emissions of goods and services	减量化
2	BS 7500—1995	重复利用纸板标记规范	Specification for marking of recycled paper board	资源化
3	BS PAS 111—2012	废弃木材加工要求与检测方法规范	Specification for the requirements and test methods for processing waste wood	资源化
4	BS PAS 105—2005	回收纸来源和质量 实施规程	Recovered paper sourcing and quality-Code of practice	资源化

第六节　法国林产工业循环经济标准

法国林产工业循环经济标准，部分标准等同采用国际标准和欧洲标准，主要包括人造板、建筑材料等有害物质控制检测方法，防腐木材性能测定，以及林化产品等标准。法国林产工业循环经济标准见表 5-5。从表中可见，法国林产工业循环经济标准主要特点：一是重视人造板产品甲醛释放限量与测试方法标准；二是木材防腐标准较多，注重防腐木材标准研制工作；三是软木的性能、软木检测方法标准较多，表明法国对软木综合利用和软木产业发展较关注。

表 5-5　法国林产工业循环经济相关标准

序号	标准号	标准中文名称	标准英文名称	标准类别
1	NF B51-272. 1—2005	人造板 甲醛释放量的测定 第1部分：小室法测定甲醛释出量	Wood-based panels-Determination of formaldehyde release-Part 1：formaldehyde emission by the chamber method.	减量化
2	NF B51-272. 2—1995	人造板 甲醛释放量测定 气体分析法	Wood-based panels. Determination of formaldehyde release. Part 2：formaldehyde release by the gas analysis method	减量化
3	NF B51-272. 3—1996	人造板 甲醛释放量的测定 第3部分：量瓶法测定甲醛排放量	Wood-based panels. Determination of formaldehyde release. Part 3：formaldehyde release by the flask method	减量化
4	NF B51-273. 3—2016	人造板 甲醛释放量的测定 第3部分：气体分析法	Wood-based panels-Determination of formaldehyde release-Part 3：gas analysis method	减量化
5	NF B51-273. 4—2016	人造板 甲醛释放量的测定 第4部分：干燥器法	Wood-based panels-Determination of formaldehyde release-Part 4：desiccator method	减量化
6	NF B51-273. 5—2016	人造板 甲醛释放量的测定 萃取法（也称为“穿孔法”）	Wood-based panels-Determination of formaldehyde release-Part 5：extraction method（called the perforator method）	减量化
7	NF B51-274—2012	人造板 甲醛释放量的测定 干燥器法	Wood based panels-Determination of formaldehyde release-Dessicator method	减量化
8	NF B51-295—2013	人造板 测定防霉性（担子菌真菌）的试验方法	Wood based panels-Test method for determining rot resistance（Basidiomycetes fungi）	减量化
9	NF X43-404. 5—2007	室内空气 第5部分：挥发性有机化合物（VOCs）的取样策略	Indoor air-Part 5：sampling strategy for volatile organic compounds（VOCs）	减量化

续表

序号	标准号	标准中文名称	标准英文名称	标准类别
10	NF X43-404. 6—2012	室内空气 第 6 部分：通过在泰纳克斯 TA 吸收剂上活性取样、热解吸和 MS 或 MS/FID 气相色谱法测定室内和试验室空气中挥发性有机化合物的含量	Indoor air-Part 6 : determination of volatile organic compounds in indoor and test chamber air by active sampling on Tenax TA (R) sorbent, thermal desorption and gas chromatography using MS or MS/FID	减量化
11	NF X43-404. 9—2006	室内空气 第 9 部分：建筑产品和家具释放挥发性有机化合物的测定 试验室排放法	Indoor air-Part 9 : determination of the emission of volatile organic compounds from building products and furnishing-Emission test chamber method	减量化
12	NF X43-404. 10—2006	室内空气 第 10 部分：建筑产品和家具释放挥发性有机化合物的测定 释放试验容器法	Indoor air-Part 10 : determination of the emission of volatile organic compounds from building products and furnishing-Emission test cell method	减量化
13	NF X43-404. 11—2006	室内空气 第 11 部分：建筑产品和家具的挥发性有机化合物测定 取样、样品储藏和试验样品的准备	Indoor air-Part 11 : determination of the emission of volatile organic compounds from building products and furnishing-Sampling, storage of samples and preparation of test specimens	减量化
14	NF X43-404. 24—2010	室内空气 第 24 部分：吸附在建筑材料中的挥发性有机化合物（除甲醛外）浓度的减少评估用性能试验	Indoor air-Part 24 : performance test for evaluating the reduction of volatile organic compounds (except formaldehyde) concentrations by sorptive building materials	减量化
15	NF B50-100—2013	木材和人造板的耐久性 使用等级：木材和人造板的应用、定义	Durability of wood and wood-based products-Use classes : definitions, aplication to solid wood and wood-based products	减量化
16	NF B50-100. 4—2007	木材和人造板的耐久性 使用等级的定义 第 4 部分：国家关于生物制剂的状态声明	Durability of wood and wood-based products-Definition of use classes-Part 4 : national declaration on the situation of biological agents	减量化
17	NF B50-105. 1—2007	木材和人造板的耐久性 防腐剂处理过的实木 第 1 部分：防腐剂渗透和保持量的分类	Durability of wood and wood-based products Preservative-treated solid wood-Part 1 : classification of preservative penetration and retention	减量化

续表

序号	标准号	标准中文名称	标准英文名称	标准类别
18	NF B50-105. 2—2007	木材和人造板的耐久性 防腐剂处理的实木 第 2 部分：防腐处理木材分析试验取样指南	Durability of wood and wood-based products-Preservative treated solid wood-Part 2 : guidance on sampling for the analysis of preservative to treated wood	减量化
19	NF B50-105. 3—2014	木材和人造板的耐久性 使用预防性防腐剂处理的木材和木制品 第 3 部分：木材和木制品保存和处理证书的规格适用于法国本土和法国海外	Durability of wood and wood-based products-Wood and wood-based products treated with a preventive preservative-Part 3 : specifications for the preservation of wood and wood-based products and treatement certificate-Adaptation to metropolitan France and to French overseas	减量化
20	NF B51-129—2002	人造板 循环试验条件下耐湿性的测定	Wood-based panels-Determination of moisture resistance under cyclic test conditions	减量化
21	NF B51-200—2016	木材和人造板 木材和人造板总有机碳（TOC）的剂量	Wood and wood based products-Dosage of the total organic carbon（TOC）in wood and wood based products	减量化
22	NF B51-300—1995	水泥刨花板 耐硬物冲击测定	Cement-bonded particleboards. Determination of hard body impact resistance	减量化
23	NF B51-301—1996	水泥刨花板 耐霜冻性的测定	Cement bonded particleboards. Determination of frost resistance	减量化
24	NF B57-010—1972	粒状软木和软木粉 规格	Granulated cork and cork powder. Specifications.	减量化
25	NF B57-011—1973	软木 未加工的粒状软木 粒度测定分析法	Cork. Granulated unprocessed cork. Granulometric analysis	减量化
26	NF B57-013—2002	粒状软木 含水量的测定	Granulated cork-Determination of moisture content	减量化
27	NF B57-014—2002	粒状软木 取样	Granulated cork-Sampling	减量化
28	NF B57-031—1972	软质木板用软木、未使用的软木、胶结软木、散木粉和废品 取样	Corkwood in planks. Virgin cork. Ramassage. Gleanings. Corkwood refuse and corkwaste. Sampling	减量化
29	NF B57-032—2002	软木厚板、原生软木、软木栓皮、碎栓皮、软木下脚料和软木废料 水含量的测定	Corkwood in planks, virgin cork, ramassage, gleanings, corkwood refuse and corkwaste-Determination of moisture content	减量化
30	NF B57-033—2002	软木厚板 等级、分类和包装	Corkwood in planks-Grading, classification and packing	减量化

续表

序号	标准号	标准中文名称	标准英文名称	标准类别
31	NF B57-034—2015	原软木、软木栓皮、软木废料、煮软木片废料 定义和包装	Virgin cork, raw reproduction cork, ramassage, gleanings, burnt cork, corkwaste, boiled cork pieces and raw corkwaste-Definitions and packaging	减量化
32	NF B57-042—1968	软木 沸水中刨花板纯膨胀性能	Cork. Pure expanded particle board behaviour in boiling water	减量化
33	NF B57-044—1973	软木 纯膨胀胶凝体 恒压下的变形	Cork. Pure expansed agglomerates. Deformation under constant pressure	减量化
34	NF B57-045—2002	复合软木 规范、取样、包装和标记	Composition cork-Specifications, sampling, packaging and marking	减量化
35	NF B57-046—2014	复合软木 试验方法	Composition cork-Test methods	减量化
36	NF B57-047—2003	复合软木 膨胀连接填充料 试验方法	Composition cork-Expansion joint fillers-Test methods	减量化
37	NF B57-048—2003	复合软木 膨胀连接填充料 规范、包装和标记	Composition cork-Expansion joint fillers-Specifications, packaging and marking	减量化
38	NF B57-051—1973	软木 板状吸声复合软木特性	Cork. Sound absorbing composition cork in slabs. Characteristics	减量化
39	NF B57-052—1973	软木 纯热膨胀胶凝体 特性、取样和包装	Cork. Pure thermal expansed agglomerates. Characteristics, sampling, and packing	减量化
40	NF B57-054—1979	软木 纯膨胀胶凝软木 非承重防水塞 试验和规范	Cork. Pure expanded agglomerated cork. Non-bearing watertight supports. Tests and specifications.	减量化
41	NF B57-055—1977	软木 胶合地板绝缘层用合成胶结软木 性能	Cork. compound agglomerated cork for insulation underlays for parquets intended to be glued. characteristics	减量化
42	NF B57-056—1977	软木 预定胶接地板的绝缘底层用胶凝软木 试验	Cork. compound agglomerated corf for insulation underlays for parquets intended to be glued. tests	减量化
43	NF B57-057—2002	复合软木 填料 试验方法	Composition cork-Gasket material-Test methods	减量化
44	NF B57-058—2002	胶凝软木圆盘 试验方法	Agglomerated cork discs-Test methods	减量化
45	NF B57-080—1977	软木 地板用胶凝软木板特性	Cork. agglomerated slabs for floorings. characteristics	减量化
46	NF B57-081—1977	软木 地板用胶凝软木板试验	Cork-agglomerated slabs for floorings. tests	减量化
47	NF B57-100—2010	静止葡萄酒用软木塞 物理和力学试验方法	Cork stoppers for still wines-Mechanical and physical test methods	减量化

续表

序号	标准号	标准中文名称	标准英文名称	标准类别
48	NF B57-101—2010	静止葡萄酒用软木塞 物理和力学性能要求	Cork stoppers for still wines-Mechanical and physical specifications	减量化
49	NF B57-102—2005	软木塞 感官分析	Cork stoppers-Sensory analysis	减量化
50	NF B57-103—2006	软木塞 氧化残留物测定碘滴定法	Cork stoppers-Determination of oxidizing residues-Iodometric titration method	减量化
51	NF B57-160—2014	软木塞 可释放的 2，4，6-三氯苯甲醚（TCA）的测定	Cork stoppers-Determination of releasable 2，4，6-trichloroanisol（TCA）	减量化
52	NF P21-600—2009	结构材 使用防腐剂进行过防生物侵蚀处理的结构材	Structural timber-Structural timber preservative treated against biological attack	减量化
53	NF T72-074—2010	木材和人造板的耐久性 用木材防护剂处理过的实木 经处理的木材中杂酚油渗透率和保持量测定	Durability of wood and wood-based products-Preservative-treated solid wood-Determination of the penetration and retention of creosote in treated wood	减量化
54	NF T72-083—1976	木材表面防护用品 抗微生物的试验方法	Products for protecting wood surfaces. Method of testing resistance to microorganisms	减量化
55	NF X40-100. 1—2014	木材和人造板的耐久性 采用生物学试验测定经防腐处理的木材的防腐效果 第 1 部分：依照使用等级的规格	Durability of wood and wood-based products-Efficacy of preventive wood preservatives as determined by biological tests-Part 1 : specification according to use class	减量化
56	NF X40-100. 2—1995	木材和人造板的耐久性 用生物试验测定的木材防腐剂的效果 第 2 部分：分类和标记	Durability of wood and wood-based products. Performance of preventive wood preservatives as determined by biological tests. Part 2 : classification and labelling	减量化
57	NF X40-110—2004	木材和人造板的耐久性 用生物试验测定有治病虫害疗效的木材防腐剂的性能标准	Durability of wood and wood-based products-Performance criteria for curative wood preservatives as determined by biological tests	减量化
58	NF X41-545—2014	涂防腐剂的木材产品与地接触的防护效果现场试验	Field test method for determining the relative protective effectiveness of a wood preservative in ground contact	减量化
59	NF Q01-006—2014	纸和纸板 有关纸和纸板标准回收利用等级的欧洲列表	Paper and board-European list of standard grades of paper and board for recycling	资源化

续表

序号	标准号	标准中文名称	标准英文名称	标准类别
60	NF X30-400—2006	废弃物的特征 废物材料取样取样计划地制定和采用框架	Characterisation of waste-Sampling of waste materials-Framework for the preparation and application of a sampling plan	资源化
61	NF X30-413—2006	废品 废物收集车中的家庭废弃物样品的组成	Waste-Constitution of a sample of household waste contained in a waste collection vehicle	资源化
62	NF T30-409—2015	色漆和清漆用松焦油脂肪酸试验方法和特征值	Tall-oil fatty acids for paints and varnishes-Test methods and characteristic values	资源化
63	NF T75-359—1998	Iberian 类型的松节油（Pinus pinaster Sol.）（海岸松）	Oil of turpentine，Iberian type（Pinus pinaster Sol.）	资源化

第七节　美国林产工业循环经济标准

美国林产工业循环经济标准主要有人造板等室内材料和产品有害物质检测方法及其限量指标、木材防腐及测试方法、木塑复合材料性能评价、家具耐久性等标准。美国林产工业循环经济标准见表 5-6。

从表 5-6 可见，美国林产工业循环经济标准主要特点是：一是高度重视人造板甲醛限量和测试方法标准制定，美国联邦政府发布了“复合木制品甲醛法案”，提出了严格的人造板甲醛释放限量；二是木材防腐标准较为全面，主要由美国材料试验协会 ASTM（American Society for Testing and Matecial）和美国木材防腐保护协会 AWPA（American Wood Preservers Association）制定，其中美国木材防腐保护协会应用的防腐木材标准体系较为完善，标准包括使用规范、生产工艺（包括加压和非加压）、防腐剂、防腐木材及防腐剂分析方法、防腐木材性能测定等几个方面。

表 5-6　美国林产工业循环经济标准

序号	标准号	标准中文名称	标准英文名称	标准类别
1	ASTM E-1333-96（2002）	大气候箱法测试空气中木制品甲醛释放浓度	Standard Test Method for Determining Formaldehyde Concentrations in Air and Emission Rates from Wood Products Using a Large Chamber	减量化
2	ASTM D 6330-98	人造板中 VOCs（除甲醛）释放量测定 小环境箱法	Standard Practice for Determination of Volatile Organic Compounds（Excluding Formaldehyde）Emissions from Wood-Based Panels Using Small Environmental Chambers Under Defined Test Conditions	减量化

续表

序号	标准号	标准中文名称	标准英文名称	标准类别
3	ASTM D 6670-01	室内材料和产品 VOCs 中释放量测定 大气候箱法	Standard Practice for Full-Scale Chamber Determination of Volatile Organic Emissions from Indoor Materials/Products	减量化
4	ASTM D 5116-97	室内材料和产品中挥发性有机化合物释放量测定 小气候箱法	Standard Guide for Small-Scale Environmental Chamber Determinations of Organic Emissions From Indoor Materials/Products	减量化
5	ASTM F963—2007	消费者安全规范：玩具安全	Standard Consumer Safety Specification for Toy Safety	减量化
6	ANSI O5. 4—2009	阔叶材天然耐久性 尺寸规格和规范	Naturally Durable Hardwood Poles-Specifications and Dimensions	减量化
7	ANSI/ASTM D 2017—1996	木材天然耐腐性测定的加速实验室试验方法	Test Method for Accelerated Laboratory Test of Natural Decay Resistance of Woods	减量化
8	ANSI/ASTM D 2085—1996	溶液或木材中五氯苯酚的氯含量测定方法	Test Method for Determining Chloride Used in Calculating Pentachlorophenol in Solutions or Wood（Lime Ignition Method)	减量化
9	ANSI/ASTM D 2278—1996	现场评定圆柱形试样中木材防腐剂的方法	Method for Field Evaluation of Wood Preservatives in Round Post-Size Specimens	减量化
10	ANSI/ASTM D 2481—1996	用小尺寸样品加速评定船用木材防腐剂的方法	Method for Accelerated Evaluation of Wood Preservatives for Marine Service by Means of Small-Size Specimens	减量化
11	ANSI/ASTM D 3224—1996	木材防腐液用辅助溶剂水溶性试验方法	Test Method for Water Solubility of Auxiliary Solvent for Wood Preserving Solutions	减量化
12	ANSI/ASTM D 3225—1996	油质防腐剂用低沸点烃类溶剂规范	Specification for Low-Boiling Hydrocarbon Solvent for Oil-Borne Preservatives	减量化
13	ANSI/ASTM D 3345—1996	木材及其他纤维素材料防白蚁实验室评定试验方法	Test Method for Laboratory Evaluation of Wood and Other Cellulosic Materials for Resistance to Termites	减量化
14	ANSI/ASTM D 3507—1997	木材防腐剂渗透性和木材心材和边材划分的试验方法	Test Method for Penetration of Preservatives in Wood and for Differentiating between Heartwood and Sapwood	减量化
15	ANSI/ASTM D 4445—1996	控制未处理木材的变色和防霉用杀菌剂试验方法（实验室法）	Method for Testing Fungicides for Controlling Sapstain and Mold on Unseasoned Lumber（Laboratory Method)	减量化
16	ANSI/ASTM D 5583—2000	曲霉菌生物试验法检测和估计木材防腐剂有效期的方法	Test Method for Detection and Estimation of Retention of Wood Preservatives by Aspergillus Bioassaying	减量化

续表

序号	标准号	标准中文名称	标准英文名称	标准类别
17	ANSI/ASTM D 5655—1995	比色法分析二甲基氨荒酸铜（Cddc）处理木材的方法	Test Method of Analysis of Copper Dimethyldithiocarbamate (Cddc) Treated Wood by Colorimetry	减量化
18	ASTM D 7031—2004	木塑复合材料的物理和力学性能的评估标准指南	Standard Guide for Evaluating Mechanical and Physical Properties of Wood-Plastic Composite Products	减量化
19	ASTM D 7032-08	木塑复合材料铺板及护栏系统（防护装置或扶手）性能等级标准规范	Standard Specification for Establishing Performance Ratings for Wood-Plastic Composite Deck Boards and Guardrail Systems (Guards or Handrails)	减量化
20	AWPA U1-16	防腐处理木材使用规范	User Specification for Treated Wood	减量化
21	AWPA T 1-16	加工和处理标准	Processing and Treatment Standard	减量化
22	AWPA A4-11	木材防腐剂取样方法	Standard Methods for Sampling Wood Preservatives	减量化
23	AWPA A9-16	通过X射线光谱分析处理木材和处理溶液方法	Standard Method for Analysis of Treated Wood and Treating Solutions by X-Ray Spectroscopy	减量化
24	AWPA A12-12	含防腐剂木材的密度测定方法	Wood Densities for Preservative Retention Calculations	减量化
25	AWPA A15-15	判定方法	Referee Methods	减量化
26	AWPA A16-16	HPLC处理木材中的二癸基二甲基铵化合物的测定方法	Standard Method for Determination of Didecyldimethyl Ammonium Compounds in Treated Wood by HPLC	减量化
27	AWPA A18-12	两相滴定法测定木材中的季铵化合物	Standard for Determination of Quaternary Ammonium Compounds in Wood by 2-Phase Titration	减量化
28	AWPA A19-14	测定木材防腐剂渗透性样品的制备方法	Standard Method for Sample Preparation for Determining Penetration of Preservatives in Wood	减量化
29	AWPA M4-15	防腐处理木制品保养	Standard for the Care of Preservative-Treated Wood Products	减量化
30	AWPA M21-16	非加压防腐处理木制品的质量控制检验标准	Standard for Quality Control Inspection of Nonpressure Preservative Treated Millwork Products	减量化
31	AWPA M24-15	非加压防腐处理复合木制品的质量控制检验方法	Standard for Quality Control Inspection of Nonpressure Preservative Treated Composite Wood Products	减量化

续表

序号	标准号	标准中文名称	标准英文名称	标准类别
32	AWPA M25-16	住宅和商业用防腐处理产品的质量控制和检验方法	Standard for Quality Control and Inspection of Preservative Treated Products for Residential and Commercial Use	减量化
33	AWPA E4-15	测试加压处理木材抗水性的方法	Standard Method of Testing Water Repellency of Pressure Treated Wood	减量化
34	AWPA E11-16	加速评估防腐剂流失的方法	Standard Method for Accelerated Evaluation of Preservative Leaching	减量化
35	AWPA E13-15	测试木材是否用防水剂进行了加压处理的标准方法 加压处理木材防水性能的测定方法	Standard Method of Testing to Determine if Lumber has been Pressure Treated with a Water Repellent	减量化
36	AWPA E14-16	实验室方法快速评估与地基接触的木材材料的耐腐性	Laboratory Method for Rapidly Evaluating the Decay Resistance of Wood-Based Materials in Ground Contact; Soil Bed Test	减量化
37	AWPA E17-15	测定与处理溶液接触的金属的腐蚀速率的方法	Standard Method for Determining Corrosion Rates of Metals in Contact with Treating Solution	减量化
38	AWPA E20-15	测定土壤接触中木材防腐剂消耗的方法	Standard Method for Determining the Depletion of Wood Preservatives in Soil Contact	减量化
39	AWPA E23-16	测定静曲强度快速判定木基材料耐腐性能的方法	Laboratory Method for Rapidly Evaluating the Decay Resistance of Wood-Based Materials in Ground Contact Using Static Bending; Soil Jar Test	减量化
40	AWPA E24-16	木材基材料抗霉菌性评价方法：霉菌室测试	Laboratory Method for Evaluating the Mold Resistance of Wood-Based Materials; Mold Chamber Test	减量化
41	AWPA E26-15	室内应用的木材防腐剂评价(UC1 和 UC2)：近地白蚁试验	Standard Field Test for Evaluation of Wood Preservatives to be Used for Interior Applications (UC1 and UC2); Ground Proximity Termite Test	减量化
42	AWPA E27-15	地上使用的木材防腐剂评价(UC3B)：加速水平搭接试验	Standard Field Test for Evaluation of Wood Preservatives to be Used Above Ground (UC3B); Accelerated Horizontal Lap Joint Test	减量化

续表

序号	标准号	标准中文名称	标准英文名称	标准类别
43	ANSI/BIFMA X7. 1—2011	低排放办公设备和座椅的甲醛和挥发性有机化合物排放标准	Standard for Formaldehyde and TVOC Emissions of Low-Emitting Office Furniture and Seating	减量化
44	ANSI/ASTM D784—2008	电气绝缘用柑橘虫胶和其他印度紫胶用规范	Specification for Orange Shellac and Other Indian Lacs for Electrical Insulation	资源化
45	ANSI/TAPPI T454 om—2010	薄玻璃纸和防油纸空洞的松节油试验	Turpentine test for voids in glassine and greaseproof papers	资源化

第八节　日本林产工业循环经济标准

日本林产工业循环经济标准包括建筑板材甲醛释放量测试方法及限量，建筑产品挥发性有机化合物和醛类的测试方法和限量，木材复合材料、组装及其性能测试，再生纸浆相关测试方法，林化产品等标准，见表 5-7。

日本林产工业循环经济标准主要特点为：一是甲醛释放限量指标最为严格，JIS A 1460—2015《建筑板材甲醛排放的测定 干燥器法》中，醛释放限量等级中 F4 星等级，是世界最为严格的甲醛释放限量标准；二是对建筑产品挥发性有机化合物的排放测定较为系统，对建筑制品挥发性有机物测试方法及指标等进行了全面、细致的规范。

表 5-7　日本林产工业循环经济标准

序号	标准号	标准中文名称	标准英文名称	标准类别
1	JIS A 1460—2015	建筑板材甲醛排放的测定干燥器法	Determination of the emission of formaldehyde from building boards-Desiccator method	减量化
2	JIS A1901—2015	建筑产品用挥发性有机化合物和醛类排放量测定 小室法	Determination of the emission of volatile organic compounds and aldehydes by building products-Small chamber method	减量化
3	JIS A1902. 1—2015	建筑产品用挥发性有机化合物和醛的排放测定 取样、试样制备和试验条件 第 1 部分：板、壁纸和地板材料	Determination of the emission of volatile organic compounds and aldehydes by building products-Sampling, preparation of test specimens and testing condition-Part 1: Boards, wallpaper and floor materials	减量化

续表

序号	标准号	标准中文名称	标准英文名称	标准类别
4	JIS A1902. 2—2015	建筑产品用挥发性有机化合物和醛的排放测定 取样、试样制备和试验条件 第 2 部分：粘合剂	Determination of the emission of volatile organic compounds and aldehydes by building products-Sampling, preparation of test specimens and testing condition-Part 2: Adhesives	减量化
5	JIS A1902. 3—2015	建筑产品用挥发性有机化合物和醛的排放测定 取样、试样制备和试验条件 第 3 部分：涂料和涂层材料	Determination of the emission of volatile organic compounds and aldehydes by building products-Sampling, preparation of test specimens and testing condition-Part 3: Paints and coating materials	减量化
6	JIS A1902. 4—2015	建筑产品用挥发性有机化合物和醛的排放测定 取样、试样制备和试验条件 第 4 部分：热绝缘材料板	Determination of the emission of volatile organic compounds and aldehydes by building products-Sampling, preparation of test specimens and testing condition-Part 4: Heat-Insulating material boards	减量化
7	JIS A1903—2015	建筑制品用挥发性有机化合物（VOC）排放的测定 被动法	Determination of the emission of volatile organic compounds (VOC) by building products-Passive method	减量化
8	JIS A1904—2015	建筑制品用半挥发性有机化合物排放的测定 微小室法	Determination of the emission of semi volatile organic compounds by building products-Micro chamber method	减量化
9	JIS A1906—2015	带小室的降低室内空气污染的吸附建筑材料用性能试验．挥发性有机化合物（VOC）和无甲醛醛类的空气污染物的恒定浓度的吸附量的测量	Performance test of sorptive building materials of reducing indoor air pollution with small chamber-Measurement of adsorption flux with supplying constant concentration of contaminant air of VOC and aldehydes without formaldehyde	减量化
10	JIS A1912—2015	建筑材料和建筑相关制品用挥发性有机化合物和无甲醛醛类的排放的测定 大室法	Determination of the emission of volatile organic compounds and aldehydes without formaldehyde by building materials and building related products-Large chamber method	减量化
11	JAS 233	胶合板	Plywood	减量化
12	JIS A5741—2016	木塑复合材料	Wood-plastic recycled composite	减量化
13	JIS A5742—2015	木塑复合材料产品组装	Products of wood-plastic recycled composite-Assembled decks	减量化

续表

序号	标准号	标准中文名称	标准英文名称	标准类别
14	JIS A1456—2010	木塑复合材料耐久性测试方法	Test methods for durability of wood-plastic recycled composite	减量化
15	JIS A9002—2012	加压防腐处理木制品	Preservative treatments of wood products by pressure processes	减量化
16	JIS K0125—2016	工业水和废水中挥发性有机化合物的检测方法	Testing methods for volatile organic compounds in industrial water and waste water	减量化
17	JIS A1965—2015	通过在泰纳克斯 TA（R）吸附剂上活性取样、热解吸附作用和使用 MS/MS-FID 气相色谱法测定室内和试验室空气中挥发性有机化合物	Determination of volatile organic compounds in indoor and test chamber air by active sampling on Tenax TA（R） sorbent，thermal desorption and gas chromatography using MS or MS-FID	减量化
18	JIS K0081—2012	废气中硼的测定方法	Method for determination of boron in flue gas	减量化
19	JIS P8230—2005	再生纸浆 用反射光采用仪器法评估可见逆光	Recycled pulps-Estimation of visible contraries by instrumental means using reflected light	资源化
20	JIS P8231—2006	再生纸浆 胶粘物质和塑料物质的估计 图像分析法	Recycled pulps-Estimation of Stickies and Plastics-Image analysis method	资源化
21	JIS P8232—2006	再生纸浆 黏性和塑胶的评估 第 1 部分：目测法	Recycled pulps-Estimation of Stickies and Plastics-Part 1：Visual method	资源化
22	JIS K5902—1969	松香	Colophonium	资源化
23	JIS K5911—1994	漂白紫胶	Bleached lac	资源化

第九节　国外林产工业循环经济标准发展特征

国际标准化组织和国外先进国家林产工业循环经济标准，按照循环经济“减量化、再利用、资源化”基本原则进行分类统计。经统计，国外林产工业循环经济相关标准数量共计 268 项。按所属国家（或组织）统计，国际标准化组织林产工业循环经济标准数量为 62 项，占总标准数的 23.1%；欧洲林产工业循环经济标准标准数量为 71 项，占总标准数的 26.5%；英国林产工业循环经济标准数量为 4 项，占总标数量的 1.5%；法国林产工业循环经济标准数量为 63 项，占总标准数的 23.5%；美国林产工业循环经济标准数量为 45 项，占总标准数的 16.8%；日本林产工业循环经济标准数量为 23 项，占总标准数的 8.6%。按照循环经济基本特征划分，减量化标准 203 项，占总标准数的 75.7%；再利用标准 1 项，占总标准数的 0.4%；资源化标准 64 项，占总标准数的 23.9%（表 5-8）。

表 5-8 国外林产工业循环经济相关标准统计表

序号 No.	国别（或组织） Nation	类别 Classification			合计 Total
		减量化 Reduce	再利用 Reuse	资源化 Recycle	
1	国际标准化组织	27	1	34	62
2	欧洲	56	—	15	71
3	英国	1	—	3	4
5	法国	58	—	5	63
6	美国	43	—	2	45
7	日本	18	—	5	23
合计		203	1	64	268

根据对林产工业国际标准和国外先进国家标准的分析可见，国外林产工业循环经济标准发展特征：

一是高度重视有毒有害物质控制标准制定工作。ISO、欧洲、美国、法国、日本等制定了人造板甲醛释放限量与测试方法标准、挥发性有机化合物限量与测试方法、可溶性金属含量与测试方法标准，为加强减排和提高产品质量、减少有毒有害物质提供了标准规范。日本工业标准中，建筑用材及室内装饰材料在游离甲醛释放限量，是世界上要求最高的指标。

二是高度重视木材防腐标准制定工作。木材防腐是利用木材防腐药剂处理木材与人造板，提高木材与人造板防腐、防虫、防变色能力，延长木材与人造板使用寿命，是一种重要的节材方法。美国、欧洲、日本等木材防腐标准很多，美国制定了相应的木材保护标准，完善的木材保护标准体系值得借鉴。

三是欧洲、法国的软木产业的产品和测试方法标准较多。软木是欧洲栓皮槠和中国的栓皮栎的树皮，属于特殊的木材资源，也是林业剩余物资源，软木利用主要是生产葡萄酒瓶塞、软木地板、软木装饰材料和航空航天用软木制品。软木主要产于欧洲的地中海区域国家和中国，为推动该产业发展，欧洲高度重视软木产业标准工作，值得我国借鉴。

四是国际标准化组织制定的能源管理系列标准，对提高能源性能和降低能源成本方面起到了举足轻重的作用，世界许多国家也采用了这些能源管理标准，为节能减排提供了技术支撑。

五是 ISO 和欧洲生物质固体燃料标准体系齐全，欧洲颁布了涉及生物质成型燃料生产、样品测试、产品储存和销售及质量保证等标准，对生物质固体燃料产业发展发挥了重要的促进作用。

第六章　中国林产工业循环经济标准体系构建

第一节　中国林产工业循环经济标准现状

一、减量化标准

中国最重要的人造板及其制品甲醛释放限量标准是 GB 18580—2017《室内装饰装修材料 人造板及其制品中甲醛释放限量》，标准中采用 1 立方米气候箱试验方法，要求室内装饰装修材料人造板及其制品中，甲醛释放限量值为 0.124mg/m^3。GB/T 17657—2013《人造板及饰面人造板理化性能试验方法》中规范了人造板及其饰面人造板甲醛释放量穿孔法、干燥器法、1 立方米气候箱法等测试方法。甲醛释放量测试方法标准还有 GB/T 23825—2009《人造板及其制品中甲醛释放量测定 气体分析法》、GB/T 33043—2016《人造板甲醛释放量测定大气候箱》、SN/T 2307—2009《人造板及其制品中甲醛释放量的快速测定 气体分析法》、SN/T 4129—2015《人造板及其制品中甲醛释放量的测定方法 高效液相色谱法》等。

中国挥发性有机化合物限量和测试方法标准主要借鉴 ISO 和日本相关标准，已发布的标准有 GB/T 29899—2013《人造板及其制品中挥发性有机化合物释放量的试验方法 小型释放舱法》、GB/T 31762—2015《木质材料及其制品中苯酚释放量测定 小型释放舱法》、GB/T 31106—2014《家具中挥发性有机化合物的测定》、GB/T 31107—2014《家具中挥发性有机化合物检测用气候舱通用技术条件》、GB/T 32443—2015《家具中挥发性有机物释放量的测定 小型散发罩法》、SN/T 3613—2013《家具中总挥发性有机化合物的检测方法》等。

中国可溶性重金属限量标准有 GB 18584—2001《室内装饰装修材料 木家具中有害物质限量》、GB 28007—2001《儿童家具通用技术条件》、GB/T 33042—2016《木质地板饰面层中铅、镉、铬、汞重金属元素含量》、GB 18585—2001《室内装饰装修材料 壁纸中有害物质限量》等。GB 18584—2001《室内装饰装修材料 木家具中有害物质限量》中可溶性重金属有限量要求，铅的限量值为 90mg/kg，镉的限量值为 75mg/kg，铬的限量值为 60mg/kg，汞的限量值为 60mg/kg。GB 28007—2001《儿童家具通用技术条件》锑的限量值为 60mg/kg，砷的限量值为 25mg/kg，钡的限量值 1000mg/kg，镉的限量值为 75mg/kg，铬的限量值为 60mg/kg，铅的限制值为 90mg/kg，汞的限量值为 60mg/kg，硒的限量值为 500mg/kg。

关于污染物排放的环境保护国家标准、地方标准也较多，且污染物排放标准越来越严格。我国大气环境质量要求方面的国家标准包括 GB 3095—2012《环境空气质量标准》、GB/T 18883—2002《室内空气质量标准》等 3 项标准。大气污染物排放国家标准包括 GB 16297—1996《大气污染物综合排放标准》等 2 项标准。北京市、上海市、天津市、河北省、福建省以及山东省等省市发布了 17 项大气污染物排放地方标准，具体如表 6-1。

表 6-1　关于污染物排放标准汇总表

分类		标准名称	标准号
大气环境质量国家标准		环境空气质量标准	GB 3095—2012
		室内空气质量标准	GB/T 18883—2002
		室内环境空气质量监测技术规范	HJ/T 167—2004
大气污染物排放国家标准		大气污染物综合排放标准	GB 16297—1996
		锅炉大气污染物排放标准	GB 13271—2014
大气污染物排放地方标准	北京市	锅炉大气污染物排放标准	DB 11 139—2015
		木质家具制造业大气污染物排放标准	DB11 1202—2015
		大气污染物综合排放标准	DB 11 501—2007
	上海市	锅炉大气污染物排放标准	DB 31 387—2014
		大气污染物综合排放标准	DB 31 993—2015
	天津市	锅炉大气污染物排放标准	DB 12 151—2016
	重庆市	重庆市大气污染物综合排放标准	DB 50 418—2012
	河北省	环境空气质量非甲烷总烃限值	DB 13 1577—2012
	福建省	厦门市大气污染物排放标准	DB 35 323—2011
	山东省	山东省固定源大气颗粒物综合排放标准	DB 37 1996—2011
		山东省建材工业大气污染物排放标准	DB 37 2373—2013
		山东省锅炉大气污染物排放标准	DB 37 2374—2013
		山东省工业炉窑大气污染物排放标准	DB 37 2375—2013
		山东省区域性大气污染物综合排放标准	DB 37 2376—2013
	广东省	大气污染物排放限值	DB 44 27—2001
		锅炉大气污染物排放标准	DB 44 765—2010
		家具制造行业挥发性有机化合物排放标准	DB 44 814—2010
	甘肃省	兰州市锅炉大气污染物排放标准	DB 62 1922—2010

节能标准是保障我国经济、社会以及环境可持续发展的技术基础，是政府实施节能政策或措施的技术依据，是企业节约成本的有效途径。2016 年 4 月 27 日，工业和信息化部公布了《工业节能管理办法》，自 2016 年 6 月 30 日起施行。该办法作为国家“十三五”规划中关于绿色发展框架在工业系统的具体化设计，将有利于完善林产工业节能标准体系，并提高标准水平和行业准入条件，为林产工业的节能工作和转型升级发挥重要的指引作用。以人造板行业为例，我国现行的与人造板直接相关的节能标准有 15 项（表 6-2）。其中，LY/T 1529—2012《胶合板生产综合能耗》标准给出了普通胶合板生产综合能耗的

术语和定义，规定了胶合板单位产量基本能耗的分级指标、能耗的计算、能耗的计量要求与测试方法；适用于以阔叶树材、针叶树材原木为原料制造普通胶合板企业生产能耗的计算及指标考核。LY/T 1530—2011《刨花板生产综合能耗》标准规定了刨花板生产综合能耗的术语和定义，以及刨花板单位产量基本能耗的分级指标、生产能耗的计算方法、计量要求及数据处理方法；适用于施加胶料的木质刨花或木质纤维材料（如刨片、锯屑等）压制刨花板的生产企业，非木质刨花板的生产企业可参照执行。LY/T 1287—2012《人造板热压机节能监测方法》标准规定了人造板热压机的节能监测项目、监测方法、合格指标和结果评价；适用于以蒸汽、导热油为导热介质，生产胶合板、刨花板及纤维板的间歇式热压机。GB/T 29000—2012《单板干燥机节能技术规范》标准规定了单板干燥节能技术的术语和定义、一般规定和可选用的单板干燥节能技术等；适用于利用机械设备进行木质单板干燥企业的节能控制管理；GB/T 50888—2013《人造板工程节能设计规范》标准适用于利用人工速生原料林以及以枝桠材、小径材、木材加工剩余物、回收木材等为原料的纤维板、刨花板等非单板型人造板项目的工程节能设计；主要技术内容包括总则、生产线优化与节能，总平面布置及建筑设计优化与节能，供电系统优化与节能，供热系统优化与节能，供水系统优化与节能，供气（压缩空气）系统优化与节能，共 7 个部分。RB/T 109—2013《能源管理体系 人造板及木制品企业认证要求》标准中规定了人造板及木制品企业对能源管理体系的认证要求，规定了对人造板及木制品企业能源使用和消耗实施系统管理的基本要求，确定了影响人造板及木制品企业能源绩效的因素，明确了人造板及木制品企业能源管理体系的核心要素要求）；适用于人造板及木制品企业的能源管理体系认证，可用于人造板及木制品企业建立、实施、保持和改进其能源管理体系，也作为各相关方考核人造板及木制品企业能源管理体系的依据。

表 6-2　人造板节能标准汇总表

领域	标准名称	标准号	发布部门	归口单位
生产耗能	胶合板生产综合能耗	LY/T 1529—2012	国家林业局	全国能源基础与管理标准化技术委员会林业能源管理分技术委员会
	刨花板生产综合能耗	LY/T 1530—2011	国家林业局	
	纤维板生产综合能耗	LY/T 1451—2017	国家林业局	
	细木工板生产综合能耗	LY/T 2071—2012	国家林业局	
	竹材胶合板生产综合能耗	LY/T 2074—2012	国家林业局	
	竹材刨花板生产综合能耗	LY/T 2395—2014	国家林业局	
	浸渍纸层压木质地板生产综合能耗	LY/T 2073—2012	国家林业局	国家林业局
	实木复合地板生产综合耗能	GB/T 23899—2009	国家质检总局	
节能监测	人造板热压机节能监测方法	LY/T 1287—2012	国家林业局	全国能源基础与管理标准化技术委员会林业能源管理分技术委员会
	刨花干燥机节能监测方法	LY/T 1286—2012		
合理用能	单板干燥节能技术规范	GB/T 29000—2012	国家质检总局	全国人造板标准化技术委员会
	木材工业气力运输与除尘系统节能技术规范	LY/T 1862—2009	国家林业局	

续表

领域	标准名称	标准号	发布部门	归口单位
节能设计	人造板工程节能设计规范	GB/T 50888—2013	住房城乡建设部	—
	人造板生产热能中心工程设计规范	GB 50879—2013		
能源管理	能源管理体系 人造板及木制品企业认证要求	RB/T 109—2013	国家质检总局	国家认证认可委员会

清洁生产标准可以指导和帮助企业进行污染全过程控制，尤其是对生产过程产生的污染的控制，使各个生产环节的污染预防具体化和定量化；弥补环境标准侧重末端治理、忽视全过程控制的弊端。人造板生产清洁生产标准包括 GB/T 29903—2013《人造板工业清洁生产技术要求》、GB/T 29904—2013《人造板工业清洁生产评价指标体系》、HJ/T 315—2006《清洁生产标准 人造板行业（中密度纤维板）》等标准。造纸工业清洁生产标准包括 HJ 468—2009《清洁生产标准 造纸工业（废纸制浆）》、HJ/T 317—2006《清洁生产标准 造纸工业（漂白碱法蔗渣浆生产工艺）》、HJ/T 339—2007《清洁生产标准 造纸工业（漂白化学烧碱法麦草浆生产工艺）》、HJ/T 340—2007《清洁生产标准 造纸工业（硫酸盐化学木浆生产工艺）》等标准。竹、藤、棕、草制品制造，林化产品制造等行业，相关的清洁生产标准较少。

二、再利用标准

中国林产工业再利用标准主要有 GB/T 16716.4—2010《包装与包装废弃物 第 4 部分：重复使用》、GB/T 32568—2016《重复使用包装箱通用技术条件》、GB/T 21667—2008《二手货品质鉴定通则》、GB/T 30342—2013《二手货 分类》等。国内林产工业再利用标准对林产工业产品再利用产业具有重要指导意义，对林产工业二手市场健康发展具有促进意义。

三、资源化标准

中国森林资源和木材资源匮乏，对林业“三剩物”、废弃木质材料、废纸等综合利用高度重视，林业废弃物资源化产品主要有生产人造板、生物质材料、纸浆和纸制品、生物质能源等。人造板、生物质材料产品标准、管理标准、方法标准、基础标准相对齐全。

废弃木材回收利用方面，我国先后制定了多项标准，如 GB 16487.3—2017《进口可用作原料的固体废物环境保护控制标准 木、木制品废料》、GB/T 22529—2008《废弃木质材料回收利用管理规范》、GB/T 29408—2012《废弃木质材料分类》、GB/T 33039—2016《人造板生产用回收木材质量要求》、LY/T 1822—2009《废弃木材循环利用规范》、LY/T 1680—2006《木材综合利用规范》等，这些标准对促进中国废弃木材回收利用产业发展发挥了重要作用。

林业生物质固体燃料及设备标准较多，如 GB/T 21923—2008《固体生物质燃料检验通则》、GB/T 28730—2012《固体生物质燃料样品制备方法》、GB/T 28731—2012《固体生物质燃料工业分析方法》、JB/T 11396—2013《生物质电厂烟气脱硝技术装备》、LY/T

2378—2014《林业生物质固体燃料生产技术规范》、NB/T 34017—2014《生物质炕炉通用技术条件》等标准。

林业生物质材料标准主要有 LY/T 2556—2015《平压生物基塑性复合板材》、LY/T 2370—2014《生物质重组刨切单板》等标准。废纸回收利用标准主要有 GB 20811—2006《废纸再利用技术要求》、GB 16487.4—2017《进口可用作原料的固体废物环境保护控制标准 废纸或纸板》、GB/T 21557—2008《废纸中胶粘物的测定》等。

四、绿色产品评价标准

2016 年国务院办公厅发布了《关于建立统一的绿色产品标准、认证、标识体系的意见》（国办发［2016］86 号）文件，要求“将现有环保、节能、节水、循环、低碳、再生、有机等产品整合为绿色产品”，将对绿色产品“统一标准、统一评价、统一标识”。其中统一的绿色标准称为绿色产品评价标准。绿色产品评价标准不仅是一种资源环境和产品质量的管理手段，同时对引导和促进产业向有利于环境和人类健康的方向发展起着积极的作用，是实现绿色发展的重要工具。

2016 年国家标准委成立了国家标准委绿色产品评价标准总体组，2017 年召开了成立大会，建立了相关管理制度；2017 年 5 月颁布实施了国家标准 GB/T 33761—2017《绿色产品评价通则》；2017 年国家标准委组织启动了首批 20 个消费者关注度高绿色产品评价标准研制工作，包括人造板与木质地板、家具、涂料、纸制品、家电、纺织用品等。

2017 年 12 月 8 日，国家质量监督检验检疫总局、国家标准化管理委员会发布首批 13 项绿色产品国家标准，2018 年 7 月 1 日实施。具体包括 GB/T 35601—2017《绿色产品评价 人造板和木质地板》、GB/T 35602—2017《绿色产品评价 涂料》、GB/T 35603—2017《绿色产品评价 卫生陶瓷》、GB/T 35604—2017《绿色产品评价 建筑玻璃》、GB/T 35605—2017《绿色产品评价 墙体材料》、GB/T 35606—2017《绿色产品评价 太阳能热水系统》、GB/T 35607—2017《绿色产品评价 家具》、GB/T 35608—2017《绿色产品评价 绝热材料》、GB/T 35609—2017《绿色产品评价 防水与密封材料》、GB/T 35610—2017《绿色产品评价 陶瓷砖（板）》、GB/T 35611—2017《绿色产品评价 纺织产品》、GB/T 35612—2017《绿色产品评价 木塑制品》、GB/T 35613—2017《绿色产品评价 纸和纸制品》。

第二节 林产工业循环经济标准体系研究现状

国内学者对循环经济标准体系构建进行过较多研究，但该类研究的对象着眼于综合循环经济标准化，而对林产工业循环经济标准体系研究缺乏。

刘玫等对循环经济标准体系框架进行了研究，建立了循环经济标准体系构建、标准化模式建立的共性方法，建立了中国循环经济标准体系的总体框架（刘玫，2011）。付允等基于资源循环利用的理论内涵和系统框架，提出了资源循环利用标准体系，其标准框架由基础通用、再生资源回收利用、废旧机电产品再制造、再生资源回收利用、包装物及二手货再利用等组成（付允等，2015）。国内学者对林产工业单一领域或某一产品的标准体系进行了研究，张玉萍对中国木制品标准体系进行了研究，构建了中国木制品标准体系，其体系包括木制品行业通用、木家具、木门窗、木地板、木包装、木玩具和其他木制品等组成，并对每个子体系进行了划分（张玉萍，2012）；张冉等构建了中国木门窗标准体系，标准体系框架包括基础与综合、原辅材料与五金配件、生产加工过程、木门窗产品、安装与验收、回收再利用等组成（张冉等，2014）；彭立民等构建了人造板标准体系，标准体系包括基础、产品、性能 3 大子体系，涵盖了人造板各个领域，提出中国人造板加强在采标、标龄、基础方面的研究，以及加强安全、环保、节能标准制修订工作等建议（彭立民，2008）；虞华强等构建中国木材标准体系的框架结构，通过分析中国木材标准体系的现状，提出现有体系存在的问题和建议（虞华强等，2010）。

国内学者对林产工业单一领域的循环经济标准体系进行了一定的研究。如潘海丽等对中国木材资源节约与综合利用标准体系进行了研究，提出了中国木材资源节约与综合利用标准体系的构建依据和内容，标准体系包括节能、节材、废旧产品及废弃物回收与再利用、清洁生产 4 大子体系（潘海丽等，2010）；张冉等构建了中国林业循环经济标准体系，标准体系包括基础与综合、林业节能、林业清洁生产、林业节水、林业节材、林业新能源、废弃物循环利用、生态林业 8 大子体系（张冉等，2016）；虞华强等对国内外废弃木材回收利用标准进行了评析，提出中国废弃木材标准化方面要加强废弃木材回收利用标准体系建设、加快现行标准的修订和整合工作等建议（虞华强等，2015）；张百良等提出了固体生物质燃料标准体系构建的指导思想和原则，标准体系包括技术条件、测试和试验、公用标准 3 大子体系（张百良等，2010）；楚杰对中国低碳木材标准化进行了深入研究，提出了标准体系的构建依据、主要特点、原则和方法等，构建了中国低碳木材标准体系，标准体系包括木材原料林培育、低碳原料采购与生产、低碳木材产品设计、低碳木材产品贸易流通、废弃木材产品与资源回收、低碳木材产品再生、低碳木材产品碳足迹评价、低碳木材产品认证等 8 大子体系（楚杰，2014）；张冉等对中国人造板工业节能标准现状进行了分析，提出了标准体系尚未确立、部分标准急需制修订、企业对节能标准制修订工作积极性不高等问题，并给出相应建议（张冉等，2016）；马星霞等针对木材防腐标准存在问题进行了研究，提出中国木材防腐标准体系框架（马星霞等，2011）；段新芳等对美国的木材保护标准体系进行了研究，分析了美国木材保护标准体系的基本组成及重要标准，提出了中国木材保护标准化工作应加强木材保护基础标准的研究与制定，尽快制定完善的木材防腐剂产品、防腐剂及防腐处理产品的分析与评价方法标准等建议（段新芳等，2010）。

国内学者对综合循环经济标准体系研究的基础理论和方法，为本书研究提供了重要的理论指导。国内学者对林产工业单一产品标准体系、木材资源节约和综合利用标准体系、木材工业低碳标准体系、木材防腐标准体系等单一领域循环经济标准体系的前期研究，为本书构建中国林产工业循环经济标准体系提供了重要的理论参考。

中国林产工业循环经济现有技术标准难以满足林产工业发展循环经济的需求。为推动林产工业循环经济发展，加强林产工业循环经济标准化工作，有必要建立与中国林产工业循环经济发展相适应的科学完整、层次分明、具有前瞻性的标准体系，有效推动中国林产工业循环经济标准化工作。

第三节　构建林产工业循环经济标准体系的重要意义

2009 年 1 月 1 日起施行的《中华人民共和国循环经济促进法》中明确要求："建立健全循环经济标准体系，制定和完善节能、节水、节材和废物再利用、资源化等标准"（孙佑海等，2008）；2015 年中共中央、国务院印发的《关于加快推进生态文明建设的意见》中要求，加快节能、节水及污染物排放限量等标准的制修订工作；2016 年 2 月 1 日国家发展改革委、农业部、国家林业局联合印发《关于加快发展农业循环经济的指导意见》，在"完善制度标准"中明确指出"建立农业和林业节能减排政策制度，完善农业和林业生产的节能减排相关规范和标准体系"；2017 年 4 月 21 日在国家发展改革委等 14 个部委联合发布的《循环发展引领行动》"强化循环经济标准和认证制度"中，明确要求"健全循环经济标准制度。建立完善产品生态设计标准，推动重点行业循环型生产方式技术管理标准化，健全行业循环经济实践技术指南和行业循环经济绩效评价标准。完善产业废弃物综合利用、再生资源回收利用、再制造等标准，加快健全再生原料及产品、餐厨废弃物资源化产品、利废建材等产品标准。深化循环经济标准化试点工作，开展不同行业、领域的循环经济标准化试点示范工作。支持社会团体制定资源循环利用领域的团体标准"。

循环经济标准化就是以减量化、再利用、资源化为核心，运用标准化手段，加快循环经济先进技术的推广应用，促进经济、社会、环境的可持续发展。标准化是林产工业循环经济的基础，也是政府评价林产工业循环经济发展状况的主要依据和手段，在整个林产工业循环经济制度体系中具有基础性地位。标准化是固化先进的林产工业循环经济技术的有效工具，是加快林产工业循环经济发展的技术支撑，是林产工业循环经济评价认证的重要基础，对促进产业转型升级具有重要作用（王帅，2013；张研等，2012；江洲等，2012）。

标准体系是指一定范围内的标准按其内在联系形成的科学的有机整体。目前林产工业循环经济技术标准难以满足发展林产工业循环经济的需求，为加强林产工业循环经济标准化工作，推动林产工业循环经济发展，有必要加快林产工业循环经济标准体系构建与急需关键技术标准研制。

构建林产工业循环经济标准体系的重要意义为：

（1）构建林产工业循环经济标准体系是发展林产工业循环经济的基础性和统领性工作，对于林产工业循环经济标准化工作具有重要意义。通过标准体系的构建，摸清林产工业循环经济标准现状，以循环经济基本原则为指导，建立林产工业循环经济标准体系框架，编制标准体系表，确定急需关键技术标准，为林产工业循环经济标准化工作提供基础性技术支撑。

（2）构建林产工业循环经济标准体系将成为林产工业转型升级的重要工具和手段，对推动林产工业转型升级，保护生态环境具有重要意义。林产工业的有害物质控制、环境保护、节水及节能等林产工业循环经济标准已成为国家经济调控和倒逼林产工业升级的手段和工具，通过实施林产工业污染物排放限量标准、人造板甲醛释放限量、节水及节能等标准促使产业向技术先进、节约资源以及绿色环保方向发展，促使林产工业循环经济标准体系成为产业转型升级和产业结构调整的技术导向。

（3）林产工业循环经济标准体系是为实现林产工业循环经济发展目标而构建的一整套具有内在联系的、科学的有机整体，是指导林产工业循环经济发展的标准蓝图，对林产工业循环经济标准化管理提供科学指导。

（4）构建林产工业循环经济标准体系将为林产工业循环经济的发展与完善带来新的思路，也将给林产工业循环经济标准化的研究工作提出一系列新课题。

第四节　中国林产工业循环经济标准体系构建依据和原则

一、中国林产工业循环经济标准体系构建依据

（1）中国林产工业循环经济标准体系构建依据的主要法律法规有：《中华人民共和国循环经济促进法》、《中华人民共和国清洁生产促进法》、《关于加快发展农业循环经济的指导意见》（发改环资［2016］203 号）、《中华人民共和国环境保护法》、《中华人民共和国固体废物污染环境防治法》、《中华人民共和国标准化法》、《国家标准管理办法》、《国家标准化体系建设发展规划（2016—2020 年）》、《林业标准化管理办法》、《林业发展"十三五"规划》以及《林业标准化"十三五"发展规划》等相关法律法规和政策规定。

（2）以国家标准 GB/T 13016—2009《标准体系表编制原则和要求》等有关标准化文件和规定为依据。

二、中国林产工业循环经济标准体系构建原则

（一）坚持目标明确原则

构建林产工业循环经济标准体系的目的是运用标准化的手段，加快林产工业循环经济先进技术的推广应用，促进林产工业资源的可持续利用。坚持目标明确原则，就是要求构建的中国林产工业循环经济标准体系，应为我国林产工业循环经济标准化工作提供基本依据，保障我国林产工业循环经济标准化工作科学、高效的开展，从而促进我国林产工业循环经济产业健康发展。

通过对国家标准、行业标准及地方标准的清理，废除或整合一些体系建设中重复或冲突、不适应现实需求的标准，使标准体系结构合理，层次清楚。制定一批林产工业循环经济发展急需标准，填补标准体系的空白。通过构建中国林产工业循环经济标准体系，可明确中国林产工业循环经济标准体系的结构和组成，提出目前中国林产工业循环经济领域急需制修订的标准清单，确定林产工业循环经济标准化工作未来的发展方向和工作重点，为中国林产工业循环经济标准化建设提供依据。

（二）坚持系统性原则

统筹考虑林产工业循环经济的 3R 原则、林产工业产品的产业链、林业工业领域，运用系统工程理论构建标准体系，全面考虑林产工业循环经济标准体系的整体性、系统性以

及全面性，分三个维度来分析构建标准体系的建设目标，以 X 轴为林产工业循环经济的基本原则，即减量化、再利用及资源化；Y 轴为产品的全生命周期，包括设计与开发、生产制造、流通与使用及回收利用等阶段；Z 轴为林产工业领域，包括木材加工、木家具制造、纸浆和造纸以及林产化工，具体如图 6-1 所示。

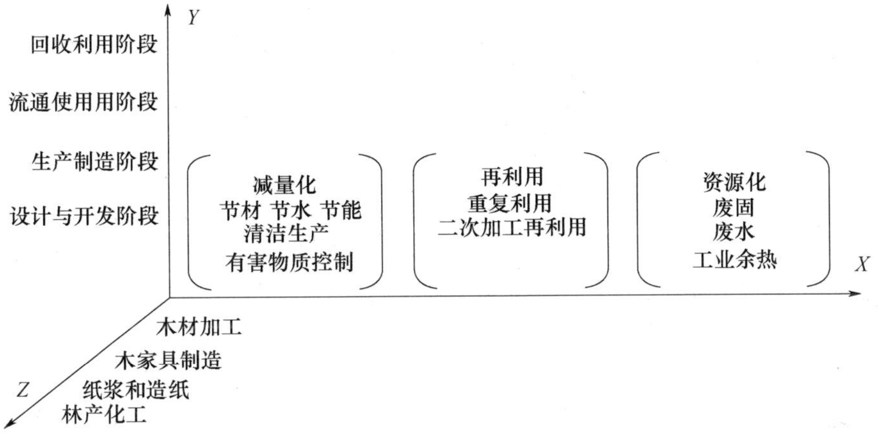

图 6-1　构建林产工业循环经济标准体系的三维框架图

（三）坚持兼容性和开放性原则

林产工业循环经济标准体系是动态变化体系，随着林产工业循环经济的发展，标准体系中的标准的相关指标和数量会产生变化。因此，应坚持兼容性和开放性原则，对林产工业循环经济标准体系根据产业变化不断完善。

（四）坚持重点突出原则

在构建林产工业循环经济标准体系，确定标准体系表的标准时应根据林产工业循环经济工作重点，优先制定林产工业循环经济发展急需的关键技术标准。

第五节　中国林产工业循环经济标准体系构建方法

中国林产工业循环经济标准体系构建采用过程方法进行构建。

本文根据标准体系构建的目的、依据和原则，应用过程方法，确定构建林产工业循环经济标准体系的方法步骤具体如下：

首先，确立中国林产工业循环经济标准体系的构建目标。

其次，根据中国林产工业循环经济标准的发展现状和存在的问题等，分析林产工业循环经济标准的需求。

第三，根据标准体系构建理论和方法，提出林产工业循环经济标准体系的构建原则。

第四，应用系统工程理论，构建标准体系框架，在构建体系框架过程中既要注意各部分之间的联系，又要避免部分之间的重复和交叉。

第五，编制标准体系明细表，对其进行分析总结。

中国林产工业循环经济标准体系构建过程方法图，见图 6-2。

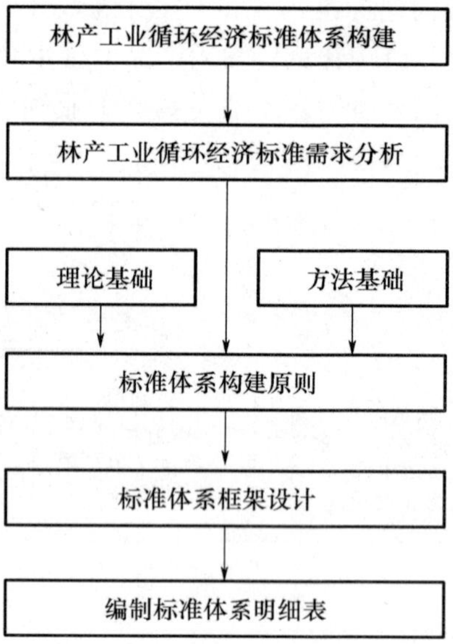

图 6-2　中国林产工业循环经济标准体系构建过程方法

第六节　中国林产工业循环经济标准体系

标准体系是促进产业标准组成达到科学完整有序的基础，是一个包括现有和应发展的标准的全面蓝图，是推进产业产品开发，提高产品和服务质量，优化生产经营管理，加速技术进步和提高经济效益的标准化指导性技术文件。

基于标准体系的基础理论和和林产工业循环经济特征，定义林产工业循环经济标准体系，林产工业循环经济标准体系是指以“林产工业减量化、再利用、资源化”为原则，将林产工业循环经济标准按照其内在的联系形成的科学的有机整体，林产工业循环经济标准体系又可以分解成若干个子体系，每个子体系也是由具有内在联系的技术标准组成，也形成了一个科学的有机整体。

一、中国林产工业循环经济标准体系框架

林产工业循环经济标准体系框架，按照循环经济基本原则，划分为“基础与综合、节材、节水、节能、清洁生产、有害物质控制、再利用、废固资源化、废水及工业余热资源化”等 9 个子体系。林产工业循环经济标准体系框架图，见图 6-3。

“基础与综合子体系”标准包括术语、标志标识、管理、设计及绿色产品评价等的标准。

“节材子体系”标准包括木材保护、功能人造板、林业生物质材料、家具制造节材、纸浆和造纸节材及林产化工节材等的标准。

“节水子体系”标准包括定额取水及行业节水等的标准。

“节能子体系”标准包括生产能耗、设备能耗指标、节能监测、合理用能及能源检测和计算等的标准。

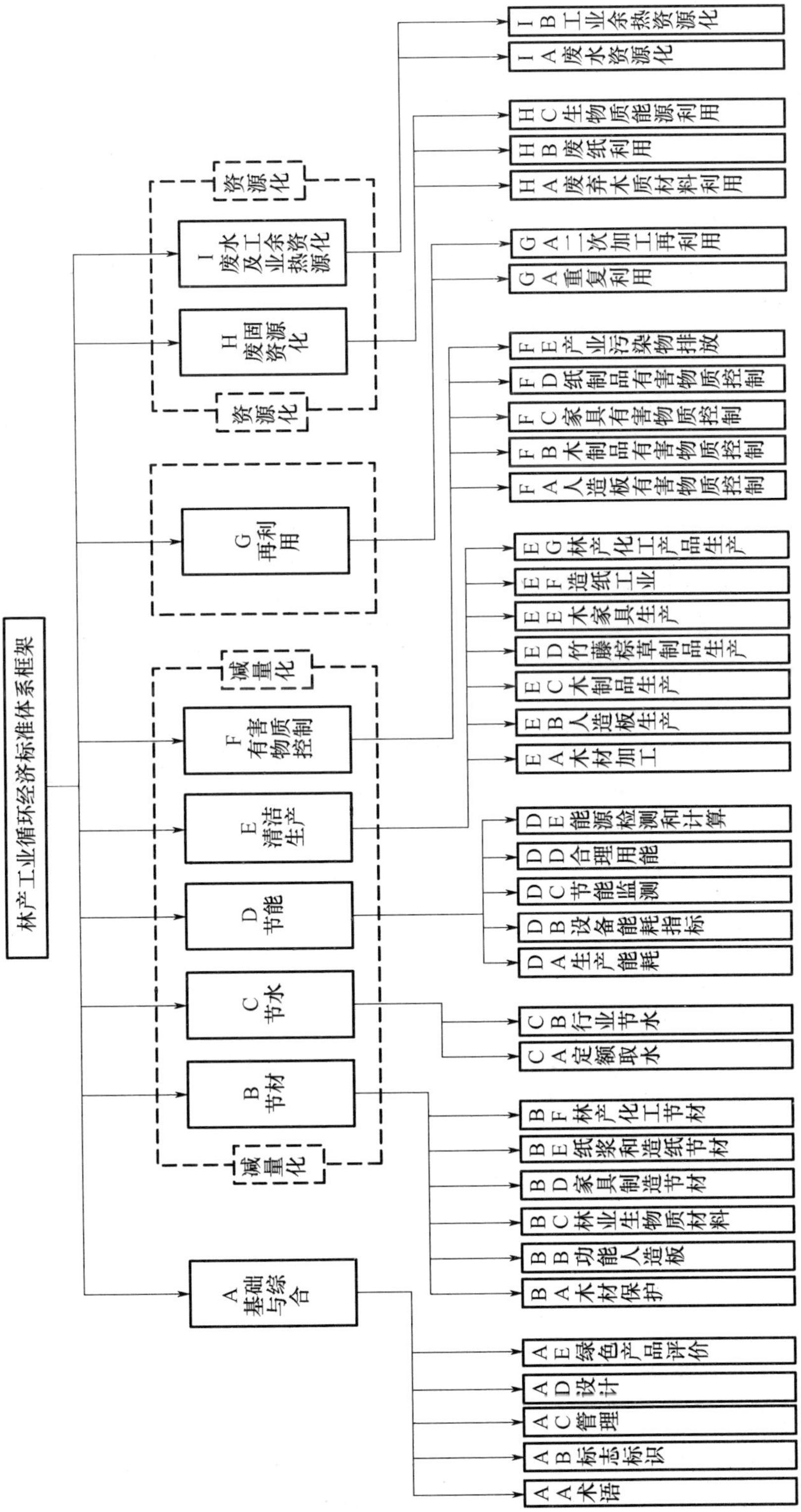

图 6-3　林产工业循环经济标准体系框架

“清洁生产子体系”标准包括木材加工、人造板生产、木制品生产、竹藤棕草制品生产、木家具生产、造纸工业及林产化工产品生产等的清洁生产要求的标准。

“有害物质控制子体系”标准包括人造板有害物质控制、木制品有害物质控制、家具有害物质控制、纸制品有害物质控制及产业污染物排放等的标准。

“再利用子体系”标准包括重复利用和二次加工再利用等的标准。

“废固资源化子体系”标准包括废弃木质材料利用、废纸利用及生物质能源等的标准。

“废水及工业余热资源化子体系”标准包括废水资源化及工业余热资源化等的标准。

（一）基础与综合标准子体系

基础与综合标准是指发展林产工业循环经济的通用基础标准，主要包括林产工业循环经济的术语、标志标识、管理、设计和绿色产品评价等标准。

其中，绿色产品评价标准不仅是一种资源环境和产品质量的管理手段，同时对引导和促进产业向有利于环境和人类健康的方向发展起着积极的作用。

（二）节材子体系

节材标准是为实现林产工业生产与加工节材目的而制定的技术标准。节材子体系标准是对节材管理和以节约原材料为直接目的的新材料和新技术的规范，不包括一般材料与制品的产品质量与检测方法标准。其主要包括木材保护、功能人造板、林业生物质材料、家具制造节材、纸浆和造纸节材和林产化工节材等标准。

木材保护是通过化学或物理手段，对木材进行处理，提高耐久性和阻燃性能，延长木材使用寿命，从而达到节材的目的。木材保护标准是规范木材防腐、阻燃和改性的标准。

功能人造板是规范通过防霉、防虫、防变色、阻燃、染色、漂白、导电和导热等人造板处理，提高其耐久性等功能性，或拓展其使用范围，从而达到节材的目的。

林业生物质材料对解决木材供需矛盾紧张具有积极意义，可在有些领域实施以林业生物质材料等代替木材原料，从而达到节约木材的目的，林业生物质材料标准是对林业生物质材料及其产品（如软木、棕、草及柳制品）的质量安全、测试方法等规范。

家具制造节材可延长家具制品的使用时间，进而达到节材的目的。

纸浆和造纸节材标准是指在纸浆和造纸生产过程中，以提高造纸原料资源利用率而制定的节材技术标准。

林产化工节材标准主要是指在林产化工业生产过程中，以提高林产化工原料资源利用率而制定的节材技术标准。

（三）节水子体系

节水标准是为实现节水目的而制定的标准。节水子体系标准对林产工业生产过程中节水管理和以节水为直接目的的节水技术进行了规范，不包括一般的水质检测标准，主要包括企业生产过程中定额取水和行业节水技术等标准。

（四）节能子体系

节能标准是为实现林产工业产品在生产、加工活动节能目的而制定的标准。节能子体系标准对生产能耗、设备能耗、能源检测和计算等进行了规范，主要包括生产能耗、设备能耗指标、节能监测、合理用能、能源检测和计算等方面的标准。

（五）清洁生产子体系

清洁生产标准是为实现林产工业清洁生产目的而制定的技术标准。林产工业清洁生产子体系标准对林产工业生产过程中的原材料节约与节能降耗、淘汰有毒原材料，减降废弃物的数量等进行规范，主要包括木材加工、人造板生产、木制品生产、竹藤棕草制品生产、木家具生产、造纸工业和林产化工产品生产等的清洁生产要求与管理标准。

（六）有害物质控制子体系

有害物质控制标准是为提高林产工业生产环保水平、减少污染物排放、加强林产工业产品有害物质控制管理而制定的技术标准。有害物质控制子体系标准包括人造板、木家具、装饰纸等林产工业产品中甲醛释放限量、挥发性有机化合物限量、重金属限量，以及林产工业生产过程中污染物排放限量等标准。

有害物质控制标准子体系包括人造板有害物质控制、木制品有害物质控制、木家具有害物质控制、纸制品有害物质控制、产业污染物排放限量与测试方法等标准。

人造板有害物质控制标准是对人造板中甲醛、挥发性有机化合物、重金属限量及其检测方法等进行规范。

木制品有害物质控制标准是对木地板、木门等产品中，甲醛、重金属、挥发性有机化合物限量及其检测方法进行规范。

木家具有害物质控制标准是对木家具制品甲醛、挥发性有机物释放限量、和重金属限量及其检测方法进行规范。

纸制品有害物质控制标准是对纸制品中的挥发性有机化合物等有害物限量及其检测方法进行规范。

产业污染物排放标准主要是对木材加工、人造板、造纸、木家具制造和林产化工等林产工业生产过程中产生的噪声、粉尘、废水、废气及废固等污染物排放限量及其检测方法进行规范，属于减排的关键标准。

（七）再利用子体系

再利用标准是通过延长林产工业产品的使用寿命，达到资源高效利用目的而制定的标准。再利用子体系标准对林产工业产品重复利用商品的质量、耐用性和易用性等进行规范。

再利用子体系标准包括林产工业产品重复利用和二次加工再利用等标准。重复利用标准主要是要求产品和包装容器能够以初始的形式被反复使用，目的是延长产品和服务的时间强度。

二次加工再利用标准主要是对使用多年的家具、木地板或其他木制品，通过砂光、涂饰或简单的修补等方法，进行再利用，从而达到延长产品的使用期。

（八）废固资源化子体系

废固资源化标准是为产品生产、产品最终处置过程中产生的固体废弃物，进行综合利用从而达到资源高效利用而制定的标准。废固资源化子体系标准是对废弃的林业剩余物或林产工业生产、使用等过程中产生的废旧固体原料等，进行回收加工利用的技术规范。

废固资源化子体系包括林业三剩物、废弃木质材料、废纸和生物质能源利用等标准。

废弃木质材料利用标准是对废弃木材和废弃人造板等木质材料回收利用的规范。废纸利用标准是对废纸的回收和资源化利用，以及进口废纸利用等的规范；生物质能源标准是对林业生物质原料采用物理、化学处理生产的固体、液体及气体生物质燃料的技术规范。

（九）废水及工业余热资源化子体系

废水及工业余热资源化标准是为林产工业生产过程中产生的废水和工业余热等进行综合利用从而达到资源高效利用而制定的标准。废水及工业余热资源化标准对林产工业生产过程中产生的废水和工业余热综合利用质量和管理要求进行规范。

废水及工业余热资源化子体系标准包括废水资源化和工业余热资源化等标准。废水资源化标准是废水进行处理后用于林产工业生产中，或林产工业生产和使用等过程中产生的废水循环利用的规范。工业余热资源化标准是林产工业生产等过程中产生的废气以及工业余热进行循环利用的规范。

二、中国林产工业循环经济标准体系明细表

根据林产工业循环经济标准化发展需求，按照基础与综合、节材、节水、节能、清洁生产、有害物质控制、再利用、废固资源化、废水及工业余热资源化等子体系，编制中国林产工业循环经济标准体系明细表。中国林产工业循环经济标准体系明细表见表 6-4。

表 6-4　中国林产工业循环经济标准体系明细表

序号	体系编号	标准名称	标准号	采标号	标准级别	标准状态	备注
A 基础与综合							
AA 术语							
1	AA-01	工业固体废物综合利用术语	GB/T 34911—2017		推荐性国家标准	现行	
2	AA-02	林产工业循环经济术语			推荐性国家标准	拟编	
…							
AB 标志标识							
3	AB-01	产品及零部件可回收利用标识	GB/T 23384—2009		推荐性国家标准	现行	
4	AB-02	废弃产品分类与代码	GB/T 27610—2011		推荐性国家标准	现行	
5	AB-03	再生利用品和再制造品通用要求及标识	GB/T 27611—2011		推荐性国家标准	现行	
6	AB-04	生态设计产品标识	GB/T 32162—2015		推荐性国家标准	现行	
7	AB-05	林产工业循环经济产品标识			推荐性国家标准	拟编	
…							

续表

序号	体系编号	标准名称	标准号	采标号	标准级别	标准状态	备注
AC 管理							
8	AC-01	工业企业循环经济管理通则	GB/T 34152—2017		推荐性国家标准	现行	
9	AC-02	能源管理体系要求	GB/T 23331—2012		推荐性国家标准	现行	
10	AC-03	环境管理体系要求及使用指南	GB/T 24001—2004		推荐性国家标准	现行	
11	AC-04	环境管理体系原则、体系和支持技术通用指南	GB/T 24004—2004		推荐性国家标准	现行	
12	AC-05	环境管理 现场和组织的环境评价（EASO）	GB/T 24015—2003		推荐性国家标准	现行	
13	AC-06	环境管理 环境标志和声明 通用原则	GB/T 24020—2000		推荐性国家标准	现行	
14	AC-07	环境管理 环境标志和声明 自我环境声明（Ⅱ型环境标志）	GB/T 24021—2001		推荐性国家标准	现行	
15	AC-08	环境管理 环境标志和声明Ⅰ型环境标志 原则和程序	GB/T 24024—2001		推荐性国家标准	现行	
16	AC-09	环境标志和声明Ⅲ型环境声明 原则和程序	GB/T 24025—2009		推荐性国家标准	现行	
17	AC-10	环境管理 环境表现评价 指南	GB/T 24031—2001		推荐性国家标准	现行	
18	AC-11	环境管理 生命周期评价 原则与框架	GB/T 24040—2008		推荐性国家标准	现行	
19	AC-12	环境管理 生命周期评价 要求与指南	GB/T 24044—2008		推荐性国家标准	现行	
20	AC-13	合同能源管理技术通则	GB/T 24915—2010		推荐性国家标准	现行	
21	AC-14	环境管理 环境信息交流 指南和示例	GB/T 26450—2010		推荐性国家标准	现行	
22	AC-15	能源管理体系 实施指南	GB/T 29456—2012		推荐性国家标准	现行	
23	AC-16	工业园区循环经济管理通则	GB/T 31088—2014		推荐性国家标准	现行	

续表

序号	体系编号	标准名称	标准号	采标号	标准级别	标准状态	备注
24	AC-17	用水单位水计量器具配备和管理通则	GB 24789—2009		强制性国家标准	现行	
25	AC-18	工业企业产品取水定额编制通则	GB/T 18820—2011		推荐性国家标准	现行	
26	AC-19	企业用水统计通则	GB/T 26719—2011		推荐性国家标准	现行	
27	AC—20	工业企业用水管理导则	GB/T 27886—2011		推荐性国家标准	现行	
28	AC-21	工业企业水系统集成优化导则	GB/T 29749—2013		推荐性国家标准	现行	
29	AC-22	节水型企业评价导则	GB/T 7119—2006		推荐性国家标准	现行	
30	AC-23	林业能源管理通则	2017-LY-122		推荐性林业行业标准	在研	
31	AC-24	重要林产品质量追溯技术规	2017-LY-108		推荐性林业行业标准	在研	
32	AC-25	林产工业企业循环经济管理通则			推荐性国家标准	拟编	
…							
AD 设计							
33	AD-01	环境管理将环境因素引入产品的设计和开发	GB/T 24062—2009		推荐性国家标准	现行	
34	AD-02	产品生态设计通则	GB/T 24256—2009		推荐性国家标准	现行	
35	AD-03	生态设计产品评价通则	GB/T 32161—2015		推荐性国家标准	现行	
36	AD-04	中密度纤维板工程设计规范	GB 50822—2012		强制性国家标准	现行	
37	AD-05	刨花板工程设计规范	GB 50827—2012		强制性国家标准	现行	
38	AD-06	人造板生产热能中心工程设计规范	GB 50879—2013		强制性国家标准	现行	
39	AD-07	饰面人造板工程设计规范	GB 50890—2013		强制性国家标准	现行	

续表

序号	体系编号	标准名称	标准号	采标号	标准级别	标准状态	备注
40	AD-08	人造板工程环境保护设计规范	GB/T 50887—2013		推荐性国家标准	现行	
41	AD-09	人造板工程节能设计规范	GB/T50888—2013		推荐性国家标准	现行	
42	AD-10	竹材胶合板工程设计规范	LY/T5004—2014		推荐性行业标准	现行	
43	AD-11	细木工板工程设计规范	LY/T5008—2014		推荐性行业标准	现行	
44	AD-12	木材干燥工程设计规范	LY/T 5118—1998		推荐性行业标准	现行	
45	AD-13	松香工程设计规范	LYJ 109—1987		推荐性行业标准	现行	
46	AD-14	制材工程设计规范	LYJ 117—1989		推荐性行业标准	现行	
47	AD-15	胶合板工程设计规范	LYJ 120—1989		推荐性行业标准	现行	
48	AD-16	木材工业用合成树脂工程设计规范	LYJ 122—1992		推荐性行业标准	现行	
49	AD-17	生物质成型燃料工程设计规范	NY/T 2881—2015		推荐性行业标准	现行	
50	AD-18	集成材工程设计规范			推荐性行业标准	拟编	
51	AD-19	单板层积材工程设计规范			推荐性行业标准	拟编	
52	AD—20	竹木复合地板工程设计规范			推荐性行业标准	拟编	
53	AD-21	竹木复合刨花板工程设计规范			推荐性行业标准	拟编	
54	AD-22	生物质基塑料复合材料工程设计规范			推荐性行业标准	拟编	
55	AD-23	棕制品制造工程设计规范			推荐性行业标准	拟编	
56	AD-24	木质家具工程设计规范			推荐性行业标准	拟编	
57	AD-25	竹、藤家具工程设计规范			推荐性行业标准	拟编	

续表

序号	体系编号	标准名称	标准号	采标号	标准级别	标准状态	备注
58	AD-26	林业生物质热解工程设计规范			推荐性行业标准	拟编	
59	AD-27	林业生物质水解工程设计规范			推荐性行业标准	拟编	
…							
AE 绿色产品评价							
60	AE-01	循环经济绩效评价技术导则	GB/T 34345—2017		推荐性国家标准	现行	
61	AE-02	绿色产品评价通则	GB/T 33761—2017		推荐性国家标准	现行	
62	AE-03	绿色产品评价 人造板与木质地板	GB/T 35601—2017		推荐性国家标准	现行	
63	AE-04	绿色产品评价 家具	GB/T 35607—2017		推荐性国家标准	现行	
64	AE-05	绿色产品评价 纸制品	GB/T 35613—2017		推荐性国家标准	现行	
65	AE-06	绿色产品评价 木塑制品	GB/T 35612—2017		推荐性国家标准	现行	
66	AE-07	绿色人造板及其制品技术要求	LY/T 2870—2017		推荐性林业行业标准	现行	
67	AE-08	绿色产品评价规范 人造板	T/CTWPDA 01—2016		团体标准	现行	
68	AE-09	绿色人造板评价标准	T/APEP 1002—2017		团体标准	现行	
69	AE-10	绿色家具产品	T/APEP 1001—2017		团体标准	现行	
70	AE-11	绿色设计产品评价技术规范 木塑型材	T/CAB 0011—2016		团体标准	现行	
71	AE-12	绿色设计产品评价技术规范 生活用纸	T/CAB 0020—2017		团体标准	现行	
72	AE-13	绿色产品评价 木门窗			推荐性国家标准	拟编	
73	AE-14	绿色产品评价 锯材			推荐性国家标准	拟编	
74	AE-15	绿色产品评价 防腐木材和人造板			推荐性国家标准	拟编	

续表

序号	体系编号	标准名称	标准号	采标号	标准级别	标准状态	备注
75	AE-16	绿色产品评价 阻燃木材和人造板			推荐性国家标准	拟编	
76	AE-17	绿色产品评价 木楼梯			推荐性国家标准	拟编	
77	AE-18	绿色产品评价 生物质塑料复合材料			推荐性国家标准	拟编	
78	AE-19	绿色产品评价 竹藤制品			推荐性国家标准	拟编	
79	AE—20	绿色产品评价 木质活性炭			推荐性国家标准	拟编	
80	AE-21	绿色产品评价 松香			推荐性国家标准	拟编	
…							
B 节材							
BA 木材保护							
81	BA-01	木材防腐剂及改性剂对金属的腐蚀速率测定方法	GB/T 34726—2017		推荐性国家标准	现行	
82	BA-02	防腐及改性处理木材接触时金属的腐蚀速率测定方法	GB/T 34724—2017		推荐性国家标准	现行	
83	BA-03	木材防腐剂对白蚁毒效实验室试验方法	GB/T 18260—2015		推荐性国家标准	现行	
84	BA-04	无机水载型木材防腐剂固着时间的确定方法	GB/T 35214—2017		推荐性国家标准	现行	
85	BA-05	木材及其复合材料耐火试验方法 锥形量热仪法	GB/T 34749—2017		推荐性国家标准	现行	
86	BA-06	木材防腐剂抗流失试验方法	GB/T 29905—2013		推荐性国家标准	现行	
87	BA-07	接触土壤时木材防腐剂的抗流失性测定方法	GB/T 29896—2013		推荐性国家标准	现行	
88	BA-08	木材防腐剂性能评估的野外埋地试验方法	GB/T 27655—2011		推荐性国家标准	现行	

续表

序号	体系编号	标准名称	标准号	采标号	标准级别	标准状态	备注
89	BA-09	木材防腐剂性能评估的野外近地面试验方法	GB/T 29900—2013		推荐性国家标准	现行	
90	BA-10	铜铬砷（CCA）防腐剂加压处理木材	GB/T 31760—2015		推荐性国家标准	现行	
91	BA-11	铜氨（胺）季铵盐（ACQ）防腐剂加压处理木材	GB/T 31761—2015		推荐性国家标准	现行	
92	BA-12	防腐木材使用分类和要求	GB/T 27651—2011		推荐性国家标准	现行	
93	BA-13	防腐木材化学分析前的预处理方法	GB/T 27652—2011		推荐性国家标准	现行	
94	BA-14	ACQ防腐木材中季铵盐的分析方法——两相滴定法	GB/T 27653—2011		推荐性国家标准	现行	
95	BA-15	水载型木材防腐剂分析方法	GB/T 23229—2009		推荐性国家标准	现行	
96	BA-16	高温热处理实木地板	GB/T 28992—2012		推荐性国家标准	现行	
97	BA-17	木材防水剂的防水效率测试方法	GB/T 29901—2013		推荐性国家标准	现行	
98	BA-18	木材防腐剂性能评估的土床试验方法	GB/T 29902—2013		推荐性国家标准	现行	
99	BA-19	木材防腐剂对白蚁毒性实验室试验方法	GB/T 18260—2000		推荐性国家标准	现行	
100	BA—20	防霉剂对木材霉菌及变色菌防治效力的试验方法	GB/T 18261—2013		推荐性国家标准	现行	
101	BA-21	农作物支护用防腐小径木	GB/T 27656—2011		推荐性国家标准	现行	
102	BA-22	户外用防腐实木地板	GB/T 31757—2015		推荐性国家标准	现行	
103	BA-23	高耐磨漆饰实木地板	GB/T31745—2015		推荐性国家标准	现行	
104	BA-24	炭化木	GB/T31747—2015		推荐性国家标准	现行	

续表

序号	体系编号	标准名称	标准号	采标号	标准级别	标准状态	备注
105	BA-25	改性木材生产技术规范	GB/T31754—2015		推荐性国家标准	现行	
106	BA-26	室内用树脂改性木材通用技术要求	GB/T 35817—2018		推荐性国家标准	现行	
107	BA-27	防腐木材和阻燃木材中现行药剂透入度测试方法	LY/T 2374—2014		推荐性行业标准	现行	
108	BA-28	户外景观用木材与木质材料 一般要求	LY/T 2376—2014		推荐性行业标准	现行	
109	BA-29	木材防腐剂对腐朽菌毒性实验室试验方法	LY/T1283—2011		推荐性行业标准	现行	LY/T1283—2011，LY/T1284—2012 整合
110	BA-30	木材防腐剂对软腐菌毒性实验室试验方法	LY/T1284—2012		推荐性行业标准	现行	LY/T1283—2011，LY/T1284—2012 整合
111	BA-31	木材防腐剂	LY/T1635—2005		推荐性行业标准	现行	
112	BA-32	防腐木材的使用分类和要求	LY/T1636—2005		推荐性行业标准	现行	
113	BA-33	防腐木材产品标识	LY/T1925—2010		推荐性行业标准	现行	
114	BA-34	防腐木材和人造板中五氯苯酚含量的测定方法	LY/T 1985—2011		推荐性行业标准	现行	
115	BA-35	水载型防腐剂和阻燃剂主要成分的测定	SB/T 10404—2006		推荐性行业标准	现行	
116	BA-36	防腐木材化学分析前的湿灰化方法	SB/T 10405—2006		推荐性行业标准	现行	
117	BA-37	铜铬砷（CCA）防腐剂加压处理木材	SB/T 10502—2008		推荐性行业标准	现行	
118	BA-38	铜氨（胺）季铵盐（ACQ）防腐剂加压处理木材	SB/T 10503—2008		推荐性行业标准	现行	

续表

序号	体系编号	标准名称	标准号	采标号	标准级别	标准状态	备注
119	BA-39	炭化木	SB/T 10508—2008		推荐性行业标准	现行	
120	BA-40	防腐木材及木材防腐剂取样方法	SB/T 10558—2009		推荐性行业标准	现行	
121	BA-41	建筑用加压处理防腐木材	SB/T 10628—2011		推荐性行业标准	现行	
122	BA-42	结构木材 加压法阻燃处理	SB/T 10896—2012		推荐性行业标准	现行	
123	BA-43	木材防腐剂杂酚油及杂酚油处理后木材、木制品取样分析方法．杂酚油中苯并［a］芘含量的测定	SN/T 3025—2011		推荐性行业标准	现行	
124	BA-44	防腐木材产品标记	DB 44/T257—2005		推荐性地方标准	现行	广东省地方标准
125	BA-45	香蕉防腐支撑木	DB 44/T258—2005		推荐性地方标准	现行	广东省地方标准
126	BA-46	户外连接件用木材防腐剂的野外试验评价方法	20111710-T-432		推荐性国家标准	在研	
127	BA-47	改性木材的分类与标识规范	20131286-T-432		推荐性国家标准	在研	
128	BA-48	室内用化学改性木材通用技术要求	20131294-T-432		推荐性国家标准	在研	
129	BA-49	有机型木材防腐剂分析方法 三唑及苯并咪唑类	20131295-T-432		推荐性国家标准	在研	
130	BA-50	户外涂饰木材表面耐候性试验方法	20140359-T-432		推荐性国家标准	在研	
131	BA-51	户外涂饰木材表面质量等级与评价方法	20140360-T-432		推荐性国家标准	在研	
132	BA-52	阻燃木材燃烧性能试验火传播试验方法	20140365-T-432		推荐性国家标准	在研	
133	BA-53	乙酰化木材	2011-LY-055		推荐性行业标准	在研	

续表

序号	体系编号	标准名称	标准号	采标号	标准级别	标准状态	备注
134	BA-54	木制品耐光色牢度等级评定	2014-LY-073		推荐性行业标准	在研	
135	BA-55	人造板防腐性能评价及通用技术规范			推荐性行业标准	拟编	
136	BA-56	木地板用改性木材			推荐性行业标准	拟编	
137	BA-57	改性人工林软质木材涂饰性能的评价方法			推荐性行业标准	拟编	
138	BA-58	户外用木材涂料基本性能要求			推荐性行业标准	拟编	
139	BA-59	室外木结构材用涂料天然老化性能评价方法			推荐性行业标准	拟编	
…							
BB 功能人造板							
140	BB-01	地采暖用实木地板技术要求	GB/T 35913—2018		推荐性国家标准	现行	
141	BB-02	难燃胶合板	GB/T 18101—2013		推荐性国家标准	现行	
142	BB-03	难燃中密度纤维板	GB/T 18958—2013		推荐性国家标准	现行	
143	BB-04	阻燃木质复合地板	GB/T 24509—2009		推荐性国家标准	现行	
144	BB-05	难燃细木工板	LY/T 2875—2017		推荐性行业标准	现行	
145	BB-06	防虫胶合板	LY/T 2062—2012		推荐性行业标准	现行	
146	BB-07	人造板防霉性能评价	LY/T 2230—2013		推荐性行业标准	现行	
147	BB-08	难燃刨花板			推荐性国家标准	在研	
148	BB-09	火管法测试阻燃人造板燃烧性能试验方法			推荐性国家标准	拟编	
149	BB-10	人造板用难燃装饰纸			推荐性行业标准	拟编	

续表

序号	体系编号	标准名称	标准号	采标号	标准级别	标准状态	备注
150	BB-11	难燃木百叶窗帘			推荐性行业标准	拟编	
…							
BC 林业生物质材料							
151	BC-01	木塑地板	GB/T 24508—2009		推荐性国家标准	现行	
152	BC-02	浸渍胶膜纸饰面秸秆板	GB/T 23472—2009		推荐性国家标准	现行	
153	BC-03	浸渍纸层压秸秆复合地板	GB/T 23471—2009		推荐性国家标准	现行	
154	BC-04	麦（稻）秸秆刨花板	GB/T 21723—2008		推荐性国家标准	现行	
155	BC-05	挤出成型木塑复合板材	LY/T 1613—2017		推荐性行业标准	现行	
156	BC-06	竹塑复合材料	LY/T 2565—2015		推荐性行业标准	现行	建议整合
157	BC-07	涂饰定向结构麦秸板地板	LY/T 2562—2015		推荐性行业标准	现行	
158	BC-08	平压生物基塑性复合板材	LY/T 2556—2015		推荐性行业标准	现行	
159	BC-09	木材工业用豆基蛋白胶粘剂	LY/T 2373—2014		推荐性行业标准	现行	
160	BC-10	活动地板基材用石膏纤维板	LY/T 2372—2014		推荐性行业标准	现行	
161	BC-11	木材工业用复合改性玉米淀粉基-异氰酸酯胶粘剂	LY/T 2371—2014		推荐性行业标准	现行	
162	BC-12	生物质重组刨切单板	LY/T 2370—2014		推荐性行业标准	现行	
163	BC-13	喷播用木质纤维	LY/T 2142—2013		推荐性行业标准	现行	
164	BC-14	定向结构麦秸板	LY/T 2141—2013		推荐性行业标准	现行	
165	BC-15	椰壳纤维板	LY/T 1795—2008		推荐性行业标准	现行	

续表

序号	体系编号	标准名称	标准号	采标号	标准级别	标准状态	备注
166	BC-16	软木类地板	LY/T 1657—2015		推荐性行业标准	现行	
167	BC-17	木塑复合材料氧化诱导时间和氧化诱导温度的测定方法	LY/T 2881—2017		推荐性行业标准	现行	
168	BC-18	鞋跟用软木	2017-LY-151		推荐性行业标准	在研	
169	BC-19	软木纸	2017-LY-173		推荐性行业标准	在研	修订整合(LY/T 1320—2010、LY/T 1321—2013)
170	BC—20	地表覆盖用彩色木片	2017-LY-082		推荐性行业标准	在研	
171	BC-21	室内装饰墙板用黄麻纤维复合基材	2017-LY-145		推荐性行业标准	在研	
172	BC-22	室外用木基塑料复合板材	2018-LY-168		推荐性行业标准	在研	
173	BC-23	生物质基塑料复合材料重金属限量			强制国家标准	拟编	
174	BC-24	建筑物用膨胀软木隔热产品			推荐性国家标准	拟编	
175	BC-25	吸声软木砖			推荐性国家标准	拟编	
176	BC-26	发泡软木内墙保温板			推荐性行业标准	拟编	
177	BC-27	软木保温吸音内墙涂料			推荐性行业标准	拟编	
178	BC-28	椰棕复合装饰材			推荐性行业标准	拟编	
179	BC-29	沥青纤维板			推荐性行业标准	拟编	
180	BC-30	木纤维-粉煤灰复合材料			推荐性行业标准	拟编	
181	BC-31	生物质-无机物复合刨花板			推荐性行业标准	拟编	

续表

序号	体系编号	标准名称	标准号	采标号	标准级别	标准状态	备注
182	BC-32	三聚氰胺饰面无机复合板			推荐性行业标准	拟编	
183	BC-33	生物质基轻质墙板通用技术要求			推荐性行业标准	拟编	
184	BC-34	轻型棕纤维床垫技术条件			推荐性行业标准	拟编	
185	BC-35	棕纤维枕头			推荐性行业标准	拟编	
186	BC-36	椰棕棕片			推荐性行业标准	拟编	
…							
BD 家具制造节材							
187	BD-01	家具表面涂覆 溶剂型木器涂料施工技术规范	QB/T 4372—2012		推荐性行业标准	现行	
188	BD-02	家具表面涂覆 水性木器涂料施工技术规范	QB/T 4373—2012		推荐性行业标准	现行	
189	BD-03	家具表面软质覆面材料剥离强度的测定	QB/T 4448—2013		推荐性行业标准	现行	
190	BD-04	家具表面硬质覆面材料剥离强度的测定	QB/T 4449—2013		推荐性行业标准	现行	
191	BD-05	木家具表面涂装技术要求	QB/T 4461—2013		推荐性行业标准	现行	
192	BD-06	家具抗菌性能的评价	QB/T 4371—2012		推荐性行业标准	现行	
193	BD-07	家具用改性木材技术条件	20153760-T-607		推荐性国家标准	在研	
194	BD-08	家具制材节材规范			推荐性国家标准	拟编	
…							
BE 纸浆和造纸节材							
195	BE-01	纸浆和造纸企业节材技术规范			推荐性行业标准	拟编	
…							
BF 林产化工节材							

续表

序号	体系编号	标准名称	标准号	采标号	标准级别	标准状态	备注
196	BF-01	林化企业节材技术规范			推荐性行业标准	拟编	
…							
C 节水							
CA 定额取水							
197	CA-01	取水定额 第5部分：造纸产品	GB/T 18916.5—2012		推荐性国家标准	现行	
198	CA-02	纸及纸板单位产品取水定额指标与计算方法	DB31/T 47—1999		推荐性地方标准	现行	上海市地方标准
199	CA-03	江西省工业企业主要产品用水定额	DB36/T 420—2017		推荐性地方标准	现行	江西省地方标准
200	CA-04	造纸产品单位产品新水量			推荐性国家标准	拟编	
201	CA-05	造纸产品万元产值取水量			推荐性国家标准	拟编	
…							
CB 行业节水							
202	CB-01	节水型企业 造纸行业	GB/T 26927—2011		推荐性国家标准	现行	
203	CB-02	节水型企业评价标准	DB64/T 1534—2017		推荐性地方标准	现行	宁夏地方标准
204	CB-03	节水型企业 人造板产业			推荐性国家标准	拟编	
205	CB-04	节水型企业 活性炭产业			推荐性国家标准	拟编	
…							
D 节能							
DA 生产能耗							
206	DA-01	实木复合地板生产综合能耗	GB/T 23899—2007		推荐性国家标准	现行	
207	DA-02	锯材生产综合能耗	LY/T 1062—2017		推荐性行业标准	现行	
208	DA-03	松香生产综合能耗	LY/T 1114—2011		推荐性行业标准	现行	

续表

序号	体系编号	标准名称	标准号	采标号	标准级别	标准状态	备注
209	DA-04	栲胶生产综合能耗	LY/T 1150—2011		推荐性行业标准	现行	
210	DA-05	胶合板生产综合能耗	LY/T 1529—2012		推荐性行业标准	现行	
211	DA-06	刨花板生产综合能耗	LY/T 1530—2011		推荐性行业标准	现行	
212	DA-07	实木地板生产综合能耗	LY/T 1703—2007		推荐性行业标准	现行	
213	DA-08	没食子酸生产综合能耗	LY/T 2070—2012		推荐性行业标准	现行	
214	DA-09	单宁酸生产综合能耗	LY/T 2777—2016		推荐性行业标准	现行	
215	DA-10	细木工板生产综合能耗	LY/T 2071—2012		推荐性行业标准	现行	
216	DA-11	木材干燥生产综合能耗	LY/T 2072—2012		推荐性行业标准	现行	
217	DA-12	浸渍纸层压木质地板生产综合能耗	LY/T 2073—2012		推荐性行业标准	现行	
218	DA-13	竹材胶合板生产综合能耗	LY/T 2074—2012		推荐性行业标准	现行	
219	DA-14	电工层压木板生产综合能耗	LY/T 2391—2014		推荐性行业标准	现行	
220	DA-15	饰面用浸渍胶膜纸生产综合能耗	LY/T 2392—2014		推荐性行业标准	现行	
221	DA-16	紫胶生产综合能耗	LY/T 2393—2014		推荐性行业标准	现行	
222	DA-17	竹材刨花板生产综合能耗	LY/T 2395—2014		推荐性行业标准	现行	
223	DA-18	竹木复合板生产综合能耗	LY/T 2396—2014		推荐性行业标准	现行	
224	DA-19	木质卫生筷生产综合能耗	LY/T 2550—2015		推荐性行业标准	现行	
225	DA—20	竹地板生产综合能耗	LY/T 2551—2015		推荐性行业标准	现行	
226	DA-21	集成材生产综合能耗	LY/T2549—2015		推荐性行业标准	现行	

续表

序号	体系编号	标准名称	标准号	采标号	标准级别	标准状态	备注
227	DA-22	纤维板生产综合能耗	LY/T 1451—2017		推荐性行业标准	现行	
228	DA-23	木塑地板生产综合能耗	LY/T 2919—2017		推荐性行业标准	现行	
229	DA-24	木质颗粒燃料生产综合能耗	LY/T 2776—2016		推荐性行业标准	现行	
230	DA-25	新闻纸单位产品能源消耗限额	QB/T 5043—2017		推荐性行业标准	现行	
231	DA-26	废纸制浆造纸单位产品能源消耗限额	DB62 2218—2012		地方标准	现行	甘肃省地方标准
232	DA-27	竹木复合层积地板生产综合能耗	2015-LY-215		推荐性行业标准	在研	
233	DA-28	工业糠醛生产综合能耗	2015-LY-2158		推荐性行业标准	在研	
234	DA-29	木浆生产综合能耗	2017-LY-123		推荐性行业标准	在研	
…							
DB 设备能耗指标							
235	DB-01	蒸汽热源木材干燥设备节能检测方法	LY/T2491—2015		推荐性行业标准	现行	
236	DB-02	木材工业气力运输与除尘系统节能技术规范	LY/T 1862—2009		推荐性行业标准	现行	
237	DB-03	木材干燥设备能耗指标			推荐性行业标准	拟编	
238	DB-04	刨花干燥机生产能耗指标			推荐性行业标准	拟编	
239	DB-05	胶合板生产线能耗指标			推荐性行业标准	拟编	
240	DB-06	人造板热压机生产能耗指标			推荐性行业标准	拟编	
241	DB-07	木地板生产线能耗指标			推荐性行业标准	拟编	
242	DB-08	纤维板生产线能耗指标			推荐性行业标准	拟编	

续表

序号	体系编号	标准名称	标准号	采标号	标准级别	标准状态	备注
243	DB-09	竹地板生产线能耗指标			推荐性行业标准	拟编	
244	DB-10	竹材胶合板生产线能耗指标			推荐性行业标准	拟编	
…							
DC 节能监测							
245	DC-01	刨花干燥机节能监测方法	LY/T 1286—2012		推荐性行业标准	现行	
246	DC-02	人造板热压机节能监测方法	LY/T 1287—2012		推荐性行业标准	现行	
247	DC-03	蒸汽热源木材干燥设备节能监测方法	LY/T 2191—2015		推荐性行业标准	现行	
248	DC-04	单板干燥机节能监测方法	2017-LY-056		推荐性行业标准	在研	
…							
DD 合理用能							
249	DD-01	单板干燥机节能技术规范	GB/T 29000—2012		推荐性国家标准	现行	
250	DD-02	细木工板生产线节能技术规程	2017-LY-124		推荐性行业标准	在研	
251	DD-03	胶合板生产线节能技术规程	2017-LY-125		推荐性行业标准	在研	
252	DD-04	纤维板生产线节能技术规程	2018-LY-065		推荐性行业标准	在研	
253	DD-05	锯材干燥节能技术规程	2018-LY-163		推荐性行业标准	在研	
254	DD-06	林化企业合理用能技术导则			推荐性行业标准	拟编	
255	DD-07	制浆造纸企业合理用能技术导则			推荐性行业标准	拟编	
…							
DE 能源检测和计算							
256	DE-01	综合能耗计算通则	GB/T 2589—2008		推荐性国家标准	现行	
257	DE-02	企业能量平衡通则	GB/T 3484—2009		推荐性国家标准	现行	

续表

序号	体系编号	标准名称	标准号	采标号	标准级别	标准状态	备注
258	DE-03	企业节能量计算方法	GB/T 13234—2009		推荐性国家标准	现行	
259	DE-04	节能监测技术通则	GB/T 15316—2009		推荐性国家标准	现行	
260	DE-05	节能产品评价导则	GB/T 15320—2001		推荐性国家标准	现行	
261	DE-06	节能量测量和验证技术通则	GB/T 28750—2012		推荐性国家标准	现行	
262	DE-07	BCTMP 系统能量平衡及能量效率计算方法	GB/T 27705—2011		推荐性国家标准	现行	
263	DE-08	PRC-APMP 系统能量平衡及能量效率计算方法	GB/T 27706—2011		推荐性国家标准	现行	
264	DE-09	草浆备料系统能量平衡及能量效率计算方法	GB/T 27707—2011		推荐性国家标准	现行	
265	DE-10	带二氧化氯的四段漂白系统能量平衡及能量效率计算方法	GB/T 27709—2011		推荐性国家标准	现行	
266	DE-11	叠网造纸机系统能量平衡及能量效率计算方法	GB/T 27711—2011		推荐性国家标准	现行	
267	DE-12	非木浆多效蒸发系统能量平衡及能量效率计算方法	GB/T 27712—2011		推荐性国家标准	现行	
268	DE-13	非木浆碱回收燃烧系统能量平衡及能量效率计算方法	GB/T 27713—2011		推荐性国家标准	现行	
269	DE-14	废纸脱墨浆系统能量平衡及能量效率计算方法	GB/T 27714—2011		推荐性国家标准	现行	
270	DE-15	横管式连续蒸煮系统能量平衡及能量效率计算方法	GB/T 27716—2011		推荐性国家标准	现行	

续表

序号	体系编号	标准名称	标准号	采标号	标准级别	标准状态	备注
271	DE-16	间歇蒸煮（立锅）系统能量平衡及能量效率计算方法	GB/T 27718—2011		推荐性国家标准	现行	
272	DE-17	卡米尔连续蒸煮系统能量平衡及能量效率计算方法	GB/T 27720—2011		推荐性国家标准	现行	
273	DE-18	磨石磨木浆系统能量平衡及能量效率计算方法	GB/T 27721—2011		推荐性国家标准	现行	
274	DE-19	木浆备料系统能量平衡及能量效率计算方法	GB/T 27722—2011		推荐性国家标准	现行	
275	DE—20	普通长网造纸机系统能量平衡及能量效率计算方法	GB/T 27724—2011		推荐性国家标准	现行	
276	DE-21	筛选、CEHP 四段漂白系统能量平衡及能量效率计算方法	GB/T 27727—2011		推荐性国家标准	现行	
277	DE-22	洗涤筛选、氧脱系统能量平衡及能量效率计算方法	GB/T 27732—2011		推荐性国家标准	现行	
278	DE-23	制浆造纸企业生产过程的系统能量平衡计算方法通则	GB/T 27736—2011		推荐性国家标准	现行	
279	DE-24	制氧站系统能量平衡及能量效率计算方法	GB/T 27737—2011		推荐性国家标准	现行	
280	DE-25	林业企业能源计量器具配备与管理要求	LY/T 2394—2014		推荐性行业标准	现行	
281	DE-26	废纸处理系统能量平衡及热效率计算方法	QB/T 1927.7—1993		推荐性行业标准	现行	
282	DE-27	林业企业能源计量与测试导则			推荐性行业标准	拟编	
283	DE-28	林业企业能量平衡测试通则			推荐性行业标准	拟编	
284	DE-29	林业企业能源审计方法			推荐性行业标准	拟编	

续表

序号	体系编号	标准名称	标准号	采标号	标准级别	标准状态	备注
…							
E 清洁生产							
EA 木材加工							
285	EA-01	木材加工系统粉尘防爆安全规范	AQ 4228—2012		强制性行业标准	现行	
286	EA-02	木材加工企业清洁生产审核指南			推荐性行业标准	拟编	
…							
EB 人造板生产							
287	EB-01	人造板工业清洁生产技术要求	GB/T 29903—2013		推荐性国家标准	现行	
288	EB-02	人造板工业清洁生产评价指标体系	GB/T 29904—2013		推荐性国家标准	现行	
289	EB-03	清洁生产标准 人造板行业（中密度纤维板）	HJ/T 315—2006		推荐性行业标准	现行	
290	EB-04	人造板工业生产性粉尘控制技术规程	LY/T 1659—2006		推荐性行业标准	现行	
291	EB-05	人造板制造企业清洁生产审核指南	LY/T 2719—2016		推荐性行业标准	现行	
…							
EC 木制品生产							
292	EC-01	木门窗制造清洁生产要求			推荐性行业标准	拟编	
293	EC-02	木楼梯制造清洁生产要求			推荐性行业标准	拟编	
294	EC-03	实木地板制造清洁生产要求			推荐性行业标准	拟编	
295	EC-04	木制品工业清洁生产审核指南			推荐性行业标准	拟编	
…							
ED 竹、藤、棕、草制品生产							
296	ED-01	竹制品制造清洁生产要求			推荐性行业标准	拟编	
297	ED-02	藤制品制造清洁生产要求			推荐性行业标准	拟编	

续表

序号	体系编号	标准名称	标准号	采标号	标准级别	标准状态	备注
298	ED-03	棕制品制造清洁生产要求			推荐性行业标准	拟编	
299	ED-04	竹、藤、棕、草制品工业清洁生产审核指南			推荐性行业标准	拟编	
…							
EE 木家具							
300	EE-01	木家具制造 清洁生产要求	20153471-T-607		推荐性国家标准	在研	
301	EE-02	木家具工业清洁生产审核指南			推荐性国家标准	拟编	
…							
EF 造纸工业							
302	EF-01	清洁生产标准 造纸工业（废纸制浆）	HJ 468—2009		强制性行业标准	现行	
303	EF-02	清洁生产标准 造纸工业（漂白碱法蔗渣浆生产工艺）	HJ/T 317—2006		推荐性行业标准	现行	
304	EF-03	清洁生产标准 造纸工业（漂白化学烧碱法麦草浆生产工艺）	HJ/T 339—2007		推荐性行业标准	现行	
305	EF-04	清洁生产标准 造纸工业（硫酸盐化学木浆生产工艺）	HJ/T 340—2007		推荐性行业标准	现行	
306	EF-05	造纸工业清洁生产审核指南			推荐性国家标准	拟编	
…							
EG 林产化工							
307	EG-01	林产化工产品清洁生产要求			推荐性行业标准	拟编	
308	EG-02	林产化工产业清洁生产审核指南			推荐性国家标准	拟编	
…							
F 有害物质控制							
FA 人造板有害物质控制							

续表

序号	体系编号	标准名称	标准号	采标号	标准级别	标准状态	备注
309	FA-01	室内装饰装修材料—人造板及其制品中甲醛释放限量	GB 18580—2017		强制性国家标准	现行	
310	FA-02	人造板及其制品游离甲醛吸附材料吸附性能的测试方法	GB/T 35243—2017		推荐性国家标准	现行	
311	FA-03	人造板及饰面人造板理化性能试验方法	GB/T 17657—2013		推荐性国家标准	现行	
312	FA-04	人造板及其制品中甲醛释放量测定-气体分析法	GB/T 23825—2009	ISO12460-3：2008	推荐性国家标准	现行	
313	FA-05	人造板及其制品中挥发性有机化合物释放量的试验方法 小型释放舱法	GB/T 29899—2013		推荐性国家标准	现行	
314	FA-06	木材工业胶粘剂用脲醛、酚醛、三聚氰胺甲醛树脂	GB/T 14732—2006		推荐性国家标准	现行	
315	FA-07	人造板甲醛释放量测定大气候箱法	GB/T 33043—2016		推荐性国家标准	现行	
316	FA-08	绿色人造板及其制品技术要求	LY/T 2870—2017		推荐性行业标准	现行	
317	FA-09	人造板及其制品中甲醛释放量的快速测定气体分析法	SN/T 2307—2009		推荐性行业标准	现行	
318	FA-10	人造板及其制品中甲醛释放量的测定方法高效液相色谱法	SN/T 4129—2015		推荐性行业标准	现行	
319	FA-11	人造板甲醛释放限量	T/CNFPIA 1001—2016		团体标准	现行	
320	FA-12	室内装饰装修材料 人造板及其制品中挥发性有机化合物释放限量	2009-LY-055		推荐性行业标准	在研	
321	FA-13	人造板及其制品甲醛释放量分级	2018-LY-160		推荐性行业标准	在研	

续表

序号	体系编号	标准名称	标准号	采标号	标准级别	标准状态	备注
322	FA-14	人造板及其制品 VOCs释放值	2018-LY-161		推荐性行业标准	在研	
323	FA-15	人造板及其制品 VOCs 室内承载量指南	2018-LY-161		推荐性行业标准	在研	
324	FA-16	人造板及其制品中有害物质限量			强制性国家标准	拟编	
…							
FB 木制品有害物质控制							
325	FB-01	国家玩具安全技术规范	GB 6675—2003		强制性国家标准	现行	
326	FB-02	木质材料及其制品中苯酚释放量测定 小型释放舱法	GB/T 31762—2015		推荐性国家标准	现行	
327	FB-03	木质地板饰面层中铅、镉、铬、汞重金属元素含量	GB/T 33042—2016		推荐性国家标准	现行	
328	FB-04	木制玩具中甲醛含量的测定．高效液相色谱法	SN/T 2086—2008		推荐性行业标准	现行	
…							
FC 家具有害物质控制							
329	FC-01	家具中重金属锑、砷、钡、硒、六价铬的评定方法	GB/T 36021—2018		推荐性国家标准	现行	
330	FC-02	木家具中氨释放量试验方法	GB/T 36022—2018		推荐性国家标准	现行	
331	FC-03	室内装饰装修材料 木家具中有害物质限量	GB 18584—2001		强制性国家标准	现行	
332	FC-04	儿童家具通用技术条件	GB 28007—2001		强制性国家标准	现行	
333	FC-05	室内装饰材料 水性木器中有害物质限量	GB 24410—2009		强制性国家标准	现行	
334	FC-06	家具中挥发性有机化合物的测定	GB/T 31106—2014		推荐性国家标准	现行	
335	FC-07	家具中挥发性有机化合物检测用气候舱通用技术条件	GB/T 31107—2014		推荐性国家标准	现行	

续表

序号	体系编号	标准名称	标准号	采标号	标准级别	标准状态	备注
336	FC-08	家具中有害物质检测方法 总则	GB/T 32437—2015		推荐性国家标准	现行	
337	FC-09	家具中挥发性有机物释放量的测定 小型散发罩法	GB/T 32443—2015		推荐性国家标准	现行	
338	FC-10	家具中总挥发性有机化合物的检测方法	SN/T 3613—2013		推荐性行业标准	现行	
339	FC-11	木制品和家具产品中甲醛释放量的测定气候箱法	SN/T 3026—2011		推荐性行业标准	现行	
340	FC-12	办公家具挥发性有机物释放限量	T/CNFA 004—2017		团体标准	现行	
341	FC-13	家具部件及室内装饰装修材料挥发性有机物释放限量	T/CNFA 003—2017		团体标准	现行	
342	FC-14	木家具挥发性有机化合物散发特性的密闭舱 C-history 快速检测方法	20153759-T-607		推荐性国家标准	在研	
…							
FD 纸制品有害物质控制							
343	FD-01	室内装饰装修材料 壁纸中有害物质限量	GB 18585—2001		强制性国家标准	现行	已立项修订
344	FD-02	纸、纸板和纸制品中挥发性有机化合物含量的测定	20141394-T-607		推荐性国家标准	在研	
…							
FE 产业污染物排放							
345	FE-01	声环境质量标准	GB 3096—2008		强制性国家标准	现行	
346	FE-02	污水综合排放标准	GB 8978—1996		强制性国家标准	现行	
347	FE-03	工业企业厂界环境噪声排放标准	GB 12348—2008		强制性国家标准	现行	
348	FE-04	环境空气质量标准	GB 3095—2012		强制性国家标准	现行	

续表

序号	体系编号	标准名称	标准号	采标号	标准级别	标准状态	备注
349	FE-05	大气污染物综合排放标准	GB 16297—1996		强制性国家标准	现行	
350	FE-06	锅炉大气污染物排放标准	GB 13271—2014		强制性国家标准	现行	
351	FE-07	造纸工业水污染物排放标准	GB 3544—1992		强制性国家标准	现行	
352	FE-08	室内空气质量标准	GB/T 18883—2002		推荐性国家标准	现行	
353	FE-09	粉尘作业场所危害程度分级	GB/T 5817—2009		推荐性国家标准	现行	
354	FE-10	环境噪声与振动控制工程技术导则	HJ 2034—2013		强制性行业标准	现行	
355	FE-11	环境空气 半挥发性有机物采样技术导则	HJ 691—2014		强制性行业标准	现行	
356	FE-12	生产性粉尘作业危害程度分级检测规程	LD 84—1995		强制性行业标准	现行	
357	FE-13	工作场所空气中粉尘浓度快速检测方法—光散射法	AQ/T 4268—2015		推荐性行业标准	现行	
358	FE-14	室内环境空气质量监测技术规范	HJ/T 167—2004		推荐性行业标准	现行	
359	FE-15	锅炉大气污染物排放标准	DB 11 139—2015		地方标准	现行	北京市地方标准
360	FE-16	大气污染物综合排放标准	DB 11 501—2007		地方标准	现行	北京市地方标准
361	FE-17	木质家具制造业大气污染物排放标准	DB 11/1202—2015		地方标准	现行	北京市地方标准
362	FE-18	污水综合排放标准	DB 31 199—1997		地方标准	现行	上海市地方标准
363	FE-19	锅炉大气污染物排放标准	DB 31 387—2014		地方标准	现行	上海市地方标准
364	FE—20	大气污染物综合排放标准	DB 31-993—2015		地方标准	现行	上海市地方标准
365	FE-21	锅炉大气污染物排放标准	DB 12 151—2016		地方标准	现行	天津市地方标准

续表

序号	体系编号	标准名称	标准号	采标号	标准级别	标准状态	备注
366	FE-22	重庆市大气污染物综合排放标准	DB 50 418—2012		地方标准	现行	重庆市地方标准
367	FE-23	环境空气质量非甲烷总烃限值	DB 13 1577—2012		地方标准	现行	河北省地方标准
368	FE-24	厦门市大气污染物排放标准	DB 35 323—2011		地方标准	现行	福建省地方标准
369	FE-25	山东省固定源大气颗粒物综合排放标准	DB 37 1996—2011		地方标准	现行	山东省地方标准
370	FE-26	山东省建材工业大气污染物排放标准	DB 37 2373—2013		地方标准	现行	山东省地方标准
371	FE-27	山东省锅炉大气污染物排放标准	DB 37 2374—2013		地方标准	现行	山东省地方标准
372	FE-28	山东省工业炉窑大气污染物排放标准	DB 37 2375—2013		地方标准	现行	山东省地方标准
373	FE-29	山东省区域性大气污染物综合排放标准	DB 37 2376—2013		地方标准	现行	山东省地方标准
374	FE-30	大气污染物排放限值	DB 44 27—2001		地方标准	现行	广东省地方标准
375	FE-31	锅炉大气污染物排放标准	DB 44 765—2010		地方标准	现行	广东省地方标准
376	FE-32	家具制造行业挥发性有机化合物排放标准	DB 44 814—2010		地方标准	现行	广东省地方标准
377	FE-33	兰州市锅炉大气污染物排放标准	DB 62 1922—2010		地方标准	现行	甘肃省地方标准
378	FE-34	人造板工业污染物排放标准			强制性国家标准	拟编	
379	FE-35	木家具制造污染物排放标准			强制性国家标准	拟编	
380	FE-36	林产化工产品污染物排放标准			强制性国家标准	拟编	
381	FE-37	排污许可证申请与核发技术规范 人造板行业			强制性国家标准	在研	环保部
…							
G 再利用							
GA 重复利用							

续表

序号	体系编号	标准名称	标准号	采标号	标准级别	标准状态	备注
382	GA-01	包装与包装废弃物 第4部分：重复使用	GB/T 16716.4—2010		推荐性国家标准	现行	
383	GA-02	重复使用包装箱通用技术条件	GB/T 32568—2016		推荐性国家标准	现行	
384	GA-03	二手货品质鉴定通则	GB/T 21667—2008		推荐性国家标准	现行	
385	GA-04	二手货 分类	GB/T 30342—2013		推荐性国家标准	现行	
…							
GB 二次加工再利用							
386	GB-01	实木地板翻新生产技术规范			推荐性国家标准	拟编	
387	GB-02	实木家具翻新生产技术规范			推荐性国家标准	拟编	
…							
H 废固资源化							
HA 废弃木质材料							
388	HA-01	进口可用作原料的固体废物环境保护控制标准—木、木制品废料	GB 16487.3—2017		强制性国家标准	现行	
389	HA-02	废弃木质材料回收利用管理规范	GB/T22529—2008		推荐性国家标准	现行	
390	HA-03	废弃木质材料分类	GB/T 29408—2012		推荐性国家标准	现行	
391	HA-04	人造板生产用回收木材质量要求	GB/T 33039—2016		推荐性国家标准	现行	
392	HA-05	废弃木材循环利用规范	LY/T 1822—2009		推荐性行业标准	现行	
393	HA-06	木材综合利用规范	LY/T 1680—2006		推荐性行业标准	现行	
394	HA-07	人造板生产用回收木材检验方法	LY/T 2558—2015		推荐性行业标准	现行	
395	HA-08	废旧木质材料术语	20083174-T-432		推荐性国家标准	在研	
396	HA-09	废旧人造板回收利用规范	20083175-T-432		推荐性国家标准	在研	

续表

序号	体系编号	标准名称	标准号	采标号	标准级别	标准状态	备注
397	HA-10	废弃木材保管规范	2014-LY-068		推荐性行业标准	在研	
398	HA-11	废弃木材生产人造板及其产品通用技术要求			推荐性行业标准	拟编	
…							
HB 废纸							
399	HB-01	废纸再利用技术要求	GB 20811—2006		强制性国家标准	现行	
400	HB-02	进口可用作原料的固体废物环境保护控制标准 废纸或纸板	GB 16487.4—2017		强制性国家标准	现行	
401	HB-03	废纸中胶粘物的测定	GB/T 21557—2008		推荐性国家标准	现行	
402	HB-04	纸张中脱墨回用纤维的判定	GB/T 24996—2010		推荐性国家标准	现行	
403	HB-05	废纸中现行残余油墨的测定	GB/T 20216—2006		推荐性国家标准	现行	已立项修订
404	HB-06	废纸浆脱墨效率的测定	QB/T 4896—2015		推荐性行业标准	现行	
405	HB-07	废纸分类等级规范	SB/T 11058—2013		推荐性行业标准	现行	
406	HB-08	废纸塑铝复合包装物回收分拣技术规范	SB/T 11110—2014		推荐性行业标准	现行	
407	HB-09	进口可用作原料的废物检验检疫规程 第 13 部分：废纸或纸板	SN/T 1791.13—2006		推荐性行业标准	现行	
408	HB-10	进口可用作原料的固体废物分类鉴别 第 5 部分：废纸	SN/T 2293.5—2009		推荐性行业标准	现行	
409	HB-11	入境废纸卫生处理规程	SN/T 4402—2015		推荐性行业标准	现行	
410	HB-12	办公废纸脱墨浆技术要求	DB 37/T 1494—2009		地方标准	现行	山东省地方标准
…							
HC 生物质能源利用							

续表

序号	体系编号	标准名称	标准号	采标号	标准级别	标准状态	备注
411	HC-01	玉米秸秆颗粒	GB/T 35835—2018		推荐性国家标准	现行	
412	HC-02	固体生物质燃料检验通则	GB/T 21923—2008		推荐性国家标准	现行	
413	HC-03	固体生物质燃料样品制备方法	GB/T 28730—2012		推荐性国家标准	现行	
414	HC-04	固体生物质燃料工业分析方法	GB/T 28731—2012		推荐性国家标准	现行	
415	HC-05	固体生物质燃料全硫测定方法	GB/T 28732—2012		推荐性国家标准	现行	
416	HC-06	固体生物质燃料全水分测定方法	GB/T 28733—2012		推荐性国家标准	现行	
417	HC-07	固体生物质燃料中碳氢测定方法	GB/T 28734—2012		推荐性国家标准	现行	
418	HC-08	固体生物质燃料灰成分测定方法	GB/T 30725—2014		推荐性国家标准	现行	
419	HC-09	固体生物质燃料灰熔融性的测定方法	GB/T 30726—2014		推荐性国家标准	现行	
420	HC-10	固体生物质燃料发热量测定方法	GB/T 30727—2014		推荐性国家标准	现行	
421	HC-11	固体生物质燃料中氮的测定方法	GB/T 30728—2014		推荐性国家标准	现行	
422	HC-12	固体生物质燃料中氯的测定方法	GB/T 30729—2014		推荐性国家标准	现行	
423	HC-13	生物质电厂烟气脱硝技术装备	JB/T 11396—2013		推荐性行业标准	现行	
424	HC-14	生物质共烧设备技术规范	JB/T 11835—2014		推荐性行业标准	现行	
425	HC-15	生物质燃烧发电锅炉烟气袋式除尘器	JB/T 11886—2014		推荐性行业标准	现行	
426	HC-16	中小功率生物质气发动机 技术条件和试验方法	JB/T 12336—2015		推荐性行业标准	现行	
427	HC-17	生物质棒状成型炭	LY/T 1973—2011		推荐性行业标准	现行	

续表

序号	体系编号	标准名称	标准号	采标号	标准级别	标准状态	备注
428	HC-18	林业生物质固体燃料生产技术规范	LY/T 2378—2014		推荐性行业标准	现行	
429	HC-19	林业生物质固体成型燃料	LY/T 2379—2014		推荐性行业标准	现行	
430	HC—20	木质生物质颗粒燃料	LY/T 2384—2014		推荐性行业标准	现行	
431	HC-21	竹基生物质成型燃料	LY/T 2552—2015		推荐性行业标准	现行	
432	HC-22	生物质气化集中供气净化装置性能测试方法	NB/T 34004—2011		推荐性行业标准	现行	
433	HC-23	民用生物质固体成型燃料采暖炉具试验方法	NB/T 34005—2011		推荐性行业标准	现行	
434	HC-24	民用生物质固体成型燃料采暖炉具通用技术条件	NB/T 34006—2011		推荐性行业标准	现行	
435	HC-25	生物质炊事采暖炉具通用技术条件	NB/T 34007—2012		推荐性行业标准	现行	
436	HC-26	生物质炊事采暖炉具试验方法	NB/T 34008—2012		推荐性行业标准	现行	
437	HC-27	生物质炊事烤火炉具通用技术条件	NB/T 34009—2012		推荐性行业标准	现行	
438	HC-28	生物质炊事烤火炉具试验方法	NB/T 34010—2012		推荐性行业标准	现行	
439	HC-29	生物质气化集中供气污水处理装置技术规范	NB/T 34011—2012		推荐性行业标准	现行	
440	HC-30	生物质锅炉用水冷振动炉排技术条件	NB/T 34012—2013		推荐性行业标准	现行	
441	HC-31	生物质炊事大灶试验方法	NB/T 34014—2013		推荐性行业标准	现行	
442	HC-32	生物质炊事大灶通用技术条件	NB/T 34015—2013		推荐性行业标准	现行	
443	HC-33	生物质炕炉试验方法	NB/T 34016—2014		推荐性行业标准	现行	

续表

序号	体系编号	标准名称	标准号	采标号	标准级别	标准状态	备注
444	HC-34	生物质炕炉通用技术条件	NB/T 34017—2014		推荐性行业标准	现行	
445	HC-35	环模式块状生物质燃料成型设备技术条件	NB/T 34018—2014		推荐性行业标准	现行	
446	HC-36	平模式块状生物质燃料成型设备技术条件	NB/T 34019—2014		推荐性行业标准	现行	
447	HC-37	活塞冲压式棒状生物质燃料成型设备技术条件	NB/T 34020—2014		推荐性行业标准	现行	
448	HC-38	生物质清洁炊事炉具	NB/T 34021—2015		推荐性行业标准	现行	
449	HC-39	生物质成型燃料质量分级	NB/T 34024—2015		推荐性行业标准	现行	
450	HC-40	生物质固体燃料结渣性试验方法	NB/T 34025—2015		推荐性行业标准	现行	
451	HC-41	生物质颗粒燃料燃烧器	NB/T 34026—2015		推荐性行业标准	现行	
452	HC-42	生物质循环流化床锅炉技术条件	NB/T 42030—2014		推荐性行业标准	现行	
453	HC-43	生物质能锅炉炉前螺旋给料装置技术条件	NB/T 42031—2014		推荐性行业标准	现行	
454	HC-44	生物质燃料发热量测试方法	NY/T 12—1985		推荐性行业标准	现行	
455	HC-45	生物质固体成型燃料技术条件	NY/T 1878—2010		推荐性行业标准	现行	
456	HC-46	生物质固体成型燃料采样方法	NY/T 1879—2010		推荐性行业标准	现行	
457	HC-47	生物质固体成型燃料样品制备方法	NY/T 1880—2010		推荐性行业标准	现行	
458	HC-48	生物质固体成型燃料试验方法	NY/T 1881—2010		推荐性行业标准	现行	
459	HC-49	生物质固体成型燃料成型设备技术条件	NY/T 1882—2010		推荐性行业标准	现行	
460	HC-50	生物质固体成型燃料成型设备试验方法	NY/T 1883—2010		推荐性行业标准	现行	

续表

序号	体系编号	标准名称	标准号	采标号	标准级别	标准状态	备注
461	HC-51	生物质固体成型燃料术语	NY/T 1915—2010		推荐性行业标准	现行	
462	HC-52	户用生物质炊事炉具通用技术条件	NY/T 2369—2013		推荐性行业标准	现行	
463	HC-53	户用生物质炊事炉具性能试验方法	NY/T 2370—2013		推荐性行业标准	现行	
464	HC-54	生物质燃料成型机 质量评价技术规范	NY/T 2705—2015		推荐性行业标准	现行	
465	HC-55	生物质成型燃料工程运行管理规范	NY/T 2880—2015		推荐性行业标准	现行	
466	HC-56	林业生物质柴油			推荐性国家标准	拟编	
467	HC-57	林业生物质燃料乙醇			推荐性国家标准	拟编	
468	HC-58	林业生物质气体燃料转化技术要求			推荐性国家标准	拟编	
469	HC-59	林业生物质气体燃料发热量测定方法			推荐性国家标准	拟编	
470	HC-60	林业生物质液体燃料发热量测定方法			推荐性国家标准	拟编	
471	HC-61	林业生物质固体成型燃料发热量测定方法			推荐性行业标准	拟编	
…							
I 废水及工业余热资源化							
IA 废水资源化							
472	IA-01	工业废水处理与回用技术评价导则	GB/T 32327—2015		推荐性国家标准	现行	
473	IA-02	城市污水再生利用 工业用水水质	GB/T 19923—2005		推荐性国家标准	现行	
…							
IB 工业余热资源化							
474	IB-01	工业余热术语、分类、等级及余热资源量计算方法	GB/T 1028—2000		推荐性国家标准	现行	

续表

序号	体系编号	标准名称	标准号	采标号	标准级别	标准状态	备注
475	IB-02	工业锅炉及火焰加热炉烟气余热资源量计算方法与利用导则	GB/T 17719—2009		推荐性国家标准	现行	
476	IB-03	低中温工业气体余热回收利用成套装备通用技术条件	JB/T 11890—2014		推荐性行业标准	现行	
…							

三、中国林产工业循环经济标准体系编制说明

（一）基础与综合子体系

基础与综合子体系共计 80 项标准。其中林产工业循环经济术语标准仅有 GB/T 34911—2017《工业固体废物综合利用术语》和拟编的《林产工业循环经济术语》2 项标准。

林产工业循环经济产品标识标准包括拟编的《林产工业循环经济产品标识》，以及 GB/T 23384—2009《产品及零部件可回收利用标识》、GB/T 27610—2011《废弃产品分类与代码》、GB/T 27611—2011《再生利用品和再制造品通用要求及标识》等 5 项标准。

林产工业循环经济管理标准包括 GB/T 31088—2014《工业园区循环经济管理通则》，和拟编的《林产工业企业循环经济管理通则》、《林产工业企业循环经济评价指标及计算方法》等 25 项标准。

林产工业循环经济设计标准包括 GB/T 24256—2009《产品生态设计通则》、GB/T 32161—2015《生态设计产品评价通则》、GB 50189—2015《公共建筑节能设计标准》、GB/T 24062—2009《环境管理 将环境因素引入产品的设计和开发》、GB 50822—2012《中密度纤维板工程设计规范》、GB 50827—2012《刨花板工程设计规范》、GB 50879—2013《人造板生产热能中心工程设计规范》等 27 项标准。

林产工业循环经济绿色评价标准包括 GB/T 34345—2017《循环经济绩效评价技术导则》、GB/T 35601—2017《绿色产品评价 人造板与木质地板》、团体标准 T/CTWPDA 01—2016《绿色产品评价规范 人造板》等 21 项标准。

（二）节材子体系

节材子体系共计 116 项标准，其中木材保护标准包括 GB/T 34726—2017《木材防腐剂及改性剂对金属的腐蚀速率测定方法》、GB/T 29905—2013《木材防腐剂抗流失试验方法》、GB/T 27655—2011《木材防腐剂性能评估的野外埋地试验方法》、GB/T 31760—2015《铜铬砷（CCA）防腐剂加压处理木材》等 59 项标准。

功能人造板制造标准包括 GB/T 35913—2018《地采暖用实木地板技术要求》、GB/T 18958—2013《难燃中密度纤维板》、GB/T 24509—2009《阻燃木质复合地板》、LY/T

230—2013《人造板防霉性能评价》等11项标准。

林业生物质材料标准包括GB/T 24508—2009《木塑地板》、LY/T 1613—2015《挤出成型木塑复合板材》、LY/T 2556—2015《平压生物基塑性复合板材》、LY/T 2560—2015《软木复合装饰卷（片）材》、LY/T 1317—2013《栓皮》、GB/T 21723—2008《麦（稻）秸秆刨花板》、LY/T 2370—2014《生物质重组刨切单板》、LY/T 2372—2014《活动地板基材用石膏纤维板》等36项标准。

家具制造节材标准包括QB/T 4461—2013《木家具表面涂装技术要求》、QB/T 4371—2012《家具抗菌性能的评价》、20153760-T-607《家具用改性木材技术条件》等8项标准。

纸浆和造纸节材标准有拟编的《造纸工业节材技术规范》1项标准。

林产化工节材标准有拟编的《林产化工节材技术规范》1项标准。

（三）节水子体系

节水子体系标准共计9项，其中定额取水标准包括GB/T 18916.5—2012《取水定额 第5部分：造纸产品》，以及拟编的《造纸产品单位产品新水量》、《造纸产品万元产值取水量》等5项标准。

行业节水标准包括GB/T 26927—2011《节水型企业 造纸行业》、《节水型企业 人造板制造》、《节水型企业 活性炭制造》4项标准。

（四）节能子体系

节能子体系标准共计79项。其中生产耗能标准包括GB/T 23899—2007《实木复合地板生产综合能耗》、GB/T 29000—2012《单板干燥节能技术规范》、LY/T 1062—2017《锯材生产综合能耗》、LY/T 1114—2011《松香生产综合能耗》等29项标准。

设备能耗指标标准包括LY/T 2491—2015《蒸汽热源木材干燥设备节能检测方法》、LY/T 1862—2009《木材工业气力运输与除尘系统节能技术规范》，以及拟编的《人造板热压机生产能耗指标》、《木材干燥设备能耗指标》等10项标准。

节能监测标准包括LY/T 1286—2012《刨花干燥机节能监测方法》、LY/T 1287—2012《人造板热压机节能监测方法》、LY/T 2191—2015《蒸汽热源木材干燥设备节能监测方法》，和在研的《单板干燥机节能监测方法》4项标准。

合理用能标准包括GB/T 29000—2012《单板干燥机节能技术规范》，和拟编的《林化企业合理用能技术导则》、《人造板企业合理用能技术导则》等7项标准。

能源检测和计算标准包括GB/T 27705—2011《BCTMP系统能量平衡及能量效率计算方法》、GB/T 27714—2011《废纸脱墨浆系统能量平衡及能量效率计算方法》、GB/T 27722—2011《木浆备料系统能量平衡及能量效率计算方法》、LY/T 2394—2014《林业企业能源计量器具配备与管理要求》，以及拟编的《林业企业能源计量与测试导则》等29项标准。

（五）清洁生产子体系

清洁生产子体系标准共计24项。其中木材加工清洁生产标准包括AQ 4228—2012《木材加工系统粉尘防爆安全规范》和拟编的《木材加工清洁生产技术要求》2项标准。

人造板生产清洁生产标准包括 GB/T 29903—2013《人造板工业清洁生产技术要求》、GB/T 29904—2013《人造板工业清洁生产评价指标体系》、HJ/T 315—2006《清洁生产标准 人造板行业（中密度纤维板）》等 5 项标准。

木制品生产清洁生产标准包括拟编的《木门窗制造清洁生产规范》、《木楼梯制造清洁生产规范》、《实木复合地板清洁生产规范》4 项标准。

竹、藤、棕、草制品制造清洁生产标准包括拟编的《竹制品制造清洁生产规范》、《藤制品制造清洁生产规范》、《棕制品制造清洁生产规范》等 4 项标准。

木家具清洁生产标准有在研标准《木家具制造 清洁生产评价》(20153471-T-607)，和拟编标准《木家具工业清洁生产审核指南》2 项标准。

造纸工业清洁生产标准包括 HJ 468—2009《清洁生产标准 造纸工业（废纸制浆）》、HJ/T 317—2006《清洁生产标准 造纸工业（漂白碱法蔗渣浆生产工艺）》、HJ/T 339—2007《清洁生产标准 造纸工业（漂白化学烧碱法麦草浆生产工艺）》、HJ/T 340—2007《清洁生产标准 造纸工业（硫酸盐化学木浆生产工艺）》等 5 项标准。

林化产品制造清洁生产标准包括拟编的《林产化工产品清洁生产规范》和《林产化工产业清洁生产审核指南》2 项标准。

（六）有害物质控制子体系

有害物质控制子体系标准共计 73 项标准。其中人造板有害物质控制标准包括 GB 18580—2017《室内装饰装修材料 人造板及其制品中甲醛释放限量》、GB/T 23825—2009《人造板及其制品中甲醛释放量测定 气体分析法》、GB/T 29899—2013《人造板及其制品中挥发性有机化合物释放量的试验方法 小型释放舱法》等 16 项标准。

木制品有害物质控制标准包括 GB/T 31762—2015《木质材料及其制品中苯酚释放量测定 小型释放舱法》、GB/T 33042—2016《木质地板表层中铅、镉、铬、汞重金属元素含量测定》等 4 项标准。

家具有害物质控制标准包括 GB/T 31106—2014《家具中挥发性有机化合物的测定》、GB/T 32437—2015《家具中有害物质检测方法 总则》、GB/T 36021—2018《家具中重金属锑、砷、钡、硒、六价铬的评定》等 14 项标准。

纸制品有害物质控制标准包括 GB 18585—2001《室内装饰装修材料 壁纸中有害物质限量》和在研标准《纸、纸板和纸制品中挥发性有机化合物含量的测定》(20141394-T-607) 2 项标准。

产业污染物排放标准包括 GB 8978—1996《污水综合排放标准》、GB 12348—2008《工业企业厂界环境噪声排放标准》、GB 13271—2014《锅炉大气污染物排放标准》，以及拟编的《人造板工业污染物排放标准》、《排污许可证申请与核发技术规范 人造板行业》等 37 项标准。

（七）再利用子体系

再利用子体系标准共计 6 项，其中重复利用标准包括 GB/T 16716.4—2010《包装与包装废弃物 第 4 部分：重复使用》、GB/T 21667—2008《二手货品质鉴定通则》、GB/T 30342—2013《二手货 分类》、GB/T 32568—2016《重复使用包装箱通用技术条件》4 项标准。

二次加工再利用标准包括拟编的《实木地板翻新生产技术规范》、《实木家具翻新生产技术规范》2 项标准。

（八）废固资源化子体系

废固资源化子体系标准共计 84 项标准，其中废弃木质材料资源化标准包括 GB 16487.33—2017《进口可用作原料的固体废物环境保护控制标准——木、木制品废料》、GB/T 22529—2008《废弃木质材料回收利用管理规范》、GB/T 29408—2012《废弃木质材料分类》、LY/T 1822—2009《废弃木材循环利用规范》等 11 项标准。

废纸资源化标准包括 GB 20811—2006《废纸再利用技术要求》、GB/T 21557—2008《废纸中胶粘物的测定》、GB/T 24996—2010《纸张中脱墨回用纤维的判定》、QB/T 4896—2015《废纸浆脱墨效率的测定》等 12 项标准。

生物质能源标准包括 GB/T 35835—2018《玉米秸秆颗粒》、GB/T 21923—2008《固体生物质燃料检验通则》、GB/T 28730—2012《固体生物质燃料样品制备方法》、GB/T 28731—2012《固体生物质燃料工业分析方法》，以及拟编的《林业生物质柴油》、《林业生物质燃料乙醇》、《林业生物质气体燃料发热量测定方法》等 61 项标准。

（九）废水及工业余热资源化子体系

废水及工业余热资源化标准共计 5 项标准，其中废水资源化标准包括 GB/T 19923—2005《城市污水再生利用 工业用水水质》、GB/T 32327—2015《工业废水处理与回用技术评价导则》2 项标准。

工业余热资源化标准包括 GB/T 1028—2000《工业余热术语、分类、等级及余热资源量计算方法》、GB/T 17719—2009《工业锅炉及火焰加热炉烟气余热资源量计算方法与利用导则》等 3 项标准。

第七节　林产工业循环经济标准统计

将林产工业循环经济标准体系明细表进行统计，林产工业循环经济标准共计 476 项。按照林产工业循环经济标准体系框架分类，其中基础与综合标准 80 项，节材标准 116 项，节水标准 9 项，节能标准 79 项，清洁生产标准 24 项，有害物质控制标准 73 项，再利用标准 6 项，废固资源化标准 84 项，废水及工业余热资源化标准 5 项。基础与综合标准包括术语标准 2 项，标志标识标准 5 项，管理标准 25 项，设计标准包括 27 项，绿色评价标准 21 项。节材标准包括木材保护标准 59 项，功能人造板标准 11 项，林业生物质材料标准 36 项，家具制造节材标准 8 项，纸浆和造纸节材标准 1 项，林产化工节材标准 1 项。节水标准包括定额取水标准 5 项，行业节水标准 4 项。节能标准包括生产能耗标准 29 项，设备能耗指标标准 10 项，节能监测标准 4 项，合理用能标准 7 项，能源检测和计算标准 29 项。清洁生产标准包括木材加工标准 2 项，人造板生产标准 5 项，木制品生产标准 4 项，竹藤棕草制品生产标准 4 项，木家具标准 2 项，造纸工业标准 5 项，林产化工标准 2 项。有害物质控制标准包括人造板有害物质控制标准 16 项，木制品有害物质控制 4 项，家具有害物质控制标准 14 项，纸制品有害物质控制标准 2 项，产业污染物排放限量标准 37 项。再利用标准包括重复利用标准 4 项，二次加工再利用标准 2 项。废固资源化标准包括废弃木质材料标准 11 项，废纸资源化标准 12 项，林业生物质燃料标准 61 项。废水及工业余热资源化标准包括废水资源化标准 2 项，工业余热资源化标准 3 项。

按照标准状态分类，其中现行标准 349 项，在研标准 37 项，拟编标准 90 项。现行标准中国家标准 163 项，其中强制性国家标准 22 项，推荐性国家标准 141 项。现行标准中行业标准 150 项，其中强制性安全行业标准 1 项，强制性环保行业标准 3 项，强制性劳动行业标准 1 项，推荐性安全行业标准 1 项，推荐性环保行业标准 5 项，推荐性机械行业标准 5 项，推荐性林业行业标准 68 项，林业工程建设标准 4 项，推荐性能源行业标准 22 项，推荐性农业行业标准 13 项，推荐性轻工业行业标准 9 项，推荐性商业行业标准 10 项，推荐性商品检验行业标准 9 项。现行地方标准 26 项，团体标准 8 项（表 6-5）。

在研标准中国家标准 15 项，其中强制性国家标准 1 项，推荐性国家标准 14 项。在研标准中推荐性林业行业标准 22 项（表 6-6）。

拟编标准中国家标准 35 项，拟编标准中推荐性林业行业标准 55 项（表 6-6）。

表 6-5　林产工业循环经济现行标准统计

体系分类及代码		国家标准 GB	安全行业标准 AQ	环保行业标准 HJ	劳动行业标准 LD	机械行业标准 JB	林业行业标准 LY	林业工程建设标准 LYJ	能源行业标准 NB	农业行业标准 NY	轻工业行业标准 QB	商业行业标准 SB	商品检验行业标准 SN	地方标准 DB	团体标准 T	合计
基础与综合 A	AA 术语	1	—	—	—	—	—	—	—	—	—	—	—	—	—	1
	标志标识 AB	4	—	—	—	—	—	—	—	—	—	—	—	—	—	4
	管理 AC	22	—	—	—	—	—	—	—	—	—	—	—	—	—	22
	设计 AD	9	—	—	—	—	3	4	—	1	—	—	—	—	—	17
	绿色产品评价 AE	6	—	—	—	—	1	—	—	—	—	—	—	—	5	12
节材 B	木材保护 BA	26	—	—	—	—	8	—	—	—	—	8	1	2	—	45
	功能人造板 BB	4	—	—	—	—	3	—	—	—	—	—	—	—	—	7
	林业生物质材料 BC	4	—	—	—	—	13	—	—	—	—	—	—	—	—	17
	家具制造节材 BD	—	—	—	—	—	—	—	—	—	6	—	—	—	—	6
节水 C	定额取水 CA	1	—	—	—	—	—	—	—	—	—	—	—	2	—	3
	行业节水 CB	1	—	—	—	—	—	—	—	—	—	—	—	1	—	2
节能 D	生产能耗 DA	1	—	—	—	—	23	—	—	—	1	—	—	1	—	26
	设备能耗指标 DB	—	—	—	—	—	2	—	—	—	—	—	—	—	—	2
	节能监测 DC	—	—	—	—	—	3	—	—	—	—	—	—	—	—	3
	合理用能 DD	1	—	—	—	—	—	—	—	—	—	—	—	—	—	1
	能源检测和计算 DE	24	—	—	—	—	1	—	—	—	1	—	—	—	—	26

续表

体系分类及代码		国家标准GB	安全行业标准AQ	环保行业标准HJ	劳动行业标准LD	机械行业标准JB	林业行业标准LY	林业工程建设标准LYJ	能源行业标准NB	农业行业标准NY	轻工业行业标准QB	商业行业标准SB	商品检验行业标准SN	地方标准DB	团体标准T	合计
清洁生产 E	木材加工 EA	—	1	—	—	—	—	—	—	—	—	—	—	—	—	1
	人造板生产 EB	2	—	1	—	—	2	—	—	—	—	—	—	—	—	5
	造纸工业 EF	—	—	4	—	—	—	—	—	—	—	—	—	—	—	4
有害物质控制 F	人造板有害物质控制 FA	7	—	—	—	—	1	—	—	—	—	—	2	—	1	11
	木制品有害物质控制 FB	3	—	—	—	—	—	—	—	—	—	—	1	—	—	4
	家具有害物质控制 FC	9	—	—	—	—	—	—	—	—	—	—	2	—	2	13
	纸制品有害物质控制 FD	1	—	—	—	—	—	—	—	—	—	—	—	—	—	1
	产业污染物排放 FE	9	1	3	1	—	—	—	—	—	—	—	—	19	—	33
再利用 G	重复利用 GA	4	—	—	—	—	—	—	—	—	—	—	—	—	—	4
废固资源化 H	废弃木质材料 HA	4	—	—	—	—	3	—	—	—	—	—	—	—	—	7
	废纸 HB	5	—	—	—	—	—	—	—	—	1	2	3	1	—	12
	生物质能源 HC	12	—	—	—	4	5	—	22	12	—	—	—	—	—	55
废水及工业余热资源化 I	废水资源化 IA	2	—	—	—	—	—	—	—	—	—	—	—	—	—	2
	工业余热资源化 IB	2	—	—	—	1	—	—	—	—	—	—	—	—	—	3
合计		164	2	8	1	5	68	4	22	13	9	10	9	26	8	349

表 6-6　林产工业循环经济在研和拟编标准统计

体系分类及代码		在研标准			拟编标准		
		国标	行标	合计	国标	行标	合计
基础与综合 A	术语 AA	—	—	—	1	—	1
	标志标识 AB	—	—	—	1	—	1
	管理 AC	—	2	2	1	—	1
	设计 AD	—	—	—	—	10	10
	绿色产品设计 AE	—	—	—	9	—	9
节材 B	木材保护 BA	7	2	9	—	5	5
	功能人造板 BB	1	—	1	1	2	3
	林业生物质材料 BC	—	5	5	3	11	14
	家具制造节材 BD	1	—	1	1	—	1
	纸浆和造纸节材 BE	—	—	—	—	1	1
	林产化工节材 BF	—	—	—	—	1	1

续表

体系分类及代码		在研标准			拟编标准		
		国标	行标	合计	国标	行标	合计
节水 C	定额取水 CA	—	—	—	2	—	2
	行业节水 CB	—	—	—	2	—	2
节能 D	生产能耗 DA	—	3	3	—	—	—
	设备能耗指标 DB	—	—	—	—	8	8
	节能监测 DC	—	1	1	—	—	—
	合理用能 DD	—	4	4	—	2	2
	能源检测和计算 DE	—	—	—	—	3	3
清洁生产 E	木材加工 EA	—	—	—	—	1	1
	人造板生产 EB	—	—	—	—	—	—
	木制品生产 EC	—	—	—	—	4	4
	竹藤棕草制品生产 ED	—	—	—	—	4	4
	木家具 EE	1	—	1	1	—	1
	造纸工业 EF	—	—	—	1	—	1
	林产化工 EG	—	—	—	1	1	2
有害物质控制 F	人造板有害物质控制 FA	—	4	4	1	—	1
	木制品有害物质控制 FB	—	—	—	—	—	—
	家具有害物质控制 FC	1	—	1	—	—	—
	纸制品有害物质控制 FD	1	—	1	—	—	—
	产业污染物排放 FE	1	—	1	3	—	3
再利用 G	二次加工再利用 GB	—	—	—	2	—	2
废固资源化 H	废弃木质材料 HA	2	1	3	—	1	1
	生物质能源 HC	—	—	—	5	1	6
合计		15	22	37	35	55	90

第八节　发展林产工业循环经济急需制定的关键技术标准

为加快林产工业循环经济发展，逐步完善林产工业循环经济标准体系建设，应积极制定林产工业循环经济急需标准。中国林产工业循环经济急需标准包括绿色产品评价、有害物质控制、节材、节水、节能、清洁生产、再利用、资源化等标准，共计 44 项（表 6-7）。

其中基础与综合标准有《林产工业循环经济术语》、《绿色产品评价 防腐木材和人造板》、《绿色产品评价 生物质塑料复合材料》、《绿色产品评价 木质活性炭》等 8 项标准；有害物质控制标准主要是人造板、家具制造、林产化工污染物排放标准，以及生物质塑性复合材料重金属限量以及产业污染物排放等标准，包括《人造板工业污染物排放标准》、《生物质基塑料复合材料重金属限量》、《排污许可证申请与核发技术规范 人造板行业》等

5 项标准；节材标准主要有《人造板防腐性能评价及通用技术规范》、《火管法测试阻燃人造板燃烧性能试验方法》、《难燃刨花板》等 8 项标准；节水标准主要有《造纸产品万元产值取水量》、《节水型企业人造板制造》等 4 项标准；节能标准主要有《造纸生产综合能耗》、《人造板热压机生产能耗指标》、《人造板企业合理用能技术导则》等 6 项标准；清洁生产标准主要有《木材加工清洁生产技术要求》、《林产化工产品清洁生产规范》、《造纸工业清洁生产审核指南》等 5 项标准；再利用标准主要有《实木地板翻新生产技术规范》、《实木家具翻新生产技术规范》2 项标准；资源化标准主要有《废弃木材生产人造板及其产品通用技术要求》、《林业生物质柴油》、《林业生物质液体燃料发热量测定方法》等 6 项标准。

表 6-7　中国急需林产工业循环经济标准目录

标准类别	标准名称	标准级别
术语	林产工业循环经济术语	推荐性国家标准
绿色产品评价	绿色产品评价　锯材	推荐性国家标准
	绿色产品评价　防腐木材和人造板	推荐性国家标准
	绿色产品评价　阻燃木材和人造板	推荐性国家标准
	绿色产品评价　木楼梯	推荐性国家标准
	绿色产品评价　生物质塑料复合材料	推荐性国家标准
	绿色产品评价　竹藤制品	推荐性国家标准
	绿色产品评价　木质活性炭	推荐性国家标准
有害物质控制	人造板工业污染物排放标准	强制性国家标准
	木家具制造污染物排放标准	强制性国家标准
	林产化工产品污染物排放标准	强制性国家标准
	生物质基塑性复合材料重金属限量	强制性国家标准
	排污许可证申请与核发技术规范　人造板行业	强制性国家标准
节材	人造板防腐性能评价及通用技术规范	推荐性行业标准
	火管法测试阻燃人造板燃烧性能试验方法	推荐性国家标准
	室外木结构材用涂料天然老化性能评价方法	推荐性行业标准
	难燃刨花板	推荐性国家标准
	人造板用难燃装饰纸	推荐性行业标准
	难燃木百叶窗帘	推荐性行业标准
	纸浆和造纸企业节材技术规范	推荐性行业标准
	林化企业节材技术规范	推荐性行业标准
节水	造纸产品单位产品新水量	推荐性国家标准
	造纸产品万元产值取水量	推荐性国家标准
	节水型企业　人造板产业	推荐性国家标准
	节水型企业　活性炭产业	推荐性国家标准

续表

标准类别	标准名称	标准级别
节能	造纸生产综合能耗	推荐性行业标准
	人造板热压机生产能耗指标	推荐性行业标准
	单板干燥机节能监测方法	推荐性行业标准
	林化企业合理用能技术导则	推荐性行业标准
	人造板企业合理用能技术导则	推荐性行业标准
	细木工板生产线节能技术规程	推荐性行业标准
清洁生产	木材加工清洁生产技术要求	推荐性行业标准
	木材加工企业清洁生产审核指南	推荐性行业标准
	造纸工业清洁生产审核指南	推荐性国家标准
	木家具工业清洁生产审核指南	推荐性国家标准
	林产化工产品清洁生产规范	推荐性行业标准
再利用	实木地板翻新生产技术规范	推荐性国家标准
	实木家具翻新生产技术规范	推荐性国家标准
废弃木质材料	废弃木材生产人造板及其产品通用技术要求	推荐性行业标准
生物质能源	林业生物质柴油	推荐性国家标准
	林业生物质燃料乙醇	推荐性国家标准
	林业生物质气体燃料转化技术要求	推荐性国家标准
	林业生物质气体燃料发热量测定方法	推荐性国家标准
	林业生物质液体燃料发热量测定方法	推荐性国家标准

第七章 《绿色产品评价 人造板和木质地板》国家标准主要技术要求

第一节 绿色产品评价标准研制背景

一、建立统一的绿色产品标准、认证、标识体系的制度——国务院办公厅（国办发［2016］86号）基本内容

建立统一的绿色产品标准、认证和标识体系，是推动绿色低碳循环发展、培育绿色市场的必然要求，是加强供给侧结构性改革、提升绿色产品供给质量和效率的重要举措，是引导产业转型升级、提升中国制造竞争力的紧迫任务，是引领绿色消费、保障和改善民生的有效途径，是履行国际减排承诺、提升我国参与全球治理制度性话语权的现实需要。随着我国经济社会的发展和改革的不断深化，特别是供给侧结构性改革的推进，标准与认证的作用日益凸显，并受到社会各方的高度重视。将标准、认证与绿色发展理念有效衔接，将更有利于形成绿色产品发展的市场引导机制和技术支撑体系。

当前，我国经济总量已跃居世界第二位，人民群众的消费需求正在由“价格低廉”向“质量优良、绿色环保”转变，对质优、安全及环保的高品质产品的消费需求非常迫切，如空气净化器、净水机、家装建材以及母婴用品等，成为近年来我国公民赴境外消费的重要因素。总体看，我国当前消费尤其是中高端消费供需结构矛盾比较突出，既存在产能过剩问题，又有高端供给不足的短板。

目前，由于我国涉及绿色的相关产品标准、认证和标识由多个部门分头设立，存在管理分散、绿色产品概念不清、标准不统一、认证和标识种类繁多、社会认知及采信程度偏低等问题，加大了制度性交易成本。2015年9月，中共中央、国务院印发《生态文明体制改革总体方案》，提出“建立统一的绿色产品体系。将目前分头设立的环保、节能、节水、循环、低碳、再生及有机等产品统一整合为绿色产品，建立统一的绿色产品标准、认证以及标识等体系。完善对绿色产品研发生产、运输配送、购买使用的财税金融支持和政府采购等政策”。2016年11月国务院办公厅印发了《关于建立统一的绿色产品标准、认证、标识体系的意见》（国办发［2016］86号）（以下简称“《意见》”），对绿色产品标准、认证、标识整合工作做出部署，提出了“一类产品、一个标准、一个清单、一次认证、一个标识”的绿色产品体系整合目标，统一构建以绿色产品评价标准子体系为牵引、以绿色产品的产业支撑标准子体系为辅助的绿色产品标准体系。

（一）《意见》出台的重要意义

该《意见》的出台，是贯彻生态文明体制改革和供给侧结构性改革相关要求，统一绿色产品体系，全面提升消费品品质，服务经济社会发展具有重要意义。

首先，《意见》是全面落实党中央、国务院决策部署的重大决定。《意见》出台后，将牢固树立创新、协调、绿色、开放、共享的发展理念，以供给侧结构性改革为战略基点，充分发挥标准与认证的战略性、基础性、引领性作用，创新生态文明体制机制，增加绿色产品有效供给，引导绿色生产和绿色消费，全面提升绿色发展质量和效益，增加社会公众的获得感。

其次，《意见》是对绿色产品基本概念和属性的全面确立。通过整合建立绿色产品标准、认证及标识体系，将统筹考虑产品资源、能源、环境及品质等属性，以“产品全生命周期理念”为基础的综合评价指标统合原有针对环保、节能、节水、循环、低碳、再生以及有机等设立的评价指标，解决产品不同生命周期阶段节能环保等要求存在矛盾、对高品质追求关注不足等问题，从根本上降低企业制度性交易成本。

第三，《意见》对绿色产品体系建设的主要目标进行了合理设置。《意见》在充分考虑政府和市场对绿色产品体系需求的基础上，从现有的技术能力和实施条件等实际情况出发，按照统筹兼顾、市场导向、继承创新、共建共享以及开放合作的基本原则，提出了按照统一目录、统一标准、统一评价及统一标识的方针，到 2020 年初步建立系统科学、开放融合、指标先进以及权威统一的绿色产品标准、认证和标识体系，实现一类产品、一个标准、一个清单、一次认证和一个标识。

（二）《意见》的主要内容

《意见》包括总体要求、重点任务和保障措施 3 部分内容。第一部分总体要求，提出了建立统一绿色产品体系的指导思想、基本原则和主要目标；第二部分重点任务，明确了绿色产品标准、认证和标识体系建设的 7 项具体任务；第三部分保障措施，提出了保障体系有效运行的 4 方面支持性政策。

其中重点任务和保障措施为：

关于重点任务。《意见》明确提出了 7 项重点任务，即：统一绿色产品内涵和评价方法，构建统一的绿色产品标准、认证和标识体系，实施统一的绿色产品标准清单和认证目录，创新绿色产品评价标准供给机制，健全绿色产品认证有效性评估与监督机制，加强技术机构能力和信息平台建设，推动国际合作和互认。重点任务的提出主要基于以下 4 个方面的考虑。

一是重点解决已有问题。在现有工作的基础上基于全生命周期理念，科学确定绿色产品评价的关键阶段和关键指标，建立评价方法与指标体系；提出构建以绿色产品评价标准子体系为牵引、以绿色产品的产业支撑标准子体系为辅助的绿色产品标准体系，建立符合中国国情的绿色产品认证与标识体系，妥善解决既有矛盾与问题。

二是确保共享改革红利。随着我国经济社会的不断发展，人民群众对质优、安全、环保的高品质产品的消费需求显著提升，但国内高端绿色产品供给严重不足，我国居民境外消费旺盛的现状也反映了我国高端消费供需结构矛盾和问题。优先选取与消费者吃、穿、住、用、行密切相关的消费产品，研究制定绿色产品评价标准，并据此组织开展认证，切实改进产品质量，增加绿色产品有效供给，满足人民群众消费需求，有利于让人民群众真正在改革中增加获得感。

三是构建完整制度链条。一方面加强制度前端的有效供给，在对相关国家标准、行业标准、团体标准评估的基础上，适时将适宜标准纳入绿色产品评价标准清单；另一方面加大事中事后监管力度，建立绿色产品评价标准和认证实施效果的指标量化评估机制，强化全过程信息采集和公开的要求，提出落实生产者对产品质量的主体责任、认证实施机构对检测认证结果的连带责任的基本要求。

四是积极提升技术能力。为确保体系建设技术基础，培育一批绿色产品标准、认证、检测专业服务机构，打造服务机构的自主品牌，建立统一的信息平台实现信息资源共享。围绕服务对外开放和“一带一路”战略，推进绿色产品标准、认证认可、检验检测的国际交流与合作，提升我国参与相关国际事务的制度性话语权。

关于保障措施。为确保《意见》贯彻及绿色产品体系任务有效落实，提出4项重点保障措施，一是加强部门联动配合，二是健全绿色产品体系配套政策，三是营造绿色产品发展环境，四是加强绿色产品宣传推广。保障措施部分突出了以下两个方面内容。

一方面是要各部门共同实施、形成合力。统一的绿色产品标准、认证、标识体系作为实现我国经济社会绿色发展中不可或缺的技术支持和政策工具，只有各部门共同参与才能发挥最大效能。《意见》提出建立绿色产品标准、认证与标识部际协调机制，统筹协调绿色产品标准、认证、标识相关政策措施，落实对绿色产品财税金融支持政策，建立绿色产品标准推广和认证采信机制，鼓励绿色产品采购，推动绿色市场建设。

另一方面是要抓好落实评估、加强宣传引导。结合各部门各地方实际，促进绿色产品标准实施、认证结果使用与效果评价，推动绿色产品发展。同时加大绿色产品标准、认证、标识的政策解读和宣传推广力度，传播绿色发展理念，引导绿色生产生活方式，促进绿色产业提质升级，构建我国绿色产品市场规范管理的长效机制。

二、GB/T 33761—2017《绿色产品评价通则》国家标准主要技术内容

统一的绿色产品评价方法和评价指标体系，是制定各领域、各行业及各类别绿色产品评价标准的方法基础。《绿色产品评价通则》国家标准，是制定绿色产品标准的基础标准。明确了绿色产品的概念，统一了绿色产品评价方法和指标体系，对各类绿色产品评价标准的制定工作发挥指导作用。

（一）绿色产品的定义和内涵

标准明确了绿色产品的定义和内涵。

绿色产品，是指在生命周期过程中，符合环境保护要求，对生态环境和人体健康无害或危害小、资源能源消耗少及品质高的产品。

绿色产品的内涵主要体现在：满足用户使用要求和消费升级需求，这是基本前提；节约资源和能源；保护生态环境，对环境无影响或影响极小；保护消费者人体健康，要求产品无毒无害或低毒低害。

（二）绿色产品评价的基本原则

明确了遵循生命周期理念、绿色高端引领等 5 条原则。

1. 产品类别确定原则

依据 GB/T 7635.1，以终端消费品为主，根据产品的绿色指标特点，选取消费者关注度高、消费升级急需、生态环境及人体健康影响大的产品作为绿色产品评价对象，并将具有类似绿色特性指标的产品归为一类。

2. 指标选取原则

标准确定了 5 条指标选取原则。

（1）遵循“全生命周期理念”原则

标准明确要求，在制定具体绿色产品评价标准时，应从原材料获取、生产、使用以及废弃等生命周期阶段出发，重点分析产品在不同阶段的资源能源消耗、生态环境影响及人体健康安全影响因素，选取能够表征该类产品主要绿色特性并可量化和可检测验证的指标构成绿色产品评价指标体系。

（2）遵循“代表性”原则

应在国内外绿色相关标准比对分析的基础上，并开展行业及消费者调查分析，选取消费者关注度高及环境影响大的绿色性能指标，确保所选指标具有代表性。

（3）遵循“适用性”原则

应在确保具备指标检测方法和中国实验室检测能力的基础上，鼓励选用国际或国外绿色产品评价相关标准中的指标及先进指标要求。

（4）遵循“兼容性”原则

应在指标相关性分析的基础上，兼顾产品绿色性能和质量性能，合理确定指标基准值。

（5）遵循“高端引领”原则

明确了绿色产品评价标准的行业领跑地位，要求符合绿色产品评价指标的产品比例原则上不超过可比产品的 5%，切实发挥标准的绿色高端引领作用。

3. 指标基准值确定原则

标准规定，应根据具体的产品和行业特点，以评价筛选绿色产品为目的，科学合理确定指标基准值。在确定评价指标基准值时，以当前国内符合所有指标要求的该类产品比例不超过 5%，符合每个单项指标要求的该类产品比例原则上不超过 10%为取值原则，以体现绿色产品的优势。

（三）建立了绿色产品评价指标体系框架和方法

标准建立了以产品生命周期理念为基础的综合评价指标体系，替代原有环保、节能、节水、循环、低碳、再生及有机等独立评价指标。

指标体系包括基本要求和评价指标要求两部分。

1. 基本要求

主要涉及应满足的节能环保法律法规、工艺技术、管理体系及相关产品标准等方面的要求。标准具体规定为：

（1）产品生产企业的污染物排放状况，应要求符合相关环境保护法律法规，达到国家或地方污染物排放标准的要求，近三年无重大安全事故和重大环境污染事件；

（2）生产企业的污染物总量控制，应要求达到国家和地方污染物排放总量控制指标；

（3）生产企业的管理，应要求按照 GB/T24001 和 GB/T 19001 分别建立并运行环境管理体系和质量管理体系；

（4）产品质量水平，应要求满足相关产品标准要求。

2. 评价指标要求

主要包括资源、能源、环境和品质属性等四类一级指标，在一级指标下设置可量化、可检测和可验证的二级指标。绿色产品要同时满足基本要求和评价指标要求。

资源属性指标：重点选取材料及水资源减量化、便于回收利用及包装物材料等方面的指标。

能源属性指标：重点选取产品在制造和使用过程中能源节约和能源效率等方面的指标。

环境属性指标：重点选取对生产过程的污染物排放及使用过程有毒有害物质释放等方面的指标。

品质属性指标：重点选取消费者关注度高、影响高端品质的产品耐用性和健康安全等方面的指标。

有必要指出，由于涉及的产品种类繁多，具体的产品资源、能源、环境和品质属性指标必须结合产品特点进行确定，重点要突出全生命周期理念。

3. 评价方法

同时满足本标准基本要求和评价指标要求的产品才称为绿色产品。

（四）本标准颁布实施的重要意义

一是落实供给侧结构性改革，推动制造业技术水平和产品质量提升。绿色产品评价标准是基于生命周期理念，针对产品质量、生态环境和健康安全等多方面提出综合性指标要求，为企业的生产过程与技术要求设定标杆，有利于改变粗放式的生产模式，提高资本、劳动等要素的配置效率，淘汰落后产能，推进供给侧结构性改革，促进传统产业转型升级。

二是满足消费升级需求，为人民健康生活提供保障。绿色产品核心理念是提升产品质量，在社会经济发展的背景下，满足日益增长的社会生产和人民生活的需求。通过建立绿色产品体系，推动高端绿色产品的供给，适应和满足日渐兴起的绿色消费趋势，促进供需有效对接，提升消费者“获得感”。

三是顺应国际绿色潮流，引导我国产业对标国际。2013 年 4 月 9 日，欧盟委员会发布关于建立绿色产品单一市场的公告，推动欧盟地区使用统一的产品生命周期评价方法。在绿色产品评价标准制定中，在具备指标检测方法和实验室检测能力的基础上，鼓励选用国际或国外相关标准中的先进指标要求，主动迎接全球市场发展趋势，将有效提升我国制造业和产品的国际市场竞争力。

三、绿色产品认证标识

2018 年 3 月 26 日根据国务院办公厅《关于建立统一的绿色产品标准、认证、标识体系的意见》（国办发［2016］86 号）中统一绿色产品标识的原则，国家认监委确定了绿色产品认证标识式样。绿色产品认证标识分为基本标识和变形标识，具体标识式样如下：

1. 基本标识，应用于列入绿色产品认证目录并获得绿色产品认证的产品

2. 变形标识，应用于获得部分绿色属性（如：节能、低碳、节水、环保等）产品认证的产品。

绿色产品认证标识具体使用要求将结合绿色产品认证体系建设实际需要在实施方案或认证规则中明确。

四、《绿色产品标识认证管理办法》与绿色产品认证和检测能力要求标准

国家认监委正在制定《绿色产品标识认证管理办法》，该办法将规范管理用于在中华人民共和国境内从事绿色产品标识认证以及获证绿色产品的生产、进口及销售活动。

2018 年 6 月 4 日，RB/T 242.1—2018《绿色产品认证机构要求 第 1 部分 通则》、RB/T 242.2—2018《绿色产品认证机构要求 第 2 部分 环境保护和资源节约》、RB/T 242.3—2018《绿色产品认证机构要求 第 3 部分 再生能源利用》、RB/T 242—2018《绿色产品认证机构要求 第 4 部分 有机产品认证机构要求》及 RB/T 241—2018《绿色产品检测机构要求》等 5 项绿色产品认证领域认证认可行业标准正式发布，2018 年 12 月 1 日实施。制定和发布实施绿色产品认证和检测机构能力要求领域的行业标准，是我国绿色产品标识与认证体系建设的重要内容，为绿色产品机构能力建设工作奠定坚实的技术基础。

五、国家市场监督管理总局发布《关于发布绿色产品评价标准清单及认证目录（第一批）的公告》

2018 年 4 月 12 日，国家市场监督管理总局发布了《关于发布绿色产品评价标准清单及认证目录（第一批）的公告》（以下简称《公告》），公布了涂料等 12 类产品的绿色产品评价标准清单及认证目录。

《公告》指出，为贯彻落实《国务院办公厅关于建立统一的绿色产品标准、认证、标识体系的意见》中关于“统一发布绿色产品标识、标准清单和认证目录，依据标准清单中的标准组织开展绿色产品认证”的要求，国家市场监管总局组织提出绿色产品评价标准清单及认证目录（第一批），涉及包括人造板和木质地板、涂料、卫生陶瓷、建筑玻璃、太阳能热水系统、家具、绝热材料、防水与密封材料、陶瓷砖（板）、纺织产品、木塑制品、纸和纸制品等 12 大类产品（表 7-1）。

表 7-1 绿色产品评价标准清单及认证目录

序号	标准编号	标准名称	认证目录
1	GB/T 35601—2017	绿色产品评价 人造板和木质地板	人造板和木质地板
2	GB/T 35602—2017	绿色产品评价 涂料	涂料
3	GB/T 35603—2017	绿色产品评价 卫生陶瓷	卫生陶瓷
4	GB/T 35604—2017	绿色产品评价 建筑玻璃	建筑玻璃
5	GB/T 35606—2017	绿色产品评价 太阳能热水系统	太阳能热水系统
6	GB/T 35607—2017	绿色产品评价 家具	家具
7	GB/T 35608—2017	绿色产品评价 绝热材料	绝热材料
8	GB/T 35609—2017	绿色产品评价 防水与密封材料	防水与密封材料
9	GB/T 35610—2017	绿色产品评价 陶瓷砖（板）	陶瓷砖（板）
10	GB/T 35611—2017	绿色产品评价 纺织产品	纺织产品
11	GB/T 35612—2017	绿色产品评价 木塑制品	木塑制品
12	GB/T 35613—2017	绿色产品评价 纸和纸制品	纸和纸制品

本目录的发布，贯彻落实了《国务院办公厅关于建立统一的绿色产品标准、认证、标识体系的意见》中关于“统一发布绿色产品标识、标准清单和认证目录，依据标准清单中的标准组织开展绿色产品认证”的要求，为开展绿色产品认证提供政策保障。

第二节 国外人造板与木地板生态标签标准主要技术内容

根据国家标准 GB/T 33761—2017《绿色产品评价通则》的要求，绿色产品评价要从资源属性、能源属性、环境属性和品质属性来进行全生命周期进行确定。

国外人造板与木质地板的绿色产品评价标准（生态标签标准）包括《欧盟木地板生态标签 EU Ecolabel for wooden floor coverings（2010/18/EC）》（欧洲之花）、北欧白天鹅环保标章标准《结构板和外墙板 Nordic Ecolabelling of Construction and facade panels》、德国蓝天使标准《RAL-UZ 76 低释放木质复合材料 Low-emission Composite Wood Panels》、《RAL-UZ 176 低释放实木和木基复合材料的地板覆盖物、板材和室内门 Low-Emission Floor Coverings，Panels and Doors for Interiors made of Wood and Wood-Based Materials》和日本生态标签标准《木制或相似物制板材认证标准 Board Made of Wood or the like Version2.4 Certification Criteria》以及美国 2016 发布的最新的木质复合材料甲醛标准等文献，标准起草组对这些标准的核心技术内容进行了比对分析，发现这些标准制定的原则为产品原料绿色化、生产过程清洁化、产品环保化。这些标准的资源属性、环境属性和品质属性主要内容如下：

一、资源属性

（一）木质原材料属性

1. 木材原材料要求

（1）《欧盟木地板生态标签 EU Ecolabel for wooden floor coverings（2010/18/EC）》标准

所有的软木、竹和原木都应源自于以森林的可持续管理为目标且以其原则和方式来执行的森林。所有的木材原料都应有档案确认其来源合法。截至 2011 年 6 月 30 日，对于市场上有生态标签的木制品，至少 50%的实木和 20%的木基材料必须源于持续管理的森林，或源于回收材料。从 2011 年 7 月 1 日，至 2012 年 12 月 31 日，对于市场上有生态标签的木制品，至少 60%的实木和 30%的木基材料必须源于持续管理的森林，或源于回收材料。从 2013 年 1 月 1 日起，对于市场上有生态标签的木制品，至少 70%的实木和 40%的木基材料必须源于持续管理的森林，或源于回收材料。

（2）北欧白天鹅环保标章标准《结构板和外墙板 Nordic Ecolabelling of Construction and facade panels》

用于纸张、纸板和纸浆生产的木材纤维原料要求每年至少 30%的木材纤维原料必须来自已认证森林地区或经核证为有机栽培正在被转换为有机栽培地区；或者 70%的纸、纸板和纸浆纤维原料必须为回收的纤维或加工剩余物（如刨花或木屑）；或前两者的组合，如果回收纤维比例少于 70%，要求认证地区纤维原料来源的比例必须符合下列公式：$Y \geq 30-0.4X$，其中，X 指回收材料的比例。

实木、单板、竹材和软木的来源和可追溯性。除了树木中的次生原料如棕榈叶以及回收木材不做要求之外，要求证明所有的木材、单板和竹材原料的可追溯性，说明使用的各种木材、竹材的名称（拉丁语和一种北欧语言）和地理来源（国家和地区或省），提供木材、竹材可持续供给的书面证明文件。木材、单板和竹材不能来源于保护区或将被授予保护区的状态、所有者或使用的权利不清楚的地区、转基因的树木或植物。此外，要求原料来源地区的林业活动必须不损害天然林、生物多样性、特殊生态系统或重要的生态功能，重要的社会和文化价值。

实木、单板和竹材的认证。要求由实木、单板、竹材和软木等原料生产的板材中，70%的木材（重量比）必须来自已认证的森林或经核证为有机栽培或正在转换为有机栽培的地区。树木中的次生原料如棕榈叶以及回收木材不做要求，但供应商需说明。

(3) 德国蓝天使标准

在德国蓝天使标准《RAL-UZ 76 低释放木质复合材料》中，要求胶合板和实木板的木材不能来源于北方森林和热带雨林，必须来自于当前可持续林。

在《RAL-UZ 176 低释放实木和木基复合材料的地板覆盖物、板材和室内门》标准中，要求木材来源必须合法，至少50%的木材或者50%的木质复合材料的原材料来源于可持续森林。承认的森林认证有FSC或PEFC。

(4) 日本生态标签标准《木制或相似物制板材认证标准 Board Made of Wood or the like Version2.4 Certification Criteria》

标准中规定，木材需要森林认证，应当满足生态标签中的认证要求。应当由原材料销售方提交能证明原材料是重新使用或者未使用木材，还是废弃植物纤维的文件。如果使用材料中有多个销售方，应当提交销售方清单和材料交易量前十名销售方的证明清单。如果使用间伐材作为材料，应当提交原始证明，包括生产地、树种和树龄信息，同时提交所涉及森林的照片（可清楚地证明林分为间伐）。如果可能的话，还应表明间伐的比例和林分被间伐的次数（包括最近一次的间伐）。如果是低价值木材，同时还应提交经第三方认证的森林属于合理使用的官方文件。

2. 人造板和木质地板加工使用的辅助添加化学药剂（防腐剂、杀虫剂、阻燃剂和染色剂等）的要求

(1)《欧盟木地板生态标签》

木地板不应浸渍处理。实木砍伐后不能使用世界卫生组织（WHO）规定的危险分类归为1a和1b级的杀虫剂物质或制剂来处理，且对木材的处理应与指令欧洲79/117/EEC和指令76/769/EEC的规定相符。

用于原木和植物处理的物质：木制品中不得添加有害物质或其制剂和混合物。这些物质是指按指令欧洲67/548/EEC及其修订、指令1999/45/EC定义为R23、R24、R25、R26、R27、R28、R39、R40、R42、R43、R45、R46、R48、R49、R50、R5、R52、R53、R60、R61、R62、R63、R68的物质。

产品不能含有卤化有机粘合剂、氮丙啶和聚氮丙啶，以及基于如下物质的染料和添加剂：铅、镉、铬（VI）、汞及其化合物；砷、硼和铜；有机锡。

涂层和表面处理物质：涂层和表面处理所使用的材料也必须符合标准规定的要求。此外，由化学品制造商/供应商按欧盟分类体系（第28次修订后的欧洲指令67/548/EEC）归为对环境有害的化学物质应符合如下两个限制：①按指令1999/45/EC归类为对环境有害的化学物质不可添加至表面处理的物质和制剂中。不过，此类物质或制剂中指令1999/13/EC定义的有机挥发物（VOC）含量上限为5%。若使用时要求稀释，稀释后的含量不应超过此限值。②按指令1999/45/EC对环境有害的物质的施加量（湿油漆/清漆）不超过$14g/m^2$，VOC的施加量（湿油漆/清漆）不超过$35g/m^2$。

产品或制剂中的游离甲醛含量不得超过0.3%（w/w）。夹板或层压木板所用的粘合剂、胶粘剂及胶水中的游离甲醛含量不得超过0.5%（w/w），胶粘剂也必须符合4.2.2.2中2（1）的要求，此外在产品的组装中使用的胶粘剂的VOC含量不得超过10%（w/w）。

从表面处理物质或制剂中释放的甲醛应少于0.05ppm。

增塑剂也必须符合 4.2.2.2 中 2（1）的要求，另外不允许在产品中使用 DNOP（二正辛基邻苯二甲酸盐），DINP（二异壬基邻苯二甲酸盐），DIDP（二异癸基邻苯二甲酸盐 ）。

对于杀虫剂，只有被指令 98/8/EC 的附录 IA 包含的、授权用于地板覆面的生物活性物质才允许使用。

（2）北欧白天鹅环保标章标准《结构板和外墙板》

原木处理杀虫剂要求：树木砍伐后，不能用世卫组织危险分类归为 1A 和 1B 的杀虫剂处理原木。

在成品板中，如纸和纸板的重量比超过 10%，对其生产过程中的化学需氧量（COD）的释放限量应符合标准要求。对于不同类型纸浆要求不同，标准规定了漂白的化学浆（硫酸盐纸浆和其他化学浆不含亚硫酸盐纸浆）、漂白的化学浆（亚硫酸盐纸浆）、不漂白的化学浆、CTMP（化学热磨机械浆）、TMP/磨木浆、回收纤维纸浆等 6 类纸浆的 COD 限量要求。标准对回收木材纤维纸浆 COD 要求最低（小于 4kg/ADt）。

“欧盟 CLP 法规”不允许使用的化学品类已经详细列出，用于生产标注生态标签的板材的化学产品必须不在表中。对于特殊用途的板材有相关的豁免规定。

下列物质不能用于人造板和木质地板化学产品中：

欧盟化学管理署根据 REACH 1907/2006/EC 法规 59（10）条款出台的高度关注物质名单中的物质。持久性、生物累积性和毒性（PBT）有机物（REACH 1907/2006/EC 法规中附录 XIII）；非常持久性和高生物累积性（vPvB）有机物（REACH 1907/2006/EC 法规中附录 XIII）。在高度关注物质名单的类别 1 或 2 中，视为潜在干扰内分泌的物质。为进一步调查内分泌干扰效应优先列出的物质卤化有机化合物，如有机氯化石蜡、氟化物和卤化阻燃剂。0.05%重量浓度以下的溴硝丙二醇杀虫剂、CMIT 和 MIT 免予本条要求（应符合 O22 要求）。双酚 A、烷基酚、烷基酚聚氧乙烯醚和其他烷基酚衍生物、邻苯二甲酸酯、氮丙啶、基于铅、锡、镉、六价铬、汞及其化合物的颜料和添加剂。

防腐剂和抗菌处理。杀虫剂或杀菌剂产品不允许用于成品板的表面部分。所有类型板材处理用化学产品中的防腐剂有严格限量规定，异噻唑啉酮（CMIT 甲基氯异噻唑啉酮/MIT 甲基异噻唑啉酮）（CAS 号：26172-55-4，2682-20-4）浓度不得超过 15ppm（即 15mg/kg）。除外墙板之外所有类型板材，异噻唑啉酮混合物的浓度不得超过 500ppm（即 500mg/kg）。其中，甲基异噻唑啉酮（MIT）的浓度不得超过 200ppm。

（3）德国蓝天使标准

德国蓝天使标准《RAL-UZ 76 低释放木质复合材料》、《RAL-UZ 176 低释放实木和木基复合材料的地板覆盖物、板材和室内门》规定，木质复合板及其涂漆都不能含有木材防腐剂（杀菌剂、杀虫剂、防火药剂）和卤化有机化合物。

涂层中致癌物、诱变物、毒性物：依据 Regulation（EC）No 1272 附录 6 的要求。其他被关注度极高的物质：依据 Regulation（EC）No. 1907。

考虑到未来的回收和处理，卤化有机化合物不能在产品生产中使用（例如：作为粘合剂、阻燃剂），包括生产中的材料（以木料为原料的材料，粘合剂，涂层等等）。以下阻燃剂可以使用：磷酸铵（磷酸氢二铵、多磷酸铵等）、其他的脱水矿物质（氢氧化铝等）、可膨胀石墨。不能使用杀菌剂，生物杀菌剂专门用于罐内保存水性涂料材料、粘合剂或者阻燃剂排除在此之外。

（4）日本生态标签标准《木制或相似物制板材认证标准》

应标明胶粘剂及添加剂的配方成分及重量百分比，不应使用含卤素的胶粘剂及添加剂。产品不应使用木材防腐剂（木材杀白蚁剂、木材防护剂、木材杀虫剂及木材杀真菌剂）。对于使用来自拆除建筑木材（拆除物中所用的木材或木质材料）的产品，应区分且清除采用防腐剂、杀白蚁剂和杀虫剂的木材。这些产品中的有害物质成分应满足附件4对于六价铬和砷的要求，附件4源自《土壤污染防治法》实施条例（2002年12月26日，环境部29号令）。不应添加甲苯和二甲苯作为配方成分。产品的涂层应符合重金属和重金属成分的标准（环保标记）产品目录No.126“涂料版本1.0”中的“4—1环境标准”第（4）条。对于装饰部分，不能在配方成分中添加含卤素和有机卤化物的树脂。应报告装置部分的配方成分。

二、环境属性

环境属性主要指人造板和木质地板生产作业环境的废气、粉尘、噪声、污水排放等指标，但各标准指标不同，这主要和当地的环境保护污染排放限制标准有关。

（一）作业环境

在《欧盟木地板生态标签》、北欧白天鹅环保标章标准《结构板和外墙板》、德国蓝天使标准、日本生态标签标准《木制或相似物制板材认证标准》等标准中对作业环境空气中甲醛浓度、木粉尘、噪声有一定的要求。

（二）污水排放

在《欧盟木地板生态标签EU》、北欧白天鹅环保标章标准《结构板和外墙板》、德国蓝天使标准、日本生态标签标准《木制或相似物制板材认证标准》等标准中对污水排放有一定的规定，各标准指标不同，这主要和当地的环境保护标准有关。

三、品质属性

（一）甲醛

1. 欧盟生态木质地板标签标准

木质地板甲醛释放量不应超过0.05mg/m^3（EN 717-1）。

2. 北欧白天鹅环保标章标准《结构板和外墙板》

该规定涉及所有的人造板。人造板使用了含甲醛的胶粘剂或表面处理中含甲醛，必须满足以下两个要求之一：

（1）中密度纤维板（MDF）游离甲醛平均含量不得超过5mg/100g干物质的；所有其他板材游离甲醛平均含量不得超过4mg/100g干物质。根据EN 120或通过北欧生态标签批准的类似方法测定。

该规定适用于含水率（H）为6.5%条件的木材。如果板材有不同含水率（范围3%～10%以内），穿孔法的分析值必须乘以因子F，因子F公式如下：

刨花板：$F=-0.133H+1.86$；

中密度纤维板 $F=-0.1210H+1.78$

（2）中密度纤维板（MDF）平均甲醛释放量不超过 0.08mg/m^3 干物质；所有其他板材平均甲醛释放量不超过 0.07mg/m^3 干物质。测试根据 EN 717-1 或北欧生态标签批准的类似方法测定。

EN 717-1 的试验方法与 ASTM E 1333 和 JIS A 1460 有相关性，见表 7-2。

表 7-2 标准测试方法及指标对比表

采用标准	EN 717-1（23℃/相对湿度 45%RH）	ASTM E 1333（25℃/相对湿度 50%RH）	ASTM E 1333 25℃/相对湿度 50%RH	JIS A 1460
中密度纤维板	0.09mg/m^3	0.06ppm	0.07mg/m^3	0.66mg/L
其他	0.07mg/m^3	0.08ppm	0.10mg/m^3	0.53mg/L

3. 德国蓝天使标准

德国蓝天使标准《RAL-UZ 76 低释放木质复合材料》中规定，对于各种木质复合材料，采用 1m^3 气候箱法测试，在实验室的测试条件下甲醛浓度含量不得超过 0.05ppm；

《RAL-UZ 176 低释放实木和木基复合材料的地板覆盖物、板材和室内门》中规定，地板覆盖物、面板和室内门，1m^3 气候箱法条件下不超过 0.1ppm。

4. 日本生态标签标准《木制或相似物制板材认证标准》

产品的甲醛释放应达到符合 JIS A 5905 或 JIS A 5908 的 F4 星级别，或者处于土地基础设施和交通部门规定的范围之外。产品应满足以下要求：

（1）按照 JIS A 1460《建筑板甲醛释放测定 干燥器法》所测定的甲醛释放量的平均值不大于 0.3mg/L 且最大值不大于 0.4mg/L。

（2）按照 JIS A 1901《建筑产品中挥发有机物和甲醛释放的测定 小气候箱法》所测定的甲醛释放率应不大于 5μg/（m^2 · h）

5. 美国最新《复合木制品甲醛释放标准》

2016 年 12 月 12 日，美国环保署发布了《关于复合木制品甲醛释放标准》，根据这一标准，2017 年 12 月 12 日之后所有生产或进口至美国的以单板芯或复合芯制造的硬木胶合板、刨花板、中密度纤维板，以及含有这些材料的制成品，必须符合该标准的相应要求（表 7-3 ）。

表 7-3 美国复合木制品甲醛释放标准要求

产品	甲醛释放限量（大气候箱法 ASTM E-1333）	甲醛释放限量（1 立方米气候箱法）
以单板芯或复合芯制造的硬木胶合板	≤0.05ppm	≤ 0.062mg/m^3
刨花板	≤0.09ppm	≤0.116mg/m^3
中密度纤维板	≤0.11ppm	≤0.136mg/m^3
薄型中密度纤维板	≤0.13ppm	≤0.161mg/m^3

（二）挥发性有机化合物

1.《欧盟木地板生态标签》

应符合 prEN 15052 或 EN ISO 16000－9 检测的挥发性有机物（VOC）限量指标（表 7-4）。

表 7-4 欧盟木地板生态标签标准的挥发性有机物限量

物质	要求（72h），mg/m^3
在保存阶段内的总有机物 C6-C16（TVOC）	0.25
在保存阶段内的总有机物 C16-C22（TSVOC）	0.03
无 LCI* 的总 VOC	0.05

* 最低关注浓度。见“源于建筑产品的挥发性有机物（VOC）健康危险灾害评估程序”（德联邦环保局）

2. 北欧白天鹅环保标章标准《结构板和外墙板》

该标准规定，饰面的板材必须符合相应规定（表 7-5）。结构板材必须按照 CEN/TS 16516，ISO 16000-3/6/9/10 或等效试验方法进行测试。测试的工作必须由经认可的第三方进行。

饰面木质人造板应符合表 7-5 的 VOC 释放要求。所有其他类型的板材必须符合 TVOC、SVOC 和甲醛的排放水平。

表 7-5 的甲醛要求不适用于木基板材。外墙板和建筑围护结构内外的其他类型板材不做要求。

表 7-5 《北欧建筑板材白天鹅环保标章》挥发性有机物限量

物质组	平衡至 28 天后，$mg/m^3 \cdot h$
TVOC（C6-C16）：木质人造板之外的其他板材	0.16
TVOC（C6-C16）：表面处理的木质人造板	0.30
SVOC（C16-C23）：木质人造板之外的其他板材	0.03
SVOC（C16-C23）：表面处理的木质人造板	0.10
甲醛：木质人造板之外的其他板材	0.004

3. 德国蓝天使标准

德国蓝天使标准《RAL-UZ 76 低释放木质复合材料》、《RAL-UZ 176 低释放实木和木基复合材料的地板覆盖物、板材和室内门》中要求挥发性有机物限量依据《联邦污染物排放控制法》（Federal Immission Control Act）和《理事会指令 1999/13 / EC》（Council Directive 1999/13/EC），具体要求见表 7-6。《欧盟理事会指令 1999/13 / EC》，该指令涉及了使用有机溶剂的几乎所有领域，如印刷、汽车涂装、制药及表面清洁等。2004 年欧盟对其进行了修订，修订后的指令不包含适用于油漆和清漆使用要求的油漆指令（2004/42/EC 指令）的领域（包括某些导致对流层臭氧数目升高的涂料、染料、汽车表面整修产品），其 VOCs 排放设定值比之前允许值调低了很多，要求更加严格。

VOCs 指令也涉及木地板和人造板行业，主要是因为制品中的硬木夹板、胶粘剂、甲醛泡沫绝缘材料、油漆、清漆、亮漆、封边剂中含有如甲醛、挥发性卤代物、苯、甲苯、二甲苯、乙苯、苯乙烯等有机挥发物，其具体排放控制标准可参见表 7-6。

表 7-6　挥发性有机物限量

化合物或者物质	第 3 天	最终值（第 28 天）
在 C_6～C_{16} 范围内总的挥发性有机化合物	≤ 3.0mg/m³	≤0.4mg/m³
在大于 C_{16}～C_{22} 范围内总的半挥发性有机化合物	—	≤0.1mg/m³
根据涂料系统一般物质要求分类的致癌物质	总含量≤10mg/m³	单体含量≤1mg/m³
没有最低浓度值的总的挥发性有机化合物	—	≤ 0.1mg/m³
室内空气浓度除以物质的最低浓度值的商	—	≤1
甲醛	—	≤0.05ppm
氨	—	≤ 0.1mg/m³

4. 日本生态标签标准《木制或相似物制板材认证标准》

该标准规定，按照 JIS A 1901 附录中挥发性有机化合物限量要求执行（表 7-7）。

表 7-7　挥发性有机物限量

VOC	限量值（μg/m³）
甲醛	100
甲苯	260
二甲苯	870
二氯苯	240
乙苯	3800
苯乙烯	220
十四烷	330
乙醛	48

5. 德国建材分级制度 GEV-EMICODE

由德国主要胶粘剂制造商（地板装修材逸散控制协会）（Gemeinschaft Emissions-kontrollierte Verlegewerkstoffe e. V.）建立的建材分级制度 GEV-EMICODE，针对地板材料认证，认证对象如胶粘剂、填充材、表面材、支撑材等。检测 VOC 逸散与臭气逸散将地板材分为 EMICODE EC1、EMICODE EC2、EMICODE EC3 三个等级，具体要求见表 7-8 。

表 7-8　挥发性有机物限量

等级	整平材料与地面用胶粘剂 Primers	整平材料 Levelling Compounds	地板与地面用胶粘剂 Adhesives
EMICODE EC 1	低于 100μg/m³	低于 200μg/m³	低于 500μg/m³
EMICODE EC 2	100～300μg/m³	200～600μg/m³	500～1500μg/m³
EMICODE EC 3	超过 300μg/m³	超过 600μg/m³	超过 1500μg/m³

第三节 《绿色产品评价 人造板和木质地板》标准制定的意义、编制原则和研制过程

一、人造板和木质地板产业状况

人造板是指以木材或非木材植物纤维材料为主要原料，加工成各种材料单元，施加（或不施加）胶粘剂和其他添加剂，组坯胶合而成的板材或成型制品。主要包括胶合板（含竹胶合板）、刨花板、纤维板及其表面装饰板等产品；木质地板是指用木材制成的地板，主要包括实木地板、浸渍纸层压木地板、实木复合地板、竹地板和软木地板。人造板和木质地板作为室内装饰装修材料，也是重要的消费品，与老百姓生活密切相关。

自 2011 年以来，中国已经成为世界人造板和木质地板的生产大国和消费大国，人造板和木质地板的产量不断增加。根据国家林业局《中国林业发展报告 2017》，2016 年人造板总产量为 30042.22 万立方米。其中胶合板产量为 17755.62 万立方米；纤维板产量为 6651.21 万立方米；刨花板产量为 2650.10 万立方米；其他人造板产量为 2985.29 万立方米。据中国林产工业协会地板专业委员会不完全统计，2017 年我国具有一定规模的地板企业木竹地板总销量约 41520 万平方米，同比增长约 4.64%。其中强化木地板销售 21470 万平方米，同比增长 2.00%；实木复合地板销售 11490 万平方米，同比增长 9.95%；实木地板销售 4790 万平方米，同比增长 9.11%；竹地板销售 3360 万平方米，同比下降 1.18%；其他地板销售 410 万平方米，同比增长 5.13%。

二、《绿色产品评价 人造板和木质地板》国家标准制定的重要意义

1. 制定《绿色产品评价 人造板和木质地板》国家标准，是落实国务院办公厅（国办发［2016］86 号）精神的重要举措，是建立人造板和木质地板室内装饰装修材料绿色产品评价体系的基础

国务院办公厅《关于建立统一的绿色产品标准、认证、标识体系的意见》（国办发［2016］86 号）“将目前分头设立的再生、有机、环保、节能、节水、循环以及低碳等产品统一整合为绿色产品，建立统一的绿色产品标准、认证、标识等体系”。人造板和木质地板是用途广泛的重要装饰装修材料，研制人造板和木质地板绿色产品评价标准，对建立统一人造板和木质地板绿色产品评价体系，具有重要意义。

2. 制定《绿色产品评价 人造板和木质地板》国家标准，对促进我国人造板和木质地板产业转型升级，实现高端引领，提升消费品质量，引领绿色消费具有重要意义

依据全生命周期理论，根据资源属性、环境属性及品质属性等对人造板和木质地板进行绿色产品评价，提出更高的绿色指标要求，树立更高的产品绿色性能标杆。只有更高的标准，才有更高的质量。凡通过认证达到国家绿色产品标准要求获得绿色产品标志的产品，将成为高质量的代名词，也将成为市场的新宠。绿色人造板和木质地板评标准实施，对促进我国人造板和木质地板产业转型升级，实现高端引领，提升消费品质量具有重要意义。

3. 制定《绿色产品评价 人造板和木质地板》国家标准，对促进我国绿色人造板和木质地板国际贸易，减少企业负担，消除贸易壁垒具有重要意义

我国是人造板和木质地板的出口大国，产品出口必须通过国外绿色人造板和木地板产品标准认证，这些认证包括标准主要有欧洲白天鹅认证、德国蓝色天使认证、美国 CARB 认证、日本 JAS 认证标准。人造板和木质地板出口企业面临严峻的国际绿色贸易壁垒，每年出口产品认证花费很大，给企业带来严重的经济负担。制定《绿色产品评价 人造板和木质地板》国家标准，本标准中各性能指标与国外先进标准接轨，这对消除我国人造板及木质地板国际贸易的绿色壁垒，减少企业负担，扩大绿色产品贸易具有重要意义。

三、标准的编制原则

（一）按照 GB/T 1.1—2009《标准化工作导则 第 1 部分：标准的结构和编写》给出的规则和 GB/T 33761—2017《绿色产品评价通则》的要求给出的规则起草。

（二）根据产品原料绿色化、生产过程清洁化、产品环保化的原则进行确定标准的资源属性、能源属性、环境属性和品质属性。

标准起草小组搜集整理《欧盟木地板生态标签》（欧洲之花）标准、北欧白天鹅环保标章标准《结构板和外墙板》、德国蓝天使标准《RAL-UZ 76 低释放木质复合材料》、《RAL-UZ 176 低释放实木和木基复合材料的地板覆盖物、板材和室内门》和日本生态标签标准《木制或相似物制板材认证标准》以及美国 2016 发布的最新的木质复合材料甲醛标准等国外人造板与木质地板的绿色产品评价标准（生态标签标准）文献，并对这些标准的核心技术内容进行了比对分析。结果发现，这些标准重点突出了产品原料绿色化、生产过程清洁化及产品环保化。为此，标准起草小组确定本标准制定原则为：产品原料绿色化、生产过程清洁化、产品环保化的原则，并根据这些原则确定标准的资源属性、环境属性、能源属性和品质属性以及标准的主要技术指标。具体原则如下：

1. 生产原料绿色化

国外人造板与木质地板的生态标签标准规定，生产人造板与木质地板使用的木材、竹材、软木等原料必须通过森林认证；使用的胶粘剂、涂料等化学产品必须不含法律法规明确规定的禁用物质，如 POPS 物质、禁用染料等；阻燃、防腐、防虫药剂不能在木材采伐、加工处理中使用。

同时，该标准明确适用范围不能包含阻燃、防腐、防虫人造板或木地板。

2. 生产过程清洁化

主要是要求节能减排和清洁生产，主要体现在能源属性方面要能耗低，环境属性方面要环保、清洁生产。

能源属性要求：调查发现，目前现有人造板和木质地板能耗国家标准和林业行业标准 12 项，其中人造板能耗标准有：LY/T 1451—2017《纤维板生产综合能耗》、LY/T 1529—2012《胶合板生产综合能耗》、LY/T 1530—2011《刨花板生产综合能耗》、LY/T 2071—2012《细木工板生产综合能耗》、LY/T 2074—2012《竹材胶合板生产综合能耗》、LY/T 2395—2014《竹材刨花板生产综合能耗》、LY/T 2396—2014《竹木复合板生产综合能耗》、LY/T2549—2015《集成材生产综合能耗》等 8 项；木质地板产品能耗标准 4 项：

LY/T 1703—2007《实木地板生产综合能耗》、GB/T 23899—2007《实木复合地板生产综合能耗》、LY/T 2073—2012《浸渍纸层压木质地板生产综合能耗》、LY/T 2551—2015《竹地板生产综合能耗》等。因此，根据现有标准，标准起草小组确定选择每个产品的基本能耗等级的优秀级别作为能源属性评价指标。对于没有能耗指标的产品暂不进行该项指标评价。

清洁生产要求：国外人造板与木质地板的生态标签标准对人造板与木地板生产过程中的废水排放、单位产品能耗、生产车间的环境质量等有明确的规定。这些要求，主要是环境属性指标。由于目前中国经济发展不平衡，各地生产过程的环保性能要求，不同地方执行的标准不统一，不少地方发布了严格的比国家标准更高的地方环境保护标准。为此，在确定环境属性时指标时，应符合当地的环境保护要求。

3. 产品环保化

人造板与木质地板的甲醛释放限量、挥发性有机物限量和可溶性金属含量限量（仅限于色漆饰面人造板及其制品）是有毒有害物质，受到广大消费者和产业界的高度关注，必须进行统一规范。

国外人造板与木质地板的生态标签标准对人造板与木地板产品的甲醛释放限量、挥发性有机物限量和可溶性金属含量限量（仅限于色漆饰面人造板及其制品）等 3 类物质进行了规范，提高限量值要求，保证产品质量环保化。

四、标准研制过程

该标准是在国家标准化管理委员会国家标准前期研究项目“木质装饰板绿色评价国家标准研制”、国家标准制定项目《绿色产品评价 人造板和木质地板》（标准项目计划号：20171340-T-432）和中国林科院学科群项目“木基复合材料与化学资源化利用领域培强”的支持下完成的。这 3 个项目承担单位为中国林业科学研究院木材工业研究所，标准项目负责人为段新芳研究员。

2016 年 11 月开始启动项目研究和标准研制工作，2017 年 9 月和 10 月先后通过全国人造板标准化委员会和国家绿色产品评价标准总体组的审查，2017 年 11 月标准报批，2017 年 12 月 8 日 GB/T 35601—2017《绿色产品评价 人造板和木质地板》发布，2018 年 7 月 1 日实施。

1. 标准起草小组的组建

本标准由中国林业科学研究院木材工业研究所负责起草，由中国标准化研究院、中国建筑材料联合会、北京建筑材料检验研究院有限公司、中环联合（北京）认证中心有限公司、建筑材料工业技术监督研究中心、大自然家居（中国）有限公司、大亚人造板集团有限公司、圣象集团有限公司、德华兔宝宝装饰新材股份有限公司、升华云峰新材股份有限公司、广东耀东华装饰材料科技有限公司以及久盛地板有限公司等参加起草。

2. 主要工作内容

（1）标准比对分析研究。开展国内外人造板和木质地板绿色评价相关标准比对，形成绿色评价的指标库。

（2）调研和测试分析。调研人造板和木质地板从生产到应用全过程有关的能源、资源、环境等要求，对关键指标进行测试分析。

（3）测定了部分人造板产品中甲醛、挥发性有机物和可溶性金属含量。

（4）编制《绿色产品评价 人造板和木质地板》国家标准草案、标准征求意见稿、送审稿，通过人造板标委会审查和国家绿色产品评价标准化总体组二次审查、报批、标准发布。

第四节　《绿色产品评价 人造板和木质地板》标准的主要内容

国家标准 GB/T 35601—2017《绿色产品评价 人造板和木质地板》2017 年 12 月 8 日发布，2018 年 7 月 1 日实施。

本标准起草单位：中国林业科学研究院木材工业研究所、中国标准化研究院、中国建筑材料联合会、北京建筑材料检验研究院有限公司、中环联合（北京）认证中心有限公司、建筑材料工业技术监督研究中心、大自然家居（中国）有限公司、大亚人造板集团有限公司、圣象集团有限公司、德华兔宝宝装饰新材股份有限公司、升华云峰新材股份有限公司、广东耀东华装饰材料科技有限公司、久盛地板有限公司。

本标准主要起草人：段新芳、付跃进、孙柏玲、安鑫、虞华强、李晓玲、高东峰、周丽玮、李巍、彭芝红、邢红霞、王欣宇、佘学彬、陈秀兰、陈大男、沈金祥、庞小仁、曾敏华、孙龙祥、张冉、金枝、徐金梅。

一、范围

本标准规定了人造板和木质地板绿色产品评价的术语和定义、评价要求和评价方法。

本标准适用于室内用人造板和木质地板绿色产品评价。防腐木材产品和防腐防虫人造板及地板、阻燃人造板及木地板产品不适用。

二、规范性引用文件

本标准的引用的主要标准如下：

GB/T 18259—2000　人造板及其表面装饰术语

GB 18580—2017　室内装饰装修材料 人造板及其制品中甲醛释放限量

GB 18583　室内装饰装修材料 胶粘剂中有害物质限量

GB/T 19001　质量管理体系 要求

GB/T 23899　实木复合地板生产综合能耗

GB/T 23999　室内装饰装修用水性木器涂料

GB/T 24001　环境管理体系 要求及使用指南

GB/T 28001　职业健康安全管理体系规范

GB/T 28951　中国森林认证 森林经营

GB/T 28952　中国森林认证 产销监管链

GB/T 29899—2013　人造板及其制品中挥发性有机化合物释放量试验方法 小型释放舱法

GB/T 33042—2016　木质地板饰面层中铅、镉、铬、汞重金属元素含量测定

GB/T 33761—2017　绿色产品评价通则

LY/T 1451 纤维板生产综合能耗
LY/T 1529 胶合板生产综合能耗
LY/T 1530 刨花板生产综合能耗
LY/T 1703 实木地板生产综合能耗
LY/T 2071 细木工板生产综合能耗
LY/T 2073 浸渍纸层压木质地板生产综合能耗
LY/T 2074 竹材胶合板生产综合能耗
LY/T 2275 中国森林认证 竹林经营
LY/T 2395 竹材刨花板生产综合能耗
LY/T 2396 竹木复合板生产综合能耗
LY/T 2549 集成材生产综合能耗
LY/T 2551 竹地板生产综合能耗
《濒危野生动植物种国际贸易公约（CITIES）》及其附录
《进出口野生动植物种商品目录》

三、评价要求

本标准评价要求部分，分为基本要求和评价指标要求两部分。

（一）基本要求

主要对产品质量、安全和生产企业污染物排放、清洁生产及其环境管理体系、质量管理体系和职业健康安全管理体系进行了规定性要求。具体要求如下：

（1）产品应满足相应产品质量和安全标准的要求。

（2）生产企业的污染物总量控制，应达到国家和地方污染物排放总量控制指标的要求。

（3）生产企业应按照 GB/T 24001、GB/T 19001、GB/T 28001 和 GB/T 28952 分别建立并运行环境管理体系、质量管理体系和职业健康安全管理体系、产品原料追溯体系。

（二）评价指标要求

评价指标体系由一级指标和二级指标组成，其中一级指标包括资源属性指标、能源属性指标、环境属性指标和品质属性指标。

1. 资源属性

详细规定见表 7-9。

（1）木材等原材料要求：木材、竹材等原料应符合 GB/T 28951 、GB/T 28952、LY/T 2275 的相关要求。这是参照德国蓝天使标准认证、欧洲白天鹅认证标准结合我国目前森林认证相关标准规范提出的要求。判定依据为：提供中国森林认证体系（CFCC）认证证明文件或与 CFCC 互认的森林认证体系认证证明文件。

（2）木材加工用化学产品要求：提出了胶粘剂、防腐剂、杀虫剂、阻燃剂、染料和涂料的具体要求以及禁用物质。参照德国蓝天使标准认证标准、欧洲白天鹅认证标准及相应产品标准具体规定要求。判定依据为：对胶粘剂依据 GB 18583 进行检测并提供检测报告；

对防腐剂、杀虫剂、阻燃剂、染料和提供原材料使用清单、证明材料和企业自我承诺声明；对涂料，依据 GB/T 23999 进行检测并提供检测报告。

（3）资源属性的原料来源与森林认证的基准值分析说明：

人造板和木质地板生产过程中要使用原木、单板、竹材等木材原料，也需要使用胶粘剂、防腐剂、杀虫剂、阻燃剂、染料和涂料等化工原料，这些原材料构成了人造板和木质地板的资源。为此，在人造板和木质地板绿色产品评价时，对上述资源属性必须进行明确规范。国外生态标签产品中都对这些资源属性进行了规范，值得我们进行借鉴。

关于木材原料认证的基准值“第一年认证原料百分比至少达到 30%；标准颁布实施后的第二年达到 50%；标准颁布实施后的第三年及以后达到 70%”的说明：

关于木材原料比例，PEFC（森林认证体系认可计划）等国际森林认证标准规定，“认证原料百分比应达到为 70%”。《绿色产品评价 人造板和木质地板》标准，考虑到生产企业要满足该标准要求，需要一定时间对其供应渠道作出相应的调整，为此设定了三年过渡期，即标准颁布实施后的第一年认证原料百分比至少达到 30%；标准颁布实施后的第二年达到 50%；标准颁布实施后的第三年及以后达到 70%，这一百分比与国际森林认证标准要求相一致。

表 7-9 绿色人造板和木质地板评价指标要求：资源属性

一级指标	二级指标	单位	基准值	判定依据	备注
资源属性	木材等原材料要求	—	1. 木材、竹材等原料应符合 GB/T 28951 、GB/T 28952、LY/T 2275 的相关要求； 2. 除次生原料如棕榈叶及回收木材原料外，所有的木材、单板、竹材等原料应提供名称（拉丁文）和地理来源（国家或地区等）。木材、单板、竹材等不得来源于保护区或将被授予保护区的状态、所有者或使用的权利不清楚的地区、转基因的树木或植物； 3. 由实木、单板、竹材等原料生产的产品，其认证原料百分比为：标准颁布实施后的第一年至少达到 30%；标准颁布实施后的第二年达到 50%，标准颁布实施后的第三年达到 70%。 4. 进口木材原料应符合国家木材贸易及进口的相关要求；进口《濒危野生动植物种国际贸易公约（CITIES)》附录所列的野生动植物种及其产品的(CITIES 豁免的除外)，应符合 CITIES 的规定；进口非 CITIES 的附录列入《进出口野生动植物种商品目录》的物种及其产品，应符合国家的相关规定要求	提供 CFCC 认证证明文件或与 CFCC 互认的森林认证体系认证证明文件	

续表

一级指标	二级指标		单位	基准值	判定依据	备注
资源属性	木材加工用化学产品	胶粘剂	—	应符合 GB18583 的要求	依据 GB18583 进行检测并提供检测报告	
		防腐剂和杀虫剂	—	木材采伐、木材加工过程中不允许使用防腐、防虫、防白蚁、防变色的药剂	提供原材料使用清单、证明材料和企业自我承诺声明	
		阻燃剂	—	不允许使用含有多溴联苯、三-（2，3-二溴丙基）-磷酸酯、三（氮环丙基）-氧化膦、二溴二苯醚、八溴联苯醚、六溴环十二烷的阻燃剂	提供原材料使用清单、证明材料和企业自我承诺声明	
		染料	—	不允许使用可分解成致癌芳香胺的偶氮染料，可致癌染料，含铅、镉、六价铬、汞、锡及其化合物的染料	提供原材料使用清单、证明材料和企业自我承诺声明	
		涂料	—	应使用水性木器涂料。水性木器涂料应符合 GB/T 23999 的要求	依据 GB/T 23999 进行检测并提供检测报告	

2. 环境属性

符合国家和当地环境保护有关法律法规的要求（表 7-10）。

表 7-10 绿色人造板和木质地板评价指标要求：环境属性

一级指标	二级指标	单位	基准值	判定依据	备注
环境属性	—	—	符合国家、当地环境保护相关法律法规的要求，近三年无重大安全和环境污染事故	提供证明材料	

3. 能源属性

对于人造板能耗标准应达到 LY/T 1451《纤维板生产综合能耗》、LY/T 1529《胶合板生产综合能耗》、LY/T 1530《刨花板生产综合能耗》、LY/T 2071《细木工板生产综合能耗》、LY/T 2074《竹材胶合板生产综合能耗》、LY/T 2395《竹材刨花板生产综合能耗》、LY/T 2396《竹木复合板生产综合能耗》、LY/T2549《集成材生产综合能耗》等的基本能耗等级的优秀级（表 7-11）；

对于木质地板产品能耗标准应达到 LY/T 1703《实木地板生产综合能耗》、GB/T 23899《实木复合地板生产综合能耗》、LY/T 2073《浸渍纸层压木质地板生产综合能耗》、LY/T 2551《竹地板生产综合能耗》等的基本能耗等级的优秀级（表 7-11）。

对于没有能耗标准的产品暂不进行能源属性评价（表 7-11）。

表 7-11　绿色人造板和木质地板评价指标要求：能源属性

一级指标	二级指标	单位	基准值	判定依据	备注
能源属性	人造板	—	纤维板、胶合板、竹材胶合板、刨花板、竹材刨花板、细木工板、集成材、竹木复合板的基本能耗应分别达到 LY/T 1451、LY/T 1529、LY/T 2074、LY/T 1530、LY/T 2395 、LY/T 2071、LY/T2549、LY/T 2396 规定的优秀等级要求	依据 LY/T 1451、LY/T 1529、LY/T 2074、LY/T 1530、LY/T 2395 、LY/T 2071、LY/T2549、LY/T 2396 进行检测并提交检测报告	对暂没有能耗标准的产品不做能源属性评价
	木质地板	—	实木地板、实木复合地板、浸渍纸层压木质地板、竹地板基本能耗应分别达到 LY/T 1703、GB/T 23899、LY/T2073、LY/T 2551 规定的优秀等级要求	依据 LY/T 1703、GB/T 23899、LY/T2073、LY/T 2551 进行检测并提供检测报告	

表 7-12 列出了木质地板与人造板产品能耗参数，可见各种产品的能耗要求很高。

表 7-12　木质地板与人造板产品能耗参数

编号	产品种类	能耗分类	基本能耗参数			单位	能耗标准
1	实木地板		优秀	良好	合格	Kgec/m²	LY/T 1703—2007
		不含坯料干燥工序	el≤1.3	1.30<el≤3.00	3.00<el		
		含坯料干燥工序	el≤2.00	2.00<el≤5.00	5.00<el		
2	实木复合地板		优秀	良好	合格	Kgec/m²	GB/T 23899—2007
		包含干燥工序能耗的实木地板基本能耗	el≤2.00	2.00<el≤5.00	5.00<el≤12.00		
		不包含干燥工序能耗的实木地板基本能耗	el≤1.50	1.50<el≤3.00	3.00<el≤6.00		
3	强化木地板		优秀	良好	合格	Kgec/m²	LY/T 2073—2012
			ql≤1.00	1.00<ql≤1.70	1.70<ql≤2.50		
4	竹地板		优秀	良好	合格	Kgec/m²	LY/T 2551—2015
			ql≤3.70	3.70<ql≤4.50	4.50<ql≤6.10		
5	胶合板		优秀	良好	合格	Kgec/m³	LY/T 1529—2012
		前段工序	ql1≤120	120<ql1≤140	140<ql1≤160		
		后段工序	ql2≤80	80<ql2≤90	90<ql2≤100		
		合计	ql≤200	200<ql≤240	240<ql≤260		
6	竹材胶合板		优秀	良好	合格	Kgec/m³	LY/T 2074—2012
			ql≤400	400<ql≤600	600<ql≤700		

续表

编号	产品种类	能耗分类	基本能耗参数			单位	能耗标准
7	刨花板		优秀	良好	合格	Kgec/m^3	LY/T 1530—2011
			ql≤120	120＜ql≤160	160＜ql≤200		
8	竹材刨花板		优秀	良好	合格	Kgec/m^3	LY/T 2395—2014
			ql≤100	100＜ql≤110	110＜ql≤120		
9	纤维板		优秀	良好	合格	Kgec/m^3	LY/T 1451—2008
			ql≤320	321＜ql≤380	381＜ql≤450		
10	细木工板		优秀	良好	合格	Kgec/m^3	LY/T 2071—2012
			ql≤90	90＜ql≤110	110＜ql≤130		
11	集成材		优秀	良好	合格	Kgec/m^3	LY/T 2549—2015
			ql≤190	190＜ql≤270	270＜ql≤470		
			ql≤2200	2200＜ql≤2500	2500＜ql≤2800		
12	竹木复合板		优秀	良好	合格	Kgec/m^3	LY/T 2396—2014
			ql≤400	400＜ql≤450	450＜ql≤550		

4. 品质属性

主要确定甲醛释放量、挥发性有机化合物（VOC）和重金属含量限量（表 7-13）。

表 7-13　人造板和木质地板评价指标要求

一级指标	二级指标		单位	基准值	判定依据	备注
品质属性	甲醛释放量		mg/m^3	≤0.05	依据 GB 18580—2017 进行检测并提供检测报告	实木地板不检测该项目
	挥发性有机化合物	苯	μg/m^3（72h）	≤10	依据 GB/T 29899—2013 进行检测并提供检测报告	
		甲苯		≤20		
		二甲苯		≤20		
		总挥发性有机化合物（TVOC）		≤100		
	可溶性重金属（铅、镉、铬、汞）总含量		mg/kg	≤100	依据 GB/T 33042—2016 进行检测并提供检测报告	仅限于色漆饰面人造板及其制品

（1）甲醛释放限量

本标准根据试验数据和参照《欧盟木地板生态标签标准》，规定甲醛释放量不应超过 0.05mg/m^3。比德国蓝天使标准 RAL-UZ 76 标准和美国 EPA 标准高（表 7-13）。

与国外生态标签标准比较：德国蓝天使标准、美国 EPA 标准规定胶合板不大于 0.05ppm（最低的甲醛释放量限值，相当于 GB 18580—2017《室内装饰装修材料 人造板及其制品中甲醛释放限量》的 0.062mg/m^3。在 23 ℃和标准大气压的条件下，1ppm＝

1.24mg/m^3)，比 GB 18580—2017《室内装饰装修材料 人造板及其制品中甲醛释放限量》中甲醛释放限量要求加严 1 倍；而《欧盟木地板生态标签标准》规定从构造覆面的软木、竹或木纤维中的甲醛释放量不应超过 0.05mg/m^3（EN 717-1，1 立方米气候箱法），比德国蓝天使标准 RAL-UZ 76 标准和美国 EPA 标准更加严格。

国内标准比较：2017 年 4 月发布的国家标准 GB 18580—2017《室内装饰装修材料 人造板及其制品中甲醛释放限量》规定，甲醛释放量小于等于 0.124mg/m^3，相当于北欧白天鹅标准 0.1ppm；HJ 571—2010《环境标志产品技术要求 人造板及其制品》规定：纤维板、刨花板、胶合板、细木工板、单板饰面人造板的甲醛释放量≤0.12mg/m^3；浸渍纸层压木质地板、实木复合地、浸渍胶膜纸饰面板的甲醛释放量≤0.08 mg/m^3，试验方法为 1 立方米气候法；LY/T 2870—2017《绿色人造板及其制品技术要求》规定，采用干燥器法测定，其甲醛释放量限值：平均值≤0.3mg/L，单个样品最大值≤0.3mg/L。

本标准根据试验数据和参照《欧盟木地板生态标签标准》，规定甲醛释放量不应超过 0.05mg/m^3，比德国蓝天使标准 RAL-UZ 76 标准和美国 EPA 标准、GB 18580—2017《室内装饰装修材料 人造板及其制品中甲醛释放限量》中的规定都严格很多（表 7-14）。

表 7-14　标准确定的人造板与木质地板甲醛释放限量指标依据

标准		甲醛释放限量	检测方法
本标准	GB/T35601—2017	≤0.05mg/m^3	1m^3 气候箱法
国外生态标签标准（绿色标准）	德国蓝天使标准 RAL-UZ 76	≤0.05ppm（相当于 GB 18580—2017 的 0.062mg/m^3）	1m^3 气候箱法（1ppm = 1.24mg/m^3）
	美国 2017 年《复合木制品甲醛释放标准》	以单板芯或复合芯制造的硬木胶合板，≤0.05ppm（ASTM E-1333 大气候箱法换算成 1 立方米气候箱法的数值，≤ 0.062mg/m^3，下同）； 刨花板≤0.09ppm（相当于≤0.116mg/m^3）； 中密度纤维板≤0.11ppm，（相当于≤0.136mg/m^3）；薄型中密度纤维板≤0.13ppm，相当于≤0.161mg/m^3）	ASTM E-1333 大气候箱法（1ppm=1.24mg/m^3）
	日本环保标志产品类别 NO.111《木制或相似物制板材认证标准（2.4 版）》	不大于 5μg/（m^2 • h）（相当于 0.05mg/m^3）	JIS A 1901《建筑产品中挥发有机物和甲醛释放的测定——小气候箱法》
	欧盟木地板生态标签 EU Ecolabel for wooden floor coverings（2010/18/EC）木地板标准	≤0.05mg/m^3	1m^3 气候箱法

续表

标准		甲醛释放限量	检测方法
国内标准	GB 18580—2017《室内装饰装修材料 人造板及其制品中甲醛释放限量》	≤0.124mg/m^3	1m^3 气候箱法
	HJ 571—2010 环境标志产品技术要求 人造板及其制品	纤维板、刨花板、胶合板、细木工板、单板饰面人造板：≤0.12mg/m^3 浸渍纸层压木质地板、实木复合地、浸渍胶膜纸饰面板：≤0.08mg/m^3	1m^3 气候箱法
	LY/T 2870—2017《绿色人造板及其制品技术要求》	平均值≤0.3mg/L，单个样品最大值≤0.3mg/L	干燥器法

（2）挥发性有机化合物指标

挥发性有机化合物主要考虑苯、甲苯、二甲苯和总挥发性有机化合物（TVOC）4个指标。

本标准规定苯、甲苯、二甲苯和总挥发性有机化合物（TVOC）的标准规定值分别为10 μg/m^3、20 μg/m^3、20 μg/m^{3}和100μg/m^3（表7-13）。现在的指标值比最低的德国蓝天使标准、美国的标准都严格很多。

德国蓝天使标准、德国建筑产品健康评估委员会（AgBB）2004年、美国GREENGUARD标准只对TVOC有指标，最低的为72小时的TVOC不大于0.25mg/m^3；日本生态标签标准只规定了苯不大于0.26mg/m^3，甲苯不大于0.87mg/m^3（见表7-15）；

GB/T 18883—2002《室内空气质量标准》、GB 50325—2010《民用建筑工程室内环境污染控制规范》、HJ 571《环境标志技术要求 人造板及其制品》、LY/T 2870—2017《绿色人造板及其制品技术要求》有对苯、甲苯、二甲苯、TVOC的指标要求（见表7-15）。HJ 571《环境标志技术要求 人造板及其制品》仅有TVOC指标要求为0.50mg/m^3；LY/T 2870—2017《绿色人造板及其制品技术要求》的苯、甲苯、二甲苯与GB/T 18883—2002《室内空气质量标准》一致，TVOC限量指标与HJ 571《环境标志技术要求 人造板及其制品》一致（表7-15）。

根据GB/T 33761—2017《绿色产品评价通则》的要求，评价指标数值确定单项指标值不超过10%，所有指标值不超过5%的原则，在参考国内外现有标准与实际检测产品数据的基础上，计算确定本标准的技术指标（表7-15）。

表7-15 标准确定的人造板与木质地板VOC指标依据

	标准	苯（mg/m^3）	甲苯（mg/m^3）	二甲苯（mg/m^3）	总挥发性有机化合物（TVOC）
本标准	GB/T35601—2017（72h测定值）	0.01 （10μg/m^3）	0.02 （20 μg/m^3）	0.02 （20μg/m^3）	0.10mg/m^3 （100 μg/m^3）

续表

	标准	苯（mg/m³）	甲苯（mg/m³）	二甲苯（mg/m³）	总挥发性有机化合物（TVOC）
国外生态标签标准	日本工业标准 JIS A 1901：2009（建筑材料 VOCs）	0.26	0.87	—	—
	《欧盟木地板生态标签 EU Ecolabel for wooden floor coverings（2010/18/EC）》木地板（Eco-label）	—	—	—	72h：0.25mg/m³
	德国建筑产品健康评估委员会（AgBB）2004 年规定按照 ISO 16000－9 方法	—	—	—	72h：释放不得超过 10mg/m³
	德国蓝天使标准 RAL-UZ 76	—	—	—	72h：不超过 3.0mg/m³
	美国 GREENGUARD 标准（墙壁披覆材、天花、涂料、地板、隔热隔声材、其他建筑构材）	—	—	—	0.50mg/m³
国内标准	GB/T 18883—2002《室内空气质量标准》	0.11	0.20	0.20	0.6mg/m³
	GB 50325—2010《民用建筑工程室内环境污染控制规范》	0.09	—	—	72h： Ⅰ类：0.50mg/m³ Ⅱ类：0.60mg/m³
	HJ 571《环境标志技术要求 人造板及其制品》	—	—	—	72h：0.50mg/（m²·h）
	LY/T 2870—2017《绿色人造板及其制品技术要求》	0.11	0.20	0.20	72h：0.50mg/m³

（3）可溶性重金属含量

本标准规定可溶性重金属（铅、镉、铬、汞）含量总量小于等于 100mg/kg。这个要求比现有国内标准严格很多（表 7-16），仅对色漆饰面的人造板和木地板进行检测。

重金属主要是饰面人造板中含有的涂料涂饰人造板的涂层产生，该产品占饰面人造板的比例很小，约占 3%以下。从表 7-16 可见，国内 GB 18584—2001《室内装饰装修材料 木家具中有害物质限量》、GB 24410—2009《室内装饰装修材料 水性木器涂料中有害物质限量》、GB 6675.4—2014《玩具安全 第 4 部分：特定元素的迁移》、LY/T 2870—2017《绿色人造板及其制品技术要求》等标准中均有重金属含量限量值，多数产品指标均参考 GB18584—2001《室内装饰装修材料 木家具中有害物质限量》标准，具体的限量值为：铅不大于 90mg/kg、铬不大于 60mg/kg、镉不大于 75mg/kg、汞不大于 60mg/kg。GB 6675.4—2014《玩具安全 第 4 部分：特定元素的迁移》的造型黏土指标有所降低，铅不大于 90mg/kg、铬不大于 50mg/kg、镉不大于 25mg/kg、汞不大于 25mg/kg。

日本环保标志产品类别 NO.111《木制或相似物制板材认证标准（2.4 版）》中，铅不大于 0.06%（相当于 60mg/kg），镉、汞、六价铬总量不大于 0.1%（相当于 100mg/kg）（表 7-16）。

本标准起草小组对37个样品检测后，发现饰面人造板与木质地板（不包括木塑地板）的重金属含量较低。根据GB/T 33761—2017《绿色产品评价通则》的要求，评价指标数值确定单项指标值不超过10%，所有指标值不超过5%的原则，因此，参考日本环保标志产品类别NO. 111《木制或相似物制板材认证标准（2.4版）》标准规定要求，本标准对人造板与木质地板的重金属不进行分别规定含量，规定可溶性重金属（铅、镉、铬、汞）含量总量小于等于100mg/kg。这个要求比现有国内标准严格很多（表7-16）。

表7-16 标准确定的人造板与木质地板重金属含量指标依据

标准	铅（mg/kg）	镉（mg/kg）	铬（mg/kg）	汞（mg/kg）	铅、铬、镉、汞总量（mg/kg）
本标准GB/T 35601—2017	—	—	—	—	可溶性重金属（铅、镉、铬、汞）含量总量小于等于100mg/kg
GB 18581—2001《室内装饰装修材料 溶剂型木器涂料中有害物质限量》	≤90	≤75	≤60	≤60	4种元素合计285mg/kg
GB 18584—2001《室内装饰装修材料 木家具中有害物质限量》	≤90	≤75	≤60	≤60	4种元素合计285mg/kg
GB 24410—2009 室内装饰装修材料 水性木器涂料中	≤90	≤75	≤60	≤60	4种元素合计285mg/kg
GB 18585—2001 壁纸	≤90	≤60	≤25	≤20	4种元素合计195mg/kg
LY/T 1279—2008 聚氯乙烯薄膜饰面人造板	≤90	≤60	≤25	≤20	4种元素合计195mg/kg
GB 18586－2001 聚氯乙烯卷材地板	≤20mg/m^2		≤20 mg/m^2	—	—
GB 6675.4—2014《玩具安全 第4部分：特定元素的迁移》（造型黏土）	≤90	≤50	≤25	≤25	4种元素合计190mg/kg
GB/T 24311—2009 组合式包装箱用胶合板	≤90	≤75	≤60	≤60	4种元素合计285mg/kg
LY/T 2870—2017《绿色人造板及其制品技术要求》	≤90	≤75	≤60	≤60	4种元素合计285mg/kg
日本环保标志产品类别NO. 111《木制或相似物制板材认证标准（2.4版）》	≤0.06%（相当于60mg/kg）	—	—	—	镉、汞、六价铬总量≤0.1%（相当于100mg/kg）

四、检验方法

标准规定了有关需要测定有关性能的检验方法，具体如下：

（1）胶粘剂有害物质限量值检验按照GB18583规定的方法进行。

（2）水性木器涂料按照GB/T 23999规定的方法进行。

（3）人造板的能源属性评价的能耗测定按照 LY/T 1451、LY/T 1529、LY/T 2074、LY/T 1530、LY/T 2395 、LY/T 2071、LY/T2549、LY/T 2396 规定的方法进行；木质地板的能源属性评价的能耗测定按照 LY/T 1703、GB/T 23899、LY/T2073、LY/T 2551 规定的方法进行。

（4）甲醛释放量检验按照 GB 18580—2017 规定的方法进行。

（5）苯、甲苯、二甲苯和总挥发性有机化合物（TVOC）的检验按照 GB/T 29899—2013 规定的方法进行。

（6）色漆涂饰的木质地板的铅、镉、铬、汞可溶性重金属含量的检测按照 GB/T 33042—2016 规定的方法进行，铅、镉、铬、汞可溶性重金属总含量为该 4 种重金属含量之和；色漆饰面人造板的铅、镉、铬、汞可溶性重金属含量检测可参照 GB/T 33042—2016 规定的方法执行，铅、镉、铬、汞可溶性重金属总含量为该 4 种重金属含量之和。

五、评价方法

绿色人造板和绿色木质地板应同时满足本标准基本要求和评价指标要求。

第八章　中国林产工业循环经济标准化发展对策建议

第一节　林产工业循环经济标准化现状和存在的问题

一、林产工业循环经济标准现状

国家高度重视循环经济标准化工作。加强林产工业循环经济标准建设是推进林产工业节能减排、实现林产工业资源节约和林产工业循环经济发展的战略需要。

国家标准化管理委员会2005—2010年共制定了《2005—2007年资源节约与综合利用标准发展规划》和《2008—2010年资源节约与综合利用标准发展规划》两个规划，其中均涉及林产工业的节材、废旧产品及废弃物综合利用标准制定工作，其中第一个规划中涉及的标准制定项目28个，第二个规划中涉及森林资源节约和综合利用的标准共80项，其中节能9项、节材20项、新能源39项、废旧产品及废弃物综合利用2项、节水1项、节地9项。

据统计，截至2018年6月，已颁布实施林产工业循环经济相关标准348项（表8-1）。其中，林产工业减量化标准209项，再利用标准4项，资源化标准79项。涵盖了基础与综合、节材、节水、节能、清洁生产、有害物质控制、再利用、废固资源化、废水及工业余热资源化等领域。这些标准为我国林产工业循环经济发展奠定了坚实的基础。

表8-1　中国林产工业循环经济标准统计表

	GB	GB/T	AQ	HJ	LD	AQ/T	HJ/T	JB/T	LY/T	LYJ	NB/T	NY/T	QB/T	SB/T	SN/T	DB	团标	合计
基础与综合	5	37							4	4		1					5	56
减量化	13	80	1	3	1	1	5		55				8	8	6	25	3	209
再利用		4																4
资源化	3	22						5	8		22	12	1	2	3	1		79
合计	21	143	1	3	1	1	5	5	67	4	22	13	9	10	9	26	8	348

注：1.GB强制性国家标准；GB/T推荐性国家标准；AQ强制性安全行标；HJ强制性环保行业标准；LD强制性劳动行业标准；AQ/T安全行标；HJ/T环保行业标准；JB/T机械行业标准；LD/T劳动行业标准；LY/T林业行业标准；LYJ林业工程建设标准；NB/T能源行业标准；NY/T农业行业标准；QB/T轻工业行业标准；SB/T商业行业标准；SN/T商品检验行业标准；DB地方标准。

2.2016年国务院开展强制性标准整合精简工作，强制性行业标准和地方标准将升格为强制性国家标准或废止。由于全部的整合精简结果还未公告完成，因此，这里还按原标准性质进行统计。

二、林产工业循环经济标准化工作存在的主要问题

标准对引导行业的技术进步、规范市场等各方面起到至关重要的作用。面对林业生态文明建设的新形势、新任务和新要求，林产工业循环经济标准化工作存在标准体系不完善，标准缺失以及结构不合理等问题。

（一）尚未形成科学完整的标准体系

现有林产工业循环经济标准仍然不能满足林产工业循环经济发展的需求，还尚未形成科学的有机整体，标准的制定缺乏统一性，没有体现标准体系的优势和作用。因此，建立与我国林产工业循环经济发展相适应且科学、完善的标准体系，是我国林产工业循环经济标准化发展的当务之急。

（二）林产工业循环经济标准化管理部门多，协调管理机制和体系缺乏，存在标准重复交叉问题

现行的林产工业循环经济标准包括强制性国家标准、推荐性国家标准以及 11 个行业主管部委管理的行业标准，以及地方标准。行业标准分别涉及安全行业标准、环保行业标准、劳动行业标准、机械行业标准、林业行业标准、能源行业标准、农业行业标准、轻工业行业标准、商业行业标准和商品检验行业标准等。

由于现行林业循环经济标准管理涉及多个主管部门，导致各个行业标准之间存在交叉重复等问题。如固体生物质燃料现有 49 个标准，有国家标准、农业行业标准、林业行业标准和能源行业标准，其中不少标准有交叉重复问题。如：GB/T 28733—2012《固体生物质燃料全水分测定方法》与 NY/T 1881. 2—2010《生物质固体成型燃料试验方法 第 2 部分：全水分》，GB/T 30725—2014《固体生物质燃料灰成分测定方法》与 NY/T 1881. 5—2010《生物质固体成型燃料试验方法 第 5 部分：灰分》。此外，关于木材防腐标准，现有国家标准、林业行业标准和商业行业标准之间有不少标准重复和交叉。如炭化木产品就有 2 个标准，国家标准 GB/T31747—2015《炭化木》和商业行业标准 SB/T 10508—2008《炭化木》，建议将 SB/T 10508—2008《炭化木》标准废止。建议交叉重复标准涉及的相关部门，加强沟通，对存在问题的标准或修订或废止，进而推进林业循环经济标准的统一。

（三）标准体系结构不尽合理

从表 8-1 可见，截至 2018 年 6 月，中国林产工业循环经济已颁布实施 348 项相关标准，其中减量化标准 209 项，再利用标准 4 项，资源化标准 79 项，其中再利用标准比例很低，资源化标准也较少，标准结构明显不合理。同时，绿色产品评价、产业污染物排放、有毒有害物质限量与测定方法、节材、节水、清洁生产的重要标准缺失，而生物质能源和木材保护标准重复交叉和散乱，需要整合。

（四）部分标准标龄过长，急需修订完善

部分标准标龄过长，制修订工作进展缓慢。通常标准的年限是五年，部分标准已经超过了 5 年，如一些关键的污染物减排标准如 GB 3096—2008《声环境质量标准》、GB8978—1996《污水综合排放标准》、GB 12348—2008《工业企业厂界环境噪声排放标

准》、GB 16297—1996《大气污染物综合排放标准》、GB/T 1028—2000《工业余热术语、分类、等级及余热资源量计算方法》、GB 3544—2008《造纸工业水污染物排放标准》、GB 20811—2006《废纸再利用技术要求》、GB/T 21557—2008《废纸中胶粘物的测定》，这些标准标龄都超过5年，GB 20811—2006《废纸再利用技术要求》标龄已经超过10年，标准技术内容难以满足产业发展新需求。建议及时解决标准标龄过长问题，突出标准的适用性、实用性，以满足市场的需要。

第二节　推进林产工业循环经济标准化工作的政策建议

2015年12月17日，国务院办公厅发布了《国家标准化体系建设发展规划（2016—2020年）》。该规划确定的发展目标为："到2020年，基本建成支撑国家治理体系和治理能力现代化的具有中国特色的标准化体系。标准化战略全面实施，标准有效性、先进性和适用性显著增强。标准化体制机制更加健全，标准服务发展更加高效，基本形成市场规范有标可循、公共利益有标可保、创新驱动有标引领、转型升级有标支撑的新局面。'中国标准'国际影响力和贡献力大幅提升，我国迈入世界标准强国行列"。

为全面落实国务院《深化标准化工作改革方案》的需求，为推进林产工业循环经济产业快速发展，结合存在的问题，提出发展林产工业循环经济标准化的政策建议如下：

一、建立林产工业循环经济标准制定协调机制

林产工业循环经济涉及的主管部门较多，如何协调好不同政府部门之间的利益，成为林产工业循环经济标准制定、修订和实施的难题。

因此，建议建立国家相关部委等利益相关部门之间的协调机制，做好顶层设计，统筹规划林产工业循环经济标准的制定，集中应对林产工业循环经济标准化方面遇到的困难和挑战，全面推进林产工业循环经济的发展。

二、推动落实林产工业循环经济标准体系落地，加大林产工业循环经济标准的研制力度，制定产业急需的重要标准

建议林产工业循环经济标准化工作的政府主管部门和相关标准化技术委员会将完善的林产工业循环经济标准体系，列入林业标准化和林产工业循环经济标准化工作指南。

同时，加大林产工业循环经济标准制修订工作，第一，重点开展绿色产品评价、林产工业产排污限量、有害物质控制限量与测定方法、清洁生产、节材、节水、节能标准制修订工作，要提高标准制修订工作的效率，不断缩短与先进国家标准指标的差距，加快制修订污染物排放限量分级标准，为产业转型升级提供技术支撑。

第二，进一步完善木材保护和室外材标准。加强室外用木材及其产品标准的制定，尽快开展防腐木材产品、高温热处理木材产品、改性木材产品的标准研究与制定工作；加强阻燃木材及阻燃木基复合材料产品与分析方法标准的制定。中国木材保护标准虽然较多，但标准结构不尽合理，少数标准需要整合。如国家标准GB/T 29905—2013《木材防腐剂

抗流失试验方法》和 GB/T 29896—2013《接触土壤时木材防腐剂的抗流失性测定方法》建议整合为 1 项标准，GB/T 31760—2015《铜铬砷（CCA）防腐剂加压处理木材》、GB/T 31761—2015《铜氨（胺）季铵盐（ACQ）防腐剂加压处理木材》、GB/T 27651—2011《防腐木材使用分类和要求》3 项标准建议整合为 1 项标准。针对中国木材保护产业及其标准化现状，借鉴美国木材保护协会（AWPA）和欧洲标准，进一步完善中国木材保护标准。

第三，加快林产工业再利用标准研制。木质产品与其他材料相比具有易加工性，经过再加工处理后的木质产品既可以重复使用，又能节约能源的消耗。但中国针对林产工业二手产品方面的标准缺失问题较为严重，不利于中国林产品再利用市场健康发展。建议借鉴 ISO/TS 20245：2014《二手商品的跨境贸易》国际标准，以及 GB/T 21667—2008《二手货品质鉴定通则》、GB/T 30342—2013《二手货 分类》、GB/T 32568—2016《重复使用包装箱通用技术条件》等标准，制定二手家具、木制品、木地板等方面的评价和质量标准，推动中国林产工业产品再利用市场有序发展。

三、以研制林产工业绿色产品评价标准为契机，提高林产工业产品标准的绿色技术水平，引领林产工业发展

2016 年 11 月国务院办公厅发布了《关于建立统一的绿色产品标准、认证、标识体系的意见》（国办发［2016］86 号），明确要求：“按照统一目录、统一标准、统一评价和统一标识的方针，将现有环保、节能、节水、循环、低碳、再生和有机等产品整合为绿色产品”。

已经颁布的国家标准 GB/T 33761—2017《绿色产品评价通则》对“绿色产品”进行了规范。“绿色产品”是指“在全生命周期过程中，符合环境保护要求，对生态环境和人体健康无害或危害极小、资源能源消耗少、品质高的产品”。

而制定绿色产品评价标准就是落实国务院办公厅《关于建立统一的绿色产品标准、认证、标识体系的意见》文件的一项重要工作。绿色产品评价标准要求对全生命周期的资源属性、环境属性、能源属性、产品属性的进行规范，涉及的产品技术指标值应充分参考与国外的生态标签标准相关指标，并充分考虑国内 5%的领先企业生产的产品能达到的即可。

2017 年 12 月颁布、2018 年 7 月 1 日 实施的首批发布的 GB/T 35601—2017《绿色产品评价 人造板和木质地板》等 13 个绿色产品评价标准，与林产工业相关的有 4 个，分别为 GB/T 35601—2017《绿色产品评价 人造板和木质地板》、GB/T 35607—2017《绿色产品评价 家具》、GB/T 35612—2017《绿色产品评价 木塑制品》、GB/T 35613—2017《绿色产品评价 纸和纸制品》。这些绿色产品标准的颁布实施后，人造板和木质地板等企业产品由认证机构进行产品认证后，可获得国家统一的绿色产品标志。绿色产品评价标准的发布，对促进我国相关产业转型升级，实现高端引领，提升消费品质量，引领绿色消费，具有重要意义。

因此，建议林产工业行业要积极参与其他相关绿色产品评价标准制定工作，提高林产工业主要产品资源属性、环境属性、能源属性以及产品属性的技术指标水平，引入建立企业森林认证产销监管链管理体系，提高产品甲醛限量、挥发性有机化合物限量、重金属含

量的要求，倒逼林产工业转型升级，引领产业绿色发展。

四、发展企业标准和团体标准，扩大林产工业循环经济标准供给

根据新修订颁布的《标准化法》精神，要大力培育发展企业标准和团体标准，强化自我声明公开与监督制度建设。发展企业标准，能够改善企业在管理、质量、安全及环保等方面存在薄弱环节，从而降低能耗，减少成本，提高经济效益。同时，团体标准是由行业协会、学会和商会等制定和发布的标准，具有快速反应产业和社会标准需求的特点，激发了市场主体活力。

为满足产业发展需求，扩大林产工业循环经济标准供给，应鼓励中国林产工业协会、中国林学会、中国造纸工业协会、中国家具协会和商会以及各地方的林产工业循环经济协会和产业联盟，制定市场急需的团体标准，重点制定节材、节水、节能、再利用、废固资源化、废水及工业余热资源化等方面的产品标准、管理标准，解决标准有效供给不足和不能及时更新问题。鼓励林产工业循环经济企业，特别是大中型企业制定高于国家标准、行业标准和地方标准的企业标准，重点制定节材、节水、节能、再利用、废固资源化、废水及工业余热资源化的产品标准、方法标准和管理标准，提升企业循环经济发展水平。

发展企业标准，能够改善企业在管理、质量、安全及环保等方面存在薄弱环节，从而降低能耗，减少成本，提高经济效益。同时，团体标准是由行业协会、学会和商会等制定和发布的标准，具有快速反应产业和社会标准需求的特点，激发了市场主体活力。截至2016年12月底，378个社会团体在全国社会团体标准信息平台上注册，发布实施了《LED照明应用接口要求：自散热、控制装置分离式LED模组的路灯/隧道灯》等451项团体标准。其中2016年12月1日，中国林产工业协会正式宣布：自2016年12月1日起实施《人造板甲醛释放限量》团体标准，标准编号为T/CNFPIA 1001—2016。为适应林产工业循环经济发展对相关标准的需求，鼓励林产工业企业、协会、学会和商会制定团体标准。

五、适应标准化深化改革需要，提升林产工业循环经济标准化服务能力

2015年国家质检总局开始了企业产品服务标准自我声明和监督制度建设试点工作。企业产品和服务标准自我声明和监督制度建设是对企业产品标准备案制度的改革，对简政放权，强化企业标准化和质量的主体责任，加强企业标准事中事后监管，提高产品质量具有重要意义。2015年1月，国家质检总局在上海、浙江、福建、山东、重庆、深圳和成都七省市开展企业产品标准自我声明公开试点工作。2017年在全国全面推行企业产品标准自我声明公开制度，企业备案制将全部取消。

为此，建议涉及林产工业循环经济的标准化技术委员应积极宣传企业产品标准相关的公开政策，为团体标准和企业标准制定提供有效的咨询和技术服务。因此，应建立完善标准化服务体系，拓展标准研发服务，开展标准技术内容和编制方法咨询，为企业制定标准提供国内外相关标准分析研究、关键技术指标试验验证等专业化服务，提高其标准的质量和水平。提供标准实施咨询服务，为企业实施标准提供定制化技术解决方案，指导企业正

确、有效执行标准。也可协助企业建立标准化组织架构和制度体系、制定标准化发展策略、建设企业标准体系、培养标准化人才，更好促进中小微企业发展。

六、加强林产工业循环经济标准化人才队伍建设

标准化工作仍存在人才严重缺乏问题。对于企业来说，要想做好林产工业循环经济标准化工作，既要树立“一流企业做标准”的战略思维，真正重视标准化工作，需要建立良好的标准化人才体制机制，广泛拓展渠道去培养自己的标准化人才。同时，企业标准化改革放开搞活企业标准，对企业的标准化工作水平提出了更高的要求。

林产工业循环经济标准化人才主要包括国际标准化人才、标准研制人才、企业标准化人才、标准化管理人才、标准化教育人才，以及标准化咨询服务人才等六大类人才，其中国际标准化人才、企业标准化人才、标准化教育人才以及标准化咨询服务人才严重缺乏，急需加强培养，标准研制人才和标准化管理人才急需培养提高。中国林产工业循环经济标准化人才的培养也反映了中国林产工业经济发展的道路，首先吸收国外先进的经验，创建国内标准，然后培养标准化管理和教育人才，逐步应用到企业之中。加快推进林产工业循环经济标准化人才培养和储备，通过多途径、多方式，建立专业、稳定的标准化研究和管理人才队伍，全面提高林产工业循环经济标准化研究和管理人员业务素质，保障标准化工作的健康发展。加强与专业机构和高校的合作，共同制定符合中国实际的林产工业循环经济标准。

附录1　国家发展改革委等部委发布的《循环发展引领行动》

关于印发《循环发展引领行动》的通知

各省、自治区、直辖市、计划单列市及新疆生产建设兵团发展改革委、科技厅（委）、工信厅（委）、财政厅（局）、国土资源厅（局）、环保厅（局）、住建厅（委、局）、水利厅（局）、农业（农牧、农村经济）厅（局、委、办）、商务厅（局）、国资委、国税局、地税局、统计局、林业厅（局）：

为贯彻落实党中央、国务院关于建设生态文明、推动绿色循环低碳发展的重大决策部署，根据党的十八届五中全会精神和“十三五”规划纲要要求，发展改革委会同有关部门制定了《循环发展引领行动》，经国务院发展循环经济工作部际联席会议审议通过，现印发你们，请贯彻执行。

国家发展改革委、科技部、工业和信息化部
财政部、国土资源部、环境保护部
住房城乡建设部、水利部、农业部
商务部、国资委、税务总局
国家统计局、国家林业局
2017年4月21日

循环发展引领行动

循环发展是我国经济社会发展的一项重大战略，是建设生态文明、推动绿色发展的重要途径。“十三五”时期是全面建成小康社会的战略决胜期，经济增长换挡降速、发展方式粗放、结构性矛盾凸显、资源环境约束强化等问题相互交织，提高发展质量和效益、推动绿色循环低碳发展的任务更加迫切。

为全面贯彻落实创新、协调、绿色、开放、共享发展理念，推动发展方式转变，提升发展的质量和效益，引领形成绿色生产方式和生活方式，促进经济绿色转型，根据党的十八届五中全会精神和《国民经济和社会发展“十三五”规划纲要》，制定本引领行动。

一、总体要求

（一）指导思想

以邓小平理论、“三个代表”重要思想、科学发展观为指导，全面贯彻落实党的十八大和十八届三中、四中、五中全会精神，深入贯彻习近平总书记系列重要讲话精神，坚持节约资源和保护环境的基本国策，牢固树立节约集约循环利用的资源观，以资源高效和循环利用为核心，大力发展循环经济，强化制度和政策供给，加强科技创新、机制创新和模式创新，激发循环发展新动能，加快形成绿色循环低碳产业体系和城镇循环发展体系，夯实全面建成小康社会的资源基础，构筑源头减量全过程控制的污染防控体系，实现经济社会的绿色转型。

（二）基本原则

——坚持以绿色转型为方向。落实绿色发展理念，把循环发展作为生产生活方式绿色化的基本途径，推进供给侧结构性改革，加快构建低消耗、少排放、能循环的现代产业体系，推动实现生产、流通、消费各环节绿色化、低碳化、循环化。

——坚持以制度建设为关键。健全促进循环发展的法规、标准、政策等制度体系，理清政府与市场的关系，发挥市场机制在资源配置中的决定性作用，明确政府、企业、个人、社会团体在循环发展中的责任义务，建立激励与约束相结合的长效推进机制。

——坚持以创新开放为驱动。加快先进技术在循环经济领域的应用，创新机制模式，支持资源循环利用产业“走出去”，推动产业转型升级，提高质量和效益。

——坚持以协调共享为支撑。注重不同区域发展的特殊性，落实重大区域战略，着力构建区域资源循环体系。以解决社会生活中资源利用和环境保护方面的突出问题为突破口，为人民提供更多的绿色产品，增强人民群众的获得感。

（三）主要目标

——绿色循环低碳产业体系初步形成。循环型生产方式得到全面推行，实现企业循环式生产、园区循环式发展、产业循环式组合，单位产出物质消耗、废物排放明显减少，循环发展对污染防控的作用明显增强。

——城镇循环发展体系基本建立。城市典型废弃物资源化利用水平显著提高，生产系统和生活系统循环链接的共生体系基本建立，生活垃圾分类和再生资源回收实现有效衔接，绿色基础设施、绿色建筑水平明显提升。

——新的资源战略保障体系基本构建。节约集约循环利用的新资源观全面树立，资源循环利用制度体系基本形成，资源循环利用产业成为国民经济发展资源安全的重要保障之一。

——绿色生活方式基本形成。绿色消费理念在全社会初步树立，绿色产品使用比例明显提高，节约资源、垃圾分类、绿色出行等行为蔚然成风。

主要指标。到 2020 年，主要资源产出率比 2015 年提高 15％，主要废弃物循环利用率达到 54.6％左右。一般工业固体废物综合利用率达到 73％，农作物秸秆综合利用率达到 85％，资源循环利用产业产值达到 3 万亿元。75％的国家级园区和 50％的省级园区开展循环化改造。

表1　“十三五”时期循环发展主要指标

分类	指标	单位	2015年	2020年	2020年比2015年提高（%）
综合指标	主要资源产出率	元/吨	5994	6893	15
	主要废弃物循环利用率	%	47.6	54.6	7
专项指标	能源产出率	元/吨标煤	14028	16511	17.7
	水资源产出率	元/立方米	97.6	126.8	29.9
	建设用地产出率	万元/公顷	154.6	200.4	29.6
	农作物秸秆综合利用率	%	80.1	85	4.9个百分点
	一般工业固体废物综合利用率	%	65	73	8个百分点
	规模以上工业企业重复用水率	%	89	91	2个百分点
	主要再生资源回收率	%	78	82	4个百分点
	城市餐厨废弃物资源化处理率	%	10	20	10个百分点
	城市再生水利用率	%	—	20	—
	资源循环利用产业总产值	亿元	1.8万	3万	67

二、构建循环型产业体系

（四）推行企业循环式生产

推行产品生态设计。研究制定生态设计指引，推动企业实施全生命周期管理，在产品设计开发阶段系统考虑原材料选用、生产、销售、使用、回收、处理等各个环节对资源环境造成的影响。选择重点产品开展“设计机构＋生产企业＋使用单位＋处置企业”协同试点。

推广“3R”生产法。发布重点行业循环型企业评价体系，把减量化、再利用、资源化原则贯穿到企业生产的各环节和全流程。加大清洁生产审核力度，继续推进重点行业清洁生产审核。实施绿色制造工程，促进制造业绿色化升级改造。

（五）推进园区循环化发展

按照“空间布局合理化、产业结构最优化、产业链接循环化、资源利用高效化、污染治理集中化、基础设施绿色化、运行管理规范化”的要求，对新设园区和拟升级园区要制定循环经济发展专项规划或者在总体规划中设置循环经济篇章，按产业链、价值链“两链”集聚项目、招商选资、优化布局；对存量园区实施循环化改造，构建循环经济产业链，实现企业、产业间的循环链接，提高产业关联度和循环化程度，增强能源资源等物质流管理和环境管理的精细化程度。对综合性开发区、重化工产业开发区、高新技术开发区等不同性质的园区，加强分类施策和指导，强化效果评估和工作考核。

（六）推动产业循环式组合

推动行业间循环链接。组织实施产业绿色融合专项，在冶金、化工、石化、建材等流程制造业间开展横向链接。推动不同行业的企业以物质流、能量流为媒介进行链接共生，实现原料互供、资源共享，建立跨行业的循环经济产业链。总结推广跨行业循环经济发展模式，发布重点行业循环发展指南。

推动农村一二三产业融合发展。大力推动农业循环经济发展，以农牧渔结合、农林结合为导向，优化农业种植、养殖结构，积极发展林下经济，推进稻渔综合种养等养殖业与种植业有效对接模式；推进农产品、林产品加工废弃物综合利用，延伸产业链，提高附加值；拓展农业林业多功能性，推进农业与旅游、教育、文化、健康养老等产业深度融合，发挥促进扶贫攻坚的积极作用。建立完善全产业链资源循环利用体系，选择国家现代农业示范区、农业可持续发展试验示范区等具备条件的地区开展工农复合型循环经济示范区和种养加结合循环农业示范工程建设。

三、完善城市循环发展体系

（七）加强城市低值废弃物资源化利用

推动餐厨废弃物资源化利用和无害化处理制度化和规范化。总结餐厨废弃物资源化利用和无害化处理试点经验，出台《餐厨废弃物资源化利用技术指南》，在全国设区城市推广。加强监管，建立餐厨废弃物产生登记、定点回收、集中处理和资源化产品评估制度，加大对非法回收处理餐厨废弃物行为的处罚力度。

加快建筑垃圾资源化利用。发布加强建筑垃圾管理及资源化利用工作的指导意见，制定建筑垃圾资源化利用行业规范条件。开展建筑垃圾管理和资源化利用试点省建设工作。完善建筑垃圾回收网络，制定建筑垃圾分类标准，加强分类回收和分选。探索建立建筑垃圾资源化利用的技术模式和商业模式。继续推进利用建筑垃圾生产粗细骨料和再生填料，规模化运用于路基填充、路面底基层等建设。提高建筑垃圾资源化利用的技术装备水平，将建筑垃圾生产的建材产品纳入新型墙材推广目录。把建筑垃圾资源化利用的要求列入绿色建筑、生态建筑评价体系。到 2020 年，城市建筑垃圾资源化处理率达到 13%。

推动园林废弃物资源化利用。建立园林废弃物回收利用体系，探索园林废弃物资源化利用技术路线，鼓励利用园林绿地废弃物进行堆肥、生产园林有机覆盖物、生产生物质固体成型燃料、人造板、制作食用菌棒等。推动园林废弃物与餐厨废弃物、粪便等有机质协同处理。鼓励市政园林、花圃、苗圃和果园等使用有机肥、基质和土壤调理剂等园林废弃物资源化利用产品。

加强城镇污泥无害化处置与资源化利用。按照“绿色、循环、低碳”的技术路线，建设污泥无害化、资源化处置设施；推动城镇污水处理厂污泥与餐厨废弃物、粪便、园林废弃物等协同处理；推动河湖清淤淤泥的无害化处理处置及资源化。完善污泥无害化处置标准，鼓励将污泥处理处置达标的产物用于移动式绿化、绿色建材等。

（八）促进生产系统和生活系统的循环链接

推动生产系统和生活系统能源共享。积极发展热电联产、热电冷三联供，推动钢铁、化工等企业余热用于城市集中供暖，鼓励利用化工企业产生的可燃废气生产天然气、二甲醚等燃料供应城乡居民，鼓励城市生活垃圾和污水处理厂污泥能源化利用。

推动生产系统和生活系统的水循环链接。鼓励城市污水处理后的再生水用于城市生态补水、景观及钢铁、电力及化工等工业生产系统，开展再生水用于农业浇灌的示范应用。推动矿井水用作生产、生活及生态用水。在沿海缺水地区、海岛积极发展海水直接利用和海水淡化，因地制宜推动海水淡化水进入生产和生活系统。到 2020 年，缺水城市再生水利用率达到 20%以上，京津冀区域达到 30%以上。

推动生产系统协同处理城市及产业废弃物。因地制宜推进水泥行业利用现有水泥窑协同处理危险废物、污泥及生活垃圾等，因地制宜推进火电厂协同资源化处理污水处理厂污泥，推进钢铁企业消纳铬渣等危险废物。鼓励将生活废弃物作为生产的原料、燃料进行资源化利用，加强环境监管，确保安全处置。稳步推进有关试点示范，建立长效机制。

（九）推进循环经济示范城市建设

深化循环经济示范城市（县）建设，对101个循环经济示范城市（县）建设地区开展评估和验收。研究制定循环型城市建设指导意见，统筹规划布局城市生产、生活、生态和废弃物处理空间，加强绿色基础设施建设，深入推进制度创新，促进产业绿色转型升级。制定循环型公共机构评价标准，引导公共机构开展节水型、节能型单位建设。完善政府绿色采购制度，制定政府绿色采购产品清单。建立城市循环发展指数核算、发布和评价制度。

四、壮大资源循环利用产业

（十）推动产业废弃物循环利用

推动共伴生矿和尾矿综合利用。在储量大、共伴生的铁矿、铝土矿、铜矿、铅锌矿、金矿、钨锡矿等矿区，开展金属矿产综合开发利用试点示范。继续推进煤矿、高岭土、铝矾土、磷矿等共伴生非金属矿产资源综合利用。推进尾矿有价金属的高效分离提取和高值高效利用，开展尾矿多元素回收整体利用。支持利用尾矿和废石生产建筑材料和道路工程材料。鼓励资源枯竭矿区开展尾矿回填和尾矿库复垦。

推动大宗工业固废综合利用。重点推动冶金渣、化工渣、赤泥、磷石膏、电解锰渣等产业废物综合利用，培育一批骨干企业。进一步加强钢渣、矿渣、煤矸石、粉煤灰和脱硫石膏综合利用。落实《新型墙材推广应用行动方案》。着力推进工业固废中战略性稀贵金属回收利用。建设工业固体废物综合利用产业基地。大力推进多种工业固体废物协同利用。

加强农林废弃物资源化利用。开展农业废弃物资源化利用试点。推动农作物秸秆肥料化、饲料化、燃料化、基料化和原料化利用。鼓励利用林业剩余物生产板材、纸张、活性炭及颗粒、液体燃料生物质能源等。支持规模养殖场建设粪污收集、贮运、处理、利用设施。支持建设病死畜禽、水生生物、屠宰废弃物处理设施，因地制宜发展各类沼气工程、有机肥设施，支持在种养大县开展种养结合整县推进及规模化、专业化的生物天然气示范，推动实施果菜茶有机肥代化肥行动。推进农林加工副产物综合利用。推进废旧农膜、灌溉器材、农药兽药疫苗容器、渔具渔船等回收利用。到2020年，农作物秸秆综合利用率达到85%，林业剩余物综合利用率达到60%。

（十一）促进再生资源回收利用提质升级

完善再生资源回收体系。推动传统销售企业、电商、物流公司等利用销售配送网络，建立逆向物流回收体系。支持再生资源企业利用互联网、物联网技术，建立线上线下融合的回收网络。鼓励再生资源企业与各类产废企业合作，建立适合产业特点的回收模式。因地制宜推广回收机、回收超市等回收方式。加强生活垃圾分类回收体系和再生资源回收的衔接。

提升“城市矿产”开发利用水平。推动现有国家“城市矿产”示范基地提质增效，引导园区（基地）外的规范废弃电器电子拆解企业、报废汽车拆解企业入园发展，促进集聚化规模化发展。出台促进再生资源利用水平提质升级的指导意见，提高企业技术装备和高值利用水平。推进实施再生资源行业规范条件，引导再生资源产业规范发展。开展国家资源再生利用重大示范工程建设，培育骨干企业。

开展新品种废弃物回收利用示范。推动太阳能光伏组件、动力蓄电池、碳纤维材料、生物基纤维、复合材料和节能灯等新品种废弃物的回收利用。推进废旧纺织品资源化利用，建立废旧纺织品分级利用机制，在慈善机构、社区、学校、商场等场所设置旧衣物回收箱，建立多种回收渠道，推动军警制服、职业工装、校服等废旧制服的回收和资源化利用，鼓励服装品牌商回收本品牌的废旧衣物。推动建立废旧木质家具、木质包装等废弃竹木产品的回收利用体系。选择快递业为切入点，开展物流业包装标准化和分类回收利用试点，推广使用可降解的胶带、环保填充物、可再生纸张和环保油墨印刷的封装物品等物料辅料，鼓励企业对包装箱、总包袋进行循环利用，提高循环利用率。

（十二）支持再制造产业化规范化规模化发展

推动重点品种再制造。严格质量和标识管理，推进汽车零部件、工程机械、大型工业装备、办公设备等的再制造。继续推进大型轮胎翻新。继续开展机电产品再制造试点，支持再制造企业技术升级改造。研究再制造的负面清单管理制度。清理制约再制造产品流通的规定，鼓励再制造产品销售和使用。

规范再制造服务体系。针对不同产品特点，建立以售后维修体系为核心的旧件回收体系，规范发展专业化再制造旧件回收企业。支持废弃电器电子产品回收企业探索将硒鼓、墨盒等可再制造旧件交售给再制造企业的具体方式。建立再制造产品质量保障体系，将再制造产品纳入汽车维修备件体系。鼓励专业化再制造服务公司与钢铁、冶金、化工、机械等制造企业合作，开展设备寿命评估与检测、清洗与强化延寿等再制造专业技术服务。推进“军促民”再制造技术转化，提升产业的技术水平与规模。

推动再制造业集聚发展。长沙、张家港、临港等国家再制造产业示范基地（示范园）建设取得突破性进展。继续选择一批产业基础好的地区开展再制造产业示范基地建设。条件成熟时，选择部分区域探索开展技术附加值高、环境污染小、有利于技术引进的可再制造件进口。

（十三）构建区域资源循环利用体系

以京津冀、长三角、珠三角、成渝、哈长经济区等城市群为重点，统筹规划和建设区域内工业固废、再生资源、生活垃圾资源化和无害化处置设施，建设跨行政区域的资源循环利用产业基地。建立跨行政区域的废弃物协同处置信息平台，促进废弃物协同利用和处置。促进报废汽车拆解、危废处理等跨行政区域流动，实现资质互认、政策协同、体系协同。

五、强化制度供给

（十四）推行生产者责任延伸制度

完善生产者责任延伸制度相关法律、法规，落实《生产者责任延伸制度推行方案》，率先在电器电子产品、汽车、铅蓄电池、饮料纸基复合包装等领域推行。在部分地区和电器电子产品、汽车产品等领域开展生产者责任延伸试点。完善废弃电器电子产品处理基金制度。选择重点品种试点实行目标回收制，建立第三方管理制度。选择适宜的工业产品、消费品，推行生态设计。建立重点行业生产者责任延伸信用评价制度，适时发布我国生产者责任延伸制度实施情况年度报告。

（十五）建立再生产品和再生原料推广使用制度

实施原料替代战略，引导生产企业加大再生原料的使用比例。分类发布再生产品和再生原料标准和目录，建立再生产品（再制造产品）政府优先采购制度。率先推动电器电子产品生产企业提高再生原料使用比例。推广建筑垃圾再生产品，在政府投资的公共建筑或道路中，支持使用一定比例的建筑垃圾再生产品。推进大宗固体废物替代建材原料，限制同类天然建材原料开采。

（十六）完善一次性消费品限制使用制度

制定发布限制生产和销售的一次性消费品名录及管理办法，对纳入目录的产品实行分类管理，制定完善限制一次性消费品的相关政策。支持研发可重复使用的替代产品。研究制定一次性产品的生态设计标准，提高回收利用率。

（十七）深化循环经济评价制度

建立以主要资源产出率、主要废弃物循环利用率为核心的循环经济评价指标体系，将循环经济主要指标完成情况作为对地方政府评价的内容。建立国家层面资源产出率指标的定期发布制度，发布不同区域层面的循环经济发展水平评价指标。建立完善循环经济发展指数、城市循环发展指数等综合性评价方法，适时发布区域循环发展指数。对国家确定的循环经济示范城市（县）、园区循环化改造等试点示范单位进行评价考核。各级政府应开展资源利用效率、资源循环水平评估评价工作，支持和鼓励科研院所、高等学校、社会组织等第三方机构参与评估评价工作，并向社会公布。

（十八）强化循环经济标准和认证制度

健全循环经济标准制度。建立完善产品生态设计标准，推动重点行业循环型生产方式技术管理标准化，健全行业循环经济实践技术指南和行业循环经济绩效评价标准。完善产业废弃物综合利用、再生资源回收利用、再制造等标准，加快健全再生原料及产品、餐厨废弃物资源化产品、利废建材等产品标准。深化循环经济标准化试点工作，开展不同行业、领域的循环经济标准化试点示范工作。支持社会团体制定资源循环利用领域的团体标准。

建立规范的循环经济认证认可、检验检测和计量保障制度。开展再制造企业的生产质量体系认证，推进再制造产品认定，支持第三方认证机构开展再生产品、再制造产品等绿色产品认证，并作为政府采购、政府投资、社会推广的优先选择范围。建立循环经济检验检测技术支撑体系，进一步健全能源计量体系，督促用能单位提高能源计量器具配备率和能源计量数据分析利用水平，加强能源计量技术服务和能源计量审查。

（十九）推进绿色信用管理制度

通过“信用中国”和企业信用信息公示系统，依法公示企业行政许可、行政处罚、“黑名单”等信息。建立企业循环经济信用评价制度，将企业履行生产者责任延伸制度信息、资源循环利用企业安全环保信息、再生产品和再制造产品质量信息等纳入全国信用信息共享平台。支持开展企业绿色（环境）信用评价，评价结果向社会公开，并作为信贷审批、贷后监管的重要依据。对信用记录良好的企业，在循环经济相关补贴、优惠政策等方面优先支持，对失信企业建立“黑名单”制度，依法依规采取联合惩戒措施。

六、激发循环发展新动能

（二十）增强科技创新驱动力

通过国家科技计划（专项、基金等）统筹支持符合条件的循环经济共性关键技术研发，加快减量化、再利用与再制造、废物资源化利用、产业共生与链接等领域的关键技术、工艺和设备的研发制造。支持资源循环利用企业与科研院所、高等院校组建产学研技术创新联盟。发布国家鼓励的循环经济技术、工艺和设备名录，健全循环经济技术、装备的遴选及推广机制，建立应用推广的信息平台。

（二十一）发展分享经济

创新消费理念，大力发展分享经济，把分享经济作为优化供给结构、引导绿色消费的新领域，延长产品生命周期，提高资源利用效率。探索闲置房屋、闲置车辆、闲置物品的分享使用方式和分时租赁的新型商业业态。发展分享办公、分享存储、分享信息，提高闲置资产的利用效率。创新商业模式，大力发展设备租赁产业，推动外包式服务发展，培育专业的循环型生产服务企业，改变传统产品提供模式，提高产品维护专业化水平。鼓励专业分享平台建设，完善信息安全保障措施和信用评价机制，实现分享商品、信息、服务的在线交易。

（二十二）扩大绿色消费

鼓励绿色产品消费，大力推动节能、节水、环保、资源综合利用、再制造、再生产品使用，加大新能源汽车推广力度，加快电动汽车充电基础设施建设，实施绿色建材生产和应用行动。推广使用生物饲料、生物肥料、生物农药、生物地膜等绿色农业生产资料。扩大绿色消费市场，完善绿色产品统一标识、认证制度，畅通绿色产品流通渠道，鼓励建设各类绿色流通主体。建设一批集门店节能低碳改造、绿色产品销售、废弃物回收于一体的绿色商场。推动企业实施绿色采购，构建绿色供应链。引导和支持企业利用大众创业、万众创新平台，加大对绿色产品研发、设计和制造的投入。在政府投资的公益性建筑、大型公共建筑和保障性住房建设中全面执行绿色建筑标准，推广使用新型墙体材料。完善城市交通系统，推进不同公共交通体系之间以及市内公交系统与跨区域交通系统的无缝链接，引导居民选择公共交通和自行车出行。

（二十三）创新服务机制和模式

积极推动资源循环利用第三方服务体系建设，培育发展龙头企业，发挥市场机制作用。鼓励通过合同管理和特许经营等方式，为产业园区和企业提供废弃物管理、回收、再生加工和循环利用的整体解决方案，与居民社区和医院、学校等公共机构开展生活垃圾资源化、无害化处理合作，促进生活垃圾与再生资源回收处理利用两个网络系统衔接发展。推广绿色产品质量责任险、环境污染强制责任保险。建立循环经济信息系统和技术咨询服务体系，培育和扶持一批为循环经济发展提供规划、设计、建设、改造、运营等服务的专业化公司。

（二十四）支持资源循环产业“走出去”

贯彻开放发展理念，落实“一带一路”战略，加强循环经济理念模式的国际交流，扩大关键技术和装备的进出口贸易规模。配合国际产能合作、对外承包工程，支持国内资源循环利用企业到海外投资，增强境外资源就地转化加工能力，把海外再生资源作为资源安全保障的来源之一。推动再制造产品进入国际市场，实施对标行动，保障再制造产品的性能稳定性、质量可靠性等达到欧美国家标准，培育以增材再制造技术为特点的装备现场修复技术，提高运营维护水平。

七、实施重大专项行动

（二十五）园区循环化改造行动

制定实施《园区循环化改造行动》，各地要制定本地区园区循环化改造推进方案，明确改造任务、实施路径和保障措施。其中，长江经济带的化工、轻工等涉水类园区，京津冀地区的冶金、建材和石化等涉气类园区和工业集聚区，珠三角地区的石化、轻工、建材等园区要全部实施循环化改造，园区外企业逐步"退城入园"。鼓励国家生态工业示范园区率先开展循环化改造。发布实施园区循环化改造指南和评价体系，将评价结果纳入园区考核体系。利用现有资金渠道，对园区循环化改造予以支持。到2020年，国家重点支持100家园区进行循环化改造，推动75%的国家级园区和50%的省级园区开展循环化改造。

（二十六）工农复合型循环经济示范区建设行动

选择粮食主产区等具备基础的地区建设20个工农复合型循环经济示范区。以农业生产为基础，以龙头企业为核心，发挥农业专业合作组织作用，按现代产业组织方式，汇集资金、技术、农田等生产要素，向产前投入、产后加工、贮藏、运输、销售以及农业废弃物综合利用环节延伸，推进农业与工业、旅游、教育、文化、健康养老等产业横向链接，形成种、养、加、游等深度融合的工农复合型循环经济产业链。

（二十七）资源循环利用产业示范基地建设行动

在100个地级及以上城市布局城市资源循环利用产业示范基地。建设城市低值废弃物协同处理基地，对餐厨废弃物、建筑垃圾、城市污泥、园林废弃物、废旧纺织品等进行集中资源化回收和规范化处理，完善统一收运体系，建立餐厨废弃物、建筑垃圾等收运处理企业的规范管理制度，推动典型废弃物的集中规模化处理、利用。发挥各类固体废弃物资源化利用和处理设施的协同效应，实现不同类别废弃物的分类回收利用和无害化处理，加强能源、水资源和固废处理设施的一体化建设。建设以城市为载体的产业废弃物循环利用产业基地，推动共伴生矿、工业固废、危险废弃物、农林废弃物等的综合利用，制定区域整体解决方案，建设区域性大宗产业废弃物信息交易平台，实现产业废弃物多途径、多层次、协同化利用。

（二十八）工业资源综合利用产业基地建设行动

以企业和行业为载体，建设50个工业资源综合利用产业基地，开展工业资源综合利用重大示范工程建设。发布工业资源综合利用先进适用技术装备目录，加快大宗工业固体废物综合利用先进技术装备和产品的推广应用。推动尾矿、煤矸石、粉煤灰、冶金渣、工业副产石膏、化工废渣、赤泥等大宗固废的综合利用，拓宽利用途径，提升利用水平。

（二十九）"互联网+"资源循环行动

制定发布《"互联网+"资源循环行动方案》，支持回收行业建设线上线下融合的回收网络，推广"互联网+回收"新模式。建立重点品种的全生命周期追溯机制。支持互联网企业参与各类产业园区废弃物信息平台建设，推动园区产业共生平台建设。逐步形成行业性、区域性、全国性的产业废弃物和再生资源在线交易系统和价格指数。支持汽车维修、汽车保险、旧件回收、再制造、报废拆解等汽车产品售后全生命周期信息的互通共享。在30%的地级以上城市建设再生资源在线回收平台，再生资源、产业废弃物年在线交易规模超过5000亿元。

（三十）京津冀区域循环经济协同发展行动

统筹规划京津冀地区的再生资源、工业固废、生活垃圾资源化利用和无害化处置设施，建设一批跨区域资源综合利用协同发展重大示范工程，在北京、天津等城市率先建成资源循环利用体系。以京津地区为核心推进再生资源专业化规范化回收体系建设；在京津冀地区探索建立污泥无害化处理处置和跨区域资源化消纳利用的综合体系试点；依托国家“城市矿产”示范基地改造提升现有回收、拆解和再利用基地和园区；依托河北现有产业基础，建设再制造产业示范基地；结合滨海新区、渤海新区、曹妃甸等国家级新区、园区建设，构建跨城市、跨地区产业链接，推动生产生活系统循环链接。

（三十一）再生产品再制造产品推广行动

建设30个左右再生产品再制造产品推广平台和示范应用基地，选择电子电器生产企业、汽车生产企业、纺织企业等在生产环节推广使用再生材料。选择商贸物流、金融保险、维修销售等产品营销渠道和煤炭、石油等采掘企业开展再制造产品推广应用，支持中央企业应用再制造产品，并与再制造企业合作。选择建筑施工企业开展建筑垃圾再生产品推广应用。到2020年，骨干电器电子生产企业再生材料使用率达到20%，主要再制造产品市场覆盖率达到10%左右。

（三十二）资源循环利用技术创新行动

以提高资源利用效率、资源循环水平为核心，开展循环发展宏观战略、制度创新、政策机制和重大共性或瓶颈式技术装备研发，推进资源利用效率与循环水平的基础理论和评价机制研究，加强赤泥、碱渣等大宗固废减量与循环利用技术及产业化、生物质废物高效利用成套技术与大型装备产业化、新兴城市矿产高值利用关键技术及产业化应用等的研究，深化固废循环利用管理与决策共性技术创新，加强典型区域循环发展集成示范模式示范。

（三十三）循环经济典型经验模式推广行动

总结凝练循环经济试点示范典型经验、重点行业循环经济发展模式及典型模式案例，结合工作实施向全社会推广发布。分领域、分行业制定循环经济发展指南。通过广播电视、报刊杂志、互联网、移动客户端等途径，宣传循环经济典型案例和试点示范经验。采取组织现场推广会、经验交流会、成果展示会等方式，加大对典型经验的推广力度。发挥各级党校、行政学院、高等学校及科研院所的力量，面向各级领导干部、政府及企业管理人员进行推广。

（三十四）循环经济创新试验区建设行动

选择若干地区、行业开展循环经济创新实验区建设，探索形成循环经济核心制度和模式，逐步在全国范围内推广。选择部分行业试点推行产品生态设计、开展目标回收制和企业回收联盟试点；开展限制一次性用品使用制度试点，探索限制一次性用品使用的具体措施；选择部分区域、部分行业开展产品分享、服务分享、信息分享试点。

八、完善保障措施

（三十五）健全法规规章体系

推动循环经济促进法修订，增强法律约束力，完善循环经济促进法配套法规规章，支持各地结合实际制定循环经济促进条例或实施办法。修订报废汽车回收管理办法。加快制定汽车零部件再制造、餐厨废弃物资源化利用和无害化处理、限制商品过度包装、铅蓄电池回收利用等领域的管理办法。研究出台强制回收的产品和包装物名录及管理办法、建筑垃圾回收与资源化利用管理办法、电动汽车动力蓄电池回收利用管理办法。

（三十六）理顺价格税费政策

深化价格改革。全面推行居民用电、用水、用气阶梯价格，推行供热按用热计量收费。全面落实燃煤发电机组脱硫、脱硝、除尘电价政策。完善鼓励煤矸石、垃圾和沼气发电的价格政策。落实污水处理收费政策，完善垃圾处理收费管理办法，提高收缴率。

加强税收调节。全面实施资源税从价计征改革，开展水资源税改革试点工作，逐步扩大征税范围，促进资源节约集约利用。落实资源综合利用产品及劳务增值税政策，落实资源综合利用和环境保护节能节水专用设备企业所得税优惠政策，对企业为生产国家支持发展的大型环保及资源综合利用设备而进口的关键零部件及原材料，在现行政策规定范围内，免征关税和进口环节增值税。落实废弃电器电子产品回收处理基金。

（三十七）优化财政金融政策

创新财政资金支持方式。利用现有资金渠道对循环经济予以支持，提高资金利用效率和使用效益。强化财政资金与社会融资的联动，探索在餐厨废弃物、建筑垃圾、再生资源回收等领域引入 PPP 模式，通过 PPP 和第三方服务方式引导社会资本投入循环经济。

创新融资方式。积极提供包括银行信贷、外国政府转贷款、债券承销、保理、融资租赁等多重融资方式。落实绿色信贷指引，促进银行业金融机构大力发展绿色信贷。支持符合条件的资源循环利用企业通过境内外上市、在全国股转系统和区域性股权交易市场挂牌等方式融资。积极落实绿色债券指引，健全绿色评级体系。支持保险资金支持资源循环利用项目建设。鼓励社会资本成立各类绿色产业基金。

（三十八）加强统计能力建设

逐步建立重要资源消耗情况的统计监测机制。各地要对循环经济统计工作给予相应支持，明确责任，保障工作经费，推动区域、行业、园区、企业建立资源消耗、污染排放等的动态台账，提高精细化管理水平，提高统计的准确性和及时性。

（三十九）强化监督管理

持续打击非法改装、拼装报废车、非法拆解电器电子产品的企业和集散地。坚决关停无证无照经营、达不到环境标准和安全标准的小企业、黑作坊。加强进口固体废物管理，严厉打击“洋垃圾”走私。

加强重点领域规范管理。完善对报废汽车、废弃电器电子产品拆解企业的资质管理，严格铅酸蓄电池等特殊品种的管理。加强废船监管，实行定点拆解。加强对再制造产品标识使用的监督检查，强化产品质量的监督抽查。加大对生产超薄塑料购物袋的查处力度，巩固“限塑”成果。加大限制商品过度包装监督检查力度。

九、加强组织实施

（四十）落实地方工作责任

地方各级政府相关部门要加强对循环发展的组织领导和统筹协调，制定本地区的循环发展规划或引领行动，明确目标任务，制定和完善本地区促进循环发展的配套政策，建立本地区的工作协调机制，做好部门分工，加强相关统计和评价工作，逐级落实工作责任。

（四十一）明确企业主体责任

推动企业按照循环型生产方式组织企业生产，提高利用效率、减少废弃物排放。支持企业积极开展循环经济评价对标工作，落实生产者责任延伸制度，建立全生命周期管理制度，自觉履行企业社会责任。

（四十二）动员全社会广泛参与

加强宣传引导，把循环发展作为可持续发展教育的重要内容纳入国民教育体系和党政领导干部培训计划，引导全社会树立节约集约循环利用的资源观，营造促进循环发展的舆论氛围，引导社会各界积极参与，继续建设一批循环经济教育示范基地。加强国际交流与合作，加强循环经济理论、政策、技术、模式的交流，强化我国循环经济发展成效的宣传，加快循环经济先进技术的引进、吸收和再创新。推进中日韩循环经济示范基地建设。

（四十三）加强组织协调

进一步发挥发展循环经济工作部际联席会议机制的作用，加强组织协调，研究重大问题，统筹推进引领行动的实施。发展改革委将会同有关部门按照任务分工，制定重点任务的实施方案，同时加强对实施情况的跟踪评估，评估结果适时向社会发布。

附录2　中共中央办公厅 国务院办公厅《关于创新体制机制推进农业绿色发展的意见》

2017年9月，中共中央办公厅、国务院办公厅印发了《关于创新体制机制推进农业绿色发展的意见》，并发出通知，要求各地区各部门结合实际认真贯彻落实。《关于创新体制机制推进农业绿色发展的意见》全文如下。

推进农业绿色发展，是贯彻新发展理念、推进农业供给侧结构性改革的必然要求，是加快农业现代化、促进农业可持续发展的重大举措，是守住绿水青山、建设美丽中国的时代担当，对保障国家食物安全、资源安全和生态安全，维系当代人福祉和保障子孙后代永续发展具有重大意义。党的十八大以来，党中央、国务院作出一系列重大决策部署，农业绿色发展实现了良好开局。但总体上看，农业主要依靠资源消耗的粗放经营方式没有根本改变，农业面源污染和生态退化的趋势尚未有效遏制，绿色优质农产品和生态产品供给还不能满足人民群众日益增长的需求，农业支撑保障制度体系有待进一步健全。为创新体制机制，推进农业绿色发展，现提出如下意见。

一、总体要求

（一）指导思想

全面贯彻党的十八大和十八届三中、四中、五中、六中全会精神，深入贯彻习近平总书记系列重要讲话精神和治国理政新理念新思想新战略，紧紧围绕统筹推进“五位一体”总体布局和协调推进“四个全面”战略布局，牢固树立和贯彻落实新发展理念，认真落实党中央、国务院决策部署，以绿水青山就是金山银山理念为指引，以资源环境承载力为基准，以推进农业供给侧结构性改革为主线，尊重农业发展规律，强化改革创新、激励约束和政府监管，转变农业发展方式，优化空间布局，节约利用资源，保护产地环境，提升生态服务功能，全力构建人与自然和谐共生的农业发展新格局，推动形成绿色生产方式和生活方式，实现农业强、农民富、农村美，为建设美丽中国、增进民生福祉、实现经济社会可持续发展提供坚实支撑。

（二）基本原则

——坚持以空间优化、资源节约、环境友好、生态稳定为基本路径。牢固树立节约集约循环利用的资源观，把保护生态环境放在优先位置，落实构建生态功能保障基线、环境质量安全底线、自然资源利用上线的要求，防止将农业生产与生态建设对立，把绿色发展导向贯穿农业发展全过程。

——坚持以粮食安全、绿色供给、农民增收为基本任务。突出保供给、保收入、保生态的协调统一，保障国家粮食安全，增加绿色优质农产品供给，构建绿色发展产业链价值链，提升质量效益和竞争力，变绿色为效益，促进农民增收，助力脱贫攻坚。

——坚持以制度创新、政策创新、科技创新为基本动力。全面深化改革，构建以资源管控、环境监控和产业准入负面清单为主要内容的农业绿色发展制度体系，科学适度有序的农业空间布局体系，绿色循环发展的农业产业体系，以绿色生态为导向的政策支持体系和科技创新推广体系，全面激活农业绿色发展的内生动力。

——坚持以农民主体、市场主导、政府依法监管为基本遵循。既要明确生产经营者主体责任，又要通过市场引导和政府支持，调动广大农民参与绿色发展的积极性，推动实现资源有偿使用、环境保护有责、生态功能改善激励、产品优质优价。加大政府支持和执法监管力度，形成保护有奖、违法必究的明确导向。

（三）目标任务

把农业绿色发展摆在生态文明建设全局的突出位置，全面建立以绿色生态为导向的制度体系，基本形成与资源环境承载力相匹配、与生产生活生态相协调的农业发展格局，努力实现耕地数量不减少、耕地质量不降低、地下水不超采，化肥、农药使用量零增长，秸秆、畜禽粪污、农膜全利用，实现农业可持续发展、农民生活更加富裕、乡村更加美丽宜居。

资源利用更加节约高效。到 2020 年，严守 18.65 亿亩耕地红线，全国耕地质量平均比 2015 年提高 0.5 个等级，农田灌溉水有效利用系数提高到 0.55 以上。到 2030 年，全国耕地质量水平和农业用水效率进一步提高。

产地环境更加清洁。到 2020 年，主要农作物化肥、农药使用量实现零增长，化肥、农药利用率达到 40%；秸秆综合利用率达到 85%，养殖废弃物综合利用率达到 75%，农膜回收率达到 80%。到 2030 年，化肥、农药利用率进一步提升，农业废弃物全面实现资源化利用。

生态系统更加稳定。到 2020 年，全国森林覆盖率达到 23%以上，湿地面积不低于 8 亿亩，基本农田林网控制率达到 95%，草原综合植被盖度达到 56%。到 2030 年，田园、草原、森林、湿地、水域生态系统进一步改善。

绿色供给能力明显提升。到 2020 年，全国粮食（谷物）综合生产能力稳定在 5.5 亿吨以上，农产品质量安全水平和品牌农产品占比明显提升，休闲农业和乡村旅游加快发展。到 2030 年，农产品供给更加优质安全，农业生态服务能力进一步提高。

二、优化农业主体功能与空间布局

（四）落实农业功能区制度

大力实施国家主体功能区战略，依托全国农业可持续发展规划和优势农产品区域布局规划，立足水土资源匹配性，将农业发展区域细划为优化发展区、适度发展区、保护发展区，明确区域发展重点。加快划定粮食生产功能区、重要农产品生产保护区，认定特色农产品优势区，明确区域生产功能。

（五）建立农业生产力布局制度

围绕解决空间布局上资源错配和供给错位的结构性矛盾，努力建立反映市场供求与资源稀缺程度的农业生产力布局，鼓励因地制宜、就地生产、就近供应，建立主要农产品生产布局定期监测和动态调整机制。在优化发展区更好发挥资源优势，提升重要农产品生产能力；在适度发展区加快调整农业结构，限制资源消耗大的产业规模；在保护发展区坚持保护优先、限制开发，加大生态建设力度，实现保供给与保生态有机统一。完善粮食主产区利益补偿机制，健全粮食产销协作机制，推动粮食产销横向利益补偿。鼓励地方积极开展试验示范、农垦率先示范，提高军地农业绿色发展水平。推进国家农业可持续发展试验示范区创建，同时成为农业绿色发展的试点先行区。

（六）完善农业资源环境管控制度

强化耕地、草原、渔业水域、湿地等用途管控，严控围湖造田、滥垦滥占草原等不合理开发建设活动对资源环境的破坏。坚持最严格的耕地保护制度，全面落实永久基本农田特殊保护政策措施。以县为单位，针对农业资源与生态环境突出问题，建立农业产业准入负面清单制度，因地制宜制定禁止和限制发展产业目录，明确种植业、养殖业发展方向和开发强度，强化准入管理和底线约束，分类推进重点地区资源保护和严重污染地区治理。

（七）建立农业绿色循环低碳生产制度

在华北、西北等地下水过度利用区适度压减高耗水作物，在东北地区严格控制旱改水，选育推广节肥、节水、抗病新品种。以土地消纳粪污能力确定养殖规模，引导畜牧业生产向环境容量大的地区转移，科学合理划定禁养区，适度调减南方水网地区养殖总量。禁养区划定减少的畜禽规模养殖用地，可在适宜养殖区域按有关规定及时予以安排，并强化服务。实施动物疫病净化计划，推动动物疫病防控从有效控制到逐步净化消灭转变。推行水产健康养殖制度，合理确定湖泊、水库、滩涂、近岸海域等养殖规模和养殖密度，逐步减少河流湖库、近岸海域投饵网箱养殖，防控水产养殖污染。建立低碳、低耗、循环、高效的加工流通体系。探索区域农业循环利用机制，实施粮经饲统筹、种养加结合、农林牧渔融合循环发展。

（八）建立贫困地区农业绿色开发机制

立足贫困地区资源禀赋，坚持保护环境优先，因地制宜选择有资源优势的特色产业，推进产业精准扶贫。把贫困地区生态环境优势转化为经济优势，推行绿色生产方式，大力发展绿色、有机和地理标志优质特色农产品，支持创建区域品牌；推进一二三产融合发展，发挥生态资源优势，发展休闲农业和乡村旅游，带动贫困农户脱贫致富。

三、强化资源保护与节约利用

（九）建立耕地轮作休耕制度

推动用地与养地相结合，集成推广绿色生产、综合治理的技术模式，在确保国家粮食安全和农民收入稳定增长的前提下，对土壤污染严重、区域生态功能退化、可利用水资源匮乏等不宜连续耕作的农田实行轮作休耕。降低耕地利用强度，落实东北黑土地保护制度，管控西北内陆、沿海滩涂等区域开垦耕地行为。全面建立耕地质量监测和等级评价制度，明确经营者耕地保护主体责任。实施土地整治，推进高标准农田建设。

（十）建立节约高效的农业用水制度

推行农业灌溉用水总量控制和定额管理。强化农业取水许可管理，严格控制地下水利用，加大地下水超采治理力度。全面推进农业水价综合改革，按照总体不增加农民负担的原则，加快建立合理农业水价形成机制和节水激励机制，切实保护农民合理用水权益，提高农民有偿用水意识和节水积极性。突出农艺节水和工程节水措施，推广水肥一体化及喷灌、微灌、管道输水灌溉等农业节水技术，健全基层节水农业技术推广服务体系。充分利用天然降水，积极有序发展雨养农业。

（十一）健全农业生物资源保护与利用体系

加强动植物种质资源保护利用，加快国家种质资源库、畜禽水产基因库和资源保护场（区、圃）规划建设，推进种质资源收集保存、鉴定和育种，全面普查农作物种质资源。加强野生动植物自然保护区建设，推进濒危野生植物资源原生境保护、移植保存和人工繁育。实施生物多样性保护重大工程，开展濒危野生动植物物种调查和专项救护，实施珍稀濒危水生生物保护行动计划和长江珍稀特有水生生物拯救工程。加强海洋渔业资源调查研究能力建设。完善外来物种风险监测评估与防控机制，建设生物天敌繁育基地和关键区域生物入侵阻隔带，扩大生物替代防治示范技术试点规模。

四、加强产地环境保护与治理

（十二）建立工业和城镇污染向农业转移防控机制

制定农田污染控制标准，建立监测体系，严格工业和城镇污染物处理和达标排放，依法禁止未经处理达标的工业和城镇污染物进入农田、养殖水域等农业区域。强化经常性执法监管制度建设。出台耕地土壤污染治理及效果评价标准，开展污染耕地分类治理。

（十三）健全农业投入品减量使用制度

继续实施化肥农药使用量零增长行动，推广有机肥替代化肥、测土配方施肥，强化病虫害统防统治和全程绿色防控。完善农药风险评估技术标准体系，加快实施高剧毒农药替代计划。规范限量使用饲料添加剂，减量使用兽用抗菌药物。建立农业投入品电子追溯制度，严格农业投入品生产和使用管理，支持低消耗、低残留、低污染农业投入品生产。

（十四）完善秸秆和畜禽粪污等资源化利用制度

严格依法落实秸秆禁烧制度，整县推进秸秆全量化综合利用，优先开展就地还田。推进秸秆发电并网运行和全额保障性收购，开展秸秆高值化、产业化利用，落实好沼气、秸秆等可再生能源电价政策。开展尾菜、农产品加工副产物资源化利用。以沼气和生物天然气为主要处理方向，以农用有机肥和农村能源为主要利用方向，强化畜禽粪污资源化利用，依法落实规模养殖环境评价准入制度，明确地方政府属地责任和规模养殖场主体责任。依据土地利用规划，积极保障秸秆和畜禽粪污资源化利用用地。健全病死畜禽无害化处理体系，引导病死畜禽集中处理。

（十五）完善废旧地膜和包装废弃物等回收处理制度

加快出台新的地膜标准，依法强制生产、销售和使用符合标准的加厚地膜，以县为单位开展地膜使用全回收、消除土壤残留等试验试点。建立农药包装废弃物等回收和集中处理体系，落实使用者妥善收集、生产者和经营者回收处理的责任。

五、养护修复农业生态系统

（十六）构建田园生态系统

遵循生态系统整体性、生物多样性规律，合理确定种养规模，建设完善生物缓冲带、防护林网、灌溉渠系等田间基础设施，恢复田间生物群落和生态链，实现农田生态循环和稳定。优化乡村种植、养殖、居住等功能布局，拓展农业多种功能，打造种养结合、生态循环、环境优美的田园生态系统。

（十七）创新草原保护制度

健全草原产权制度，规范草原经营权流转，探索建立全民所有草原资源有偿使用和分级行使所有权制度。落实草原生态保护补助奖励政策，严格实施草原禁牧休牧轮牧和草畜平衡制度，防止超载过牧。加强严重退化、沙化草原治理。完善草原监管制度，加强草原监理体系建设，强化草原征占用审核审批管理，落实土地用途管制制度。

（十八）健全水生生态保护修复制度

科学划定江河湖海限捕、禁捕区域，健全海洋伏季休渔和长江、黄河、珠江等重点河流禁渔期制度，率先在长江流域水生生物保护区实现全面禁捕，严厉打击“绝户网”等非法捕捞行为。实施海洋渔业资源总量管理制度，完善渔船管理制度，建立幼鱼资源保护机制，开展捕捞限额试点，推进海洋牧场建设。完善水生生物增殖放流，加强水生生物资源养护。因地制宜实施河湖水系自然连通，确定河道砂石禁采区、禁采期。

（十九）实行林业和湿地养护制度

建设覆盖全面、布局合理、结构优化的农田防护林和村镇绿化林带。严格实施湿地分级管理制度，严格保护国际重要湿地、国家重要湿地、国家级湿地自然保护区和国家湿地公园等重要湿地。开展退化湿地恢复和修复，严格控制开发利用和围垦强度。加快构建退耕还林还草、退耕还湿、防沙治沙，以及石漠化、水土流失综合生态治理长效机制。

六、健全创新驱动与约束激励机制

（二十）构建支撑农业绿色发展的科技创新体系

完善科研单位、高校、企业等各类创新主体协同攻关机制，开展以农业绿色生产为重点的科技联合攻关。在农业投入品减量高效利用、种业主要作物联合攻关、有害生物绿色防控、废弃物资源化利用、产地环境修复和农产品绿色加工贮藏等领域尽快取得一批突破性科研成果。完善农业绿色科技创新成果评价和转化机制，探索建立农业技术环境风险评估体系，加快成熟适用绿色技术、绿色品种的示范、推广和应用。借鉴国际农业绿色发展经验，加强国际间科技和成果交流合作。

（二十一）完善农业生态补贴制度

建立与耕地地力提升和责任落实相挂钩的耕地地力保护补贴机制。改革完善农产品价格形成机制，深化棉花目标价格补贴，统筹玉米和大豆生产者补贴，坚持补贴向优势区倾斜，减少或退出非优势区补贴。改革渔业补贴政策，支持捕捞渔民减船转产、海洋牧场建设、增殖放流等资源养护措施。完善耕地、草原、森林、湿地、水生生物等生态补偿政策，继续支持退耕还林还草。有效利用绿色金融激励机制，探索绿色金融服务农业绿色发展的有效方式，加大绿色信贷及专业化担保支持力度，创新绿色生态农业保险产品。加大政府和社会资本合作（PPP）在农业绿色发展领域的推广应用，引导社会资本投向农业资源节约、废弃物资源化利用、动物疫病净化和生态保护修复等领域。

（二十二）建立绿色农业标准体系

清理、废止与农业绿色发展不适应的标准和行业规范。制定修订农兽药残留、畜禽屠宰、饲料卫生安全、冷链物流、畜禽粪污资源化利用、水产养殖尾水排放等国家标准和行业标准。强化农产品质量安全认证机构监管和认证过程管控。改革无公害农产品认证制度，加快建立统一的绿色农产品市场准入标准，提升绿色食品、有机农产品和地理标志农产品等认证的公信力和权威性。实施农业绿色品牌战略，培育具有区域优势特色和国际竞争力的农产品区域公用品牌、企业品牌和产品品牌。加强农产品质量安全全程监管，健全与市场准入相衔接的食用农产品合格证制度，依托现有资源建立国家农产品质量安全追溯管理平台，加快农产品质量安全追溯体系建设。积极参与国际标准的制定修订，推进农产品认证结果互认。

（二十三）完善绿色农业法律法规体系

研究制定修订体现农业绿色发展需求的法律法规，完善耕地保护、农业污染防治、农业生态保护、农业投入品管理等方面的法律制度。开展农业节约用水立法研究工作。加大执法和监督力度，依法打击破坏农业资源环境的违法行为。健全重大环境事件和污染事故责任追究制度及损害赔偿制度，提高违法成本和惩罚标准。

（二十四）建立农业资源环境生态监测预警体系

建立耕地、草原、渔业水域、生物资源、产地环境以及农产品生产、市场、消费信息监测体系，加强基础设施建设，统一标准方法，实时监测报告，科学分析评价，及时发布预警。定期监测农业资源环境承载能力，建立重要农业资源台账制度，构建充分体现资源稀缺和损耗程度的生产成本核算机制，研究农业生态价值统计方法。充分利用农业信息技术，构建天空地数字农业管理系统。

（二十五）健全农业人才培养机制

把节约利用农业资源、保护产地环境、提升生态服务功能等内容纳入农业人才培养范畴，培养一批具有绿色发展理念、掌握绿色生产技术技能的农业人才和新型职业农民。积极培育新型农业经营主体，鼓励其率先开展绿色生产。健全生态管护员制度，在生态环境脆弱地区因地制宜增加护林员、草管员等公益岗位。

七、保障措施

（二十六）落实领导责任

地方各级党委和政府要加强组织领导，把农业绿色发展纳入领导干部任期生态文明建设责任制内容。农业部要发挥好牵头协调作用，会同有关部门按照本意见的要求，抓紧研究制定具体实施方案，明确目标任务、职责分工和具体要求，建立农业绿色发展推进机制，确保各项政策措施落到实处，重要情况要及时向党中央、国务院报告。

（二十七）实施农业绿色发展全民行动

在生产领域，推行畜禽粪污资源化利用、有机肥替代化肥、秸秆综合利用、农膜回收、水生生物保护，以及投入品绿色生产、加工流通绿色循环、营销包装低耗低碳等绿色生产方式。在消费领域，从国民教育、新闻宣传、科学普及、思想文化等方面入手，持续开展“光盘行动”，推动形成厉行节约、反对浪费、抵制奢侈、低碳循环等绿色生活方式。

（二十八）建立考核奖惩制度

依据绿色发展指标体系，完善农业绿色发展评价指标，适时开展部门联合督查。结合生态文明建设目标评价考核工作，对农业绿色发展情况进行评价和考核。建立奖惩机制，对农业绿色发展中取得显著成绩的单位和个人，按照有关规定给予表彰，对落实不力的进行问责。

附录3　中共中央 国务院关于实施乡村振兴战略的意见

（2018年1月2日）

实施乡村振兴战略，是党的十九大作出的重大决策部署，是决胜全面建成小康社会、全面建设社会主义现代化国家的重大历史任务，是新时代“三农”工作的总抓手。现就实施乡村振兴战略提出如下意见。

一、新时代实施乡村振兴战略的重大意义

党的十八大以来，在以习近平同志为核心的党中央坚强领导下，我们坚持把解决好“三农”问题作为全党工作重中之重，持续加大强农惠农富农政策力度，扎实推进农业现代化和新农村建设，全面深化农村改革，农业农村发展取得了历史性成就，为党和国家事业全面开创新局面提供了重要支撑。5年来，粮食生产能力跨上新台阶，农业供给侧结构性改革迈出新步伐，农民收入持续增长，农村民生全面改善，脱贫攻坚战取得决定性进展，农村生态文明建设显著加强，农民获得感显著提升，农村社会稳定和谐。农业农村发展取得的重大成就和“三农”工作积累的丰富经验，为实施乡村振兴战略奠定了良好基础。

农业农村农民问题是关系国计民生的根本性问题。没有农业农村的现代化，就没有国家的现代化。当前，我国发展不平衡不充分问题在乡村最为突出，主要表现在：农产品阶段性供过于求和供给不足并存，农业供给质量亟待提高；农民适应生产力发展和市场竞争的能力不足，新型职业农民队伍建设亟需加强；农村基础设施和民生领域欠账较多，农村环境和生态问题比较突出，乡村发展整体水平亟待提升；国家支农体系相对薄弱，农村金融改革任务繁重，城乡之间要素合理流动机制亟待健全；农村基层党建存在薄弱环节，乡村治理体系和治理能力亟待强化。实施乡村振兴战略，是解决人民日益增长的美好生活需要和不平衡不充分的发展之间矛盾的必然要求，是实现“两个一百年”奋斗目标的必然要求，是实现全体人民共同富裕的必然要求。

在中国特色社会主义新时代，乡村是一个可以大有作为的广阔天地，迎来了难得的发展机遇。我们有党的领导的政治优势，有社会主义的制度优势，有亿万农民的创造精神，有强大的经济实力支撑，有历史悠久的农耕文明，有旺盛的市场需求，完全有条件有能力实施乡村振兴战略。必须立足国情农情，顺势而为，切实增强责任感使命感紧迫感，举全党全国全社会之力，以更大的决心、更明确的目标、更有力的举措，推动农业全面升级、农村全面进步、农民全面发展，谱写新时代乡村全面振兴新篇章。

二、实施乡村振兴战略的总体要求

（一）指导思想

全面贯彻党的十九大精神，以习近平新时代中国特色社会主义思想为指导，加强党对

“三农”工作的领导，坚持稳中求进工作总基调，牢固树立新发展理念，落实高质量发展的要求，紧紧围绕统筹推进“五位一体”总体布局和协调推进“四个全面”战略布局，坚持把解决好“三农”问题作为全党工作重中之重，坚持农业农村优先发展，按照产业兴旺、生态宜居、乡风文明、治理有效、生活富裕的总要求，建立健全城乡融合发展体制机制和政策体系，统筹推进农村经济建设、政治建设、文化建设、社会建设、生态文明建设和党的建设，加快推进乡村治理体系和治理能力现代化，加快推进农业农村现代化，走中国特色社会主义乡村振兴道路，让农业成为有奔头的产业，让农民成为有吸引力的职业，让农村成为安居乐业的美丽家园。

（二）目标任务

按照党的十九大提出的决胜全面建成小康社会、分两个阶段实现第二个百年奋斗目标的战略安排，实施乡村振兴战略的目标任务是：

到 2020 年，乡村振兴取得重要进展，制度框架和政策体系基本形成。农业综合生产能力稳步提升，农业供给体系质量明显提高，农村一二三产业融合发展水平进一步提升；农民增收渠道进一步拓宽，城乡居民生活水平差距持续缩小；现行标准下农村贫困人口实现脱贫，贫困县全部摘帽，解决区域性整体贫困；农村基础设施建设深入推进，农村人居环境明显改善，美丽宜居乡村建设扎实推进；城乡基本公共服务均等化水平进一步提高，城乡融合发展体制机制初步建立；农村对人才吸引力逐步增强；农村生态环境明显好转，农业生态服务能力进一步提高；以党组织为核心的农村基层组织建设进一步加强，乡村治理体系进一步完善；党的农村工作领导体制机制进一步健全；各地区各部门推进乡村振兴的思路举措得以确立。

到 2035 年，乡村振兴取得决定性进展，农业农村现代化基本实现。农业结构得到根本性改善，农民就业质量显著提高，相对贫困进一步缓解，共同富裕迈出坚实步伐；城乡基本公共服务均等化基本实现，城乡融合发展体制机制更加完善；乡风文明达到新高度，乡村治理体系更加完善；农村生态环境根本好转，美丽宜居乡村基本实现。

到 2050 年，乡村全面振兴，农业强、农村美、农民富全面实现。

（三）基本原则

—坚持党管农村工作。毫不动摇地坚持和加强党对农村工作的领导，健全党管农村工作领导体制机制和党内法规，确保党在农村工作中始终总揽全局、协调各方，为乡村振兴提供坚强有力的政治保障。

坚持农业农村优先发展。把实现乡村振兴作为全党的共同意志、共同行动，做到认识统一、步调一致，在干部配备上优先考虑，在要素配置上优先满足，在资金投入上优先保障，在公共服务上优先安排，加快补齐农业农村短板。

坚持农民主体地位。充分尊重农民意愿，切实发挥农民在乡村振兴中的主体作用，调动亿万农民的积极性、主动性、创造性，把维护农民群众根本利益、促进农民共同富裕作为出发点和落脚点，促进农民持续增收，不断提升农民的获得感、幸福感、安全感。

坚持乡村全面振兴。准确把握乡村振兴的科学内涵，挖掘乡村多种功能和价值，统筹谋划农村经济建设、政治建设、文化建设、社会建设、生态文明建设和党的建设，注重协同性、关联性，整体部署，协调推进。

坚持城乡融合发展。坚决破除体制机制弊端，使市场在资源配置中起决定性作用，更好发挥政府作用，推动城乡要素自由流动、平等交换，推动新型工业化、信息化、城镇化、农业现代化同步发展，加快形成工农互促、城乡互补、全面融合、共同繁荣的新型工农城乡关系。

坚持人与自然和谐共生。牢固树立和践行绿水青山就是金山银山的理念，落实节约优先、保护优先、自然恢复为主的方针，统筹山水林田湖草系统治理，严守生态保护红线，以绿色发展引领乡村振兴。

坚持因地制宜、循序渐进。科学把握乡村的差异性和发展走势分化特征，做好顶层设计，注重规划先行、突出重点、分类施策、典型引路。既尽力而为，又量力而行，不搞层层加码，不搞一刀切，不搞形式主义，久久为功，扎实推进。

三、提升农业发展质量，培育乡村发展新动能

乡村振兴，产业兴旺是重点。必须坚持质量兴农、绿色兴农，以农业供给侧结构性改革为主线，加快构建现代农业产业体系、生产体系、经营体系，提高农业创新力、竞争力和全要素生产率，加快实现由农业大国向农业强国转变。

（一）夯实农业生产能力基础

深入实施藏粮于地、藏粮于技战略，严守耕地红线，确保国家粮食安全，把中国人的饭碗牢牢端在自己手中。全面落实永久基本农田特殊保护制度，加快划定和建设粮食生产功能区、重要农产品生产保护区，完善支持政策。大规模推进农村土地整治和高标准农田建设，稳步提升耕地质量，强化监督考核和地方政府责任。加强农田水利建设，提高抗旱防洪除涝能力。实施国家农业节水行动，加快灌区续建配套与现代化改造，推进小型农田水利设施达标提质，建设一批重大高效节水灌溉工程。加快建设国家农业科技创新体系，加强面向全行业的科技创新基地建设。深化农业科技成果转化和推广应用改革。加快发展现代农作物、畜禽、水产、林木种业，提升自主创新能力。高标准建设国家南繁育种基地。推进我国农机装备产业转型升级，加强科研机构、设备制造企业联合攻关，进一步提高大宗农作物机械国产化水平，加快研发经济作物、养殖业、丘陵山区农林机械，发展高端农机装备制造。优化农业从业者结构，加快建设知识型、技能型、创新型农业经营者队伍。大力发展数字农业，实施智慧农业林业水利工程，推进物联网试验示范和遥感技术应用。

（二）实施质量兴农战略

制定和实施国家质量兴农战略规划，建立健全质量兴农评价体系、政策体系、工作体系和考核体系。深入推进农业绿色化、优质化、特色化、品牌化，调整优化农业生产力布局，推动农业由增产导向转向提质导向。推进特色农产品优势区创建，建设现代农业产业园、农业科技园。实施产业兴村强县行动，推行标准化生产，培育农产品品牌，保护地理标志农产品，打造一村一品、一县一业发展新格局。加快发展现代高效林业，实施兴林富民行动，推进森林生态标志产品建设工程。加强植物病虫害、动物疫病防控体系建设。优化养殖业空间布局，大力发展绿色生态健康养殖，做大做强民族奶业。统筹海洋渔业资源开发，科学布局近远海养殖和远洋渔业，建设现代化海洋牧场。建立产学研融合的农业科技创新联盟，加强农业绿色生态、提质增效技术研发应用。切实发挥农垦在质量兴农中的带动引领作用。实施食品安全战略，完善农产品质量和食品安全标准体系，加强农业投入品和农产品质量安全追溯体系建设，健全农产品质量和食品安全监管体制，重点提高基层监管能力。

（三）构建农村一二三产业融合发展体系

大力开发农业多种功能，延长产业链、提升价值链、完善利益链，通过保底分红、股份合作、利润返还等多种形式，让农民合理分享全产业链增值收益。实施农产品加工业提升行动，鼓励企业兼并重组，淘汰落后产能，支持主产区农产品就地加工转化增值。重点解决农产品销售中的突出问题，加强农产品产后分级、包装、营销，建设现代化农产品冷链仓储物流体系，打造农产品销售公共服务平台，支持供销、邮政及各类企业把服务网点延伸到乡村，健全农产品产销稳定衔接机制，大力建设具有广泛性的促进农村电子商务发展的基础设施，鼓励支持各类市场主体创新发展基于互联网的新型农业产业模式，深入实施电子商务进农村综合示范，加快推进农村流通现代化。实施休闲农业和乡村旅游精品工程，建设一批设施完备、功能多样的休闲观光园区、森林人家、康养基地、乡村民宿、特色小镇。对利用闲置农房发展民宿、养老等项目，研究出台消防、特种行业经营等领域便利市场准入、加强事中事后监管的管理办法。发展乡村共享经济、创意农业、特色文化产业。

（四）构建农业对外开放新格局

优化资源配置，着力节本增效，提高我国农产品国际竞争力。实施特色优势农产品出口提升行动，扩大高附加值农产品出口。建立健全我国农业贸易政策体系。深化与“一带一路”沿线国家和地区农产品贸易关系。积极支持农业走出去，培育具有国际竞争力的大粮商和农业企业集团。积极参与全球粮食安全治理和农业贸易规则制定，促进形成更加公平合理的农业国际贸易秩序。进一步加大农产品反走私综合治理力度。

（五）促进小农户和现代农业发展有机衔接

统筹兼顾培育新型农业经营主体和扶持小农户，采取有针对性的措施，把小农生产引入现代农业发展轨道。培育各类专业化市场化服务组织，推进农业生产全程社会化服务，帮助小农户节本增效。发展多样化的联合与合作，提升小农户组织化程度。注重发挥新型农业经营主体带动作用，打造区域公用品牌，开展农超对接、农社对接，帮助小农户对接市场。扶持小农户发展生态农业、设施农业、体验农业、定制农业，提高产品档次和附加值，拓展增收空间。改善小农户生产设施条件，提升小农户抗风险能力。研究制定扶持小农生产的政策意见。

四、推进乡村绿色发展，打造人与自然和谐共生发展新格局

乡村振兴，生态宜居是关键。良好生态环境是农村最大优势和宝贵财富。必须尊重自然、顺应自然、保护自然，推动乡村自然资本加快增值，实现百姓富、生态美的统一。

（一）统筹山水林田湖草系统治理

把山水林田湖草作为一个生命共同体，进行统一保护、统一修复。实施重要生态系统保护和修复工程。健全耕地草原森林河流湖泊休养生息制度，分类有序退出超载的边际产能。扩大耕地轮作休耕制度试点。科学划定江河湖海限捕、禁捕区域，健全水生生态保护修复制度。实行水资源消耗总量和强度双控行动。开展河湖水系连通和农村河塘清淤整治，全面推行河长制、湖长制。加大农业水价综合改革工作力度。开展国土绿化行动，推进荒漠化、石漠化、水土流失综合治理。强化湿地保护和恢复，继续开展退耕还湿。完善天然林保护制度，把所有天然林都纳入保护范围。扩大退耕还林还草、退牧还草，建立成果巩固长效机制。继续实施三北防护林体系建设等林业重点工程，实施森林质量精准提升工程。继续实施草原生态保护补助奖励政策。实施生物多样性保护重大工程，有效防范外来生物入侵。

（二）加强农村突出环境问题综合治理

加强农业面源污染防治，开展农业绿色发展行动，实现投入品减量化、生产清洁化、废弃物资源化、产业模式生态化。推进有机肥替代化肥、畜禽粪污处理、农作物秸秆综合利用、废弃农膜回收、病虫害绿色防控。加强农村水环境治理和农村饮用水水源保护，实施农村生态清洁小流域建设。扩大华北地下水超采区综合治理范围。推进重金属污染耕地防控和修复，开展土壤污染治理与修复技术应用试点，加大东北黑土地保护力度。实施流域环境和近岸海域综合治理。严禁工业和城镇污染向农业农村转移。加强农村环境监管能力建设，落实县乡两级农村环境保护主体责任。

（三）建立市场化多元化生态补偿机制

落实农业功能区制度，加大重点生态功能区转移支付力度，完善生态保护成效与资金分配挂钩的激励约束机制。鼓励地方在重点生态区位推行商品林赎买制度。健全地区间、流域上下游之间横向生态保护补偿机制，探索建立生态产品购买、森林碳汇等市场化补偿制度。建立长江流域重点水域禁捕补偿制度。推行生态建设和保护以工代赈做法，提供更多生态公益岗位。

（四）增加农业生态产品和服务供给

正确处理开发与保护的关系，运用现代科技和管理手段，将乡村生态优势转化为发展生态经济的优势，提供更多更好的绿色生态产品和服务，促进生态和经济良性循环。加快发展森林草原旅游、河湖湿地观光、冰雪海上运动、野生动物驯养观赏等产业，积极开发观光农业、游憩休闲、健康养生、生态教育等服务。创建一批特色生态旅游示范村镇和精品线路，打造绿色生态环保的乡村生态旅游产业链。

五、繁荣兴盛农村文化，焕发乡风文明新气象

乡村振兴，乡风文明是保障。必须坚持物质文明和精神文明一起抓，提升农民精神风貌，培育文明乡风、良好家风、淳朴民风，不断提高乡村社会文明程度。

（一）加强农村思想道德建设

以社会主义核心价值观为引领，坚持教育引导、实践养成、制度保障三管齐下，采取符合农村特点的有效方式，深化中国特色社会主义和中国梦宣传教育，大力弘扬民族精神和时代精神。加强爱国主义、集体主义、社会主义教育，深化民族团结进步教育，加强农村思想文化阵地建设。深入实施公民道德建设工程，挖掘农村传统道德教育资源，推进社会公德、职业道德、家庭美德、个人品德建设。推进诚信建设，强化农民的社会责任意识、规则意识、集体意识、主人翁意识。

（二）传承发展提升农村优秀传统文化

立足乡村文明，吸取城市文明及外来文化优秀成果，在保护传承的基础上，创造性转化、创新性发展，不断赋予时代内涵、丰富表现形式。切实保护好优秀农耕文化遗产，推动优秀农耕文化遗产合理适度利用。深入挖掘农耕文化蕴含的优秀思想观念、人文精神、道德规范，充分发挥其在凝聚人心、教化群众、淳化民风中的重要作用。划定乡村建设的历史文化保护线，保护好文物古迹、传统村落、民族村寨、传统建筑、农业遗迹、灌溉工程遗产。支持农村地区优秀戏曲曲艺、少数民族文化、民间文化等传承发展。

（三）加强农村公共文化建设

按照有标准、有网络、有内容、有人才的要求，健全乡村公共文化服务体系。发挥县级公共文化机构辐射作用，推进基层综合性文化服务中心建设，实现乡村两级公共文化服务全覆盖，提升服务效能。深入推进文化惠民，公共文化资源要重点向乡村倾斜，提供更多更好的农村公共文化产品和服务。支持“三农”题材文艺创作生产，鼓励文艺工作者不断推出反映农民生产生活尤其是乡村振兴实践的优秀文艺作品，充分展示新时代农村农民的精神面貌。培育挖掘乡土文化本土人才，开展文化结对帮扶，引导社会各界人士投身乡村文化建设。活跃繁荣农村文化市场，丰富农村文化业态，加强农村文化市场监管。

（四）开展移风易俗行动

广泛开展文明村镇、星级文明户、文明家庭等群众性精神文明创建活动。遏制大操大办、厚葬薄养、人情攀比等陈规陋习。加强无神论宣传教育，丰富农民群众精神文化生活，抵制封建迷信活动。深化农村殡葬改革。加强农村科普工作，提高农民科学文化素养。

六、加强农村基层基础工作，构建乡村治理新体系

乡村振兴，治理有效是基础。必须把夯实基层基础作为固本之策，建立健全党委领导、政府负责、社会协同、公众参与、法治保障的现代乡村社会治理体制，坚持自治、法治、德治相结合，确保乡村社会充满活力、和谐有序。

（一）加强农村基层党组织建设

扎实推进抓党建促乡村振兴，突出政治功能，提升组织力，抓乡促村，把农村基层党组织建成坚强战斗堡垒。强化农村基层党组织领导核心地位，创新组织设置和活动方式，持续整顿软弱涣散村党组织，稳妥有序开展不合格党员处置工作，着力引导农村党员发挥先锋模范作用。建立选派第一书记工作长效机制，全面向贫困村、软弱涣散村和集体经济薄弱村党组织派出第一书记。实施农村带头人队伍整体优化提升行动，注重吸引高校毕业生、农民工、机关企事业单位优秀党员干部到村任职，选优配强村党组织书记。健全从优秀村党组织书记中选拔乡镇领导干部、考录乡镇机关公务员、招聘乡镇事业编制人员制度。加大在优秀青年农民中发展党员力度。建立农村党员定期培训制度。全面落实村级组织运转经费保障政策。推行村级小微权力清单制度，加大基层小微权力腐败惩处力度。严厉整治惠农补贴、集体资产管理、土地征收等领域侵害农民利益的不正之风和腐败问题。

（二）深化村民自治实践

坚持自治为基，加强农村群众性自治组织建设，健全和创新村党组织领导的充满活力的村民自治机制。推动村党组织书记通过选举担任村委会主任。发挥自治章程、村规民约的积极作用。全面建立健全村务监督委员会，推行村级事务阳光工程。依托村民会议、村民代表会议、村民议事会、村民理事会、村民监事会等，形成民事民议、民事民办、民事民管的多层次基层协商格局。积极发挥新乡贤作用。推动乡村治理重心下移，尽可能把资源、服务、管理下放到基层。继续开展以村民小组或自然村为基本单元的村民自治试点工作。加强农村社区治理创新。创新基层管理体制机制，整合优化公共服务和行政审批职责，打造"一门式办理"、"一站式服务"的综合服务平台。在村庄普遍建立网上服务站点，逐步形成完善的乡村便民服务体系。大力培育服务性、公益性、互助性农村社会组织，积极发展农村社会工作和志愿服务。集中清理上级对村级组织考核评比多、创建达标多、检查督查多等突出问题。维护村民委员会、农村集体经济组织、农村合作经济组织的特别法人地位和权利。

（三）建设法治乡村

坚持法治为本，树立依法治理理念，强化法律在维护农民权益、规范市场运行、农业支持保护、生态环境治理、化解农村社会矛盾等方面的权威地位。增强基层干部法治观念、法治为民意识，将政府涉农各项工作纳入法治化轨道。深入推进综合行政执法改革向基层延伸，创新监管方式，推动执法队伍整合、执法力量下沉，提高执法能力和水平。建立健全乡村调解、县市仲裁、司法保障的农村土地承包经营纠纷调处机制。加大农村普法力度，提高农民法治素养，引导广大农民增强尊法学法守法用法意识。健全农村公共法律服务体系，加强对农民的法律援助和司法救助。

（四）提升乡村德治水平

深入挖掘乡村熟人社会蕴含的道德规范，结合时代要求进行创新，强化道德教化作用，引导农民向上向善、孝老爱亲、重义守信、勤俭持家。建立道德激励约束机制，引导农民自我管理、自我教育、自我服务、自我提高，实现家庭和睦、邻里和谐、干群融洽。广泛开展好媳妇、好儿女、好公婆等评选表彰活动，开展寻找最美乡村教师、医生、村官、家庭等活动。深入宣传道德模范、身边好人的典型事迹，弘扬真善美，传播正能量。

（五）建设平安乡村

健全落实社会治安综合治理领导责任制，大力推进农村社会治安防控体系建设，推动社会治安防控力量下沉。深入开展扫黑除恶专项斗争，严厉打击农村黑恶势力、宗族恶势力，严厉打击黄赌毒盗拐骗等违法犯罪。依法加大对农村非法宗教活动和境外渗透活动打击力度，依法制止利用宗教干预农村公共事务，继续整治农村乱建庙宇、滥塑宗教造像。完善县乡村三级综治中心功能和运行机制。健全农村公共安全体系，持续开展农村安全隐患治理。加强农村警务、消防、安全生产工作，坚决遏制重特大安全事故。探索以网格化管理为抓手、以现代信息技术为支撑，实现基层服务和管理精细化精准化。推进农村"雪亮工程"建设。

七、提高农村民生保障水平，塑造美丽乡村新风貌

乡村振兴，生活富裕是根本。要坚持人人尽责、人人享有，按照抓重点、补短板、强弱项的要求，围绕农民群众最关心最直接最现实的利益问题，一件事情接着一件事情办，一年接着一年干，把乡村建设成为幸福美丽新家园。

（一）优先发展农村教育事业

高度重视发展农村义务教育，推动建立以城带乡、整体推进、城乡一体、均衡发展的义务教育发展机制。全面改善薄弱学校基本办学条件，加强寄宿制学校建设。实施农村义务教育学生营养改善计划。发展农村学前教育。推进农村普及高中阶段教育，支持教育基础薄弱县普通高中建设，加强职业教育，逐步分类推进中等职业教育免除学杂费。健全学生资助制度，使绝大多数农村新增劳动力接受高中阶段教育、更多接受高等教育。把农村需要的人群纳入特殊教育体系。以市县为单位，推动优质学校辐射农村薄弱学校常态化。统筹配置城乡师资，并向乡村倾斜，建好建强乡村教师队伍。

（二）促进农村劳动力转移就业和农民增收

健全覆盖城乡的公共就业服务体系，大规模开展职业技能培训，促进农民工多渠道转移就业，提高就业质量。深化户籍制度改革，促进有条件、有意愿、在城镇有稳定就业和住所的农业转移人口在城镇有序落户，依法平等享受城镇公共服务。加强扶持引导服务，实施乡村就业创业促进行动，大力发展文化、科技、旅游、生态等乡村特色产业，振兴传统工艺。培育一批家庭工场、手工作坊、乡村车间，鼓励在乡村地区兴办环境友好型企业，实现乡村经济多元化，提供更多就业岗位。拓宽农民增收渠道，鼓励农民勤劳守法致富，增加农村低收入者收入，扩大农村中等收入群体，保持农村居民收入增速快于城镇居民。

（三）推动农村基础设施提挡升级

继续把基础设施建设重点放在农村，加快农村公路、供水、供气、环保、电网、物流、信息、广播电视等基础设施建设，推动城乡基础设施互联互通。以示范县为载体全面推进“四好农村路”建设，加快实施通村组硬化路建设。加大成品油消费税转移支付资金用于农村公路养护力度。推进节水供水重大水利工程，实施农村饮水安全巩固提升工程。加快新一轮农村电网改造升级，制定农村通动力电规划，推进农村可再生能源开发利用。实施数字乡村战略，做好整体规划设计，加快农村地区宽带网络和第四代移动通信网络覆盖步伐，开发适应“三农”特点的信息技术、产品、应用和服务，推动远程医疗、远程教育等应用普及，弥合城乡数字鸿沟。提升气象为农服务能力。加强农村防灾减灾救灾能力建设。抓紧研究提出深化农村公共基础设施管护体制改革指导意见。

（四）加强农村社会保障体系建设

完善统一的城乡居民基本医疗保险制度和大病保险制度，做好农民重特大疾病救助工作。巩固城乡居民医保全国异地就医联网直接结算。完善城乡居民基本养老保险制度，建立城乡居民基本养老保险待遇确定和基础养老金标准正常调整机制。统筹城乡社会救助体系，完善最低生活保障制度，做好农村社会救助兜底工作。将进城落户农业转移人口全部纳入城镇住房保障体系。构建多层次农村养老保障体系，创新多元化照料服务模式。健全农村留守儿童和妇女、老年人以及困境儿童关爱服务体系。加强和改善农村残疾人服务。

（五）推进健康乡村建设

强化农村公共卫生服务，加强慢性病综合防控，大力推进农村地区精神卫生、职业病和重大传染病防治。完善基本公共卫生服务项目补助政策，加强基层医疗卫生服务体系建设，支持乡镇卫生院和村卫生室改善条件。加强乡村中医药服务。开展和规范家庭医生签约服务，加强妇幼、老人、残疾人等重点人群健康服务。倡导优生优育。深入开展乡村爱国卫生运动。

（六）持续改善农村人居环境

实施农村人居环境整治三年行动计划，以农村垃圾、污水治理和村容村貌提升为主攻方向，整合各种资源，强化各种举措，稳步有序推进农村人居环境突出问题治理。坚持不懈推进农村“厕所革命”，大力开展农村户用卫生厕所建设和改造，同步实施粪污治理，加快实现农村无害化卫生厕所全覆盖，努力补齐影响农民群众生活品质的短板。总结推广适用不同地区的农村污水治理模式，加强技术支撑和指导。深入推进农村环境综合整治。推进北方地区农村散煤替代，有条件的地方有序推进煤改气、煤改电和新能源利用。逐步建立农村低收入群体安全住房保障机制。强化新建农房规划管控，加强“空心村”服务管理和改造。保护保留乡村风貌，开展田园建筑示范，培养乡村传统建筑名匠。实施乡村绿化行动，全面保护古树名木。持续推进宜居宜业的美丽乡村建设。

八、打好精准脱贫攻坚战，增强贫困群众获得感

乡村振兴，摆脱贫困是前提。必须坚持精准扶贫、精准脱贫，把提高脱贫质量放在首位，既不降低扶贫标准，也不吊高胃口，采取更加有力的举措、更加集中的支持、更加精细的工作，坚决打好精准脱贫这场对全面建成小康社会具有决定性意义的攻坚战。

（一）瞄准贫困人口精准帮扶

对有劳动能力的贫困人口，强化产业和就业扶持，着力做好产销衔接、劳务对接，实现稳定脱贫。有序推进易地扶贫搬迁，让搬迁群众搬得出、稳得住、能致富。对完全或部分丧失劳动能力的特殊贫困人口，综合实施保障性扶贫政策，确保病有所医、残有所助、生活有兜底。做好农村最低生活保障工作的动态化精细化管理，把符合条件的贫困人口全部纳入保障范围。

（二）聚焦深度贫困地区集中发力

全面改善贫困地区生产生活条件，确保实现贫困地区基本公共服务主要指标接近全国平均水平。以解决突出制约问题为重点，以重大扶贫工程和到村到户帮扶为抓手，加大政策倾斜和扶贫资金整合力度，着力改善深度贫困地区发展条件，增强贫困农户发展能力，重点攻克深度贫困地区脱贫任务。新增脱贫攻坚资金项目主要投向深度贫困地区，增加金融投入对深度贫困地区的支持，新增建设用地指标优先保障深度贫困地区发展用地需要。

（三）激发贫困人口内生动力

把扶贫同扶志、扶智结合起来，把救急纾困和内生脱贫结合起来，提升贫困群众发展生产和务工经商的基本技能，实现可持续稳固脱贫。引导贫困群众克服等靠要思想，逐步消除精神贫困。要打破贫困均衡，促进形成自强自立、争先脱贫的精神风貌。改进帮扶方式方法，更多采用生产奖补、劳务补助、以工代赈等机制，推动贫困群众通过自己的辛勤劳动脱贫致富。

（四）强化脱贫攻坚责任和监督

坚持中央统筹省负总责市县抓落实的工作机制，强化党政一把手负总责的责任制。强化县级党委作为全县脱贫攻坚总指挥部的关键作用，脱贫攻坚期内贫困县县级党政正职要保持稳定。开展扶贫领域腐败和作风问题专项治理，切实加强扶贫资金管理，对挪用和贪污扶贫款项的行为严惩不贷。将 2018 年作为脱贫攻坚作风建设年，集中力量解决突出作风问题。科学确定脱贫摘帽时间，对弄虚作假、搞数字脱贫的严肃查处。完善扶贫督查巡查、考核评估办法，除党中央、国务院统一部署外，各部门一律不准再组织其他检查考评。严格控制各地开展增加一线扶贫干部负担的各类检查考评，切实给基层减轻工作负担。关心爱护战斗在扶贫第一线的基层干部，制定激励政策，为他们工作生活排忧解难，保护和调动他们的工作积极性。做好实施乡村振兴战略与打好精准脱贫攻坚战的有机衔接。制定坚决打好精准脱贫攻坚战三年行动指导意见。研究提出持续减贫的意见。

九、推进体制机制创新，强化乡村振兴制度性供给

实施乡村振兴战略，必须把制度建设贯穿其中。要以完善产权制度和要素市场化配置为重点，激活主体、激活要素、激活市场，着力增强改革的系统性、整体性、协同性。

（一）巩固和完善农村基本经营制度

落实农村土地承包关系稳定并长久不变政策，衔接落实好第二轮土地承包到期后再延长30年的政策，让农民吃上长效“定心丸”。全面完成土地承包经营权确权登记颁证工作，实现承包土地信息联通共享。完善农村承包地“三权分置”制度，在依法保护集体土地所有权和农户承包权前提下，平等保护土地经营权。农村承包土地经营权可以依法向金融机构融资担保、入股从事农业产业化经营。实施新型农业经营主体培育工程，培育发展家庭农场、合作社、龙头企业、社会化服务组织和农业产业化联合体，发展多种形式适度规模经营。

（二）深化农村土地制度改革

系统总结农村土地征收、集体经营性建设用地入市、宅基地制度改革试点经验，逐步扩大试点，加快土地管理法修改，完善农村土地利用管理政策体系。扎实推进房地一体的农村集体建设用地和宅基地使用权确权登记颁证。完善农民闲置宅基地和闲置农房政策，探索宅基地所有权、资格权、使用权“三权分置”，落实宅基地集体所有权，保障宅基地农户资格权和农民房屋财产权，适度放活宅基地和农民房屋使用权，不得违规违法买卖宅基地，严格实行土地用途管制，严格禁止下乡利用农村宅基地建设别墅大院和私人会馆。在符合土地利用总体规划前提下，允许县级政府通过村土地利用规划，调整优化村庄用地布局，有效利用农村零星分散的存量建设用地；预留部分规划建设用地指标用于单独选址的农业设施和休闲旅游设施等建设。对利用收储农村闲置建设用地发展农村新产业新业态的，给予新增建设用地指标奖励。进一步完善设施农用地政策。

（三）深入推进农村集体产权制度改革

全面开展农村集体资产清产核资、集体成员身份确认，加快推进集体经营性资产股份合作制改革。推动资源变资产、资金变股金、农民变股东，探索农村集体经济新的实现形式和运行机制。坚持农村集体产权制度改革正确方向，发挥村党组织对集体经济组织的领导核心作用，防止内部少数人控制和外部资本侵占集体资产。维护进城落户农民土地承包权、宅基地使用权、集体收益分配权，引导进城落户农民依法自愿有偿转让上述权益。研究制定农村集体经济组织法，充实农村集体产权权能。全面深化供销合作社综合改革，深入推进集体林权、水利设施产权等领域改革，做好农村综合改革、农村改革试验区等工作。

（四）完善农业支持保护制度

以提升农业质量效益和竞争力为目标，强化绿色生态导向，创新完善政策工具和手段，扩大“绿箱”政策的实施范围和规模，加快建立新型农业支持保护政策体系。深化农产品收储制度和价格形成机制改革，加快培育多元市场购销主体，改革完善中央储备粮管理体制。通过完善拍卖机制、定向销售、包干销售等，加快消化政策性粮食库存。落实和完善对农民直接补贴制度，提高补贴效能。健全粮食主产区利益补偿机制。探索开展稻谷、小麦、玉米三大粮食作物完全成本保险和收入保险试点，加快建立多层次农业保险体系。

十、汇聚全社会力量，强化乡村振兴人才支撑

实施乡村振兴战略，必须破解人才瓶颈制约。要把人力资本开发放在首要位置，畅通智力、技术、管理下乡通道，造就更多乡土人才，聚天下人才而用之。

（一）大力培育新型职业农民

全面建立职业农民制度，完善配套政策体系。实施新型职业农民培育工程。支持新型职业农民通过弹性学制参加中高等农业职业教育。创新培训机制，支持农民专业合作社、专业技术协会、龙头企业等主体承担培训。引导符合条件的新型职业农民参加城镇职工养老、医疗等社会保障制度。鼓励各地开展职业农民职称评定试点。

（二）加强农村专业人才队伍建设

建立县域专业人才统筹使用制度，提高农村专业人才服务保障能力。推动人才管理职能部门简政放权，保障和落实基层用人主体自主权。推行乡村教师“县管校聘”。实施好边远贫困地区、边疆民族地区和革命老区人才支持计划，继续实施“三支一扶”、特岗教师计划等，组织实施高校毕业生基层成长计划。支持地方高等学校、职业院校综合利用教育培训资源，灵活设置专业（方向），创新人才培养模式，为乡村振兴培养专业化人才。扶持培养一批农业职业经理人、经纪人、乡村工匠、文化能人、非遗传承人等。

（三）发挥科技人才支撑作用

全面建立高等院校、科研院所等事业单位专业技术人员到乡村和企业挂职、兼职和离岗创新创业制度，保障其在职称评定、工资福利、社会保障等方面的权益。深入实施农业科研杰出人才计划和杰出青年农业科学家项目。健全种业等领域科研人员以知识产权明晰为基础、以知识价值为导向的分配政策。探索公益性和经营性农技推广融合发展机制，允许农技人员通过提供增值服务合理取酬。全面实施农技推广服务特聘计划。

（四）鼓励社会各界投身乡村建设

建立有效激励机制，以乡情乡愁为纽带，吸引支持企业家、党政干部、专家学者、医生教师、规划师、建筑师、律师、技能人才等，通过下乡担任志愿者、投资兴业、包村包项目、行医办学、捐资捐物、法律服务等方式服务乡村振兴事业。研究制定管理办法，允许符合要求的公职人员回乡任职。吸引更多人才投身现代农业，培养造就新农民。加快制定鼓励引导工商资本参与乡村振兴的指导意见，落实和完善融资贷款、配套设施建设补助、税费减免、用地等扶持政策，明确政策边界，保护好农民利益。发挥工会、共青团、妇联、科协、残联等群团组织的优势和力量，发挥各民主党派、工商联、无党派人士等积极作用，支持农村产业发展、生态环境保护、乡风文明建设、农村弱势群体关爱等。实施乡村振兴“巾帼行动”。加强对下乡组织和人员的管理服务，使之成为乡村振兴的建设性力量。

（五）创新乡村人才培育引进使用机制

建立自主培养与人才引进相结合，学历教育、技能培训、实践锻炼等多种方式并举的人力资源开发机制。建立城乡、区域、校地之间人才培养合作与交流机制。全面建立城市医生教师、科技文化人员等定期服务乡村机制。研究制定鼓励城市专业人才参与乡村振兴的政策。

十一、开拓投融资渠道，强化乡村振兴投入保障

实施乡村振兴战略，必须解决钱从哪里来的问题。要健全投入保障制度，创新投融资机制，加快形成财政优先保障、金融重点倾斜、社会积极参与的多元投入格局，确保投入力度不断增强、总量持续增加。

（一）确保财政投入持续增长

建立健全实施乡村振兴战略财政投入保障制度，公共财政更大力度向“三农”倾斜，确保财政投入与乡村振兴目标任务相适应。优化财政供给结构，推进行业内资金整合与行业间资金统筹相互衔接配合，增加地方自主统筹空间，加快建立涉农资金统筹整合长效机制。充分发挥财政资金的引导作用，撬动金融和社会资本更多投向乡村振兴。切实发挥全国农业信贷担保体系作用，通过财政担保费率补助和以奖代补等，加大对新型农业经营主体支持力度。加快设立国家融资担保基金，强化担保融资增信功能，引导更多金融资源支持乡村振兴。支持地方政府发行一般债券用于支持乡村振兴、脱贫攻坚领域的公益性项目。稳步推进地方政府专项债券管理改革，鼓励地方政府试点发行项目融资和收益自平衡的专项债券，支持符合条件、有一定收益的乡村公益性项目建设。规范地方政府举债融资行为，不得借乡村振兴之名违法违规变相举债。

（二）拓宽资金筹集渠道

调整完善土地出让收入使用范围，进一步提高农业农村投入比例。严格控制未利用地开垦，集中力量推进高标准农田建设。改进耕地占补平衡管理办法，建立高标准农田建设等新增耕地指标和城乡建设用地增减挂钩节余指标跨省域调剂机制，将所得收益通过支出预算全部用于巩固脱贫攻坚成果和支持实施乡村振兴战略。推广一事一议、以奖代补等方式，鼓励农民对直接受益的乡村基础设施建设投工投劳，让农民更多参与建设管护。

（三）提高金融服务水平

坚持农村金融改革发展的正确方向，健全适合农业农村特点的农村金融体系，推动农村金融机构回归本源，把更多金融资源配置到农村经济社会发展的重点领域和薄弱环节，更好满足乡村振兴多样化金融需求。要强化金融服务方式创新，防止脱实向虚倾向，严格管控风险，提高金融服务乡村振兴能力和水平。抓紧出台金融服务乡村振兴的指导意见。加大中国农业银行、中国邮政储蓄银行“三农”金融事业部对乡村振兴支持力度。明确国家开发银行、中国农业发展银行在乡村振兴中的职责定位，强化金融服务方式创新，加大对乡村振兴中长期信贷支持。推动农村信用社省联社改革，保持农村信用社县域法人地位和数量总体稳定，完善村镇银行准入条件，地方法人金融机构要服务好乡村振兴。普惠金融重点要放在乡村。推动出台非存款类放贷组织条例。制定金融机构服务乡村振兴考核评估办法。支持符合条件的涉农企业发行上市、新三板挂牌和融资、并购重组，深入推进农产品期货期权市场建设，稳步扩大“保险＋期货”试点，探索“订单农业＋保险＋期货

（权）”试点。改进农村金融差异化监管体系，强化地方政府金融风险防范处置责任。

十二、坚持和完善党对“三农”工作的领导

实施乡村振兴战略是党和国家的重大决策部署，各级党委和政府要提高对实施乡村振兴战略重大意义的认识，真正把实施乡村振兴战略摆在优先位置，把党管农村工作的要求落到实处。

（一）完善党的农村工作领导体制机制

各级党委和政府要坚持工业农业一起抓、城市农村一起抓，把农业农村优先发展原则体现到各个方面。健全党委统一领导、政府负责、党委农村工作部门统筹协调的农村工作领导体制。建立实施乡村振兴战略领导责任制，实行中央统筹省负总责市县抓落实的工作机制。党政一把手是第一责任人，五级书记抓乡村振兴。县委书记要下大气力抓好“三农”工作，当好乡村振兴“一线总指挥”。各部门要按照职责，加强工作指导，强化资源要素支持和制度供给，做好协同配合，形成乡村振兴工作合力。切实加强各级党委农村工作部门建设，按照《中国共产党工作机关条例（试行）》有关规定，做好党的农村工作机构设置和人员配置工作，充分发挥决策参谋、统筹协调、政策指导、推动落实、督导检查等职能。各省（自治区、直辖市）党委和政府每年要向党中央、国务院报告推进实施乡村振兴战略进展情况。建立市县党政领导班子和领导干部推进乡村振兴战略的实绩考核制度，将考核结果作为选拔任用领导干部的重要依据。

（二）研究制定中国共产党农村工作条例

根据坚持党对一切工作的领导的要求和新时代“三农”工作新形势新任务新要求，研究制定中国共产党农村工作条例，把党领导农村工作的传统、要求、政策等以党内法规形式确定下来，明确加强对农村工作领导的指导思想、原则要求、工作范围和对象、主要任务、机构职责、队伍建设等，完善领导体制和工作机制，确保乡村振兴战略有效实施。

（三）加强“三农”工作队伍建设

把懂农业、爱农村、爱农民作为基本要求，加强“三农”工作干部队伍培养、配备、管理、使用。各级党委和政府主要领导干部要懂“三农”工作、会抓“三农”工作，分管领导要真正成为“三农”工作行家里手。制定并实施培训计划，全面提升“三农”干部队伍能力和水平。拓宽县级“三农”工作部门和乡镇干部来源渠道。把到农村一线工作锻炼作为培养干部的重要途径，注重提拔使用实绩优秀的干部，形成人才向农村基层一线流动的用人导向。

（四）强化乡村振兴规划引领

制定国家乡村振兴战略规划（2018—2022年），分别明确至2020年全面建成小康社会和2022年召开党的二十大时的目标任务，细化实化工作重点和政策措施，部署若干重大工程、重大计划、重大行动。各地区各部门要编制乡村振兴地方规划和专项规划或方案。加强各类规划的统筹管理和系统衔接，形成城乡融合、区域一体、多规合一的规划体系。根据发展现状和需要分类有序推进乡村振兴，对具备条件的村庄，要加快推进城镇基础设施和公共服务向农村延伸；对自然历史文化资源丰富的村庄，要统筹兼顾保护与发展；对生存条件恶劣、生态环境脆弱的村庄，要加大力度实施生态移民搬迁。

（五）强化乡村振兴法治保障

抓紧研究制定乡村振兴法的有关工作，把行之有效的乡村振兴政策法定化，充分发挥立法在乡村振兴中的保障和推动作用。及时修改和废止不适应的法律法规。推进粮食安全保障立法。各地可以从本地乡村发展实际需要出发，制定促进乡村振兴的地方性法规、地方政府规章。加强乡村统计工作和数据开发应用。

（六）营造乡村振兴良好氛围

凝聚全党全国全社会振兴乡村强大合力，宣传党的乡村振兴方针政策和各地丰富实践，振奋基层干部群众精神。建立乡村振兴专家决策咨询制度，组织智库加强理论研究。促进乡村振兴国际交流合作，讲好乡村振兴中国故事，为世界贡献中国智慧和中国方案。

让我们更加紧密地团结在以习近平同志为核心的党中央周围，高举中国特色社会主义伟大旗帜，以习近平新时代中国特色社会主义思想为指导，迎难而上、埋头苦干、开拓进取，为决胜全面建成小康社会、夺取新时代中国特色社会主义伟大胜利作出新的贡献！

附录4 中华人民共和国国家发展和改革委员会、中华人民共和国环境保护部令（第38号）《清洁生产审核暂行办法》

中华人民共和国环境保护部令

第38号

为落实《中华人民共和国清洁生产促进法》（2012年），进一步规范清洁生产审核程序，更好地指导地方和企业开展清洁生产审核，我们对《清洁生产审核暂行办法》进行了修订。现将修订后的《清洁生产审核办法》予以发布，并于2016年7月1日起正式实施，2004年8月16日颁布的《清洁生产审核暂行办法》（国家发展和改革委员会、原国家环境保护总局第16号令）同时废止。

国家发展和改革委员会主任：徐绍史

环境保护部部长：陈吉宁

2016年5月16日

清洁生产审核办法

第一章 总 则

第一条 为促进清洁生产，规范清洁生产审核行为，根据《中华人民共和国清洁生产促进法》，制定本办法。

第二条 本办法所称清洁生产审核，是指按照一定程序，对生产和服务过程进行调查和诊断，找出能耗高、物耗高、污染重的原因，提出降低能耗、物耗、废物产生以及减少有毒有害物料的使用、产生和废弃物资源化利用的方案，进而选定并实施技术经济及环境可行的清洁生产方案的过程。

第三条 本办法适用于中华人民共和国领域内所有从事生产和服务活动的单位以及从事相关管理活动的部门。

第四条 国家发展和改革委员会会同环境保护部负责全国清洁生产审核的组织、协调、指导和监督工作。县级以上地方人民政府确定的清洁生产综合协调部门会同环境保护主管部门、管理节能工作的部门（以下简称“节能主管部门”）和其他有关部门，根据本地区实际情况，组织开展清洁生产审核。

第五条　清洁生产审核应当以企业为主体，遵循企业自愿审核与国家强制审核相结合、企业自主审核与外部协助审核相结合的原则，因地制宜、有序开展、注重实效。

第二章　清洁生产审核范围

第六条　清洁生产审核分为自愿性审核和强制性审核。

第七条　国家鼓励企业自愿开展清洁生产审核。本办法第八条规定以外的企业，可以自愿组织实施清洁生产审核。

第八条　有下列情形之一的企业，应当实施强制性清洁生产审核：

（一）污染物排放超过国家或者地方规定的排放标准，或者虽未超过国家或者地方规定的排放标准，但超过重点污染物排放总量控制指标的；

（二）超过单位产品能源消耗限额标准构成高耗能的；

（三）使用有毒有害原料进行生产或者在生产中排放有毒有害物质的。

其中有毒有害原料或物质包括以下几类：

第一类，危险废物。包括列入《国家危险废物名录》的危险废物，以及根据国家规定的危险废物鉴别标准和鉴别方法认定的具有危险特性的废物。

第二类，剧毒化学品、列入《重点环境管理危险化学品目录》的化学品，以及含有上述化学品的物质。

第三类，含有铅、汞、镉、铬等重金属和类金属砷的物质。

第四类，《关于持久性有机污染物的斯德哥尔摩公约》附件所列物质。

第五类，其他具有毒性、可能污染环境的物质。

第三章　清洁生产审核的实施

第九条　本办法第八条第（一）款、第（三）款规定实施强制性清洁生产审核的企业名单，由所在地县级以上环境保护主管部门按照管理权限提出，逐级报省级环境保护主管部门核定后确定，根据属地原则书面通知企业，并抄送同级清洁生产综合协调部门和行业管理部门。

本办法第八条第（二）款规定实施强制性清洁生产审核的企业名单，由所在地县级以上节能主管部门按照管理权限提出，逐级报省级节能主管部门核定后确定，根据属地原则书面通知企业，并抄送同级清洁生产综合协调部门和行业管理部门。

第十条　各省级环境保护主管部门、节能主管部门应当按照各自职责，分别汇总提出应当实施强制性清洁生产审核的企业单位名单，由清洁生产综合协调部门会同环境保护主管部门或节能主管部门，在官方网站或采取其他便于公众知晓的方式分期分批发布。

第十一条　实施强制性清洁生产审核的企业，应当在名单公布后一个月内，在当地主要媒体、企业官方网站或采取其他便于公众知晓的方式公布企业相关信息。

（一）本办法第八条第（一）款规定实施强制性清洁生产审核的企业，公布的主要信息包括：企业名称、法人代表、企业所在地址、排放污染物名称、排放方式、排放浓度和总量、超标及超总量情况。

（二）本办法第八条第（二）款规定实施强制性清洁生产审核的企业，公布的主要信息包括：企业名称、法人代表、企业所在地址、主要能源品种及消耗量、单位产值能耗、单位产品能耗、超过单位产品能耗限额标准情况。

（三）本办法第八条第（三）款规定实施强制性清洁生产审核的企业，公布的主要信息包括：企业名称、法人代表、企业所在地址、使用有毒有害原料的名称、数量、用途，排放有毒有害物质的名称、浓度和数量，危险废物的产生和处置情况，依法落实环境风险防控措施情况等。

（四）符合本办法第八条两款以上情况的企业，应当参照上述要求同时公布相关信息。

企业应对其公布信息的真实性负责。

第十二条　列入实施强制性清洁生产审核名单的企业应当在名单公布后两个月内开展清洁生产审核。

本办法第八条第（三）款规定实施强制性清洁生产审核的企业，两次清洁生产审核的间隔时间不得超过五年。

第十三条　自愿实施清洁生产审核的企业可参照强制性清洁生产审核的程序开展审核。

第十四条　清洁生产审核程序原则上包括审核准备、预审核、审核、方案的产生和筛选、方案的确定、方案的实施、持续清洁生产等。

第四章　清洁生产审核的组织和管理

第十五条　清洁生产审核以企业自行组织开展为主。实施强制性清洁生产审核的企业，如果自行独立组织开展清洁生产审核，应具备本办法第十六条第（二）款、第（三）款的条件。

不具备独立开展清洁生产审核能力的企业，可以聘请外部专家或委托具备相应能力的咨询服务机构协助开展清洁生产审核。

第十六条　协助企业组织开展清洁生产审核工作的咨询服务机构，应当具备下列条件：

（一）具有独立法人资格，具备为企业清洁生产审核提供公平、公正和高效率服务的质量保证体系和管理制度。

（二）具备开展清洁生产审核物料平衡测试、能量和水平衡测试的基本检测分析器具、设备或手段。

（三）拥有熟悉相关行业生产工艺、技术规程和节能、节水、污染防治管理要求的技术人员。

（四）拥有掌握清洁生产审核方法并具有清洁生产审核咨询经验的技术人员。

第十七条　列入本办法第八条第（一）款和第（三）款规定实施强制性清洁生产审核的企业，应当在名单公布之日起一年内，完成本轮清洁生产审核并将清洁生产审核报告报当地县级以上环境保护主管部门和清洁生产综合协调部门。

列入第八条第（二）款规定实施强制性清洁生产审核的企业，应当在名单公布之日起一年内，完成本轮清洁生产审核并将清洁生产审核报告报当地县级以上节能主管部门和清洁生产综合协调部门。

第十八条　县级以上清洁生产综合协调部门应当会同环境保护主管部门、节能主管部门，对企业实施强制性清洁生产审核的情况进行监督，督促企业按进度开展清洁生产审核。

第十九条　有关部门以及咨询服务机构应当为实施清洁生产审核的企业保守技术和商业秘密。

第二十条　县级以上环境保护主管部门或节能主管部门，应当在各自的职责范围内组织清洁生产专家或委托相关单位，对以下企业实施清洁生产审核的效果进行评估验收：

（一）国家考核的规划、行动计划中明确指出需要开展强制性清洁生产审核工作的企业。

（二）申请各级清洁生产、节能减排等财政资金的企业。

上述涉及本办法第八条第（一）款、第（三）款规定实施强制性清洁生产审核企业的评估验收工作由县级以上环境保护主管部门牵头，涉及本办法第八条第（二）款规定实施强制性清洁生产审核企业的评估验收工作由县级以上节能主管部门牵头。

第二十一条　对企业实施清洁生产审核评估的重点是对企业清洁生产审核过程的真实性、清洁生产审核报告的规范性、清洁生产方案的合理性和有效性进行评估。

第二十二条　对企业实施清洁生产审核的效果进行验收，应当包括以下主要内容：

（一）企业实施完成清洁生产方案后，污染减排、能源资源利用效率、工艺装备控制、产品和服务等改进效果，环境、经济效益是否达到预期目标。

（二）按照清洁生产评价指标体系，对企业清洁生产水平进行评定。

第二十三条　对本办法第二十条中企业实施清洁生产审核效果的评估验收，所需费用由组织评估验收的部门报请地方政府纳入预算。承担评估验收工作的部门或者单位不得向被评估验收企业收取费用。

第二十四条　自愿实施清洁生产审核的企业如需评估验收，可参照强制性清洁生产审核的相关条款执行。

第二十五条　清洁生产审核评估验收的结果可作为落后产能界定等工作的参考依据。

第二十六条　县级以上清洁生产综合协调部门会同环境保护主管部门、节能主管部门，应当每年定期向上一级清洁生产综合协调部门和环境保护主管部门、节能主管部门报送辖区内企业开展清洁生产审核情况、评估验收工作情况。

第二十七条　国家发展和改革委员会、环境保护部会同相关部门建立国家级清洁生产专家库，发布行业清洁生产评价指标体系、重点行业清洁生产审核指南，组织开展清洁生产培训，为企业开展清洁生产审核提供信息和技术支持。

各级清洁生产综合协调部门会同环境保护主管部门、节能主管部门可以根据本地实际情况，组织开展清洁生产培训，建立地方清洁生产专家库。

第五章　奖励和处罚

第二十八条　对自愿实施清洁生产审核，以及清洁生产方案实施后成效显著的企业，由省级清洁生产综合协调部门和环境保护主管部门、节能主管部门对其进行表彰，并在当地主要媒体上公布。

第二十九条　各级清洁生产综合协调部门及其他有关部门在制定实施国家重点投资计划和地方投资计划时，应当将企业清洁生产实施方案中的提高能源资源利用效率、预防污染、综合利用等清洁生产项目列为重点领域，加大投资支持力度。

第三十条　排污费资金可以用于支持企业实施清洁生产。对符合《排污费征收使用管理条例》规定的清洁生产项目，各级财政部门、环境保护部门在排污费使用上优先给予安排。

第三十一条　企业开展清洁生产审核和培训的费用，允许列入企业经营成本或者相关费用科目。

第三十二条　企业可以根据实际情况建立企业内部清洁生产表彰奖励制度，对清洁生产审核工作中成效显著的人员给予奖励。

第三十三条　对本办法第八条规定实施强制性清洁生产审核的企业，违反本办法第十一条规定的，按照《中华人民共和国清洁生产促进法》第三十六条规定处罚。

第三十四条　违反本办法第八条、第十七条规定，不实施强制性清洁生产审核或在审核中弄虚作假的，或者实施强制性清洁生产审核的企业不报告或者不如实报告审核结果的，按照《中华人民共和国清洁生产促进法》第三十九条规定处罚。

第三十五条　企业委托的咨询服务机构不按照规定内容、程序进行清洁生产审核，弄虚作假、提供虚假审核报告的，由省、自治区、直辖市、计划单列市及新疆生产建设兵团清洁生产综合协调部门会同环境保护主管部门或节能主管部门责令其改正，并公布其名单。造成严重后果的，追究其法律责任。

第三十六条　对违反本办法相关规定受到处罚的企业或咨询服务机构，由省级清洁生产综合协调部门和环境保护主管部门、节能主管部门建立信用记录，归集至全国信用信息共享平台，会同其他有关部门和单位实行联合惩戒。

第三十七条　有关部门的工作人员玩忽职守，泄露企业技术和商业秘密，造成企业经济损失的，按照国家相应法律法规予以处罚。

第六章　附　　则

第三十八条　本办法由国家发展和改革委员会和环境保护部负责解释。

第三十九条　各省、自治区、直辖市、计划单列市及新疆生产建设兵团可以依照本办法制定实施细则。

第四十条　本办法自 2016 年 7 月 1 日起施行。原《清洁生产审核暂行办法》（国家发展和改革委员会、国家环境保护总局令第 16 号）同时废止。

附录5 国务院办公厅关于建立统一的绿色产品标准、认证、标识体系的意见

国办发［2016］86号

各省、自治区、直辖市人民政府，国务院各部委、各直属机构：

健全绿色市场体系，增加绿色产品供给，是生态文明体制改革的重要组成部分。建立统一的绿色产品标准、认证、标识体系，是推动绿色低碳循环发展、培育绿色市场的必然要求，是加强供给侧结构性改革、提升绿色产品供给质量和效率的重要举措，是引导产业转型升级、提升中国制造竞争力的紧迫任务，是引领绿色消费、保障和改善民生的有效途径，是履行国际减排承诺、提升我国参与全球治理制度性话语权的现实需要。为贯彻落实《生态文明体制改革总体方案》，建立统一的绿色产品标准、认证、标识体系，经国务院同意，现提出以下意见。

一、总体要求

（一）指导思想。以党的十八大和十八届三中、四中、五中、六中全会精神为指导，按照“五位一体”总体布局、“四个全面”战略布局和党中央、国务院决策部署，牢固树立创新、协调、绿色、开放、共享的发展理念，以供给侧结构性改革为战略基点，充分发挥标准与认证的战略性、基础性、引领性作用，创新生态文明体制机制，增加绿色产品有效供给，引导绿色生产和绿色消费，全面提升绿色发展质量和效益，增强社会公众的获得感。

（二）基本原则。

坚持统筹兼顾，完善顶层设计。着眼生态文明建设总体目标，统筹考虑资源环境、产业基础、消费需求、国际贸易等因素，兼顾资源节约、环境友好、消费友好等特性，制定基于产品全生命周期的绿色产品标准、认证、标识体系建设一揽子解决方案。

坚持市场导向，激发内生动力。坚持市场化的改革方向，处理好政府与市场的关系，充分发挥标准化和认证认可对于规范市场秩序、提高市场效率的有效作用，通过统一和完善绿色产品标准、认证、标识体系，建立并传递信任，激发市场活力，促进供需有效对接和结构升级。

坚持继承创新，实现平稳过渡。立足现有基础，分步实施，有序推进，合理确定市场过渡期，通过政府引导和市场选择，逐步淘汰不适宜的制度，实现绿色产品标准、认证、标识整合目标。

坚持共建共享，推动社会共治。发挥各行业主管部门的职能作用，推动政、产、学、研、用各相关方广泛参与，分工协作，多元共治，建立健全行业采信、信息公开、社会监

督等机制，完善相关法律法规和配套政策，推动绿色产品标准、认证、标识在全社会使用和采信，共享绿色发展成果。

坚持开放合作，加强国际接轨。立足国情实际，遵循国际规则，充分借鉴国外先进经验，深化国际合作交流，维护我国在绿色产品领域的发展权和话语权，促进我国绿色产品标准、认证、标识的国际接轨、互认，便利国际贸易和合作交往。

（三）主要目标。按照统一目录、统一标准、统一评价、统一标识的方针，将现有环保、节能、节水、循环、低碳、再生、有机等产品整合为绿色产品，到2020年，初步建立系统科学、开放融合、指标先进、权威统一的绿色产品标准、认证、标识体系，健全法律法规和配套政策，实现一类产品、一个标准、一个清单、一次认证、一个标识的体系整合目标。绿色产品评价范围逐步覆盖生态环境影响大、消费需求旺、产业关联性强、社会关注度高、国际贸易量大的产品领域及类别，绿色产品市场认可度和国际影响力不断扩大，绿色产品市场份额和质量效益大幅提升，绿色产品供给与需求失衡现状有效扭转，消费者的获得感显著增强。

二、重点任务

（四）统一绿色产品内涵和评价方法。基于全生命周期理念，在资源获取、生产、销售、使用、处置等产品生命周期各阶段中，绿色产品内涵应兼顾资源能源消耗少、污染物排放低、低毒少害、易回收处理和再利用、健康安全和质量品质高等特征。采用定量与定性评价相结合、产品与组织评价相结合的方法，统筹考虑资源、能源、环境、品质等属性，科学确定绿色产品评价的关键阶段和关键指标，建立评价方法与指标体系。

（五）构建统一的绿色产品标准、认证、标识体系。开展绿色产品标准体系顶层设计和系统规划，充分发挥各行业主管部门的职能作用，共同编制绿色产品标准体系框架和标准明细表，统一构建以绿色产品评价标准子体系为牵引、以绿色产品的产业支撑标准子体系为辅助的绿色产品标准体系。参考国际实践，建立符合中国国情的绿色产品认证与标识体系，统一制定认证实施规则和认证标识，并发布认证标识使用管理办法。

（六）实施统一的绿色产品评价标准清单和认证目录。质检总局会同有关部门统一发布绿色产品标识、标准清单和认证目录，依据标准清单中的标准组织开展绿色产品认证。组织相关方对有关国家标准、行业标准、团体标准等进行评估，适时纳入绿色产品评价标准清单。会同有关部门建立绿色产品认证目录的定期评估和动态调整机制，避免重复评价。

（七）创新绿色产品评价标准供给机制。优先选取与消费者吃、穿、住、用、行密切相关的生活资料、终端消费品、食品等产品，研究制定绿色产品评价标准。充分利用市场资源，鼓励学会、协会、商会等社会团体制定技术领先、市场成熟度高的绿色产品评价团体标准，增加绿色产品评价标准的市场供给。

（八）健全绿色产品认证有效性评估与监督机制。推进绿色产品信用体系建设，严格落实生产者对产品质量的主体责任、认证实施机构对检测认证结果的连带责任，对严重失信者建立联合惩戒机制，对违法违规行为的责任主体建立黑名单制度。运用大数据技术完善绿色产品监管方式，建立绿色产品评价标准和认证实施效果的指标量化评估机制，加强认证全过程信息采集和信息公开，使认证评价结果及产品公开接受市场检验和社会监督。

（九）加强技术机构能力和信息平台建设。建立健全绿色产品技术支撑体系，加强标准和合格评定能力建设，开展绿色产品认证检测机构能力评估和资质管理，培育一批绿色产品标准、认证、检测专业服务机构，提升技术能力、工作质量和服务水平。建立统一的绿色产品信息平台，公开发布绿色产品相关政策法规、标准清单、规则程序、产品目录、实施机构、认证结果及采信状况等信息。

（十）推动国际合作和互认。围绕服务对外开放和“一带一路”建设战略，推进绿色产品标准、认证认可、检验检测的国际交流与合作，开展国内外绿色产品标准比对分析，积极参与制定国际标准和合格评定规则，提高标准一致性，推动绿色产品认证与标识的国际互认。合理运用绿色产品技术贸易措施，积极应对国外绿色壁垒，推动我国绿色产品标准、认证、标识制度走出去，提升我国参与相关国际事务的制度性话语权。

三、保障措施

（十一）加强部门联动配合。建立绿色产品标准、认证与标识部际协调机制，成员单位包括质检、发展改革、工业和信息化、财政、环境保护、住房城乡建设、交通运输、水利、农业、商务等有关部门，统筹协调绿色产品标准、认证、标识相关政策措施，形成工作合力。

（十二）健全配套政策。落实对绿色产品研发生产、运输配送、消费采购等环节的财税金融支持政策，加强绿色产品重要标准研制，建立绿色产品标准推广和认证采信机制，支持绿色金融、绿色制造、绿色消费、绿色采购等政策实施。实行绿色产品领跑者计划。研究推行政府绿色采购制度，扩大政府采购规模。鼓励商品交易市场扩大绿色产品交易、集团采购商扩大绿色产品采购，推动绿色市场建设。推行生产者责任延伸制度，促进产品回收和循环利用。

（十三）营造绿色产品发展环境。加强市场诚信和行业自律机制建设，各职能部门协同加强事中事后监管，营造公平竞争的市场环境，进一步降低制度性交易成本，切实减轻绿色产品生产企业负担。各有关部门、地方各级政府应结合实际，加快转变职能和管理方式，改进服务和工作作风，优化市场环境，引导加强行业自律，扩大社会参与，促进绿色产品标准实施、认证结果使用与效果评价，推动绿色产品发展。

（十四）加强绿色产品宣传推广。通过新闻媒体和互联网等渠道，大力开展绿色产品公益宣传，加强绿色产品标准、认证、标识相关政策解读和宣传推广，推广绿色产品优秀案例，传播绿色发展理念，引导绿色生活方式，维护公众的绿色消费知情权、参与权、选择权和监督权。

国务院办公厅

2016 年 11 月 22 日

参考文献

曹晓凡．挥发性有机物排污收费的现有政策法规规定及展望［J］．中国环境监察，2016（7）．

程旭．技术标准体系建设的地位和作用［J］．品牌与标准化，2015（3）：49-52.

楚杰．中国低碳木材标准化研究［M］．杨凌：西北农林科技大学出版社，2014.

杜隽情．把废纸废掉 实乃暴餮天物［J］．中国林业产业，2015（8）：74-75.

段新芳，熊满珍，陈志林等．发展我国循环型人造板工业的问题与对策（续）［J］．中国人造板，2006，13（3）：25-28.

段新芳，虞华强，赵昭霞等．美国的木材保护产业及其标准体系［J］．木材工业，2010，24（6）：29-32.

段新芳主编．中国林业循环经济发展研究［M］．北京：中国建材工业出版社，2016.

冯之浚．循环经济是个大战略［N］．光明日报，2003-09-22.

付保宗．我国推行绿色制造面临的形势与对策［J］．宏观经济管理，2015（11）：34-37.

付允，林翎．循环经济标准化理论、方法和实践［M］．北京：中国标准出版社，2015.

甘藏春，田世宏．中华人民共和国标准化法释义［M］．北京：中国法制出版社，2018.

高朝升主编．汉中低碳经济与循环经济［M］．成都：西南交通大学出版社，2013.

郭彩云．2014年国内外废纸市场概况［J］．造纸信息，2015（10）：57-63.

胡孙跃，向仕龙．废旧木质家具材料的循环回收利用［J］．木材加工机械，2006，17（1）：32-35.

黄群慧，贺俊．中国制造业的核心能力、功能定位与发展战略兼评《中国制造2025》［J］．中国工业经济，2015（6）：5-17.

黄贤金，钟太洋．区域循环经济发展评价［M］．北京：社会科学文献出版社，2006.

季昆森．循环经济原理与应用［M］．安徽：安徽科技出版社，2004.

贾敬敦，马龙隆，蒋丹萍，等．生物质能源产业科技创新发展战略［M］．化学工业出版社，2014.

江洲，陈玉忠，咸奎桐等．构建国家标准体系的关键问题研究［J］．中国标准化，2012（2）：40-44.

解振华．大力发展循环经济［J］．求是，2003，（13）：53-55.

李苗．十八大以来中国共产党生态文明建设理论新发展［D］．湖南师范大学，2015.

李王锋，张天柱．资源型城市循环经济评价指标体系研究［J］．科学管理研究，2005（8）．

李文娟．工信部发布工业绿色发展规划提出十大任务［J］．工程建设标准化，2016（8）：21.

李玉峰．全球造纸行业的废纸回收［J］．中华纸业，2013（19）．

林文树，周沫，刘英健，等．基于AHP-BP模型的中国废旧木材行业循环经济指标体系的构建[J]．林业科技，2014，39（6）：52-56.

林文树，周沫，刘英健，等．基于SWOT-AHP的中国废旧木材回收利用行业发展战略分析［J］．森林工程，2015（1）：54-58.

林秀兰．林产工业污染及防治［M］．厦门：厦门大学出版社，2001.

刘曼红，周玉申，马延军．城市废弃木材的回收利用及其处理工艺［J］．林业与环境科学，2010，

26 (2)：55-59.

刘玫，付允．循环经济标准化发展模式与标准体系框架研究［M］．中国质检出版社，2011.

马星霞，蒋明亮，段新芳等．木材防腐标准框架探讨［J］．林产工业，2011，38 (4)：12-15.

牛桂敏．循环经济评价体系的构建［J］．城市环境与城市生态，2005 (2)．

潘海丽，段新芳，虞华强等．我国木材资源节约与综合利用标准体系构建［J］．西南林业大学学报，2010，30 (3)：59-62.

彭立民．我国人造板标准体系的研究［D］．中国林业科学研究院，2008.

曲格平．发展循环经济是21世纪的大趋势［J］．机电产品开发与创新，2001，(6)：10-13.

曲格平．循环经济与环境保护［N］．光明日报，2000-11-20.

全国人民代表大会常务委员会，2017年11月4日第十二届全国人民代表大会常务委员会第三十次会议修订．中华人民共和国标准化法［C］.2017.

孙国吉，张序国，杨长聚．关于我国废旧木竹材综合利用的对策与建议［J］．林业经济，2007 (10)：14-17.

孙佑海，赵家荣．中华人民共和国循环经济促进法解读［M］．北京：中国法制出版社，2008.

孙照斌，田芸，庞方亮．废旧实木类木材回收利用途径探讨［J］．中国人造板，2008，15 (1)：9-11.

唐艳菊．政策与市场双重变革下，中国废纸回收利用行业发展趋势［J］．中华纸业，2016，37 (3)：21-27.

王善成．"十三五"节能工作的方针和重点工作［J］．高科技与产业化，2017 (2)：24-27.

王少杭，李贤．循环经济理论与务实［M］．北京：中国经济出版社，2014.

王帅．基于产业集聚视角的我国林产工业产业布局研究［D］．北京林业大学，2013.

吴兑．新版《环境空气质量标准》热点污染物PM2.5监控策略的思考与建议［J］．环境监控与预警，2012，04 (4)：1-7.

谢旭人．发展循环经济实现可持续发展［J］．节能与环保，2003，(3)：4-6.

杨小军，徐伟民，李翠翠．城市废旧木材大规模产业化应用获得成功［J］．中国林业，2008 (24)：26-27.

叶克林．当前我国人造板工业面临的新挑战［J］．木材工业，2016，30 (2)：4-7.

虞华强，段新芳，张训亚等．我国废弃木材回收利用标准评析［J］．木材工业，2015，29 (2)：38-41.

虞华强，江泽慧，费本华等．我国木材标准体系［J］．木材工业，2010，24 (1)：23-25.

张百良，任天宝，徐桂转等．中国固体生物质成型燃料标准体系［J］．农业工程学报，2010，26 (2)：257-262.

张冉，段新芳，楚杰等．中国木门窗标准体系构建研究［J］．木材加工机械，2014 (6)：58-61.

张冉，段新芳，王瑞．林业循环经济标准体系构建研究［J］．中国标准化，2016 (10)：122-127.

张冉，段新芳，王瑞．人造板工业节能标准现状分析［J］．林产工业，2016，43 (11)：6-9.

张小娟．国内城市建筑垃圾资源化研究分析［D］．西安建筑科技大学，2013.

张研，赵树宽，赵航．技术标准化对产业创新的作用机理研究［J］．吉林大学社会科学学报，2012 (3)：108-117.

张玉萍．我国木制品标准体系的研究［D］．中国林业科学研究院，2012.

赵家荣．加快循环经济发展落实科学发展观［J］．宏观经济管理，2004 (8)：25-27.

赵洗尘主编．循环经济文献综述［M］．哈尔滨：哈尔滨工业大学出版社，2010.

中华人民共和国国家质检总局，中国国家标准化管理委员会．GB/T 13016—2009. 标准体系编制原则和要求［S］．中国标准出版社．
周宏春，刘燕华等．循环经济学［M］．北京：中国发展出版社，2005.
周宏春．循环经济学［M］．北京：中国发展出版社，2005.
周杰，周宏大．中国产业循环经济［M］．北京：中国标准出版社，2013.
邹声文．我国开始建设首座循环经济型生态城市［EB/OL］．新华网，2003，9-15.